石寨山文化墓地研究

尤静璠 \ 著

文物出版社

图书在版编目（CIP）数据

石寨山文化墓地研究／龙静璠著. −−北京：文物
出版社，2024.8. −−（考古新视野）. −−ISBN 978-7
-5010-8488-3

Ⅰ.K878.84

中国国家版本馆 CIP 数据核字第 2024D2427Z 号

审图号：云 S（2025）16 号

石寨山文化墓地研究

著　　者：龙静璠

责任编辑：智　朴　崔　华
责任印制：王　芳

出版发行：文物出版社
社　　址：北京市东城区东直门内北小街 2 号楼
邮　　编：100007
网　　址：http：//www.wenwu.com
邮　　箱：wenwu1957@126.com
经　　销：新华书店
印　　刷：宝蕾元仁浩（天津）印刷有限公司
开　　本：710mm×1000mm　1/16
印　　张：26.5　　拉页：3
版　　次：2024 年 8 月第 1 版
印　　次：2024 年 8 月第 1 次印刷
书　　号：ISBN 978-7-5010-8488-3
定　　价：150.00 元

内容提要

石寨山文化是云南地区青铜时代晚期至早期铁器时代考古学文化的重要代表，本书以石寨山文化墓地为研究对象，对该文化墓地所反映的文化属性及社会状况等问题进行了较为深入、系统的探讨。以随葬器物的演变序列及分期特征为基础，通过辨析墓葬的下葬顺序而考察石寨山文化诸墓地的形成过程和布局变化；通过量化统计而比较诸墓地在墓葬形制和随葬品特征上的差异并探讨其所代表的社会结构；通过综合考察石寨山文化南北两大区域的墓地特征而探明其所反映的社会权力中心南移趋势；通过文化因素分析而尝试廓清石寨山文化的源流及其与周边文化之关系。本书全面剖析了石寨山文化墓地所反映的社会分化的差异程度以及社会分化的过程特征，为揭示石寨山文化社会复杂化的发展过程及其动因提供了新的视角。

作者简介

龙静璠，布依族，1986年10月生，云南文山人。2009年、2013年和2021年先后获得中央民族大学历史文化学院历史学学士学位（历史学基地班专业）、硕士学位（考古学专业）和博士学位（中国古代史专业）。硕士毕业后曾在高校从事几年教学管理工作。2022~2024年在中国国家博物馆进行博士后研究工作。主要从事中国西部和西南边疆地区的史前考古和文明化进程研究，已发表数篇相关学术论文。

专家推荐意见（一）

云南青铜时代是云南多民族多元文化早期格局形成的重要阶段。长期以来，因其丰硕的考古发现和独特的地域文化面貌，云南青铜时代文化研究一直是云南及西南边疆考古最重要的内容之一。以晋宁石寨山古墓群为代表的一系列重要发现，展现了云南青铜文化发展的高峰，石寨山文化的命名由此而来，这一考古学文化成为云南青铜文化的典型代表并确立了其在云南青铜文化研究中的中心地位。石寨山文化研究的意义不仅在于为云南青铜时代考古学文化谱系研究奠定基础，在云南及西南地区乃至更广阔的空间内探讨文化关系，印证中华文明多元一体格局形成过程等问题，更重要的是在考古学层面探索云南早期文明化进程的理论方法，以此回应云南及其相邻区域古代社会发展演变以及中国统一多民族国家形成和发展过程研究等历史问题。

近六十年来，随着云南考古工作的开展，石寨山文化研究积累了大量的墓葬遗存材料，学术界对其分期与年代、族属与社会等相关问题已多有探讨，并取得了重要学术成果。龙静璠在分析、总结前人研究的基础上，发现尚缺乏对典型墓地的系统性研究以及在此基础上对诸墓地之间的比较研究，导致通过墓地分析揭示石寨山文化的属性及社会状况等方面的研究非常薄弱。因此，她以此作为博士论文的选题，通过全面收集与深入分析有关考古资料，建立了细致的墓葬编年和新的分期方案，并据此分析石寨山文化墓地的形成过程和布局变化，揭示墓葬特征与墓地结构之间的内在联系，进而对石寨山文化墓地所反映的文化属性及社会状况等问题做了较为深入的探讨。我认为以下三个方面尤其值得关注，它们集中反映了本书作者有别于以往关于石寨山文化墓葬遗存的研究方式以及作者由此获得的新认识。

首先是关于墓葬的编年、分期以及墓地形成过程的研究。作者认为，讨论这一问题的基础是尽可能地复原该墓地所有墓葬的下葬顺序，而比较可行的操作方法是对随葬器物形制变化做更精细的研究，并以此代表墓葬的编年结果。作者正是在全面掌握资料的前提下，通过细致的辨析，指出以往相关研究中的疏漏或矛盾之处，从而展开自己对问题的研究。她不但对随葬器物形制的变化进行了较为客观和更为深入、细致的类型学分析，同时还充分归纳出器物组合的演变特征，再依据墓葬之间的叠压打破关系反复加以验证，从而确定该墓地各墓葬下葬顺序以及墓葬分期的器物演变谱系，并由此揭示了石寨山文化墓地的形成过程，而这一过程则从一个重要侧面反映了该文化的社会复杂化进程。

其次是关于墓地布局及等级差异的考察。作者根据墓葬在不同时段（期）呈现的排列方式对墓地进行区域划分，由此在墓地内部划分出代表着不同层级的区、群单元结构，它们可能对应着若干个不同层级的社会单位，如羊甫头墓地的空间结构是由墓地—墓区—墓群三级组织构成，它反映了该墓地的布局理念、结构特点及其与不同社会层级的内在联系。作者通过详细的量化统计，比较单个墓地内部不同层级和不同墓地之间在墓葬形制和随葬品特征上的差异，进而将墓葬和墓地划分成不同等级，在此基础上探讨同一时期单个墓地内部和不同墓地之间的等级差异，不同时期等级差异的动态变化过程与社会分化的差异程度，以及社会分化的过程特征，继而尝试运用社会学理论及方法解释这些现象的社会意义，以此说明石寨山文化社会复杂化的演进历程及其动因之所在。

第三是关于墓地所反映的社会结构及其变迁过程和文化属性的讨论。以上述研究为基础，作者通过进一步展开的综合性比较分析，明确提出两点自己的看法。其一，石寨山文化一度形成了南、北两大社群集团，在社会结构的变迁过程中，社会权力的中心从以羊甫头、天子庙墓地为代表的北区向以石寨山、李家山墓地为代表的南区转移，而李家山墓地一等墓墓主人的地位或相当于"滇王"之地位，这反映了石寨山文化的社会集团由"分治"走向"一统"的政治态势。其二，石寨山文化第四期墓葬遗存反映了该文化社会复杂化程度的明显加深，其特征及时空范围与史籍记载的"滇"有着更直接的关系，或可作为"滇文化"典型遗存之代表，而石寨山文化第一、二、三期墓葬遗存则代表了"滇文化"的重要来源。此观点一改以往将石寨山文化遗存皆笼统地归为"滇文化"的看法，显然是对石寨山文化属性的重新界定。

可以看出，作者关于石寨山文化墓地的系统性研究，不仅深化了石寨山文化及其社会性质的研究，对于云南及周边区域青铜时代文化的发展脉络、文明化进程的深入探讨也提供了具有重要价值的研究视角。当然，本书仍有缺憾之处，如受发掘资料发表不全的局限，既难以对所有墓地进行全面分析，也影响到对墓地与居址等其他类型遗存之间关系的更深入的探讨。总体而言，本书瑕不掩瑜，值得肯定，特此推荐。

2024 年 5 月 11 日

专家推荐意见（二）

　　中华文明起源与发展研究是中国考古学研究的重要内容之一。具体到各区域，由于发掘材料和研究程度的不同，还存在着明显的不平衡性。龙静璠是土生土长的云南人，她关注到家乡考古学研究的薄弱和发展趋势，将博士论文的研究主题聚焦在云南青铜时代以石寨山文化为代表的滇中高原区域社会复杂化问题上。这一选题对云南考古学研究具有一定的学术价值，也为她将来继续探索云南古代文明的形成与发展奠定了基础。

　　整体来看，她的这篇论文是以石寨山文化的墓地作为对象进行个案研究，即通过细致、深入分析石寨山文化墓地的分期、形成布局以及等级分化来探索该文化的社会结构及其变迁问题，力图勾勒出云南地区重要区域重要考古学文化的社会历史文化图景。

　　通读全文，论文的谋篇布局具有层次和逻辑性。首先对石寨山文化墓地进行全面系统的分期研究，这项基础性研究工作体现了她扎实的基本功，表现在运用类型学和地层学方法，重新检视羊甫头、天子庙、李家山、石寨山等墓地的考古报告和既有分期研究，在陶器类型学分析的基础上归纳总结出较有说服力的分期结论，但关于年代判断可使用更丰富的论据增加结论的可靠性。接下来以分期为基础，对石寨山文化墓地的形成过程和布局变化进行分析，这种从墓地研究的角度对该文化进行研究的方式，可使读者清晰地观察到单个墓地的时空变化过程和整体的墓地形成与布局特点。最后，基于前面两项工作，通过横、纵向比较单个墓地内部和不同墓地之间在墓葬特征和随葬品特征上的差异，进而讨论墓地反映的等级分化、社会结构及其变迁等问题，将研究引入更深的层次。显然，论文的落脚点是墓地背后的社会，尽管聚落材料的缺失对了解社会的完整性是一个遗憾（这主要是因为目前发掘材料较薄弱），但作者得出的学术见解仍在某种程度上有助于认识石寨山文化的社会结构等问题。当然，论文应该加强对铜鼓、贮贝器、金器和玉器等遗物的分析利用，这对解读当时的社会结构会更有说服力。由于石寨山文化已处于文献较丰富的战国秦汉时期，在墓葬中还发现了与史籍记载的"滇"相关联的实物，论文不可避免地要回应石寨山文化与"滇"的关系问题。该论文认为石寨山文化第四期墓地是与"滇"有关的遗存，前面三期是"滇"的重要来源。虽然结论尚有可商讨之处，但能为读者理解考古学上的石寨山文化与历史文献中的"滇"之关系带来更多思考。同时也期待龙静璠在云南或西南地区考古研究中大胆探索考古学与文献相结合的方法，做出体现自己特点和优点的研究。

　　总的来说，龙静璠的论文选题具有较高的学术价值，研究方法得当，分析问题层层递进、逻辑性强，研究结论具有自己的学术见解。因此，我很乐意将本文推荐给各位读者。

李维明

2024 年 5 月 2 日

目 录

第一章 绪论

石寨山文化是云南地区青铜时代晚期至早期铁器时代考古学文化的重要代表，主要分布在以滇池—抚仙湖为中心，北抵金沙江，西起螳螂川，南至星云湖，东到南盘江的滇中高原地区。该文化自发现以来就因其独具特色的文化特征引起了国内外学者的广泛关注。墓葬中"滇王之印"的发现，更是学术界考古实物与历史文献互证的典范之一。由此也引发了关于"滇"的诸多探讨。从考古学的角度来看，石寨山文化并不能与"滇"完全画等号，但二者之间有着密切的历史联系，这是毫无疑问的。而想要了解"滇"就必须先弄清楚石寨山文化。目前发现的石寨山文化遗存中，墓葬材料相对丰富，进一步加强对这类遗存的研究，有助于认识石寨山文化的内涵，进而揭示其所反映的社会结构及其变迁过程，促进对石寨山文化社会复杂化的全面认识，为进一步探讨石寨山文化与"滇"的关系以及云南地区青铜时代晚期至早期铁器时代考古学文化的发展脉络奠定基础。

第一节 研究概况

石寨山文化墓葬遗存的发现与研究始于20世纪50年代[1]，以1955年云南省昆明

---

[1] 根据相关资料，石寨山文化器物在20世纪20～30年代已有发现。黄德荣：《流散在国外的云南古代文物》，《四川文物》2007年第1期。虽然大多数器物可能出土于石寨山或附近的墓葬中，但该文化墓葬遗存的确认及正式发掘当始于50年代。

市晋宁县（今晋宁区）石寨山墓地的发掘为标志，迄今已逾60年。60多年来，相关的发现与研究工作均取得了丰硕成果，总体来看，可以划分为三个阶段。

一　第一阶段（20世纪50～70年代）

自1955年石寨山墓地发掘后，考古工作者陆续在滇池周边发现了同类遗存。石寨山墓地是第一阶段发掘的重点，50～60年代，云南省博物馆在此进行了四次发掘，共清理51座墓葬[①]。此外，在滇池以西的安宁太极山墓地也开展了小规模的清理工作[②]。进入70年代，在滇池东岸及以北区域有了新的发现，如石碑村[③]、天子庙[④]、小松山[⑤]、大团山[⑥]、五台山[⑦]等墓地，其中石碑村墓地的发掘规模较大，进行了两次发掘，共清理182座墓葬。同时，在距离滇池不远的地区，如滇池以南的抚仙湖沿岸相继发掘了李家山[⑧]和团山[⑨]墓地，还有位于滇池东北方向的曲靖盆地的八塔台墓地也先后历经三次发掘[⑩]。

---

① 云南省博物馆考古发掘工作组：《云南晋宁石寨山古遗址及墓葬》，《考古学报》1956年第1期；云南省博物馆：《云南晋宁石寨山古墓群》，北京：文物出版社，1959年；云南省博物馆：《云南晋宁石寨山第三次发掘简报》，《考古》1959年第9期；云南省博物馆：《云南晋宁石寨山古墓第四次发掘简报》，《考古》1963年第9期。

② 云南省文物工作队：《云南安宁太极山古墓葬清理报告》，《考古》1965年第9期。

③ 云南省博物馆文物工作队：《云南呈贡龙街石碑村古墓群发掘简报》，文物编辑委员会编：《文物资料丛刊》（3），北京：文物出版社，1980年，第86～97页；昆明市文物管理委员会：《昆明呈贡石碑村古墓群第二次清理简报》，《考古》1984年第3期。

④ 云南省博物馆文物工作队：《云南呈贡天子庙古墓群的清理》，《考古》编辑部编：《考古学集刊》（三），北京：中国社会科学出版社，1983年，第132～142页；昆明市文物管理委员会：《呈贡天子庙滇墓》，《考古学报》1985年第4期。

⑤ 云南省博物馆文物工作队：《呈贡小松山竖穴土坑墓的清理》，《云南文物》1984年第15期。

⑥ 云南省文物工作队：《昆明大团山发现滇文化墓地》，《云南文物》1982年第12期。

⑦ 云南省文物工作队：《昆明上马村五台山古墓清理简报》，《考古》1984年第3期。

⑧ 云南省博物馆文物工作队：《云南江川李家山古墓群发掘简报》，《文物》1972年第8期；云南省博物馆：《云南江川李家山古墓群发掘报告》，《考古学报》1975年第2期。

⑨ 云南省博物馆文物工作队：《云南江川团山古墓葬发掘简报》，《文物资料丛刊》（八），北京：文物出版社，1983年。

⑩ 王大道：《云南曲靖珠街八塔台古墓群发掘简报》，云南省文物考古研究所编：《云南考古文集》，昆明：云南民族出版社，1998年，第357～377页；云南省文物考古研究所：《曲靖八塔台与横大路》，北京：科学出版社，2003年。笔者认为以八塔台为代表的墓地不属于石寨山文化，但由于二者的文化关系密切，故在此对相关墓地的发掘和研究情况一并进行叙述。

本阶段，关于石寨山文化墓地的研究主要有以下几个方面：

（一）墓地的文化性质

1955年，石寨山墓地第一次发掘出土了大量精美和颇有特点的青铜器，发掘者认为应和西南少数民族的古代文化有关[①]。1956年的第二次发掘，在M6中发现了"滇王之印"，于是发掘者将石寨山墓地与文献记载中的"滇"联系起来，推测埋葬于此的墓主可能是滇王及其亲族[②]。此后，在滇池周围陆续发现了与石寨山墓地文化特征相似的遗存，学者们逐渐意识到它们可能是属于同一个文化系统的青铜文化。确立和命名考古学文化的工作提上日程，但学术界对该考古学文化的命名却莫衷一是，至今仍未有统一的意见。

第一种观点是"滇文化"，李家山墓地第一次发掘报告中首次提出滇池地区发现和发掘过的10多处墓葬，包括李家山、石寨山等都属于滇文化[③]。之后，该报告执笔者之一王大道指出滇池区域发现的青铜遗存已构成一个青铜文化类型，可称为"滇文化类型"，或简称"滇文化"，其时代约从春秋晚期延续至东汉初期，大致分布在东北到曲靖、南不过元江、西至禄丰的范围[④]。而另一执笔者张增祺将其命名为"滇池区域青铜文化"，简称"滇文化"[⑤]。第二种观点是"石寨山类型"，最早见于肖秋的一篇综述性文章，但未做详细阐释，大约是指滇池地区以石寨山为代表的青铜文化[⑥]。第三种观点是"石寨山文化"，汪宁生在1979年中国考古学会第一次年会上发言，认为在云南及其邻近地区发现的青铜文化遗存应统一命名为"石寨山文化"，时代约从西周至西汉时期，集中分布在洱海、滇池、云南中部和北部地区[⑦]。

---

① 云南省博物馆考古发掘工作组：《云南晋宁石寨山古遗址及墓葬》，《考古学报》1956年第1期。

② 云南省博物馆：《云南晋宁石寨山古墓群》，北京：文物出版社，1959年，第134页。

③ 云南省博物馆：《云南江川李家山古墓群发掘报告》，《考古学报》1975年第2期。

④ 王大道：《滇池区域的青铜文化》，《云南青铜器论丛》编辑组：《云南青铜器论丛》，北京：文物出版社，1981年，第77~91页。该文于1978年11月定稿。

⑤ 张增祺：《从滇文化的发掘看庄蹻王滇的真伪》，《贵州民族研究》1979年第1期。

⑥ 肖秋：《文化大革命以来云南考古工作的主要收获》，《思想战线》1976年第3期。

⑦ 汪宁生：《试论石寨山文化》，中国考古学会编：《中国考古学会第一次年会论文集（1979）》，北京：文物出版社，1981年，第278~293页。

第一种观点中的"滇文化"概念通常包含三种不同意义的"滇",即滇池地区的"滇",出土器物"滇王之印"的"滇",以及文献记载中的"滇"。李家山墓地第一次发掘报告依据石寨山墓地出土的"滇王之印"和文献中关于"滇王"的管辖范围,得出滇池地区的墓群属滇文化的结论。而王大道和张增祺各自的文章更强调"滇池区域","滇文化"是这一区域具有地方色彩的青铜文化的简称。王大道还指出战国至西汉中期,滇池区域存在一个"滇国","滇王之印"与文献记载的相符证明石寨山墓地是滇王族的墓葬,因此滇池区域出土的青铜器当是滇族的文化遗存①。虽然他提出的"滇国"时间范围被包含在"滇文化"之内,但没有进一步阐述二者是什么关系,从石寨山墓地是滇王族墓葬的论据直接推导出滇池区域的文化遗存是属于滇族的结论,也有待商榷。由此看来,"滇文化"中的"滇"既指地点,还代表了国家或族称,内涵较混乱。根据考古学文化命名的原则,这一概念不够恰当,也不利于研究。第二种观点用"石寨山类型"对滇池区域青铜文化进行命名,这在当时来说是比较客观的。但随着材料的积累,"类型"显然已经不能囊括它所包含的内容。相较而言,第三种观点即"石寨山文化"的提出更符合考古学文化的命名原则。但是,汪宁生划定的石寨山文化时空范围过于宽泛,忽略了云贵高原不同地区之间的文化差异。

本阶段,尽管人们对石寨山文化的概念存在不同的理解,但相关讨论加深了对该文化的认识,也推动了云南青铜时代考古学文化的确立。

(二)墓地的分期与断代

石寨山墓地第二次发掘共清理出 20 座墓葬,发掘者对其进行了分期。首先根据随葬品种类的差异将墓葬分为四个类型,再依据随葬品演变情况分为三期,同时以遗物特征和文献材料推断其年代②。李家山墓地发掘后也是运用此分期方法,将墓葬分为三类,再参照石寨山墓地的分期,将其分为早晚两期并判断其年代③。在单个墓

① 王大道:《滇池区域的青铜文化》,《云南青铜器论丛》编辑组编:《云南青铜器论丛》,北京:文物出版社,1981年,第77~91页。

② 云南省博物馆:《云南晋宁石寨山古墓群》,北京:文物出版社,1959年,第132~134页。

③ 云南省博物馆:《云南江川李家山古墓群发掘报告》,《考古学报》1975年第2期。

地分期的基础上，王大道将滇池区域青铜文化墓葬进行整合统一，划分为四期[①]。汪宁生进行了较粗略的分期研究，他划分的文化范围较大，整个滇池区域的墓葬基本被归属于同一期，年代跨度很大[②]。显然，上述分期方法与传统的类型学分期方法有所不同。

　　由于石寨山、李家山墓地缺乏可做类型学分析的陶器，确实给分期研究带来很大困难。仔细研读石寨山墓地的报告[③]，发现其在分类和断代依据上存在一些问题。首先，四类墓葬划分的标准有铜器所占比例、金器和铁器的有无、兵器和生产工具的数量、汉式钱币和铜镜等，但除铁器的有无和外来输入品外，其他条件并不是绝对的。如第一类墓葬可以通过有无铁器区分出来，而其他几类墓葬中未出汉式器物的，并不完全符合这样的标准。其次，参考断代的依据也需要反思，如具有时代特征的特殊器物——钱币和铜镜仅出现于个别墓葬，怎样判断同一类型下未出这些器物的墓葬年代呢？并且，报告对铜镜的年代鉴别前后矛盾，如器物分述部分认为其与长沙西汉后期墓中出土的相似，同时又表明它们流行于西汉中期及晚期，结论部分又将出铜镜的所有墓葬定为西汉中期。另外，根据生产工具和兵器的质地来判断社会生产水平，认为出青铜器就是年代早的表现，这样的判断不够严谨。李家山墓地的报告也存在上述问题，如一类墓中几乎全是青铜器，只有几件铜铁合制器，就认为这类墓的年代较早，应在汉武帝以前，上限可到战国末期[④]。1977年，李家山M21两个碳十四测年数据发表后[⑤]，王大道据此将一类墓的年代上限提至春秋晚期[⑥]。根据数据报告，测年标本为出土兵器的木柄残片，但报告同时也指出标本量不

---

① 王大道：《滇池区域的青铜文化》，《云南青铜器论丛》编辑组编：《云南青铜器论丛》，北京：文物出版社，1981年，第77～91页。

② 汪宁生：《试论石寨山文化》，中国考古学会编：《中国考古学会第一次年会论文集（1979）》，北京：文物出版社，1981年，第278～293页。

③ 云南省博物馆：《云南晋宁石寨山古墓群》，北京：文物出版社，1959年，第132～134页。

④ 云南省博物馆：《云南江川李家山古墓群发掘报告》，《考古学报》1975年第2期。

⑤ 两个数据分别为距今2575±105年和2500±105年，参见中国科学院考古研究所实验室：《放射性碳素测定年代报告》（四），《考古》1977年第3期。

⑥ 王大道：《滇池区域的青铜文化》，《云南青铜器论丛》编辑组编：《云南青铜器论丛》，北京：文物出版社，1981年，第77～91页。

足，因此李家山一类墓的年代是否可以早到春秋晚期尚存疑问。

（三）墓地特征

石寨山和李家山墓地的发掘报告对墓葬形制、墓向、葬俗、葬式、葬具、随葬品的种类和数量以及摆放位置等墓葬的基本特征进行了归纳，并对一些现象进行了阐释，如李家山墓葬中兵器和纺织工具不并存于同一墓中，发掘者分析这种现象可能与性别有关[①]。由于这两处墓地的人骨保存较差，未能进行性别鉴定，根据器物组合来推断墓主性别的方法确有助于研究。

（四）墓地的族属

滇池区域的考古材料未发现之前，学术界对这一地区的民族研究主要依据文献材料[②]。石寨山等墓地发掘后，为研究这些遗存的族属以及与文献记载中"西南夷"的关系提供了新的材料和角度，尤其是"滇王之印"成为族属判断的重要依据。发掘者通常据此判断墓地的族属为"滇族"。冯汉骥和汪宁生利用墓葬出土遗物中的人物形象、发髻和衣饰样式，并结合文献记载，对族属问题进行了新的探索[③]。虽然二者的研究方法相同，但结论不同，前者认为是"滇族"，后者认为属于"濮僚"系统。

（五）墓地反映的社会状况

主要涉及社会性质、社会结构、经济和社会生活等方面。关于社会性质，受马克思主义社会形态理论的影响，大多学者依据青铜器上的人物形象以及随葬品数量的多寡程度，认为石寨山文化的社会性质已属于奴隶社会[④]。发掘者根据墓室规模大小、随葬品种类及数量的多寡判断墓主的身份地位，认为石寨山和李家山墓地反映当时的社会已出现了统治阶级，出"滇王之印"的墓主当为一代滇王，而太极山墓

---

① 云南省博物馆：《云南晋宁石寨山古墓群》，北京：文物出版社，1959年，第10～19页；云南省博物馆：《云南江川李家山古墓群发掘报告》，《考古学报》1975年第2期。

② 尤中：《汉晋时期的"西南夷"》，《历史研究》1957年第12期。

③ 冯汉骥：《云南晋宁石寨山出土文物的族属问题试探》，《考古》1961年第9期；汪宁生：《晋宁石寨山青铜器图象所见古代民族考》，《考古学报》1979年第4期。

④ 林声：《晋宁石寨山出土铜器图象所反映的西汉滇池地区的奴隶社会》，《文物》1975年第2期；王大道：《滇池区域的青铜文化》，《云南青铜器论丛》编辑组编：《云南青铜器论丛》，北京：文物出版社，1981年，第77～91页；张增祺：《云南青铜文化概论》，《思想战线》1979年第4期。

地在统治阶层中地位较低[①]。汪宁生则依据青铜器上雕铸或刻绘的图像，结合民族志材料和文献记载，将人物形象分为贵族、平民和奴隶三个阶级[②]。此外，德国学者德麦玲是国外较早研究石寨山文化社会结构的学者。她通过对石寨山和太极山墓地的随葬品进行分类，将滇文化社会分为贵族、贵族武士和农民武士阶层，并进一步分析了石寨山和太极山这两处墓地的关系[③]。关于石寨山文化的经济和社会生活，学者们主要从随葬品的种类及制作技术等方面进行探讨[④]，但对一些问题还有不同的看法，如铁器来源和冶铁技术出现的时间等[⑤]。

　　总的来看，本阶段的研究虽然刚起步，但研究内容已比较广泛，为下一阶段的深入探讨奠定了基础。

二　第二阶段（20世纪80～90年代）

　　该阶段，石寨山文化墓葬遗存有了新的重要发现，同时迎来大规模发掘，为墓地研究积累了丰富的考古材料。80年代，在距离滇池较远的地区发现了新的地点，有普车河[⑥]、凤凰窝[⑦]和纱帽山[⑧]等墓地，其中普车河墓地被认为是"滇文化"北部范

① 云南省博物馆:《云南晋宁石寨山古墓群》，北京：文物出版社，1959年，第134页；云南省博物馆:《云南江川李家山古墓群发掘报告》，《考古学报》1975年第2期；云南省文物工作队:《云南安宁太极山古墓葬清理报告》，《考古》1965年第9期。

② 汪宁生:《"滇"人的经济生活和社会生活——晋宁石寨山文物研究之一》，《云南青铜器论丛》编辑组：《云南青铜器论丛》，北京：文物出版社，1981年，第42～67页。该文于1979年1月定稿。

③ Magdalene Von Dewall, The Tien Culture of South-west China, *Antiquity*, vol. XLI, 1967.

④ 张增祺:《云南青铜文化概论》，《思想战线》1979年第4期；王大道:《滇池区域的青铜文化》，《云南青铜器论丛》编辑组编：《云南青铜器论丛》，北京：文物出版社，1981年，第77～91页；汪宁生:《"滇"人的经济生活和社会生活——晋宁石寨山文物研究之一》，《云南青铜器论丛》编辑组：《云南青铜器论丛》，北京：文物出版社，1981年，第42～67页。

⑤ 李家瑞:《两汉时代云南的铁器》，《文物》1962年第3期；林声:《从考古材料看云南冶铁业的早期历史》，《学术研究》1963年第3期；童恩正:《对云南冶铁业产生时代的几点意见》，《考古》1964年第4期。

⑥ 云南省文物工作队:《云南东川普车河古墓葬》，《云南文物》1989年第26期。

⑦ 云南省文物考古研究所、昆明市博物馆:《嵩明凤凰窝古墓葬发掘报告》，《云南文物》2003年第1期。

⑧ 云南省文物考古研究所、昆明市文物管理委员会、宜良县文物管理委员会:《云南宜良纱帽山滇文化墓地发掘报告》，四川大学博物馆、四川大学考古学系、成都文物考古研究所编：《南方民族考古》第八辑，北京：科学出版社，2012年，第313～392页。

围抵达金沙江边的证明，而纱帽山墓地首次发现了保存较好的人骨，为研究葬式葬俗及人类学等提供了宝贵材料。此外，1980～1982年，考古工作者在八塔台墓地前后开展了四次发掘工作，共清理309座墓葬[1]。进入90年代，第一阶段发现的墓地大多进行了规模较大的发掘，如李家山[2]、天子庙[3]、太极山[4]、石寨山[5]、小松山[6]等墓地。新发掘的地点还有滇池附近的羊甫头[7]、黄土山[8]以及曲靖盆地的横大路墓地[9]，羊甫头和横大路墓地均开展了大规模发掘工作，收获颇丰。

这一阶段，石寨山文化墓地的研究主要表现在以下几个方面：

（一）墓地的文化性质

在第一阶段滇池区域以石寨山墓地为代表的同类遗存均为同一考古学文化的认识基础上，本阶段新发现的墓地都被归入石寨山文化。但学术界对于该考古学文化的命名仍未达成共识。不少学者仍使用"滇池区域青铜文化"或"滇文化"的名称，继续模糊对"滇"的认识。蒋志龙认为汪宁生提出的"石寨山文化"命名是从考古学的角度去探索和确认古代遗存，但这一命名没有得到足够的重视，于是他发表《再论石寨山文化》一文，重申了"石寨山文化"命名的主张，并对文化内涵进行了新的界定[10]。笔者认为此前学术界对"石寨山文化"概念的忽略，是因为对考古学文化概念的提出缺乏深刻反思，蒋志龙的重申无疑有助于推动对这一文化的认识。此外，随着考古工作者在曲靖盆地积累了更多的材料，有学者对以八塔台和横大路为

---

① 云南省文物考古研究所：《曲靖八塔台与横大路》，北京：科学出版社，2003年。

② 云南省文物考古研究所、玉溪市文物管理所、江川县文化局：《江川李家山——第二次发掘报告》，北京：文物出版社，2007年。

③ 昆明市文管会：《呈贡天子庙古墓群第三次发掘简报》，《云南文物》1994年第39期。

④ 中国考古学会编：《中国考古学年鉴（1994）》，北京：文物出版社，1997年，第268～269页。

⑤ 云南省文物考古研究所、昆明市博物馆、晋宁县文物管理所：《晋宁石寨山——第五次发掘报告》，北京：文物出版社，2009年。

⑥ 昆明市博物馆、呈贡县文管所：《呈贡小松山古墓群发掘简报》，《云南文物》2015年第1期。

⑦ 云南省文物考古研究所、昆明市博物馆、官渡区博物馆：《云南昆明羊甫头墓地发掘简报》，《文物》2001年第4期。

⑧ 昆明市博物馆、呈贡县文管所：《昆明呈贡黄土山古墓群发掘简报》，《云南文物》2012年第2期。

⑨ 云南省文物考古研究所：《曲靖八塔台与横大路》，北京：科学出版社，2003年。

⑩ 蒋志龙：《再论石寨山文化》，《文物》1998年第6期。

代表的曲靖青铜文化遗存提出新的看法。通过比较曲靖青铜文化遗存和石寨山文化在地层堆积、墓葬形制、随葬品组合以及随葬器物数量方面的差异，认为前者是有别于后者的一种新的考古学文化类型①。

（二）墓地的分期与断代

针对石寨山第二次发掘报告分期和断代存在的问题，日本学者梶山胜认为，以特定遗物类型学的研究作为线索来进行石寨山墓葬的分期未必妥当，因此他以随葬品的共存关系为线索，将墓葬分为四期，对每一期的年代进行较严谨的判断，同时他还以石寨山墓地为标尺，对太极山、李家山墓地也进行了分期②。但他的分期结果与报告并无太大差别，只是将报告中的第二期进一步细化为两期。

蒋志龙通过对石寨山、李家山、天子庙、太极山、小松山和五台山六处典型墓地的分析，把石寨山文化墓地分为五期10段③。其随后发表的文章又提出了四期的观点，并将第一期的年代定为春秋早期或者更早④。值得注意的是，他的分期与年代判断结果与前人有很大不同。他认为小松山和太极山的部分墓葬是滇池地区最早的青铜遗存，而其他学者普遍认为属第一期的李家山一类墓是其分期里的第三期，天子庙早期墓（如M1、M2、M3等）和石碑村一期墓则是第二期。他分期的依据是埋葬方式（竖穴土坑墓）、排列方式（与出青铜器的墓葬并排）以及随葬陶器（陶釜和壶是典型青铜遗存中釜和壶的祖型）。检讨其依据，尚可进一步思考，通过分期可以归纳出埋葬与排列方式的期别特征，但这种特征变化与期的划分不一定完全同步，且材质不同的同类器物是否一定具有早晚关系呢？关于第一期年代的判断，蒋志龙认为，属第二期的天子庙M41所出部分器物与具有碳十四测年数据的万家坝

① 李保伦：《云南曲靖青铜文化初探》，中国古代铜鼓研究会编：《铜鼓和青铜文化研究——中国南方及东南亚地区古代铜鼓和青铜文化第四次国际学术讨论会论文集》，贵阳：贵州人民出版社，1998年，第152～160页。

② ［日］梶山胜：《我对云南青铜文化的一点看法——作为对石寨山古墓群再次研究的线索》，云南省民族研究所民族学考古研究室编：《民族考古译丛》（第二辑），第38～52页。内部资料未刊发。

③ 蒋志龙：《关于云南滇池地区青铜遗存的编年与分期问题的再讨论》，《铜鼓和青铜文化的再探索》编辑组：《铜鼓和青铜文化的再探索——中国南方及东南亚地区古代铜鼓和青铜文化第三次国际学术讨论会论文集》，南宁：《民族艺术》杂志社，1997年，第163～169页。

④ 蒋志龙：《再论石寨山文化》，《文物》1998年第6期。

M1、M23相似，因此第二期的年代为春秋晚期，第一期被往前推至春秋早期。实际上，天子庙M41有两个测年数据，但他认为该数据偏晚，没有使用，而万家坝墓葬的测年数据尚存争议①。

　　自李家山墓地的测年数据公布以来，石寨山文化年代的上限就成为学术界争论的焦点。法国学者米歇尔·皮拉左里对年代问题进行了专门探讨，以年代争议较大的天子庙M41为例，通过比较石寨山、李家山和石碑村墓地中同类青铜器的纹饰，认为这些墓葬的年代应介于公元前250～公元50年之间，而不会早到公元前500年②。徐学书则指出了碳十四测年数据对判断年代的局限性，认为这些数据不能作为断代的主要依据，他通过与四川等地考古遗存的比较，提出滇文化兴起的年代应在西汉早期③。

（三）墓地特征

　　本阶段相关探讨主要涉及石碑村墓地，该墓地第一次发掘时，考古工作者已经注意到墓葬的分布规律是自西向东约12行成行排列，且墓葬大小、方向大体一致，墓葬分布基本成行，说明当时的丧葬制度保留了原始氏族公社延续下来的公共墓地④。

（四）墓地的族属

　　该问题仍然是国内外学者关注和讨论的热点。本阶段主要形成"僰族"⑤"濮族"⑥"羌族"⑦"百越"⑧"氐人"⑨等不同的看法。各学者的论证逻辑大体相同，即主要

----

① 徐学书：《关于滇文化和滇西青铜文化年代的再探讨》，《考古》1999年第5期。

② ［法］米歇尔·皮拉左里：《滇文化的年代问题》，《考古》1990年第1期。

③ 徐学书：《关于滇文化和滇西青铜文化年代的再探讨》，《考古》1999年第5期。

④ 云南省博物馆文物工作队：《云南呈贡龙街石碑村古墓群发掘简报》，文物编辑委员会编：《文物资料丛刊》（3），北京：文物出版社，1980年，第86～97页。

⑤ 尤中：《中国西南的古代民族》，昆明：云南人民出版社，1980年，第20～23页。

⑥ 童恩正：《近年来中国西南民族地区战国秦汉时代的考古发现及其研究》，《考古学报》1980年第4期。

⑦ ［日］白鸟芳郎：《从石寨山文化中看到的斯基泰文化的影响》，《世界民族》1980年第4期。

⑧ 张增祺：《滇王国主体民族的族属问题》，云南省博物馆编：《云南省博物馆建馆三十周年纪念文集》（1951～1982），昆明：云南省博物馆，1981年，第133～142页；李昆声：《云南考古材料所见百越文化考》，《云南文物》1983年第14期；宋蜀华：《论古代滇人的族属及其演变》，《云南社会科学》1992年第4期。

⑨ 阚勇：《滇池区域青铜文化渊源初探》，《云南师范大学学报》（哲学社会科学版）1984年第3期。

依据文献记载和考古发现，通过梳理文献记载中族群的分布范围、文化特征，与考古遗存反映的文化特征进行比较，但大家最终得出的结论却大相径庭。产生分歧的原因是学者对文献记载的理解，文献与实物资料的对应程度，以及族属、族系、族源的概念层次等方面存在不同认识。因此在依据文献和考古材料对考古遗存进行族属研究时，需要考虑文献记载的族群认识体系和今人的认知差别，以及考古遗存反映的文化特征与族群的关系等问题。就目前的情况来看，本地区考古遗存的族属研究仍存在很大困难。

（五）墓地反映的社会状况

受西方考古学理论的影响，以及更多国外学者加入石寨山文化研究的行列，该文化墓地反映的社会状况研究在本阶段有了新的进展。

在社会性质方面，基于当时学术界普遍认为石寨山文化已进入奴隶社会的共识，童恩正进一步指出西南地区不同区域的奴隶社会类型并不相同，从经济形态和剥削方式上划分，滇类型的奴隶制是庄园剥削制[1]。90年代以后，童恩正提出新的观点，他认为古代滇族的社会形态并非奴隶制国家，而是具有很多"酋邦"特征的一个封闭型社会[2]。童恩正首次将西方人类学的酋邦理论引入西南地区的考古学研究，在理论方法和研究视角上对当时来说颇具新意[3]，也为石寨山文化社会性质的研究带来更多思考。

相较于国内研究，国外学者更加关注石寨山文化的社会，并倡导用西方考古学理论及跨学科的研究方法来研究石寨山文化的社会是如何形成和发展的[4]。李润权率先用统计学的方法研究李家山墓地的社会结构，通过对随葬品进行主成分和聚类分析区分出A和B两个大的群体，A又可再分为A1和A2群体，A和B在随葬品数量和质量上有明显区别，表明A的地位可能高于B，而A1和A2的区别可能是性别上的差

[1] 童恩正：《中国西南地区的奴隶社会》，《天府新论》1987年第1期；《中国西南地区的奴隶社会（续一）》，《天府新论》1987年第2期；《中国西南地区的奴隶社会（续二）》，《天府新论》1987年第3期。

[2] 童恩正：《中国西南地区古代的酋邦制度——云南滇文化中所见的实例》，《中华文化论坛》1994年第1期。

[3] 杨勇：《战国秦汉时期云贵高原考古学文化研究》，北京：科学出版社，2011年，第9页。

[4] Francis Allard, The Archaeology of Dian: Trends and Tradition, *Antiquity*, vol.73, 1999.

异①。李润权的研究方法对后续相关研究产生很大影响，但正如他所指出的，李家山墓地的研究并不能代表石寨山文化整个社会情况，这只是研究的第一步。佩尼·罗德从性别研究的角度，通过分析石寨山文化墓葬的物质遗存和墓葬形制，对该文化女性的性别角色和社会地位变迁进行了研究②。在墓葬人骨保存情况不佳、难以判断性别的情况下，进行性别研究固然有其局限性，但佩尼·罗德为石寨山文化提供了新的研究方向。此外，日本学者俵宽司也通过分析石寨山文化的埋葬制度，撰文探讨滇王的权力变化情况③。

关于石寨山文化的信仰习俗④、礼仪制度⑤、经济生活⑥等方面的内容也不乏深入探讨。可以看出，本阶段石寨山文化墓地的研究愈加广泛，国内外的研究也各有特点。

三　第三阶段（21世纪以来）

进入21世纪后，考古工作者在羊甫头⑦和小松山⑧墓地继续进行发掘。同时，在

---

① Yun Kuen Lee, Material Representations of Status in the Dian Culture, *Bulletin of the Indo-Pacific Prehistory Association*, no.14, 1996.

② Penny M. Rode, *The Social Position of Dian Women in Southwest China: Evidence from Art and Archaeology*, Unpublished Ph.D.diss., University of Pittsburgh, 1999.

③ ［日］俵宽司：《滇王的权力与系谱：石寨山文化葬制的考古分析（提要）》，中国古代铜鼓研究会编：《铜鼓和青铜文化研究：中国南方及东南亚地区古代铜鼓和青铜文化第四次国际学术讨论会论文集》，贵阳：贵州人民出版社，2001年，第171~174页。该学术会议于1998年10月在贵阳召开。作者原文参见《滇王の権力と系譜—石寨山文化における内部と外部—》，《東南アジア考古学》1998年第18卷。

④ 张增祺：《滇王国时期的原始宗教和人祭问题》，《云南文物》1983年第14期；张瑛华：《试论滇池区域青铜文化反映的宗教习俗》，《云南文物》1986年第20期。

⑤ 易学钟：《石寨山三件人物屋宇雕像考释》，《考古学报》1991年第1期；《"井干"溯源——石寨山文化相关问题研究（之一）》，《云南民族学院学报》（哲学社会科学版）1995年第1期。

⑥ 张兴永：《云南春秋战国时期的畜牧业》，《农业考古》1989年第1期；肖明华：《青铜时代滇人的农牧业》，《农业考古》1997年第1期。

⑦ 云南省文物考古研究所、昆明市博物馆、官渡区博物馆：《昆明羊甫头墓地》，北京：科学出版社，2005年。

⑧ 该墓地资料未发表。

曲靖盆地的平坡墓地[①]、抚仙湖沿岸的金莲山墓地[②]、华宁盆地的小直坡墓地[③]也相继开展了大规模发掘。其中,金莲山墓地发现保存完好的人骨,其葬式丰富而复杂,为人骨和葬俗研究提供了重要资料。此外,在金砂山[④]、完家村[⑤]等墓地还进行了小范围清理工作。

随着80~90年代以来发掘材料的陆续发表,石寨山文化的墓地研究有了更深入的研究和讨论。

(一)墓地的文化性质

关于石寨山文化命名,大部分学者认为"滇文化"和"石寨山文化"这两个概念指同样的考古遗存。但蒋志龙有不同的认识,他对二者的关系做了进一步阐释,认为"滇文化"是特指战国晚期至西汉晚期滇池区域的"石寨山文化"的部分遗存,是滇国时期滇人创造的文化,它包含于"石寨山文化"这个概念之中[⑥]。此外,从探讨云南青铜文化区系类型的角度出发,也有学者对石寨山文化命名提出新的看法。杨帆认为云南青铜时代文化的命名可以考虑族属、文化分布范围、典型墓地或遗址等不同的文化层次概念,如百越文化圈—滇池区域青铜文化—石寨山类型,强调以分布范围命名文化,文化的类型以典型或首现地点命名[⑦]。而范勇则提出云南青铜文化的滇池类型[⑧]。

本阶段对曲靖盆地以八塔台、横大路和平坡墓地为代表的遗存性质存在不同看法。一种观点认为是石寨山文化的地方类型。发掘者认为该地区与滇中地区青铜文

---

① 云南省文物考古研究所、曲靖市麒麟区文物管理所:《曲靖市麒麟区潇湘平坡墓地发掘报告》,云南省文物考古研究所编:《云南考古报告集》(之二),昆明:云南科技出版集团公司,2006年,第1~59页。

② 云南省文物考古研究所、玉溪市文物管理所等:《云南澄江县金莲山墓地2008~2009年发掘简报》,《考古》2011年第1期。

③ 云南省文物考古研究所、玉溪市文物管理所、华宁县文物管理所:《华宁小直坡》,昆明:云南人民出版社,2014年。

④ 昆明市博物馆、晋宁县文物管理所:《晋宁县金砂山古墓地清理简报》,田怀清、黄德荣主编:《大理丛书·考古文物篇》(四),昆明:云南民族出版社,2009年,第1487~1517页。

⑤ 汤为兴、李云梅:《富民完家村墓地抢救清理简报》,《云南文物》2013年第2期。

⑥ 蒋志龙:《滇国探秘——石寨山文化的新发现》,昆明:云南教育出版社,2002年,第348~353页。

⑦ 杨帆:《试论云南及周边相关青铜文化的区系类型》,《云南文物》2002年第1期。

⑧ 范勇:《云南青铜文化的区系类型研究》,《四川文物》2007年第2期。

化既相似又有区别，可作为滇文化的一个地方类型，提出"滇文化八塔台—横大路类型"[①]。蒋志龙也持此种看法，他提出石寨山文化可以分为两个类型，即"石寨山类型"和"八塔台类型"[②]。另一种观点则强调八塔台等墓地在埋葬习俗、器物组合以及器形和纹饰方面有自身特征，可单独命名为新的考古学文化，即"八塔台文化"[③]。笔者认为八塔台等遗存与石寨山墓地为代表的文化在分布上各有范围，且墓葬和随葬品特征有区别于石寨山文化的独特性，或应单独命名为另一考古学文化，因此在本书研究范围中未包括这些墓地。

（二）墓地的分期与断代

本阶段，石寨山、李家山、羊甫头以及八塔台和横大路墓地的发掘报告都进行了分期和断代研究。但受以往分期方法的影响和材料自身的限制，石寨山和李家山墓地的分期研究都比较粗略，且报告对石寨山早期墓地的年代判断也存在问题[④]。羊甫头墓地延续的时间较长，大致涵盖了石寨山文化的各个发展阶段，其丰富的叠压打破关系以及随葬品组合变化、器物型式的发展演变为墓葬分期提供了条件，为石寨山文化的分期研究提供了标尺。但该墓地报告先以铜器、铜铁合制器和铁器出现时段的不同为依据，分为四期，再根据陶器谱系、类型的差异及其形制的发展演变情况，在四期的框架内分为8段。这样的方法并不符合类型学分期研究的逻辑顺序，有必要重新检讨其分期结果。八塔台和横大路墓地的分期主要依据随葬陶器型式和组合演变规律并结合墓葬层位关系得出，其中存在的问题已有学者进行了详细分析并重新作出调整[⑤]。

---

① 云南省文物考古研究所：《曲靖八塔台与横大路》，北京：科学出版社，2003年，第187～189页；戴宗品：《论滇文化"八塔台—横大路类型"》，《云南文物》2003年第3期；云南省文物考古研究所、曲靖市麒麟区文物管理所：《曲靖市麒麟区潇湘平坡墓地发掘报告》，云南省文物考古研究所编：《云南考古报告集》（之二），昆明：云南科技出版集团公司，2006年，第1～59页。

② 蒋志龙：《试论石寨山文化的两个类型——石寨山类型和八塔台类型》，《云南文物》2000年第2期。

③ 叶成勇：《战国秦汉时期南夷社会考古学研究》，北京：文物出版社，2019年，第90～95页；杨勇：《战国秦汉时期云贵高原考古学文化研究》，北京：科学出版社，2011年，第195～198页；李保伦：《对滇文化八塔台类型相关问题的探讨》，《中华文化论坛》2015年第3期。

④ 关于石寨山墓地第五次发掘的早期墓葬年代存在的问题，参见杨勇：《战国秦汉时期云贵高原考古学文化研究》，北京：科学出版社，2011年，第83～85页。

⑤ 叶成勇：《战国秦汉时期南夷社会考古学研究》，北京：文物出版社，2019年，第69～82页。

此外，蒋志龙对金莲山墓地进行了分期研究，并将石寨山文化其他墓地的分期与之对应，进而把原来提出的石寨山文化"五期"整合为"三期"，在年代判断上仍参照其以往研究的标准①。该分期主要依据铜器的演变情况，因此其分期结果较粗略。金莲山墓地出土了丰富的陶器材料，且有复杂的墓葬叠压打破关系，待资料发表后或可进行更详细的分期研究。

（三）墓地特征

关于单个墓地的分区现象，金莲山墓地的发掘者已经注意到可以根据墓向将墓地划分为不同的区域②。在墓葬分布规律方面，羊甫头墓地发掘报告进行了简单总结，并推断墓地的形成趋势大致是由坡顶及西南面向四周逐步发展。由于羊甫头墓地的人骨保存不佳，报告多依据随葬品的摆放位置来判断头向，但混淆了墓向和头向的概念③。还有报告根据墓坑结构把墓葬分为四类，其中一类是带有腰坑的墓葬，此类墓葬按腰坑的形状再细分为三类④。如果从形状、功能去考察"腰坑"的性质，这种现象是否能称为普遍认识的"腰坑"呢？

此外，一些学者也对单个墓地的分区、墓葬分布规律及葬俗等特征做了分析。如陈伯桢等人从空间分析的角度对羊甫头墓地的社会结构进行研究，将墓地分为六个区，并认为这六个分区很可能在墓地开始形成时便已出现⑤。但是他们并未解释分区的依据以及各区墓葬形成的过程。杨勇对石寨山墓地的墓葬分布规律进行了简单总结和阐释。他认为墓圹较大、随葬品丰富的大墓分布相对集中，主要位于已发掘区的中部，小墓则基本分布于大墓外围，二者基本分开，这种空间

---

① 蒋志龙：《金莲山墓地研究》，吉林大学博士学位论文，2013年，第47～58页。

② 云南省文物考古研究所、玉溪市文物管理所等：《云南澄江县金莲山墓地2008～2009年发掘简报》，《考古》2011年第1期。

③ 云南省文物考古研究所、昆明市博物馆、官渡区博物馆：《昆明羊甫头墓地》（一），北京：科学出版社，2005年，第10～14页。

④ 云南省文物考古研究所、昆明市博物馆、官渡区博物馆：《昆明羊甫头墓地》（一），北京：科学出版社，2005年，第16～17页。

⑤ 陈伯桢、张龄方、詹大千、张智杰：《从空间分析看昆明羊甫头墓地的社会结构》，《考古人类学刊》2014年第81期。

排列和布局关系很可能与一定时期内按身份等级进行有意识的墓地规划有关①。蒋志龙等人总结了金莲山墓地的墓葬和墓地特征，并对该墓地的葬式、葬俗进行初步的分类和统计，通过与石寨山文化的其他墓地以及周边地区的葬俗比较试图阐释其背后的原因②。

（四）墓地反映的社会状况

通过墓葬材料探讨石寨山文化的社会状况，成为21世纪以来国内外学者研究的热点。

在社会性质方面，谢崇安试图用聚落考古学的方法进行研究。他认为西汉中期以前的滇族社会可称为"酋邦制"社会，也可称为"方国"，相当于苏秉琦提出的关于国家起源发展的"古国—方国—帝国"三部曲的方国阶段③。目前，关于石寨山文化遗址的发掘工作刚刚起步，尚未发现功能齐全的大型聚落或城址，基于现有材料进行真正意义的聚落形态研究还非常困难。根据苏秉琦对"方国"的界定④，现有依据仍不足以证明已符合"方国"的标准，那么石寨山文化的社会形态是否属于"方国"？如果是，是什么时候又是如何发展成"方国"的呢？

关于社会结构研究，国外学者以李润权和姚辉芸为代表。李润权在以往研究的基础上，进一步分析李家山、太极山、石碑村、天子庙及五台山这五个墓地的社会分层问题。他采用统计学的方法分离出墓葬中反映社会地位的符号信息，再根据青铜制品上所描绘的图像对这些符号的含义进行解释，目的是想通过具体的论证为石寨山文化社会研究提供一种范式⑤。但他在研究中把五个墓地的随葬品信息综合统计，

---

① 杨勇：《战国秦汉时期云贵高原考古学文化研究》，北京：科学出版社，2011年，第84页。

② 蒋志龙、吴敬：《关于云南金莲山墓地的初步认识》，《考古》2011年第1期；《金莲山墓地初探》，吉林大学边疆考古研究中心编：《边疆考古研究》（第十辑），北京：科学出版社，2011年，第208～214页。

③ 谢崇安：《从环滇池墓区看上古滇族的聚落形态及其社会性质——以昆明羊甫头滇文化墓地为中心》，《四川文物》2009年第4期。

④ 苏秉琦认为"方国"是比较成熟、发达、高级的国家，典型实例如江南地区的良渚文化和北方的夏家店下层文化。参见苏秉琦：《中国文明起源新探》，沈阳：辽宁人民出版社，2009年，第122～143页。

⑤ Yun Kuen Lee, Status, Symbol, and Meaning in the Dian Culture, *Journal of East Asian Archaeology*, vol.3, 2002.

容易忽略不同墓地之间的差异。姚辉芸则参考李润权的研究方法，对石寨山、李家山、石碑村和天子庙墓地的随葬品分别进行统计分析，将分析的结果与文本和图像材料进行对比，对石寨山文化的社会组织做更深入的研究。通过研究，她注意到不同墓地之间的等级差异，即平民墓地和贵族墓地，而不同的社会阶层在决定其社会地位方面起重要作用的因素是不同的。她的研究目的是想从另一种角度利用史学和考古学资料来重建更全面的社会①。此外，姚辉芸还对八塔台和横大路墓地进行了分析。她依据层位、空间分布及随葬品风格等因素将两个墓地区分成若干时段，并尝试探讨相同时段的关系及不同时段的变化，试图阐释两个墓地在与汉文化接触过程中产生不同变化的过程及原因②。

　　国内学者蒋志龙通过对金莲山、石寨山、李家山、天子庙、石碑村、羊甫头墓地社会结构的分析，初步构建了石寨山文化的社会结构，并在分期的基础上对其进行动态考察③。但该研究还有一些问题值得思考，如利用随葬品对墓葬进行等级划分的标准不统一，对不同等级身份进行推测的依据不够充分，以及推测为同一种身份的不同等级之间体现了何种差别？石寨山文化中期四个不同等级的人群又是如何向晚期的五个等级转化的？近来，陈伯桢等人认为前人对社会结构的研究重点主要是随葬品，忽略了墓地的空间信息，因此他们尝试用GIS自相关分析技术对羊甫头墓地进行统计分析，探讨随葬品的空间分布与社会结构的关系。提出羊甫头墓地的六个墓区代表了六个群体，群体之间在社会地位和经济条件上有差异④。但其研究以及前述学者都存在一个关键性问题，就是忽略了纵向的变化，即墓地形成过程中墓地布局、墓葬形制、随葬品种类及分布等方面的变化及其反映的社会结构变化情况。

　　性别研究也是本阶段人们比较关注的内容。李润权和姚辉芸在探讨社会结构时已经提出石寨山文化部分墓地中男女随葬的物品可能有所区别，如前者认为青铜纺

① Alice Yao, Scratching beneath Iconographic and Textual Clues: A Reconsideration of the Social Hierarchy in the Dian Culture of Southwestern China, *Journal of Anthropological Archaeology*, vol.24, 2005.

② Alice Yao, *Culture Contact and Social Change along China's Ancient Southwestern Frontier, 900 B.C.-100 A.D.*, Unpublished Ph.D.diss., University of Michigan, 2008.

③ 蒋志龙：《金莲山墓地研究》，吉林大学博士学位论文，2013年，第79～125页。

④ 陈伯桢、张龄方、詹大千、张智杰：《从空间分析看昆明羊甫头墓地的社会结构》，《考古人类学刊》2014年第81期。

织工具及各式材质的纺轮属于女性随葬品,武器及铜腰扣则为男性随葬品[①],而后者认为这种男女两性因为劳动分工的不同在随葬品上的反映只出现在低等级墓葬,高等级墓葬中所观察的模式可能更复杂[②]。专门讨论性别研究的国外学者还有佩尼·罗德和邱兹惠,前者侧重女性,强调女性在纺织业中扮演的重要角色[③],后者侧重男性,认为马术和畜牧业是男性文化的主要特点,男性贵族以通晓骑术和控制青铜铸造来建立和维护其社会地位[④]。由于上述学者研究的墓葬人骨保存均不佳,使得如何判断墓主性别的问题尤为重要。他们的研究方法是建立随葬品和性别之间的联系,从人类学研究中劳动的基本分工与性别的关系、墓葬中随葬品的组合、青铜器上的图像反映的活动场景这三个方面来互相论证,进而得出相对可靠的结论。这类研究方法确实为石寨山文化的性别研究提供了比较好的借鉴,但正如姚辉芸的研究所示,是不是每个墓地、不同的阶层都会遵循这种区分标准呢?从具体材料来看,随葬品组合中并不是没有反例,又如何解释这种"特例"现象呢?金莲山墓地的人骨材料为解决性别研究问题带来契机。蒋志龙以此为切入点,对金莲山墓地的性别指示物、性别与职业的关系等问题进行了较详细的分析[⑤]。尤其是性别指示物的分析,在以往研究结论的基础上又有了新的发现。但需要考虑这体现的是金莲山墓地的特殊性还是其他墓地的普遍性?更关键的是,金莲山墓地有非常复杂的葬俗,除单人葬外,还有合葬,而合葬的形式也有很多种,合葬墓会降低性别指示物的单纯性,但蒋志龙的研究似未在区分的基础上进行分析。

关于石寨山文化的社会演变,人们重点关注的是汉文化对石寨山文化的影响及其带来的后果,主要从器物演变的角度进行分析。有的是对石寨山文化因素的单个

① Yun Kuen Lee, Status, Symbol, and Meaning in the Dian Culture, *Journal of East Asian Archaeology*, vol.3,2002.

② Alice Yao, Scratching beneath Iconographic and Textual Clues: A Reconsideration of the Social Hierarchy in the Dian Culture of Southwestern China, *Journal of Anthropological Archaeology*, vol.24,2005.

③ [美]佩尼·罗德:《云南青铜器时代的纺织业和妇女地位》,林嘉琳、孙岩主编:《性别研究与中国考古学》,北京:科学出版社,2004年,第251~269页。

④ [美]邱兹惠:《云南青铜文化的骑马纹样》,林嘉琳、孙岩主编:《性别研究与中国考古学》,北京:科学出版社,2004年,第235~250页。

⑤ 蒋志龙:《金莲山墓地研究》,吉林大学博士学位论文,2013年,第79~85页。

器物进行研究[①]，亦有对汉文化因素的器物群研究[②]，通过对器物的分类和数量统计，观察其具体的变化过程，进而阐述整个社会的演变。

上述研究回顾表明，石寨山文化墓地的资料有了丰富的积累，学术界对该文化的墓地研究也取得了不少进展，但还存在以下不足：

第一，对石寨山文化墓地缺乏系统性的研究。以往研究针对的是石寨山文化的单个墓地或部分墓地，因此有的墓地研究较多，如石寨山和李家山等墓地，而有的却不够深入，如羊甫头墓地。这样不仅造成墓地研究的不平衡性，也使得对石寨山文化的认识不够全面。

第二，墓地的分期研究缺乏对陶器的应有重视，分期结果过于粗略。由于早期发现的墓地随葬陶器较少，研究者大多利用青铜器、铁器进行分期，这种分期只体现出较大阶段的器物组合变化特点，而缺少器物形制变化特征的分析和归纳。受此分期方法的影响，后来发掘的墓地即使具有一定数量的随葬陶器，也未被作为分期的主要依据，使得陶器在分期中的关键作用无法体现。

第三，对墓葬特征的探讨较少，尤其是墓葬形制、随葬品摆放位置、随葬品与墓葬特征的关系等问题，也缺乏纵向上时代变化和横向上不同墓地异同的综合考察。

第四，以往通过墓葬和墓地研究石寨山文化的社会状况，在研究方法上多是利用墓葬规模、随葬品的组合关系、品质数量等探讨社会分层和社会等级问题，此方法依赖于研究者对随葬品层级划分的不同理解。而通过辨认墓葬的下葬顺序把握墓地形成过程并从中揭示墓地的结构，进而研究墓地反映的社会结构等问题，这样的研究方法和内容涉及较少。此外，不同墓地的横向关系问题还缺乏深入的探讨，如，不同墓地的社会结构是否相同？具体是何种异同且形成原因是什么？这一系列问题都要在单个墓地分析的基础上，从横向、纵向上对所有墓地进行系统的比较才能得到解答。

---

① 吴敬：《以滇文化塑牛青铜器看滇国社会的发展与演进》，吉林大学边疆考古研究中心编：《边疆考古研究》第十辑，北京：科学出版社，2011年，第254～266页。

② 江柏毅：《汉王朝影响下的石寨山文化社会转变》，四川大学博物馆、四川大学考古学系、成都文物考古研究所编：《南方民族考古》（第八辑），北京：科学出版社，2012年，第173～192页。

第二节　研究目标、意义及方法

一　研究目标及其意义

第一，完善石寨山文化墓地的分期体系，有助于为深入研究石寨山文化奠定扎实的基础。

第二，复原石寨山文化墓地的形成过程和空间结构，有助于认识石寨山文化的墓地规划原则和组织结构。

第三，探讨石寨山文化墓地的社会结构及其变迁，有助于揭示石寨山文化的社会复杂化发展过程及变化原因，并从总体上把握云南滇中地区青铜时代晚期至早期铁器时代以石寨山文化为代表的社会发展特点。

第四，分析石寨山文化的源流及其与周邻文化的关系，有助于从纵向及横向上考察石寨山文化的发展背景，突出石寨山文化在区域性青铜文化形成与发展过程中的地位与作用。

二　研究方法

以往研究的不足表明，石寨山文化墓地反映的社会状况在方法和内容上还有深入讨论的空间。但是，由于墓葬遗存自身的局限性和聚落材料的缺乏，想要全面了解石寨山文化的社会状况确有困难。墓地代表了社会群体的存在，它的结构能够反映这一群体的某种社会组织结构。墓地之间的区分，说明不同的墓地具有一定程度的排他性。而墓葬特征的共性，说明一定时空范围内不同墓地在文化上是一致的。不同墓地代表的社会群体及其社会结构是否相同？社会结构在时间上有无变化？变化的原因是什么？这些都是本书想要探究的问题。因此，本书的切入点是通过研究墓地结构的时空变化来探索石寨山文化的社会结构、变迁及原因①。在实际操作中主要体现在两个方面，单个墓地的分析和不同墓地之间的比较。

（一）单个墓地的分析

由于每个墓地的规模和材料呈现不同，典型墓地是重点分析的对象②。单个墓地的形成是由时间和空间组成的，需要从墓地的形成过程和空间布局入手，即考察并复原墓葬的下葬顺序及空间位置。下葬顺序反映的是时间信息，主要通过随葬器物获取，本书将依据类型学和地层学的理论和方法，进行器物编年和墓地分期研究。器物编年是通过对典型器物的类型学研究，再根据墓葬间的叠压、打破关系和器物共存关系，尽可能细致地确定一种或一群器物的谱系演变序列。在此基础上，考察器物或器物群的阶段性变化并确定单个墓地的分期。单个墓地的分期是为了将各个墓地的分期进行整合，在同时期的条件下比较不同墓地的差异。

通过器物编年判断墓葬的下葬顺序，观察单个墓地的形成过程并揭示墓地的结构，进一步研究墓地反映的社会结构。了解社会结构内部的差异，还需要对不同组成部分的墓葬和随葬品特征，包括墓葬规模、形制，随葬品种类、数量、品质、组合及摆放位置等进行比较分析，进而对单个墓地代表的社会群体内部社会关系有比较全面的认识。

（二）不同墓地之间的比较

在单个墓地分析的基础上，考察同一时段墓地之间的差异。通过比较墓地规模和结构、墓地内部的社会关系、墓葬特征等方面，了解石寨山文化各墓地之间的关系，探讨差异性产生的原因，最终勾勒出石寨山文化的社会结构及变迁过程。

---

① 本文的研究思路及方法主要参考和吸收了赵辉、秦岭等学者的相关研究，如赵辉：《长江中游地区新石器时代墓地研究》，北京大学考古系编：《考古学研究》（四），北京：科学出版社，2000年；《读〈好川墓地〉》，《考古》2002年第11期。秦岭：《环太湖地区史前社会结构的探索》，北京大学博士学位论文，2003年。

② 所谓"典型墓地"指的是延续时间较长，能够提供较完整、科学的地层学和类型学依据，发表资料相对充足的墓地，如羊甫头、李家山、石寨山、天子庙、纱帽山等墓地。

第三节　相关问题说明

一　相关概念

（一）墓葬与墓地

墓葬是对死者的安置形式，强调具体放置死者的设施和安置的方式，而墓地指埋葬死者形成的区域性场所[①]，强调若干墓葬集聚后的空间状态。虽然本书研究的具体对象是墓葬遗存，包括了墓葬遗存的结构、置于其内部的遗物（通常是葬具和随葬品）、墓主的体态以及其他能够反映丧葬仪式的现象，但研究的重点是墓葬在墓地中的意义、墓葬与墓葬的关系以及墓地的社会意义，尤其需要考察墓葬在墓地中的位置及历时性的空间变化，若使用"墓葬研究"这一概念并不能准确涵盖，因此本书标题采用的是"墓地研究"。

（二）社会复杂化

社会复杂化是经济基础、社会结构、意识形态诸方面从简单到复杂，由平等向等级分化转变的一种进程。复杂化研究与社会文化演进、文明及国家起源研究有着密切联系，文明与国家是社会复杂化的表现形式，除此之外，社会复杂化的形式还包括非等级的平等社会和具有等级的头人、酋邦社会，因此复杂化研究的范畴要更广[②]。本书采用"复杂化"的概念，不仅认为这一表述是对社会文化演进过程相对客观的描述，还在于对社会状况文献记载相对匮乏的区域来说，这一概念或有助于探讨云南地区青铜时代至早期铁器时代考古学文化的社会演进模式。

（三）分类概念的使用

本书在分析资料时使用了一些名称不同的分类概念，为避免混乱在此略作说明：

第二章的分期研究使用"类""组""段""期"概念。墓葬单位的随葬器物种

[①]　王巍主编：《中国考古学大辞典》，上海：上海辞书出版社，2014年，第20页。

[②]　郑建明：《史前社会复杂化进程的理论探索》，《华夏考古》2011年第2期。

类（陶器、金属器等）不同分成"类"；同类器物的形制或组合不同分成"组"；各"组"之间在器物形制和组合上表现出变化时视为"段"；"段"之间具有阶段性变化的归纳为"期"。

第三章的墓地结构分析使用"群""区""区域"概念。单个墓地内部，数座墓葬紧密排列在一起的分为"群"；数"群"墓葬相对聚集成圈且周围有明显空白地带的分为"区"；形成与布局特点具有共性的多个墓地分为"区域"。

第四章的等级分化研究使用"等""级"概念，随葬品差异使用"类""区域"概念。在墓葬特征和随葬品特征方面表现出差异的墓葬分"等"次，不同墓地分"级"别，有的墓地其墓区结构表现出分化的也可分"级"别，如羊甫头、李家山墓地。不同墓地根据随葬品构成差异分"类"，同类墓地再归纳出"区域"。

二　其他说明

1.本书使用的金莲山墓地器物图主要来自蒋志龙的博士论文[①]，五台山墓地的部分器物由笔者在云南省文物考古研究所库房调查得知[②]。所有器物图比例未能统一。

2.部分墓地由于比例尺较难明确，在墓葬分布图中未进行标注，如石寨山墓地是根据历次发掘墓葬分布图拼合而成，羊甫头墓地则依据报告发表的分区墓葬分布图进行拼合。

3.为行文方便，在引用各家观点时均未使用"先生"等敬语，敬请谅解。

4.参考文献截至2023年12月。

---

① 蒋志龙：《金莲山墓地研究》，吉林大学博士学位论文，2013年。

② 本次资料查阅由云南省文物考古研究所蒋志龙先生介绍，经考古所所长刘旭先生同意后得以入库查看。在查阅过程中得到了陪同人员黄颖女士的指导。

第二章　石寨山文化墓地的分期与年代

本章将从典型墓地入手，依据墓葬随葬品中典型器物——陶器和金属器的变化特征，来讨论石寨山文化墓地的分期问题，并通过器物对比和参考碳十四测年数据，对各期年代进行初步推断，以此作为深入研究石寨山文化墓地的基础。

第一节　典型墓地的器物分期

一　羊甫头墓地

该墓地位于昆明市官渡区小板桥街道办事处羊甫村，墓葬分布在一座馒头形缓丘上，面积约4万平方米。1998～2001年，云南省文物考古研究所、昆明市博物馆和官渡区博物馆分三个阶段进行了发掘，发掘面积约1.5万平方米，清理石寨山文化墓葬810座[①]。2016年7～9月，为配合基建，云南省文物考古研究所又联合官渡区博物馆开展了新的发掘工作，发掘面积约1975平方米，清理石寨山文化墓葬45座[②]。

---

① 云南省文物考古研究所、昆明市博物馆、官渡区博物馆：《昆明羊甫头墓地》，北京：科学出版社，2005年。

② 云南省文物考古研究所：《文物考古年报》（2016），内部刊物，第68～73页。

（一）原有分期之辨析

发掘报告以层位关系和典型器物的编年为依据，将墓葬分为四期8段[1]，然而重新检验其分期依据，发现存在一些值得商讨之处。

1.研究路径

报告研究的路径是先根据典型铜器的类型差异及其形制发展演变情况，以及铜铁合制器、纯汉式铁器出现时间的差异，将这些器物总体分为四期，然后再根据陶器陶系、类型的差异及其形制的发展演变情况，结合铜器、铜铁合制器、铁器的分期，将陶器分为四期8段。报告以形态变化相对缓慢的金属器作为分期的基础，先分期再划段，这不符合客观的研究程序。尤其从金属器入手，主要依据的是铜铁合制器、铁器的有无及多少，这种作业实际上属于先断代后分期，即认为不出这些器物的墓葬年代一定较早。一些器类的出现固然具有时代特点，但由于金属器通常使用的时间较长，即使出同类器物的墓葬，其期别年代也可能不同。因此，在可能存在错乱的分期框架下对陶器划段分期，势必难以准确把握陶器的演变规律。再看报告对典型器物的编年，仅总结了器物在不同段、期的特征，却忽略了分期论证过程。虽然报告对大多数金属器和陶器都进行了类型学的形制分析，但没有说明典型器物形制发展演变的依据，也未阐明划段分期的理由，这使得形制分析与分期结果之间的联系不明确。此外，器物编年与层位学依据之间的关系也未予以交代。报告归纳了146组墓葬间的打破关系，去除重复的两组（第15组和63组，第40组和47组），加上只见于墓葬登记表中的一组（M821→M832）[2]，实际应为145组。然而报告并未明确哪些层位关系具有分期意义并能为器物编年提供证据。

2.典型器物的类型学分析

报告对典型器物的形制分析也存在问题，主要是器物型式划分标准不统一。

一是将属于同一型或亚型的器物分为不同的型或亚型，如陶釜，报告根据口、颈部的不同分四型，但从器物标本图看，CbⅠ、Ⅲ式应与Ba型相同，而Da型应属

---

[1]　云南省文物考古研究所、昆明市博物馆、官渡区博物馆：《昆明羊甫头墓地》，北京：科学出版社，2005年。该报告对399座墓葬进行了分期，但统计"墓葬登记表"中分期墓葬的数量，实际有407座。

[2]　"→"和"↓"表示"打破"，下同。

于A型下的亚型。再如铜矛，依据刃的长短和宽窄，分为四个亚型，长、短型和宽、窄型之间存在包含关系，即将同亚型的矛分成了不同的亚型。

二是将不同类或型的器物划归为同型的不同亚型或式，如，报告根据形体差异，把C型釜分四个亚型，其中Ca、Cb和Cc型的划分依据是沿部特征，但Cd型是底部特征，显然与其他亚型不是同一型的关系。再如B型罐，报告依据口部特征差异分为两个亚型，但侈口的Ba型中，也常见长直口的Bb型。还有铜器与铜铁合制器应属于不同器类，报告却只依据形态将其划分为同型的不同式别。

三是部分器物式别划分标准不清晰，使得不同特征的演变脉络不够清楚。如Ab型罐依据肩部和腹部变化，腹部由浅至深发展，最后一式却没有体现出最深的形态，报告中的标本图反而显示变浅。再如Bb型罐依据腹部深浅变化，但同时存在变深和变浅两种逻辑。

用层位关系检验报告的分期结果，发现其中有三组存在颠倒的现象：第93组中，M606属四期7段，被三期5段的M597叠压；第130组中，四期7段的M789被三期5段的M740叠压；第131组中，三期6段的M768被二期3段的M747叠压。

可以看出，由于报告的研究路径和器物类型学分析存在问题，陶器分期的基础意义未能凸显，器物的形制演变规律不清，期段划分依据不充分，分期结果的准确性值得怀疑。此外，虽然报告依据器物编年对墓葬进行分期研究，但只归纳了各墓葬的期属，没有涉及其他墓葬分期研究如墓葬形制、埋葬习俗、性别及等级方面的变化特征情况，显然混淆了随葬品分期与墓葬分期的概念。因此，羊甫头墓地的分期研究尚有进一步分析和完善的必要。

在前人研究的基础上，笔者按照类型学研究方法，挑选典型单位，分析具有分期意义的陶器，再结合器物共存关系、型式变化，进行分段划期，探讨墓葬的分期和年代。器物类型学分析的对象来自羊甫头墓地的90个典型单位，而典型单位的选择依据是：第一，有叠压或打破关系且随葬陶器的墓葬[①]；第二，随葬陶器器类丰富且数量较多的墓葬；第三，随葬陶器器类演变规律清楚而具有代表性的墓葬。本书

_____

① 根据发掘报告描述，羊甫头墓地部分墓葬有叠层葬，此类现象亦可当作一种叠压的层位关系。本书将明确具有叠层现象，且不同层位所出器物表现出阶段性变化的墓葬也看作典型单位。器物所在的层位自上而下以①②③……表示，代表从晚至早的关系。

认定只要符合其中一条即可作为典型单位。

（二）器物类型学的再分析

1. 陶器的形制分类

羊甫头墓地的随葬陶器有釜、罐、尊、钵、豆、盒、瓮、器盖等[①]，其中具有分期意义的典型器物是釜、罐、尊、钵。

（1）釜

敞口，圜底，以夹砂陶为主，多褐、红褐、红或黄褐色，多数内壁涂抹一层黑衣或褐衣，少数是泥质陶，为黑、黑褐或褐色。此类器物数量最多，修复器有361件，发掘报告将其分为四型，其下包括10个亚型，本书根据口、颈部特征调整为四型8个亚型。

A型　喇叭口外撇或略斜直，长颈。根据腹部特征分两亚型。

Aa型　折腹。根据腹及底部特征分五式，腹部由浅变深，底部由圜底变平底。

Ⅰ式　扁腹，腹径大于口径，底微圜。标本M19：180（图2.1，1）。

Ⅱ式　浅腹，腹径等于或略小于口径，底微圜。标本M570：2（图2.1，2），肩部饰有一周凸棱并刻划网格纹。

Ⅲ式　腹略深，圜底。标本M104：34-1（图2.1，3）。

Ⅳ式　腹较深，微圜底。标本M113：280（图2.1，4）。

Ⅴ式　腹较深，圆角平底，底略向内凹。标本M610：9（图2.1，5），肩部饰有一周凸棱并刻划带状网格纹。

Ab型　圆弧腹。根据腹及底部特征分五式，腹部由浅变深，底部由圜底变平底。

Ⅰ式　扁腹，腹径宽于口径，底微圜。标本M251：10（图2.1，6）。

Ⅱ式　扁鼓腹，底微圜。标本M147：38（图2.1，7）。

Ⅲ式　弧鼓腹，腹径等于或略小于口径，底微圜。标本M113：194（图2.1，8）。

Ⅳ式　鼓腹略深，圆角平底，微向内凹。标本M610：7（图2.1，9），肩部刻划三角形网格纹（图2.1，9）。

Ⅴ式　圆鼓腹，腹较深，平底。标本M326：17（图2.1，10）。

---

① 根据发掘报告，羊甫头墓地的随葬陶器还有纺轮、镯等器类，本书主要以容器为研究对象。

B型　大口，颈部较长并向内曲折，外侧形成一周凸棱。根据整体形态分两亚型。

Ba型　体较大。根据腹及底部特征分五式，腹部由浅变深，由近平底变圜底。

Ⅰ式　浅腹较扁，底近平。标本M147：37（图2.1，11）。

Ⅱ式　浅腹略鼓，微圜底。标本M608：?（图2.1，12）①。

Ⅲ式　鼓腹较深，圜底。标本M322：1（图2.1，13）。

Ⅳ式　深腹圆鼓，圜底。标本M113：313（图2.1，14）。

Ⅴ式　腹更深，球腹，圜底略尖。标本M46：9（图2.1，15）。

Bb型　体较小，整体形态矮扁，器高不超过11厘米，底微圜。根据口、颈及腹部特征分三式，口沿由侈沿变折沿，颈部由矮变高，腹部由浅变深。

Ⅰ式　侈沿或微折沿，颈部较短，浅腹。标本M94：?（图2.1，16）。

Ⅱ式　折沿，沿面较宽，颈部较短，浅腹。标本M570：1（图2.1，17）。

Ⅲ式　折沿，宽沿面，颈部较高，深腹。标本M569：10（图2.1，18）。

C型　大口，颈部较长，微弧或斜直。根据整体形态分两亚型。

Ca型　口径大于腹径，浅腹。根据口及腹部特征分三式，口沿由侈沿变折沿，腹部由浅变深。

Ⅰ式　沿面外侈，浅腹较扁。标本M19：185（图2.1，19）。

Ⅱ式　平折沿，颈斜直，浅腹略鼓。标本M322：4（图2.1，20）。

Ⅲ式　平折沿，颈斜直，腹微鼓较深。标本M610：12-2（图2.1，21）。

Cb型　口径约等于腹径，深腹。根据腹部及底部特征分两式，腹部由浅变深，底部由微圜变圜底。

Ⅰ式　腹略扁，底微圜。标本M251：13（图2.1，22）。

Ⅱ式　腹较鼓略深，圜底。标本M344：?（图2.1，23）。

D型　侈口，短颈。根据颈部特征分两亚型。

Da型　折颈，颈部与肩部之间形成角度。根据腹部变化分三式，腹部由浅变深。

Ⅰ式　口径大于腹径，浅腹扁鼓。标本M630：5（图2.1，24）。

① 本书陶器类型的部分标本来自发掘报告的墓葬登记表，原表中未标注器物编号的均以"?"表示。

Ⅱ式 口径大于腹径，深腹圆鼓。标本M618：15（图2.1，25）。

Ⅲ式 口径略大于或等于腹径，深腹似球。标本M185：17（图2.1，26）。

Db型 束颈，卷沿，颈肩之间形成弧度。根据腹部变化分三式，腹部由浅变深。

Ⅰ式 口径大于腹径，浅腹扁鼓。标本M781：8（图2.1，27）。

Ⅱ式 口径大于腹径，腹部较深。标本M518：10（图2.1，28）。

Ⅲ式 口径略大于或等于腹径，深腹圆鼓。标本M572：8（图2.1，29）。

（2）钵

侈口，圜底，多为夹砂红或褐陶。根据腹部特征分两式。

Ⅰ式 浅腹。标本M10：13（图2.1，30）。

Ⅱ式 深腹。标本M333：?（图2.1，31）。

（3）罐

多为泥质陶，以褐色为主，其次是黑和灰色，有的烧成温度很高，陶质坚硬，器表抹光，乌黑发亮。此类器物的数量仅次于釜，修复器约有191件，发掘报告分为三型，本书根据整体形态差异，调整为四型。

A型 侈口外撇，束颈，大腹径，鼓腹，下腹急收，小平底。肩部多饰有对称乳钉，刻划一周带状网格纹。根据腹部特征分五式，腹部由圆鼓变折腹下垂。

Ⅰ式 腹部圆鼓，下腹弧收。标本M19：172（图2.1，32）。

Ⅱ式 腹部尖鼓，下腹斜收。标本M108：69（图2.1，33）。

Ⅲ式 折腹，下腹微内凹。标本M559：?（图2.1，34）。

Ⅳ式 腹微垂，下腹内凹。标本M573：1（图2.1，35）。

Ⅴ式 垂腹，近底部内凹，小平底凸出成假圈足。标本M1：25-1（图2.1，36）。

B型 细长颈，大腹径，鼓腹，下腹急收，小平底。根据腹部特征分三式，腹部由尖鼓变折腹下垂。

Ⅰ式 腹部尖鼓，下腹斜收。标本M6：9（图2.1，37）。

Ⅱ式 折腹，下腹微内凹。标本M715：?（图2.1，38）。

Ⅲ式 鼓腹下垂，近底部内凹，小平底凸出成假圈足。标本M831：3（图2.1，39）。

C型 喇叭口，小腹径，深腹，平底。颈部外侧及肩部有刻划纹，且肩部多饰有乳钉。根据口部及颈部特征分两亚型。

Ca型　小喇叭口略斜直，颈部外侧多饰有数周弦纹或细密划线纹，肩部多刻划波浪纹和网格纹，并饰两个对称乳钉，底部或有叶脉纹。根据腹部特征分四式，腹部由微鼓变尖鼓，下腹由微鼓变内凹再变斜直。

Ⅰ式　微鼓腹。标本M547：7（图2.1，40）。

Ⅱ式　鼓腹。标本M715：1（图2.1，41）。

Ⅲ式　上腹鼓，下腹斜收内凹。标本M626：?（图2.1，42）。

Ⅳ式　上腹尖鼓，下腹斜收，近底部微内凹。标本M194：11（图2.1，43）。

Cb型　大喇叭口外撇，颈部外侧或饰有细密划线纹，肩部以网格纹为主，乳钉二至四个不等，即报告里的B型尊。根据肩及腹部特征分四式，肩部由溜肩变折肩，下腹由微内凹变斜直。

Ⅰ式　溜肩，上腹较鼓，下腹斜收近底部微内凹。肩部一般饰有四个对称乳钉，刻划带状网格纹，乳钉下刻划叉形纹。标本M19：171（图2.1，44）。

Ⅱ式　溜肩，腹部微鼓。肩部一般饰有两个或三个对称乳钉，刻划带状网格纹，乳钉下或饰有草叶纹。标本M106：12（图2.1，45）。

Ⅲ式　鼓肩，下腹斜直内收。肩部一般饰有两个对称乳钉，或刻划带状斜线纹。标本M113：284（图2.1，46）。

Ⅳ式　折肩，下腹斜收。肩部一般饰有两个对称乳钉，刻划带状网格纹或雷纹。标本M70：1（图2.1，47）。

D型　直口略长，颈较粗，深腹，平底。肩部多饰有对称乳钉，刻划带状网格纹。根据口、肩及腹部特征分三式，肩部由鼓变垂，下腹部由斜直变内凹。

Ⅰ式　尖圆唇，鼓肩，斜直腹。标本M608：?（图2.1，48）。

Ⅱ式　圆唇，折肩，斜直腹。标本M102：45-1（图2.1，49）。

Ⅲ式　厚圆唇，溜肩，下腹斜收微内凹。标本M113：211（图2.1，50）。

（4）尊

喇叭口，高圈足，泥质陶多为黑或褐色，夹砂陶均为红或褐色。即发掘报告里的A型尊，其中包括三个亚型，根据腹部特征调整为两型。

A型　折腹。根据腹部和圈足特征分五式，腹部由宽变窄，由浅变深，圈足壁由斜直变外撇。

Ⅰ式　扁腹，腹径宽于口径，圈足顶部较宽，足壁斜直。标本M19∶166（图2.1，51）。

Ⅱ式　扁腹加深，腹径宽于或等于口径，圈足顶部变窄，足略外撇。标本M147∶36（图2.1，52）。

Ⅲ式　腹径小于口径，圈足顶部更窄，足底外撇。标本M570∶3（图2.1，53），肩部饰有一周凸棱和网格纹。

Ⅳ式　腹部尖鼓，较深。标本M104∶37-2（图2.1，54）。

Ⅴ式　鼓腹下垂，深腹，圈足顶部窄小。标本M702∶10（图2.1，55）。

B型　弧腹。根据腹部和圈足特征分五式，腹部由宽变窄，由浅变深，圈足壁由斜直变外撇。

Ⅰ式　扁腹，腹径宽于口径，圈足顶部较宽，足壁斜直。标本M147∶41（图2.1，56）。

Ⅱ式　腹扁鼓较深，腹径略宽于口径，圈足底部略外撇。标本M554∶14（图2.1，57）。

Ⅲ式　腹径小于口径，圈足顶部变窄，足底外撇。标本M113∶210（图2.1，58），肩部饰有一周凸棱和网格纹。

Ⅳ式　鼓腹较深，圈足顶部窄小，足底外撇。标本M209∶1（图2.1，59）。

Ⅴ式　深腹圆鼓。标本M326∶10（图2.1，60）。

2. 铜器的形制分类

铜器是羊甫头墓地出土最多的随葬品，其中兵器不仅数量多种类亦丰富，比较常见的器类是剑、矛、戈和斧等，本文主要以这些器物为典型器进行分析。

（1）剑

器身较短，根据剑格特征分甲、乙两类。

甲类　无格剑，根据剑柄首部特征分两型。

A型　柄首呈"凸"字形。根据柄部的装饰风格分两亚型。

Aa型　镂空与铸纹结合，铸纹处或镶嵌绿松石。根据柄部特征分两式。

Ⅰ式　柄身略短且宽，两侧内凹，至柄首向外撇开。标本M19∶218（图2.2，1）。

Ⅱ式　柄身较长且窄，两侧微内凹，至柄首微外撇。标本M157∶25（图2.2，2）。

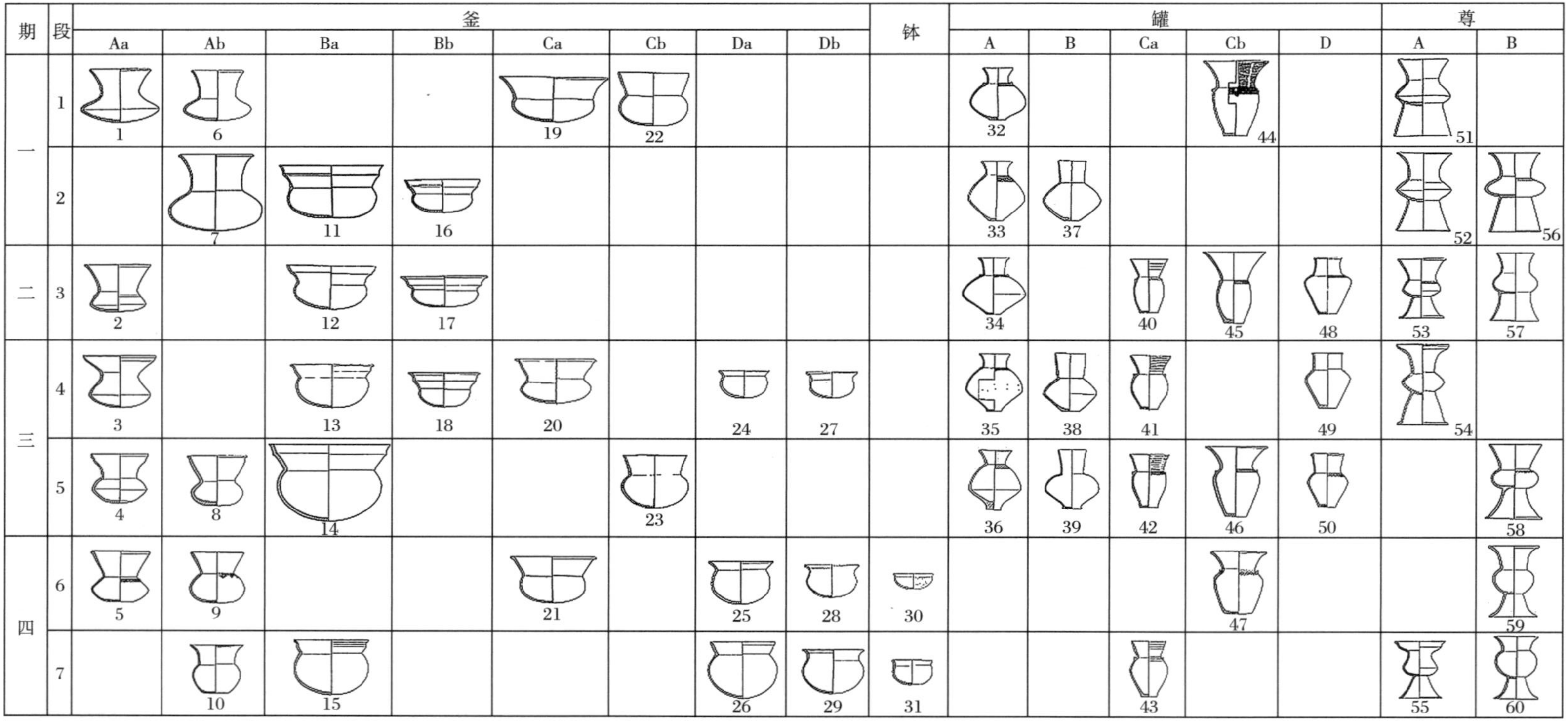

图 2.1 羊甫头墓地典型陶器分期图

1.M19：180　2.M570：2　3.M104：34-1　4.M113：280　5.M610：9　6.M251：10　7.M147：38　8.M113：194　9.M610：7　10.M326：17　11.M147：37
12.M608：？　13.M322：1　14.M113：313　15.M46：9　16.M94：？　17.M570：1　18.M569：185　19.M19：185　20.M322：4　21.M610：12-2　22.M251：13
23.M344：？　24.M630：5　25.M618：15　26.M185：17　27. M781：8　28.M518：10　29.M572：8　30.M10：13　31.M333：？　32.M19：172　33.M108：69
34.M559：？　35.M573：1　36.M1：25-1　37.M6：9　38.M715：3　39.M831：3　40.M547：7　41.M715：1　42.M626：？　43.M194：11　44.M19：171
45.M106：12　46.M113：284　47.M70：1　48.M608：？　49.M102：45-1　50.M113：211　51.M19：166　52.M147：36　53.M570：3　54.M104：37-2
55.M702：10　56.M147：41　57.M554：14　58.M113：210　59.M209：1　60.M326：10

Ab型　铸纹。柄部及脊多饰有对称"S"形纹。标本M19∶215（图2.2，3）。

B型　柄首呈圆形。根据柄部和剑身特征分两式。

Ⅰ式　柄身较长，近剑身和首部内凹，剑身较窄。标本M19∶217（图2.2，4）。

Ⅱ式　柄身较短，两侧略直，剑身较宽。标本M113∶345（图2.2，5）。

乙类　一字格剑，根据剑柄首部特征分三型。

A型　喇叭形空首。根据柄部和剑身特征分三式。

Ⅰ式　小喇叭口，柄身较细，一字格长且宽，宽剑身。标本M108∶33-2（图2.2，6），剑身装饰有尖叶纹。

Ⅱ式　大喇叭口，柄身略粗，中部内凹，一字格变短且较窄，剑身窄长，或有脊，剑身横截面呈扁菱形。柄中部多饰有线纹、云纹、雷纹、绚纹和圆圈纹等组合纹饰，剑身末端或饰有变体云纹。标本M554∶7（图2.2，7）。

Ⅲ式　柄首与柄身有明显区分，柄身较粗且外凸，剑身中部或有凸脊。柄首部饰条形镂空纹，柄身饰方形或三角形镂空纹。标本M572∶12（图2.2，8）。

B型　圆凸首，截面为圆形。根据柄部特征分两式。

Ⅰ式　柄首微凸。柄身饰有弦纹与云纹。标本M113∶344（图2.2，9）

Ⅱ式　柄首较凸，与柄身区分明显。柄首饰有条形镂空纹。标本M525∶4（图2.2，10）。

C型　扁凸首，截面为椭圆形。与A型无格剑柄首相似，柄身饰有假镂空纹。标本M342∶3（图2.2，11）。

（2）矛

根据矛口特征分甲、乙两类。

甲类　凹口矛，口部内凹，截面呈椭圆形。骹侧或有双系。根据叶的长短分两型。

A型　长叶。根据叶部特征分两式。

Ⅰ式　叶身窄长，截面呈扁菱形。标本M19∶193-2（图2.2，12），叶身饰有三角形火焰纹，骹身饰有弦纹、三角齿纹、竖向云纹和圆点纹等组合纹饰。

Ⅱ式　叶身较宽，截面呈菱形。标本M104∶40（图2.2，13），叶身饰三角形火焰纹，骹身饰三角齿纹、弦纹、横向云纹和圆点纹等组合纹饰。

B型　短叶。根据骹部特征分两式。

Ⅰ式　骹壁斜直。骹部或有双系，饰有菱形雷纹、蛇纹、菱形田字纹。标本M150：30-1（图2.2，14）。

Ⅱ式　近叶处骹壁内凹，骹口外撇。素面。标本M554：4（图2.2，15）。

乙类　平口矛，平口，截面呈圆形。根据叶的长短分两型。

A型　长叶。根据骹部有无双系和纹饰分两亚型。

Aa型　骹部无双系，素面，骹底两侧或有双圆穿。根据叶部特征分两式。

Ⅰ式　叶底斜折，叶作三角形。标本M150：30-5（图2.2，16）。

Ⅱ式　叶底圆转，叶作柳叶形。标本M20：1（图2.2，17）。

Ab型　骹部有双系，骹部及脊底部多有纹饰。根据叶部特征分两式。

Ⅰ式　脊部微凸，截面呈菱形，叶底平折，叶作三角形。骹部饰有弦纹、绹纹及云纹等组合纹饰。标本M413：1（图2.2，18）。

Ⅱ式　脊部凸起呈柱状，叶底圆转，叶作柳叶形。脊底部饰三角形内填格纹或雷纹，骹部饰有弦纹、三角齿纹、绹纹等组合纹饰。标本M104：11（图2.2，19）。

B型　短叶，骹部一般有穿。根据叶部特征分两亚型。

Ba型　叶身有凸脊呈柱状。根据叶部及骹部特征分两式。

Ⅰ式　叶身窄长，刃面较窄。标本M290：15（图2.2，20）。

Ⅱ式　叶身宽短，刃面较宽，骹部饰有凹弦纹。标本M572：4（图2.2，21）。

Bb型　叶身脊部突出，截面呈菱形。根据叶部及骹部特征分三式。

Ⅰ式　叶作三角形，短骹，近叶部内凹。骹中部有凹口痕迹，饰有菱形田字纹。标本M298：1（图2.2，22）。

Ⅱ式　叶作柳叶形，长骹，骹身斜直。标本M644：6（图2.2，23）。

Ⅲ式　叶身宽短，骹更长，中部有段，骹口饰凸弦纹。标本M543：24（图2.2，24），骹上部饰雷纹。

（3）戈

此类器物出土较多的是无胡直内戈，本文仅分析该型。根据锋部特征分两型。

A型　尖锋。曲援，援中部有一圆穿孔，近阑处有两方穿，内上有一长方形穿，内末端向内卷曲。根据援和内部特征分两式。

Ⅰ式　援身扁平，截面呈扁椭圆形，内末端向内卷曲形成"W"形凹口。援穿周围饰单或双圈芒纹，援本饰梯形内填三蛙人纹或云纹、三角纹，内上饰五蛙人纹。标本M19：74-2（图2.2，25）。

Ⅱ式　援身中部有凸脊，援身较长，锋部较尖锐，内末端形成象征性卷曲纹，凹口不明显。援部圆穿缩小，周围饰双圈芒纹与三角形纹组合。标本M554：2（图2.2，26）。

B型　圭锋。曲援，近阑处有两方穿，内上有一长方形穿。根据援部特征分三式。

Ⅰ式　援身扁平，截面呈扁椭圆形。多为素面。标本M158：2（图2.2，27）。

Ⅱ式　援身中部凸起，截面呈扁菱形。多为素面。标本M569：12（图2.2，28）。

Ⅲ式　援身中部有凸脊，援身末端变宽，锋部尖锐。援上有一圆穿，周围饰单圈芒纹，援本饰有梯形内填双蛙人纹，内上饰三蛙人纹。标本M340：7（图2.2，29）。

（4）斧

根据銎口特征分五型。

A型　椭圆形銎口，单系。根据刃及系部特征分三式。

Ⅰ式　斧身中部两侧内凹，刃部与銎口同宽，平刃，单系多位于斧身中部。銎身中部饰有双弦纹，内填绹纹。标本M19：78（图2.2，30）。

Ⅱ式　斧身近刃部两侧内凹，刃部略宽于銎口，微弧刃，单系多位于斧身上部。銎身上半部饰有弦纹、云纹、雷纹、绹纹、三角形内填雷纹组合，或弦纹、波浪纹、绹纹与兽形纹组合。标本M554：1（图2.2，31）。

Ⅲ式　宽弧刃，单系多位于近銎口处。銎身上部饰有云纹、三角齿纹与三角形内填雷纹组合。标本M569：11（图2.2，32）。

B型　半圆形銎口，单系。根据刃部特征分二式。

Ⅰ式　刃部略窄于銎口。銎身上半部或饰有弦纹。标本M290：10（图2.2，33）

Ⅱ式　刃部略宽于銎口。銎身上半部多饰有弦纹、波浪纹、绹纹、云纹及兽形纹组合纹饰。标本M781：4（图2.2，34）。

C型　方形銎口。根据刃及系部特征分三式：

Ⅰ式　刃部略宽于銎口，平刃，銎身三分之一处或有单系。銎身多素面。标本M619：1（图2.2，35）。

Ⅱ式　刃部宽于銎口，刃较弧，銎口侧面多凸起或凸出有脊，接近銎口处或有单系。銎身上部多饰有弦纹、绹纹、云纹及兽形纹。标本M340：6（图2.2，36）。

Ⅲ式　宽弧刃，銎身两侧有凸脊，銎口多有数道凸弦纹，接近銎口处多单系。銎身多素面。标本M575：9（图2.2，37）。

D型　多边形銎口，刃部宽于銎口，单系。标本M102：8（图2.2，38），銎身上部饰有弦纹、三角纹。

E型　三角形銎口，宽弧刃。銎身上部或饰有几周弦纹。标本M204：1（图2.2，39）。

3.铜铁合制器的形制分类

铜铁合制器以兵器为主，其中可以作为典型器的有铜柄铁剑，该器剑柄铜制，剑身铁制。本书参考报告的划分，根据剑柄特征分三型。

A型　无格，凸字形柄首。柄部饰有三角形镂空纹、联珠纹及线纹。标本M771：7（图2.2，40）。

B型　一字格，根据柄首特征分三亚型。

Ba型　喇叭形柄首。根据柄部特征分三式。

Ⅰ式　柄身中部内凹。标本M839：8（图2.2，41），柄身饰有线纹、圆圈纹、云纹及雷纹等组合纹饰。

Ⅱ式　柄身中部外凸。柄身一般饰有方形镂空纹。标本M771：14（图2.2，42）。

Ⅲ式　柄首与柄身有明显分界，剑身较长。标本M194：6（图2.2，43）。

Bb型　圆凸首。标本M818：4（图2.2，44），柄身饰有线纹、波浪纹、网格纹组合纹饰，柄首饰长条镂空纹。

Bc型　扁凸首。柄身多饰有三角形镂空纹和线纹。标本M505：5（图2.2，45）。

C型　柄首为圆盘形或覃形，柄身密布凸起的圆点纹。长格，边缘呈锯齿形，格上饰有方格纹、三角纹和圆圈纹。标本M41：1（图2.2，46）。

（三）分段与分期

羊甫头墓地墓葬之间的叠压打破关系较多，但出同类型陶器且具有式别演化的关系很少。仅有出土BbⅢ式釜的M569打破出土BbⅠ式釜的M708，可见Bb式釜的顺序应当无误，Ⅰ式早于Ⅲ式。

通过观察器物的共存情况，发现A型釜与尊经常共存，似构成一种组合，且这两类器物的型式在构成组合时有所差异，应属于不同时期，可大致分为7组。

图 2.2 羊甫头墓地典型金属器形制演变图

1.M19：218　2.M157：25
3.M19：215　4.M19：217
5.M113：345　6.M108：33-2
7.M554：7　8.M572：12
9.M113：344　10.M525：4
11.M342：3　12.M19：193-2
13.M104：40　14.M150：30-1
15.M554：4　16.M150：30-5
17.M20：1　18.M413：1
19.M104：11　20.M290：15
21.M572：4　22.M298：1
23.M644：6　24.M543：24
25.M19：74-2　26.M554：2
27.M158：2　28.M569：12
29.M340：7　30.M19：78
31.M554：1　32.M569：11
33.M290：10　34.M781：4
35.M619：1　36.M340：6
37.M575：9　38.M102：8
39.M204：1　40.M771：7
41.M839：8　42.M771：14
43.M194：6　44.M818：4
45.M505：5　46.M41：1

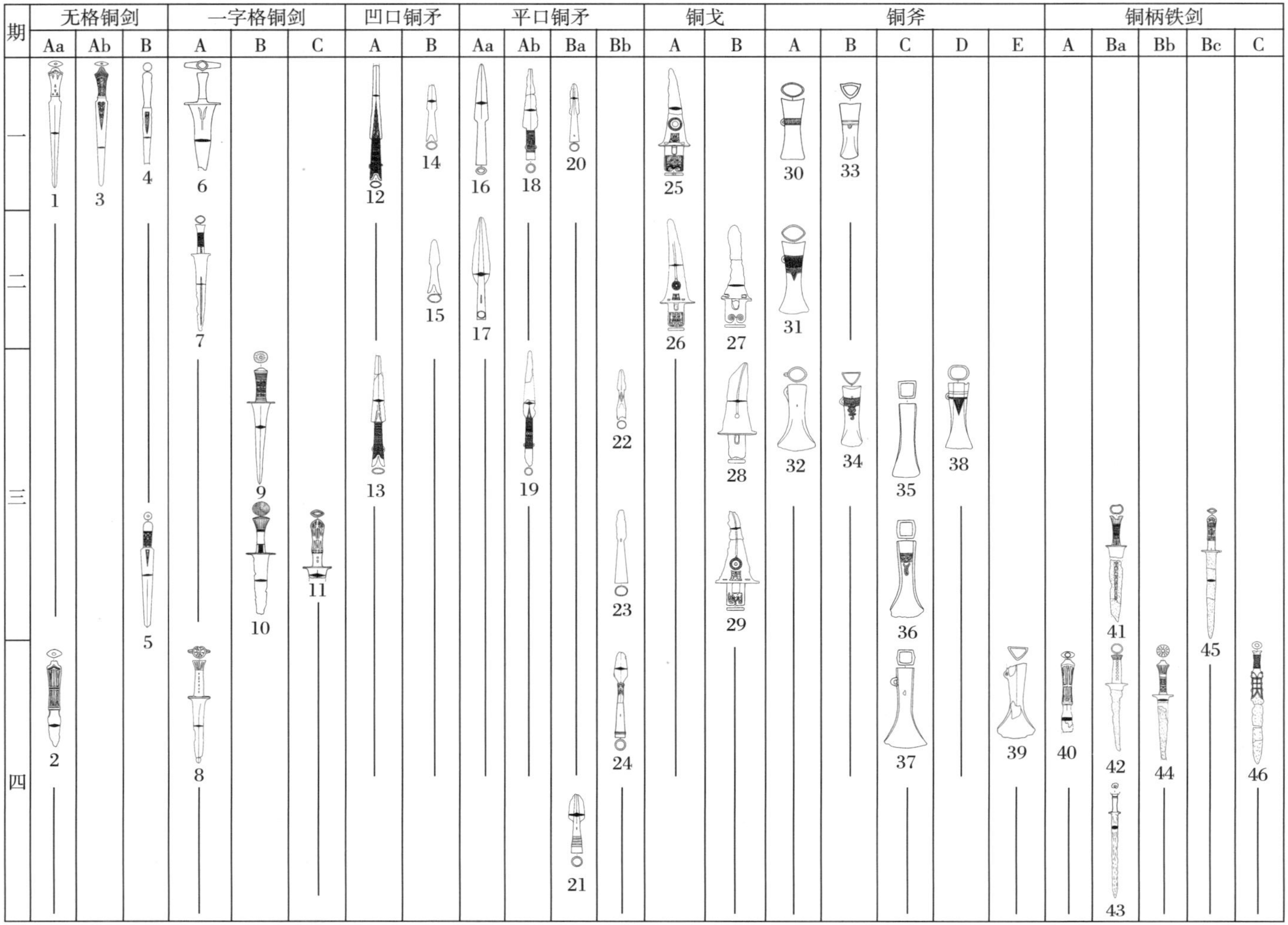

第1组，出釜AaⅠ式、AbⅠ式；尊AⅠ式。

第2组，出釜AbⅡ式；尊AⅡ式、BⅠ式。

第3组，出釜AaⅡ式；尊AⅢ式、BⅡ式。

第4组，出釜AaⅢ式；尊AⅢ式、AⅣ式。

第5组，出釜AaⅣ式、AbⅢ式；尊AⅣ式、BⅢ式。

第6组，出釜AaⅤ式、AbⅣ式；尊BⅣ式。

第7组，出釜AbⅤ式；尊AⅤ式、BⅤ式。

以A型釜与尊的组合为线索，参考其他器物的共存情况，可将典型单位也分成7组（表2.1）。这7组单位所含墓葬之间的打破关系如下。

① M623（第5组）→M569（第4组）→M708（第2组）。

② M520（第4组）→M522（第2组）。

③ M575（第6组）→M570（第3组）。

④ M536（第6组）→M554（第3组）。

⑤ M38（第6组）→M37（第5组）。

⑥ M572（第7组）→M578（第3组）。

因此，这7组典型单位的先后顺序大体可以确定，是由第1组向第7组发展的，其所出釜、钵、罐、尊的形制演变规律也当如此。

通过对各组陶器的组合关系和形制特征的比较，可以得出如下认识：

各组之间的组合和形制差异表明每组可单独成段；第1、2组的器类组合接近，A型釜与尊的形制较相似，均为扁腹，腹径大于口径；第3组较第2组出现了大量C、D型罐，且A型釜与A型尊的腹径小于口径；第4、5组各器类的形制较前一组均有了很大变化，釜和尊的腹部变深，罐类的下腹部较一致地呈现从微内凹向内凹变化的趋势，并出现D型釜；第6、7组的器类组合和形制较前一组有明显差异，釜和罐的类别减少，A型釜变为平底深腹，其他器类的腹部整体均变深，出现新的器类，如钵等。因此，这7组典型单位可分为四期7段（表2.1）：第一期包括第1、2段，共13个墓葬；第二期包括第3段，共13个墓葬；第三期包括第4、5段，共31个墓葬；第四期包括第6、7段，共33个墓葬。

表2.1 羊甫头墓地典型单位陶器型式统计表

期	段	墓葬	釜								钵	罐					尊	
			Aa	Ab	Ba	Bb	Ca	Cb	Da	Db		A	B	Ca	Cb	D	A	B
一	1	M19	Ⅰ				Ⅰ					Ⅰ			Ⅰ		Ⅰ	
		M101					Ⅰ											
		M251③		Ⅰ				Ⅰ				Ⅰ					Ⅰ	
	2	M108②		Ⅰ			Ⅰ					Ⅱ			Ⅰ			
		M6											Ⅰ					Ⅱ
		M147		Ⅱ	Ⅰ										Ⅰ		Ⅱ	Ⅰ
		M558										Ⅱ					Ⅱ	
		M545			Ⅰ												Ⅱ	
		M615										Ⅱ			Ⅰ			
		M708				Ⅰ												
		M522				Ⅰ												
		M413			Ⅰ	Ⅰ												
		M94			Ⅰ	Ⅰ												
二	3	M20②				Ⅰ、Ⅱ												
		M657			Ⅱ							Ⅱ						
		M578			Ⅱ													
		M608			Ⅱ	Ⅱ										Ⅰ		
		M827											Ⅲ					Ⅱ
		M570	Ⅱ			Ⅱ												Ⅲ
		M554②	Ⅱ			Ⅱ									Ⅰ			Ⅱ
		M526			Ⅱ	Ⅱ									Ⅱ			
		M25				Ⅱ									Ⅱ			Ⅱ
		M64	Ⅱ			Ⅱ									Ⅰ		Ⅲ	
		M559										Ⅲ						
		M547													Ⅰ			
		M106		Ⅱ	Ⅱ		Ⅰ								Ⅱ			

续表2.1

期	段	墓葬	釜								钵	罐					尊	
			Aa	Ab	Ba	Bb	Ca	Cb	Da	Db		A	B	Ca	Cb	D	A	B
三	4	M520	Ⅲ		Ⅱ													
		M832	Ⅲ		Ⅲ												Ⅲ	
		M322			Ⅲ		Ⅱ									Ⅰ		
		M630							Ⅰ							Ⅱ		
		M546	Ⅲ		Ⅲ												Ⅲ	
		M104	Ⅲ		Ⅲ		Ⅱ		Ⅰ							Ⅱ	Ⅳ	Ⅱ
		M781								Ⅰ								
		M569				Ⅲ												
		M161①								Ⅰ						Ⅱ		
		M819			Ⅲ								Ⅱ					
		M715											Ⅱ	Ⅱ				
		M636										Ⅲ	Ⅱ					
		M573										Ⅳ						
	5	M812										Ⅲ	Ⅱ					
		M831						Ⅱ				Ⅲ						
		M92		Ⅲ												Ⅱ		
		M782		Ⅲ	Ⅲ													Ⅲ
		M155		Ⅳ						Ⅰ								
		M523		Ⅳ											Ⅱ			
		M113	Ⅳ	Ⅲ	Ⅳ		Ⅱ								Ⅲ	Ⅲ	Ⅳ	Ⅲ
		M340③		Ⅲ														Ⅲ
		M170②	Ⅳ						Ⅰ								Ⅳ	
		M328		Ⅲ	Ⅳ													Ⅲ
		M26		Ⅲ														Ⅲ
		M754		Ⅲ		Ⅲ										Ⅲ		Ⅲ
		M37		Ⅲ					Ⅰ									Ⅲ
		M241			Ⅳ													Ⅲ
		M626			Ⅳ										Ⅲ			
		M623															Ⅳ	
		M531		Ⅲ					Ⅰ									
		M1③										Ⅴ		Ⅲ			Ⅱ	
四	6	M610	Ⅴ	Ⅳ			Ⅲ		Ⅰ							Ⅲ		Ⅳ
		M403		Ⅳ					Ⅱ									

续表2.1

期	段	墓葬	釜								钵	罐					尊	
			Aa	Ab	Ba	Bb	Ca	Cb	Da	Db		A	B	Ca	Cb	D	A	B
四	6	M609		IV					II									
		M634	V		IV									III				IV
		M197	V													III		
		M209			IV													IV
		M48		IV														IV
		M466		IV	IV													IV
		M10							I、II		I							IV
		M122									I							
		M611		IV	II			III										IV
		M70													IV			
		M65							II							III		
		M618							II	I								
		M536							II									
		M458							II	II								
		M477							II	II								
		M575							II									
		M38							II									
		M5		IV	II											II	IV	
	7	M326		V				III										V
		M68						III										
		M563		V				III										V
		M157		V				III										V
		M473						III	II、III									
		M46			V													
		M568							II	III								
		M572							III	I								
		M702								III							V	
		M194							III	III				IV				
		M77								II								
		M333								II								
		M185							III									

注：根据墓葬登记表，M94为叠葬，但具体的叠层情况和器物出土层位不明，从器物组合及形制看，应大体同时。

在陶器分期的基础上观察各期金属器的型式演变，统计如下（表2.2）：

表2.2　羊甫头墓地各期金属器型式统计表

分期	无格铜剑	一字格铜剑	凹口铜矛	平口铜矛	铜戈	铜斧	铜柄铁剑
一	AaⅠ、Ab、BⅠ	AⅠ	AⅠ、BⅠ	AaⅠ、AbⅠ、BaⅠ	AⅠ	AⅠ、BⅠ	
二	AaⅠ、BⅠ	AⅡ	AⅠ、BⅠ、BⅡ	AaⅡ、AbⅠ、BaⅠ	AⅠ、AⅡ、BⅠ	AⅠ、AⅡ、BⅠ	
三	AaⅠ、BⅡ	AⅡ、BⅠ、BⅡ、C	AⅡ、BⅡ	AaⅡ、AbⅠ、AbⅡ、BaⅠ、BbⅠ、BbⅡ	AⅠ、AⅡ、BⅠ、BⅡ、BⅢ	AⅡ、AⅢ、BⅡ、CⅠ、CⅡ、D、E	BaⅠ、Bc
四	AaⅡ	AⅡ、AⅢ、C	AⅡ、BⅡ	AaⅡ、AbⅠ、BaⅡ、BbⅡ、BbⅢ	AⅡ、BⅠ、BⅢ	AⅢ、BⅡ、CⅡ、CⅢ、D、E	A、BaⅡ、BaⅢ、Bb、Bc、C

从表中可以看出，各类金属器的形制变化及组合关系也具有阶段性特点：第一期，以AaⅠ、BⅠ式无格铜剑，AⅠ、BⅠ式凹口铜矛，AaⅠ、AbⅠ、BaⅠ式平口铜矛，AⅠ式铜戈，AⅠ和BⅠ式铜斧为主；第二期，一字格铜剑开始增多，并有了式别上的变化，平口和凹口铜矛、铜戈和铜斧也有式别变化，还新出现了B型铜戈等；第三期，除同型器物的式别演化外，一字格铜剑、平口铜矛和铜斧的类型增多，开始出现少量B型铜柄铁剑；第四期，铜柄铁剑的类型增加，并形成了以AaⅡ式无格铜剑、AⅢ式一字格剑、BaⅡ、BbⅢ式平口铜矛、CⅢ式铜斧、BaⅡ式及C型铜柄铁剑为代表的器物组合关系。因此，金属器的型式演变可分为四期。

根据分期标准，可把其余墓葬单位分别归入各期段（表2.3）。

此外，羊甫头墓地有一些墓葬仅出青铜器或铜铁合制器，较难分段，只能依据金属器组合情况判定所属期别：

属于第一期的有M75、M80、M207、M225、M228、M260、M269、M579、M593；

属于第三期的有M28、M51、M61、M76、M78、M99、M100、M109、M139、

表2.3　羊甫头墓地各期墓葬统计表

期	段	墓葬单位
一	1	M148、M150②、M299、M317、M732、M824
	2	M9、M24、M72①、M97、M290②、M334、M380、M386、M411、M418、M502、M550、M553、M555、M620、M701、M704、M774
二	3	M17、M22、M27、M30、M73、M86、M90、M95、M114、M115、M158、M178、M182、M200、M201、M210、M212、M214、M216、M222、M251②、M257、M263、M265②、M277、M323、M346、M355、M401、M456、M462②、M501、M503、M515、M530、M551、M554①、M561、M571①、M613、M655、M689、M692、M699、M700、M703、M707、M736、M746、M747、M759、M768、M818②、M829、M835、M838
三	4	M52、M66、M102、M187③、M307、M330、M336、M351、M352、M372、M459、M467、M468、M480、M497、M548、M556、M565、M577、M582、M595、M619、M621、M631、M646、M668、M676、M705、M760、M789、M798、M801、M803、M807、M836
	5	M1①、M1②、M12、M63、M89、M110、M150①、M154、M204、M205、M240、M305、M309、M329、M340①、M340②、M342①、M342②、M344、M347、M350、M358、M373、M374、M393、M412、M465、M505、M532、M557、M562、M576、M583、M597、M606、M607、M622、M642、M643、M644、M666、M670、M698、M724、M725、M735、M738、M740①、M740②、M770、M804、M814、M839
四	6	M32、M33、M41、M43、M50、M62、M67、M79、M103、M107、M111、M121、M126、M129、M159、M163、M164、M173、M179、M203、M218、M243、M252、M272、M275②、M280、M288、M297、M304、M343、M441、M443、M445、M449、M450、M493、M498、M506、M518、M524、M527、M541、M544、M552、M588、M628、M629、M650、M710、M749、M753、M809、M818①、M820、M837
	7	M134、M153、M172、M183、M213、M301、M337、M345①、M405、M406、M446、M451、M491、M494、M538、M540、M584、M706、M830

M162、M177、M195、M211、M219、M229、M238、M258、M298、M308、M314、M315、M324、M325、M345②、M359、M362、M371、M387、M396、M415、M417、M420、M452、M462①、M484、M513、M525、M580、M589、M596、M605、M635、M647、M648、M652、M663、M664、M665、M667、M669、M671、M681、M685、M716、M730、M737、M739、M761、M764、M767、M772、M775、M778、M790、M791、M797、M805、M806、M825、M828、M834；

属于第四期的有 M131、M137、M275①、M357、M377、M390、M442、M444、M447、M448、M472、M486、M511、M514、M539、M543、M549、M616、M752、M771、M788。

其余墓葬因可供判断期属的器物有限，未能进行划分。

二 天子庙墓地

该墓地位于昆明市呈贡区斗南街道小古城社区内，西临滇池2公里，东靠高约10米的黄土山（附近有古马料河通过）。墓地分布在天子庙的东北、东南段。1975~1976年、1979年及1992年先后进行过三次发掘，共计发掘面积约1000平方米，清理墓葬85座①。

关于天子庙墓地的分期，第二次发掘的考古报告将44座墓葬分为三期②。报告的分期方法是先断代后分期，即首先确定具有时代特征的墓葬年代，再根据青铜器、陶器的基本组合演变情况进行分期。报告依据墓葬规模、墓葬形制（有无生土二层台）及出土器物丰富程度，分大、中、小型墓三类，其中大型墓仅M41一座。报告通过比较天子庙M41与李家山M21、M24的器物组合情况，认为这三座墓葬属同一时期。并参考天子庙M41的碳十四测年数据，进一步确定其年代应在战国中期，将其定在第一期，再以此为基准判断其他墓葬的期属。但报告对第二、三期的划分依据并无详细说明。尽管报告对器物进行了型式划分，却没有体现出器物形制演变与分期的逻辑关系。从分期的结果来看，第一期墓葬仅有大型墓和中型墓各一座，其余中型墓均属于第二期，小型墓均为第三期，如此整齐划一，实难令人信服。

之后，蒋志龙和彭长林对天子庙墓地第一、二次发掘的墓葬分别进行了分期研究。

蒋志龙根据随葬品组合差异对墓葬进行分组，认为不同组别的陶器和青铜器组

---

① 云南省博物馆文物工作队：《云南呈贡天子庙古墓群的清理》，《考古》编辑部编：《考古学集刊》（三），北京：中国社会科学出版社，1983年，第132~142页；昆明市文物管理委员会：《呈贡天子庙滇墓》，《考古学报》1985年第4期；昆明市文管会：《呈贡天子庙古墓群第三次发掘简报》，《云南文物》1994年第39期。

② 昆明市文物管理委员会：《呈贡天子庙滇墓》，《考古学报》1985年第4期。

合与形制特征上的差异反映了年代早晚关系，并依据各组包含的墓葬叠压打破关系，进一步判断各组之间的早晚关系[①]。但其分组的标准不太明确，一是将部分组合不同的墓葬归为一组，如第一次发掘的18座墓葬分了a、b、c、d、e五组，其中b组的标准是出陶尊和铜剑等，但有3座墓葬只出陶纺轮，2座墓葬不出陶纺轮。二是没有考虑器物的形制变化，如c、d、e组均包含Ⅱ式罐[②]，从墓葬登记表可知，d、e组还出铜铁合制器和铁器。由于报告没有刊出全部的器物线图，无法得知分属不同组别的墓葬所出Ⅱ式罐的形制是否相同。值得思考的是，在其他器类（尤其是铜铁合制器和铁器的出现）发生变化的情况下，Ⅱ式罐始终保持同一种形制，这不太符合常理，也说明报告对器物的型式划分存在问题。

彭长林基本赞同羊甫头墓地发掘报告的分期，他参照该墓地各期器物的形制特点，将天子庙墓地分为四期，第一期相当于羊甫头墓地第二期，第二期相当于羊甫头墓地第三期，第二、三期之间有缺环，约相当于羊甫头墓地第四期[③]。该分期的问题在于，对羊甫头墓地的分期未加辨析，直接运用必然会影响天子庙墓地分期的可靠性。

从以上分析可以看出，虽然天子庙墓地已有一些分期成果，但均未按照类型学研究方法进行分析。第一、二次发掘报告中的墓葬登记表显示，62座墓葬中，有41座墓葬出陶器，其中复原器物有67件。观察已发表的部分器物图，大多能在羊甫头墓地找到相似的形制，这就为陶器分期研究提供了可能。因此，本文对天子庙墓地的分期主要参照前文羊甫头墓地的分期结果。需要说明的是，由于三次发掘报告公布的器物有限，实难对所有墓葬进行分期讨论[④]。

首先对出典型陶器的墓葬进行分析，参照羊甫头墓地的器物形制及组合情况，把墓葬分为7组，所含器物型式及分组情况如下表所示（表2.4）：

---

① 蒋志龙：《滇国探秘——石寨山文化的新发现》，昆明：云南教育出版社，2001年，第184～188页。

② 该文将Ⅱ式罐改称为侈口罐。

③ 彭长林：《云贵高原的青铜时代》，南宁：广西科学技术出版社，2008年，第42～44页。

④ 天子庙墓地第二次发掘简报的陶器型式划分标准混乱，且墓葬登记表中仅统计了器物的型，未统计式，难以对未发表器物图的陶器型式逐一进行订正。第三次发掘简报未公布墓葬登记表，且发表器物的出土单位信息不全。此外，由于第一、二次发掘的墓葬号重复，为便于区分，本书在墓号前用"①"表示第一次发掘，"②"表示第二次发掘，"③"表示第三次发掘。

表2.4 天子庙墓地墓葬陶器型式及分组情况统计表

组别	墓葬	釜	罐	尊
1	③M61		AⅠ	
2	②M33			AⅡ
3	①M1			AⅢ
	②M7		CaⅠ	
	②M30		CaⅠ	
	②M36		DⅠ	
4	①M5		DⅡ	
	②M41		DⅡ	AⅣ
5	①M2		CaⅢ	
	①M6			AⅣ
	②M1	BaⅣ		
	②M12		CaⅠ、Ⅱ、Ⅲ	AⅢ
	②M13		CaⅢ	
	②M19		CaⅢ	
	②M42			AⅣ
6	②M21	AbⅣ	CbⅣ	
7	②M14		CaⅣ	
	②M32		CaⅣ	
	③M57	DaⅢ		

因此，各组陶器特征可归纳为以下型式：

第1组，出罐AⅠ式（图2.3，1）。

第2组，出尊AⅡ式（图2.3，2）。

第3组，出罐CaⅠ式（图2.3，3）、DⅠ式（图2.3，4），尊AⅢ式（图2.3，5）。

第4组，出罐DⅡ式（图2.3，6），尊AⅣ式（图2.3，7）。

第5组，出釜BaⅣ式（图2.3，8），罐CaⅢ式（图2.3，9），尊AⅣ式。

第6组，出釜AbⅣ式（图2.3，10），罐CbⅣ式（图2.3，11）。

第7组，出釜DaⅢ式（图2.3，12），罐CaⅣ式（图2.3，13）。

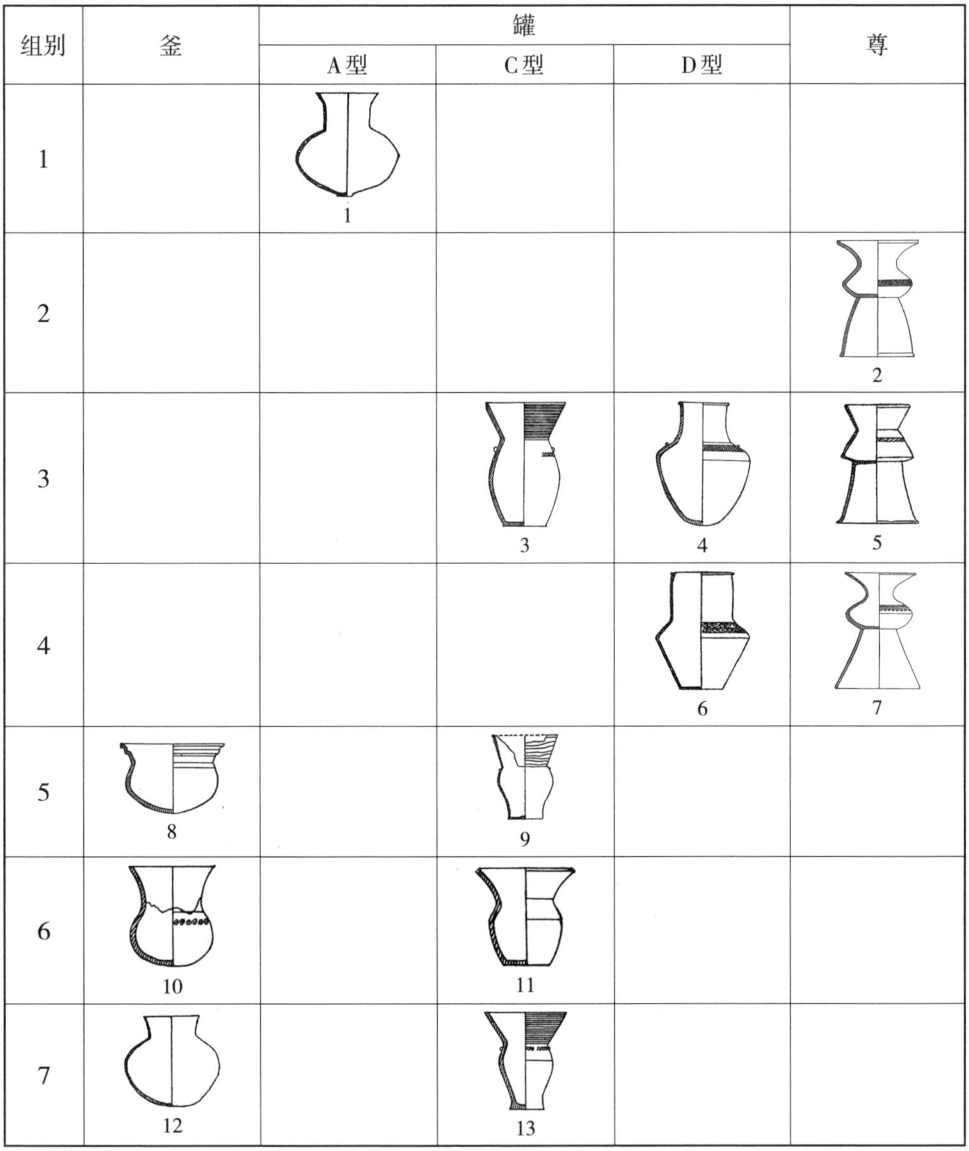

组别	釜	罐			尊
		A型	C型	D型	
1		1			
2					2
3			3	4	5
4				6	7
5	8		9		
6	10		11		
7	12		13		

图2.3　天子庙墓地各组陶器型式图

1.③M61：2　2.②M33：2　3.②M7：2　4.②M36：2　5.①M1：4　6.①M5：1　7.②M41：105　8.②M1：7
9.①M2：9　10.②M21：8　11.②M21：5　12.③M57：6　13.②M32：2

其他未出上述典型陶器的墓葬：

①M16，出陶豆和罐各一件，罐没有器物图，无法判断所属型式，陶豆的型式与羊甫头墓地M107（第四期6段）的形制比较接近（图2.4）。①M16还出AⅡ式一字格剑、C型铜柄铁剑。同型铜柄铁剑在羊甫头墓地出现的时间大约在第四期6段。因此，

图2.4 天子庙与羊甫头墓地陶豆比较图
1.天子庙①M16：7 2.羊甫头M107：3

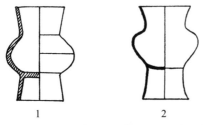

图2.5 天子庙墓地②M2与①M2圈足壶比较图
1.天子庙②M2：8 2.天子庙①M2：5

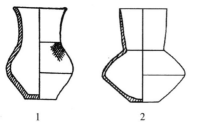

图2.6 天子庙与羊甫头墓地B型罐比较图
1.天子庙②M17：3 2.羊甫头M715：？

①M16的年代应与之相当。

②M2，出陶壶两件，其中一件（M2：8）有器物图，形制略同于①M2的陶壶（图2.5）。①M2属于第5组，且②M2打破了同属于第5组的②M1。因此，②M2可归入第5组。

②M6，出陶罐和圈足壶各一件，虽然没有器物图，但根据墓葬登记表中统计的器物型式，组合情况与第3组的②M7相同，推测两者属于同时期的可能性较大。

②M17，出陶罐两件，其中一件（M17：3）与羊甫头B型罐同型，根据B型罐的式别演化，②M17的形制更接近于Ⅱ式（图2.6）。那么，②M17可能与羊甫头墓地第4段年代相当。

②M20，出罐两件和壶一件，简报仅发表了壶的器物图，从其形制来看，与②M7的陶壶属于同型，区别在于前者腹部较浅，广圈足。根据器腹普遍由浅变深的特点，②M20的陶壶年代可能略早。不过由于共出的罐无法判断型式，该墓的年代暂不进行推断。

将上述7组单位的器物特征与羊甫头墓地进行对比，第1至7组分别相当于羊甫头墓地的第1至7段。因此，天子庙墓地可以分为7段，合并为四期，即第1、2段为第一期，第3段为第二期，第4、5段为第三期，第6、7段为第四期，与羊甫头墓地大致同时。

此外，天子庙墓地有一些未出典型陶器的墓葬，如①M7仅出铜器和玉器，从铜器形制和组合来看，出AbⅡ式平口矛、CⅡ式斧、BⅢ式戈，与羊甫头墓地第三期的器物特点相同，所以该墓应属于第三期。

需要注意的是，①M17和①M18出土器物类别及组合与其他墓葬有很大差异，如①M17的陶器以单耳器为主，共出金属器有五铢钱和铜骹铁矛；①M18的陶器除有陶碗外还有陶灶，金属器有铜装饰品和环首铁刀。墓葬形制方面，①M18明显不同，是"凸"字形砖室墓。这些特征表明两座墓葬的性质已发生变化，当不属于石寨山文化的范畴。

三　李家山墓地

该墓地位于玉溪市江川区江城镇早街村西侧的李家山上。此山是江川境内多依山的分支，南距星云湖北岸约2公里，山势为东南走向，山脚至山顶高约100米。墓葬集中分布在山顶、南坡和西坡，北坡有零星分布。1972～1997年，云南省博物馆和云南省文物考古研究所等单位先后主持过两次重点发掘，再加上零星清理，共计发掘墓葬87座[①]。

关于李家山墓地的分期研究，第一、二次发掘报告分别对当次发掘的墓葬进行了分期，也有学者就所有墓葬展开综合研究。

第一次发掘报告先根据墓室大小、随葬品种类和数量差异，将墓葬分为三类，再从这三类墓葬的随葬品组合变化推断其年代有早晚不同[②]。第一与二、三类墓葬的区别是铁器的有无，而第二、三类墓葬的区别则是铁器及汉式器物出土量的多少。显然，该分类方法主观因素较大，有无铁器的标准过于绝对，器物出土量多少的标准也较难把握。本次发掘的随葬品以青铜器为主，虽然报告对大部分器物都划分了型式，但没有总结器物型式演变的规律，因此器物型式划分的意义不大。

第二次发掘报告的分期方法与第一次发掘报告基本相同。报告将墓葬分为四类，分类标准除了根据随葬品种类，还同时考虑了器物的演变，以及新材料制作的器物和新创器具在大、中、小型墓葬中反映的时间差异，最后由墓葬间的叠压、打破关系确立墓葬序列，将墓葬划分为四期，四类墓葬依次代表四个时期[③]。第二次发掘报告对器物演变与

---

① 云南省博物馆：《云南江川李家山古墓群发掘报告》，《考古学报》1975年第2期；云南省文物考古研究所、玉溪市文物管理所、江川县文化局：《江川李家山——第二次发掘报告》，北京：文物出版社，2007年。

② 云南省博物馆：《云南江川李家山古墓群发掘报告》，《考古学报》1975年第2期。

③ 云南省文物考古研究所、玉溪市文物管理所、江川县文化局：《江川李家山——第二次发掘报告》，北京：文物出版社，2007年，第227～231页。

分期关系的考察，相较于以往研究有所进步，但仍不是真正意义上的器物类型学研究，因为型式划分与分期的关系并不明确。如报告梳理了铜斧、铜锄和铜钏等三种典型器物的演变规律，从它们在各类墓葬中的形制演变及组合情况来看，第三类和第四类墓葬之间差别不大，前者有AⅢ及AⅣ式铜锄，后者有AⅣ式，铜斧均为BⅢ式，铜钏也均为AⅢ式，若依据典型器物进行分期，这两类墓葬可以合并。显然报告将第三、四类墓葬分属早晚不同期别的判断依据不够充分。此外，报告对大部分器物做了形制分析，但只总结了铜斧、铜锄、铜钏的演变规律。报告认为此次发掘的墓葬主要属于滇文化发展的后段，许多器物的型和式都出现在滇文化的前段。由于缺乏层位关系，一些器物的演化规律还未能准确分辨，因此，诸如铜剑、铜戈、铜矛等典型器物的演变脉络报告未进行梳理。考察这些器物的型式划分，仍存在标准混乱和不统一的问题。如报告认为无格剑和有格剑之间具有承袭关系，于是将二者一共划分为十型，其中A型根据格的有无，B型是茎首形状，C、D、E、F、G型则依据茎部及首部特征，H和J型根据整体形态，I型是格的形状。可以看出，报告对铜剑的分析非常繁复，使得此类器物的演变规律不清。用层位关系检验报告的分期结果也发现有不少矛盾之处，如M69被分为第三类墓葬，属于第三期，但报告与第一次发掘的墓葬进行对比时，认为第三类墓葬与第一次发掘的第二类墓葬相当，而M69被M4、M6和M10同时打破，后三座墓葬均属于第一类墓葬Ⅱ型，相当于第二次发掘的第一类即第一期墓葬。同样的情况还存在于M25→M81。

　　彭长林对李家山与石寨山墓地进行了综合分析，将李家山墓地两次发掘的墓葬分为五期[①]。他认为这两处墓地的青铜器器型比较稳定，仅凭典型器物的演变规律无法进行准确的分期断代，而小型墓葬的随葬品较为稳定，受外界影响小，很难作为分期的依据。因此他主要以大、中型墓葬为分期对象，根据器物组合的变化划分出期、段，再将小型墓归入相应的期段。虽然该分期结果很细致，但文中却没有详细说明期段划分的依据。而且，如果仅依靠器物组合变化进行分期，如何说明造成这种变化的原因就是年代早晚呢？如该文第一期分为前、中、后三段，其中前段有4座墓葬，M32、M58和M59B以随葬铜钏和绿松石小珠为主，M11除随葬这两种器物外还出有铜杯、铜勺、铜纺织工具以及玉饰件及海贝。中段墓葬可以分为两类，一类与前段M11的区

---

①　彭长林：《云贵高原的青铜时代》，南宁：广西科学技术出版社，2008年，第27～38页。

别主要是增加了鼓、贮贝器、铜尊和铜壶等物，另一类墓葬的器物组合不同，以铜剑、铜矛、铜戈、铜斧和铜扣饰为主。令笔者疑惑的是，在器物组合不同且墓葬之间大多没有叠压打破关系的情况下，上述墓葬因何被分为具有早晚关系的两段单位？虽然第一期后段的M59A叠压了前段的M59B，在下葬顺序上的确是前者晚于后者，但这两座墓葬随葬的器物完全不同，那么它们之间的关系一定表明是"段"吗？可以看出，该文分期依据的器物组合变化基本上表示的是器类差异。用层位关系检验该文分期结果也发现有矛盾现象，如M25→M81，M25属于第一期后段，M81则属于第二期。

以往分期研究存在的问题表明，李家山墓地的分期仍可进一步完善。由于该墓地的随葬器物以青铜器为主，所以笔者主要参考羊甫头墓地各期典型青铜器的形制演变及组合情况，对李家山墓地进行分期，在出土陶器极少的情况下，该墓地的分期还很难做到非常细致。

具体分析方法是：首先，根据器物种类的不同，将墓葬分成五大类，每类之下再依据同类器物的形制或组合差异进行分组；其次，通过与羊甫头墓地以及各类各组之间器物的相互比较，确定各类各组墓葬的年代早晚关系；最后，以器物演变特征作为分期的依据。

第一类，既有陶器，也有金属器等其他器类。其中陶器器形可辨的墓葬有M1、M51、M69、M85，依据陶器形制的不同将这些墓葬分为2组。

第1组，出陶钵，如M1。该陶钵形制与流行于羊甫头墓地第四期的Ⅰ式陶钵较为相似。

第2组，出单耳陶壶，如M51、M69、M85。陶壶特征为侈口、深腹、单耳，报告分为两式，3座墓葬的陶壶型式均属Ⅰ式，表明其年代大体相当。此类器物不见于羊甫头墓地。

第二类，出典型青铜器铜剑、铜矛、铜斧以及各类铜扣饰等。根据这些器物的形制及组合情况，参照羊甫头墓地的器物类型学分析[①]，把该类墓葬分为3组，各墓葬所含器物型式及分组情况如下表所示（表2.5）：

---

① 铜剑、铜矛、铜斧及铜柄铁剑的主要型式参照羊甫头墓地。因山字格剑在羊甫头墓地未见，根据剑柄及剑身特点，将李家山墓地出土的山字格铜剑划分为Ⅰ式，下文石寨山墓地所见为Ⅱ式，山字格铜柄铁剑则划分为D型。此外，铜圆形扣饰的型式参照第二次发掘报告。需要说明的是，因报告发表的器物图有限，大部分器物型式只能依据墓葬登记表的统计进行推断。

表2.5　李家山墓地第二类墓葬随葬器物型式及分组情况统计表

组别	墓葬	铜剑	铜矛	铜斧	铜圆形扣饰	铜柄铁剑
1	M2		凹口A I			
	M14	无格Aa I				
	M77		凹口A I			
	M78		凹口A I			
2	M7	无格Ab		A II	不明	
	M13		凹口A I	A II、B、C II	不明	
	M15		平口Ab II	A II、B		
	M16	一字格A II	平口Ab II	B	不明	
	M20	山字格 I，一字格A II	凹口A I			
	M21	无格Aa I，一字格A II	凹口A I，平口Ab I、Ab II	B II、D	A III	D（山字格）
	M24	无格Aa I、Ab，一字格A II	凹口A I，平口Ab I、Ab II	A II、B	不明	
	M25	一字格A I	凹口A I，平口Ab II	B	不明	
	M28	一字格A II		C II	B II、B III	
	M30		凹口A I	A III	B III	
	M35		平口Bb I			
	M38	一字格A II	平口Aa II			
	M43	一字格A II	平口Ab II	C II	B I、B II	
	M48		平口Ab I	A II		
	M52	一字格A II	平口Ab I	A III、C II		
	M54	玉标首一字格剑	平口Bb I		B II	
	M55	一字格A II			A IV	
	M56	玉标首一字格剑			B II	
	M59A	一字格A II	凹口A I		B I	
	M61	玉标首一字格剑	凹口A I，平口Aa II		B I	
	M63	无格Aa，一字格A II	凹口A I，平口Ab II	C II	B II	
	M66	一字格A II	平口Ab I	C II	B I	
	M67				B III	

续表2.5

组别	墓葬	铜剑	铜矛	铜斧	铜圆形扣饰	铜柄铁剑
2	M79	无格Aa I			B II	
	M80	一字格A II	平口Bb I	C II	B II	
	M81	一字格A II	凹口A I		B II	
	M83	无格Ab	凹口A I	A I	B V	
3	M1	无格Aa I	凹口A I	C III	不明	Ba II、C
	M3	一字格A III	凹口A I,平口Ab I	A II、C III	不明	Ba I、Ba III、C
	M10	无格Aa I,一字格A II	凹口A I,平口Ab II	C III	B II	
	M12	一字格A II		C III	不明	C
	M45	一字格A II			B II	C
	M47	无格Aa I,一字格A II、A III、C	平口Aa II、Ab I、Ab II	A III、B、C I、C II	B II、B III、B IV	Ba I、Ba II、C
	M50	无格Aa I,一字格A II、A III	平口Aa II	A III、B、C II	B II、B IV	Ba II、C
	M51	一字格A II、A III、C	平口Aa II、Ab I、Ab II	A III、C II	A I、B II、B III、B IV	Ba II、Bd、C
	M53	一字格A II	凹口A I,平口Ab II	C II	A IV、B II、B IV	Ba II、C
	M57	无格Aa I,一字格A II、C	凹口A I,平口Aa II、Ab I、Ab II	A II、A III、C I、C II	A I、B II、B IV	Ba II、C
	M62		平口Aa II	C III	B II	C
	M64	一字格A II	凹口A I	C II	B II	Ba II、C
	M68	无格Aa I、Ab、B II,一字格A II	平口Ab I、Ab II	A II、B、C III、E	A II、A V、B II、B III、B IV	Ba I、Ba II、Bb、C
	M70	一字格A II				Ba II
	M71	无格Aa I,一字格A II	凹口A I,平口Ab II	A II、A III	A III、B II、B IV	Ba I
	M72	一字格A II		C II	B II	
	M73	一字格A III		C II	A IV	
	M74	一字格A III	平口Aa II	C II	A IV	
	M76			C II	B II	Ba II
	M85	一字格A II	平口Ba II	C III	B IV	C

上述各组器物特征可归纳为:

第1组,出无格铜剑Aa I 式,凹口铜矛A I 式等。

第2组,出一字格铜剑A II 式,平口铜矛Aa II 式、Ab I 式、Ab II 式、Bb I 式,铜斧
A II 式、A III 式、B型、C II 式,铜圆形扣饰B I 式、B II 式、B III 式,铜柄铁剑D型等。

第3组,出一字格铜剑A III 式,铜斧C III 式,平口铜矛Ba II 式,铜圆形扣饰B IV
式,铜柄铁剑Ba II 式、C型等。

以上3组的年代关系,根据羊甫头墓地典型青铜器的演变规律,可知是由第1组向
第3组发展。其中第1组的年代大致与羊甫头墓地第一期同时,第2组约相当于羊甫头墓
地第二至三期,第3组约与羊甫头墓地第四期相当。对比羊甫头第二、三期的青铜器特
征,第2组墓葬或可再细分,如出平口铜矛Ab II 式、Bb I 式,铜斧A III 式、C II 式,铜
圆形扣饰B II 式、B III 式的墓葬年代可能偏晚,大约已进入羊甫头墓地第三期的范围。

第三类,出铜剑、铜矛、铜斧及铜钏,如M69和M82等[①]。这些墓葬所含器物型
式如下表所示(表2.6):

表2.6　李家山墓地第三类墓葬随葬器物型式统计表

墓葬	一字格铜剑	平口铜矛	铜斧	铜钏	铜柄铁剑
M69	A II		C II	A III	
M82	A II	Aa II 、Ab I	C III	A III	Ba II

根据第一、二类墓葬的分组情况,M51和M85同属于第二类第3组,M69又与这
两座墓葬在第一类划分中属于同组,因此M69应与第二类第3组大约同时;从M82
的器物特征来看,也与第二类第3组的特征相同。

第四类,仅出铜钏,如M29、M31、M32、M34、M40、M41、M44、M46、
M49、M58、M59B、M75、M84等。根据报告对铜钏的型式划分,M29、M31、
M32、M58出A I 式,M34、M40、M41、M46出A II 式,M59B同出A I 和A II 式,
M44出A III 式,M75、M84出B I 式,M49同出A III 和B II 式。为便于分析,我们先

---

① 出相同器类的墓葬还有M5、M21和M23。由于该类墓葬的划分是为了比较铜钏与铜剑、铜矛和铜斧
的关系,以此推断只出铜钏墓葬的相对年代,但这3座墓葬所出铜钏器形不明无法进行比较,所以暂
不归入第三类墓葬进行讨论。M21已归入第二类进行分析,M5和M23将在下文单独讨论。

根据铜钏型式的不同，将上述墓葬分为4组。

第a组：出AⅠ式，M29、M31、M32、M58。

第b组：出AⅡ式，M34、M40、M41、M46、M59B。

第c组：出AⅢ式，M44、M49。

第d组：出BⅠ式，M75、M84。

这4组单位的年代关系可通过叠压打破关系和铜钏形制演变来进行分析。部分墓葬的叠压打破关系如下表所示（表2.7）：

表2.7 李家山墓地部分墓葬叠压打破关系统计表

①	②	③	④	⑤	⑥
M29（AⅠ）	M31（AⅠ）	M53（3）	M59A（2）	M44（AⅢ）	M49（AⅢ、BⅡ）
↓	↓	↓	↓	↓	↓
M30（2）	M51（3）	M58（AⅠ）	M59B（AⅠ、AⅡ）	M46（AⅡ）	M57（3）

注：括号内的英文字母和罗马数字表示报告对铜钏划分的型式，阿拉伯数字表示该墓在第二类墓葬中所属的组别。

由这些关系可知，AⅠ、AⅡ式比AⅢ式早，AⅠ、AⅡ式最早出现的时间当不晚于第二类第2组。但是基于目前的材料，仍无法判断AⅠ、AⅡ式能早到何时。报告认为铜钏的演变是由AⅠ式向AⅢ式发展的，AⅠ式不仅早于AⅡ式，还是报告第一期的典型器物。分析铜钏的形制，AⅠ式的纵截面呈梯形，AⅡ、AⅢ、BⅠ式为长筒亚腰形，BⅡ式为直筒形。若以纵截面为划分标准，AⅠ与AⅡ、AⅢ式应属于不同的型，AⅡ、AⅢ和BⅠ式则为同一型，BⅡ式为一型。也就是说，AⅠ式与AⅡ、AⅢ式可能没有演变关系。而且在层位关系和器物组合上，我们很难找到AⅠ式肯定早于AⅡ式的证据。因此，出AⅠ式和AⅡ式的墓葬为同时的可能性较大。此外，BⅠ式的形制特点更接近于AⅢ式，那么出这两式的墓葬应大约同时。

通过分析，将上述四组单位进一步合并，即第a、b组合并为第1组，第c、d组合并为第2组。

由第三类墓葬的分析可知，与第二类第3组大约同时的M69和M82均出铜钏AⅢ式，这两座墓葬中与AⅢ式共出的器物还有铜铁合制器和铁器，那么出AⅢ式并共出铁器的M44和M49也应该与M69和M82同时。因此，第四类第2组与第二类第

3组的年代大体相当。根据叠压打破关系，AⅠ式有叠压第二类第2、3组的情况，推测第四类第1组的年代可能不会太早，应大约与第二类第2组同时。需要特别说明的是，原本归入第四类第a组中的M31，根据叠压打破关系在合并组别时需进行调整。M31打破了第二类第3组的M51[①]，已经超出了第四类第1组的时间范围，将其归入第四类第2组比较恰当。而M29虽然打破了第二类第2组的M30，但应该没有超出该组的时间范围，所以仍属于第四类第1组。

第五类，仅出铜勺、铜壶或铜杯，如M11、M17、M18和M22等。根据报告对铜勺和铜壶的型式划分，可将这些墓葬分为2组：

第1组，出铜勺Ⅰ式、铜壶Ⅰ式，如M11、M18。

第2组，出铜勺Ⅱ式、铜壶Ⅱ、Ⅲ式，如M17、M22。

就报告所分型式而言，铜勺Ⅰ和Ⅱ式实际应为不同的型，铜壶Ⅰ、Ⅱ和Ⅲ式也分属不同的型式，因此存在形制演变的类型是铜壶Ⅰ、Ⅱ式。属于第二类第2组的M21出铜勺Ⅰ式和铜壶Ⅲ式，M24出铜勺Ⅱ式和铜壶Ⅲ式，那么出铜勺Ⅱ式和铜壶Ⅱ、Ⅲ式的M17应该与这两座墓葬大约同时[②]，即第五类第2组与第二类第2组年代相当。在M17中，铜壶Ⅱ式与Ⅲ式共出，说明这两个型式出现的时间可能同时，并且M21出铜铁合制器，因此由铜壶Ⅰ式向Ⅱ式演变的逻辑应该是准确的，也就是说第五类第1组的年代要早于第2组。然而第1组的年代会早到何时，通过现有材料很难明确，暂时推测可能与第二类第1组的年代相差不大。

通过对以上五类墓葬的分析，将各类各组单位的年代对应关系整理成表（表2.8）。

综上分析，李家山现有墓葬可合并为三个大组[③]，由于每组器物都具有阶段性特征，可将墓葬分为三期，各期器物型式演变如图所示（图2.7）[④]。

---

① 关于M31和M51之间的层位关系，2007年出版的发掘报告中有矛盾现象，即地层关系和墓葬登记表中均表明是M31→M51，但墓葬分布图中则显示关系相反。查阅2001年发表的发掘简报，其墓葬分布图表明是M31→M51。综合判断，本书认为这两座墓葬的层位关系应该是M31→M51。

② 虽然M21和M24的铜壶Ⅲ式在形制上有些差异，因M17缺少器物图，且该类型的数量较少，只能模糊可能存在的差异，认为它们均属于铜壶Ⅲ式。

③ 本书认为李家山M26、M27和M86随葬的主要器物特征与石寨山文化已有区别，故在此未讨论。

④ 因材料所限，图中部分器物仅表示型式，不代表期别归属，如第二期中M47和M71的铜矛、M71的铜斧等。

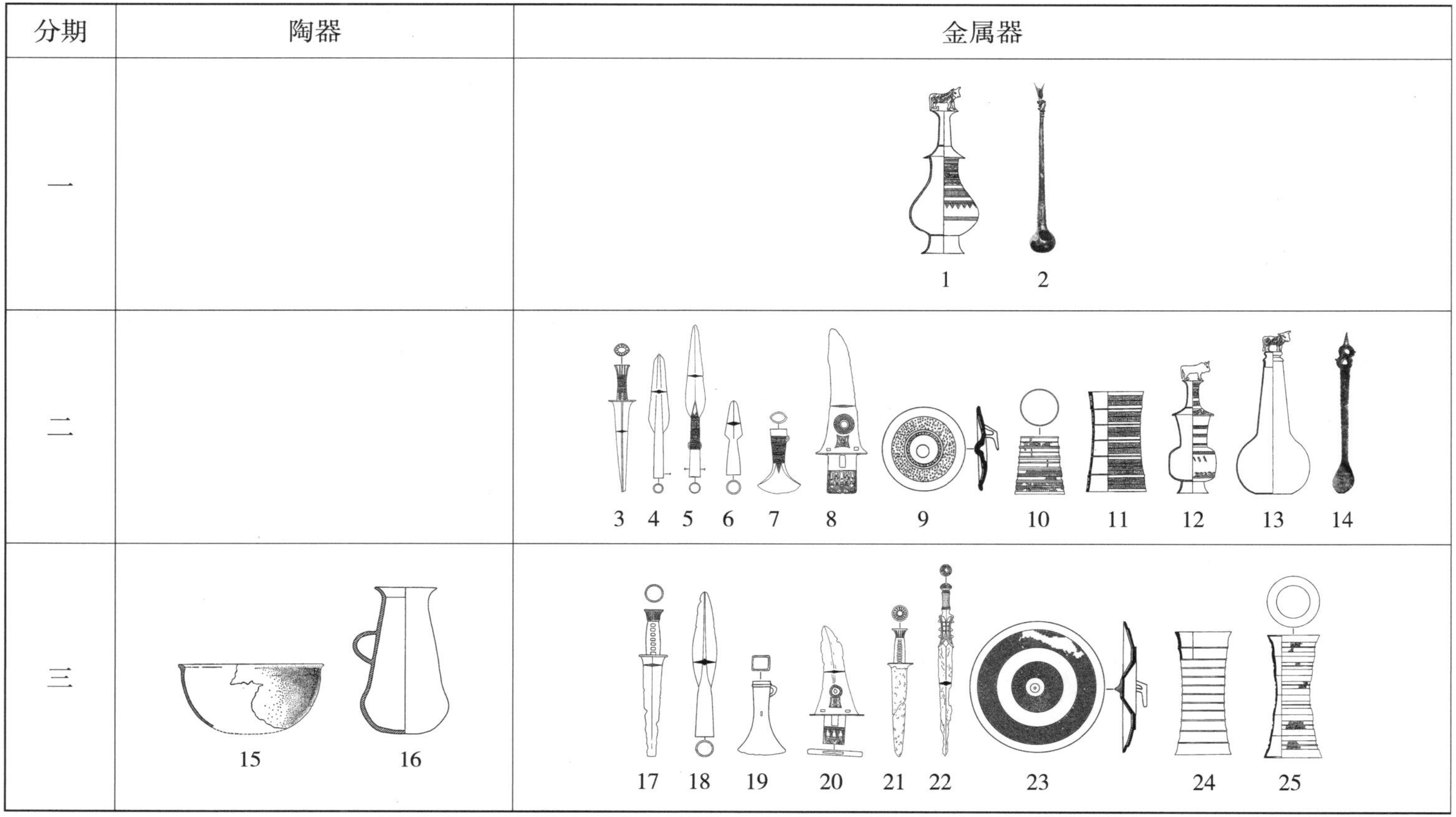

图2.7　李家山墓地各期器物演变图

1、12、13.铜壶（Ⅰ式M18：2，Ⅱ式M17：11，Ⅲ式M24：24）　2、14.铜勺（Ⅰ式M11：21，Ⅱ式M22：6）　3、17.铜剑（一字格AⅡ式M81：3，一字格AⅢ式M3：47）4～6、18.铜矛（平口AaⅡ式M47：33，平口AbⅡ式M71：5，平口BaⅠ式M54：1，平口BaⅡ式M85：87）7、19.铜斧（AⅢ式M71：11，CⅢ式M82：2）8、20.铜戈（AⅡ式M21：68，BⅢ式M51：313）9、23.铜圆形扣饰（BⅠ式M43：5，BⅠⅤ式M47：132-2）10、11、24、25.铜钏（AⅠ式M29：1，AⅡ式M59B:7，BⅠ式M75：1，AⅢ式M69：105）15.陶钵Ⅰ式（M1：2）16.单耳壶Ⅰ式（M51：111，C型M57：29-1）21、22.铜柄铁剑（BaⅡ式M51：345）21.铜柄铁剑Ⅰ式（M51：345）

表2.8　李家山墓地各类墓葬单位年代关系对应表

分期 类别	第一期	第二期	第三期
第一类			第1、2组
第二类	第1组	第2组	第3组
第三类			M69、M82
第四类		第1组	第2组
第五类	第1组	第2组	

此外，有几座墓葬无法归入上述各类，需单独讨论。根据墓葬统计表记录的器物型式，M4、M5均出无格青铜剑Ab型；M23所出铜剑，器物描述及图片表示的型式也为无格Ab型，但墓葬登记表中统计的型式却为一字格剑，推测为前者的可能性更大。在M5中共出的典型器还有凹口矛AⅠ式，这些形制的典型器物主要流行于第一、二期。同时还知道M4打破了属于第三类墓葬的M69，M5则打破了属于第二类第3组的M68，M68和M69均为第三期。根据这些线索，推测M4和M5的年代可能也属于第三期。将M23随葬的器物种类与第三期墓葬的器物特征进行比较，前者并未出铜铁合制器或铁器，说明其年代可能在第二期。M6、M19和M39均未出典型青铜器，但M6打破了M69，M19打破了第三期的M47，M39也打破第三期的M85，表明这三座墓葬的年代当不会早于第三期。

四　石寨山墓地

该墓地位于昆明市晋宁区上蒜镇石寨山村西面的石寨山山顶。石寨山是一个自西北向东南倾斜的小山包，距滇池水岸约1公里。1955年、1956～1957年、1960年和1996年，云南省博物馆、云南省文物考古研究所、昆明市博物馆等单位先后在此进行了五次发掘，共计发掘面积约1500平方米，清理石寨山文化墓葬86座[1]。

---

[1] 云南省博物馆考古发掘工作组：《云南晋宁石寨山古遗址及墓葬》，《考古学报》1956年第1期；云南省博物馆：《云南晋宁石寨山古墓群》，北京：文物出版社，1959年；云南省博物馆：《云南晋宁石寨山第三次发掘简报》，《考古》1959年第9期；云南省博物馆：《云南晋宁石寨山古墓第四次发掘简报》，《考古》1963年第9期；云南省文物考古研究所、昆明市博物馆、晋宁县文物管理所：《晋宁石寨山第五次发掘报告》，北京：文物出版社，2009年。该墓地实际共发掘墓葬87座，但第一次发掘的乙区M1，其开口层位不清，随葬品有2件灰陶平底碗和1件灰陶单耳圜底小罐，埋葬一具人骨，葬式为侧身屈肢葬，从器物及葬式特征来看，与石寨山文化有很大区别，因此本书认为该墓葬应不属于石寨山文化。

关于石寨山墓地的分期及断代研究，除第二次及第五次发掘报告分别进行过分期讨论外①，亦有学者对五次发掘的所有墓葬做了全面分析②。

第二次发掘报告的分期研究在本书绪论部分已有所论述，这里重点谈谈第五次发掘报告的分期及断代问题。第五次发掘清理了36座墓葬，报告根据墓坑大小及随葬品种类、数量，将这些墓葬分为大型墓和小型墓两类，并依据墓葬的叠压、打破关系以及随葬品，分早晚两期，其中早期墓葬包括所有小型墓，晚期墓葬只有大型墓。报告认为大型墓叠压和打破小型墓的层位关系为分期提供了层位学依据，而小型墓的随葬器物特点与大型墓有明显区别，这是石寨山前四次发掘没有发现的。报告认为小型墓的器物与天子庙、五台山墓地出土的部分早期器物形制相同，于是判断石寨山墓地的小型墓为早期。又通过与其他墓地的对比，将早期墓的年代定在春秋早期，晚期墓与第二次发掘的Ⅱ类墓年代相当或略早，为西汉中期以前至西汉早期乃至更早③。

仔细分析第五次发掘报告的分期，有以下两点疑问：

第一，层位关系对分期的支撑不够充分。大型墓M71打破M84、M85和M86三座小型墓，除M85仅出一件木镯外，其他2座墓葬均未出随葬品，如何判断这3座墓葬与其他小型墓的相对年代，并认为所有小型墓属于同期？

第二，将所有小型墓都划入早期过于笼统。报告认为小型墓出土器物稀少，陶片大多无法修复，因此暂时将其归于一期。在34座小型墓中，有12座未出随葬品，有12座虽然出陶器，但其中能辨认器形的只有8座，修复了完整器的只有3座，还有6座只出铜器，2座只出木器。现有材料状况确实给分期带来很大困难，但不加区分就合为一期，未免太笼统。

报告对早期墓葬的年代判断是通过与五台山、天子庙、八塔台等墓地出土的相似器物进行比较而得出，其论证过程有两点存疑：

---

① 云南省博物馆：《云南晋宁石寨山古墓群》，北京：文物出版社；云南省文物考古研究所、昆明市博物馆、晋宁县文物管理所：《晋宁石寨山第五次发掘报告》，北京：文物出版社，2009年。

② 蒋志龙：《滇国探秘——石寨山文化的新发现》，昆明：云南教育出版社，2001年，第179～183页；彭长林：《云贵高原的青铜时代》，南宁：广西科学技术出版社，2008年，第27～38页。

③ 云南省文物考古研究所、昆明市博物馆、晋宁县文物管理所：《晋宁石寨山第五次发掘报告》，北京：文物出版社，2009年，第149～157页。

其一，报告根据器物时代特点来判断墓葬的早晚，认为同心圆纹陶盘与侈口弦纹陶罐的年代较晚，石寨山小型墓不出此两类器物，是其时代较早的表征，依据之一是五台山墓地不见这两类器物（实际有4座墓葬已出现）。报告指出石寨山M82所出铜斧与五台山M4出土的形制相同，但矛盾的是，五台山M4出有同心圆纹盘，还打破了出同心圆纹盘的M5和出侈口弦纹罐的M3。虽然报告列举了天子庙和小平山遗址来说明器物时代特点有层位学上的依据，但文中并未提供具体材料。仅述及天子庙遗址的层位表明侈口弦纹罐出现的年代比同心圆纹盘还要晚，小平山遗址的堆积仅相当于天子庙遗址的中晚阶段。从小平山遗址已发表的简报来看，该遗址只出同心圆纹盘而未见侈口弦纹罐[1]。据近来天子庙遗址发掘简报的分析，侈口弦纹罐在遗址第一期已经出现，同心圆纹盘则出现于第三期[2]。这说明以往对器物时代特征的判断具有偏差。在笔者看来，单纯依靠器类出现的时间不足以判断年代早晚，应该在器物类型学分析的基础上，观察器物的形制演变，结合不同形制的器物组合情况，才能得出具有时代特征的器物特点。因此，石寨山小型墓不出同心圆纹盘和侈口弦纹罐并不能直接得出其年代最早的结论。

其二，用于对比的墓葬年代具有不确定性，必然影响断代的准确性。报告认同了其他墓地发掘报告的年代判断，但实际上，五台山墓地的年代参照了石碑村墓地的年代，而后者又以李家山墓地为基准，并认可李家山M21的碳十四测年数据，然而这个数据本身存在问题。天子庙墓地和八塔台墓地的报告对早期墓葬的年代判断也是依据测年数据，但这些数据同样令人怀疑[3]。由于这些墓地早期墓葬年代的不确定，将石寨山小型墓的年代推断在春秋早期，尚缺少令人信服的证据。

首先对石寨山历次发掘墓葬进行分期研究的是蒋志龙。他以第二次发掘报告的分期为基础，将墓葬分为四期7段[4]。随后，彭长林则依据随葬品组合变化，将墓葬分

① 云南省文物考古研究所、晋宁县文物管理所：《云南晋宁县小平山遗址试掘简报》，《考古》2009年第8期。

② 云南省文物考古研究所、昆明市博物馆：《云南昆明市西山区天子庙遗址发掘报告》，《华夏考古》2020年第1期。

③ 天子庙墓地仅有M41所测三个数据，但这三个数据彼此相差很大；八塔台墓地依据横大路墓地的一个数据来推断年代，数据量显然太少。

④ 蒋志龙：《滇国探秘——石寨山文化的新发现》，昆明：云南教育出版社，2001年，第179～183页。

为五期，其中第一期分前、中、后3段，第三期分前、后2段①。

　　对比二人的分期，主要是第一期的划分有所不同。蒋志龙的第一期以第五次发掘的几座小型墓为代表，而彭长林则将具有代表性的小型墓划为前段，与第二次发掘的Ⅰ类墓合并为第一期。此外，彭长林没有完全认同第二次发掘报告的分期，对Ⅰ、Ⅱ、Ⅲ类墓中个别墓葬的期别进行了调整，并进一步细分为7段，但文中未说明划分的依据。虽然两位学者都对墓葬做了细致的分期研究，但均未从器物的类型学分析入手。此外，二人对第一期的年代争议较大。蒋志龙定为春秋早期，彭长林定为战国早期。他们推断的依据均为出自M76的三角援无胡戈，得出的结论却大相径庭。蒋志龙根据童恩正对巴蜀地区出土铜戈的研究，认为M76的年代可能在春秋中期以前，同时考虑滇池区域当有时代更早的青铜遗存，将第一期的年代暂定在春秋早期。但笔者查阅童恩正有关论述，与M76出土类似形制的铜戈，在川西地区出现的年代上限是殷末周初，下限是秦汉之际。彭长林则指出，三角援无胡戈在春秋战国时期的巴蜀文化中常见，应是来自巴蜀文化，认为第一期前段的年代约为战国早期。可见，由于青铜器的使用时间较长，仅依靠个别青铜器器物特征进行断代很容易造成认识上的偏差。

　　通过以上分析发现，石寨山墓地的分期研究还有进一步完善的空间。石寨山墓地的86座墓葬中只有15座墓葬出陶器②，难以利用陶器对墓葬做更细致的分期。因此，在参照前述羊甫头、李家山等墓地分期研究的基础上，本文首先根据器物类别将墓葬分成四类，再依据器物形制演变及组合情况，对每类墓葬单位逐一进行分析。

　　第一类，出陶器的墓葬。

　　根据陶器类型及组合的不同，将这些墓葬分为5组。

---

① 彭长林：《云贵高原的青铜时代》，南宁：广西科学技术出版社，2008年，第27～38页。

② 仅包括随葬陶器且器形可辨的墓葬，如M1、M7、M9、M23、M40、M46、M53、M54、M57、M59、M61、M63、M64、M71、M78等，不包括只有记录却没有图片的墓葬，如M17，在墓葬登记表中，该墓出陶盉1件，而陶器登记表里该墓却不见统计，且不见相关图片，实际情况不明。

　　第1组，以陶壶为主[①]，个别墓葬出陶钵等[②]，如M53、M54、M57、M59、M61、M63、M64、M78等。根据报告中的线图所示，M53的陶壶腹部略浅，为扁鼓腹，M64的陶壶腹部较深，为鼓腹。这种差异可能表示两件器物具有年代早晚关系。再观察其他墓葬所出陶壶的圈足和口沿残片的形态，主要是接近底部的腹部走势和口沿外侈弧度，发现M63和M53的陶壶形制相似，而M54、M57、M59、M61、M64、M78与M64的陶壶都有鼓腹的特点。因此，第1组可分别以M53和M64为代表，细分为a、b两个小组。虽然墓葬之间的叠压打破关系无法判断这两小组的早晚关系，但通过天子庙墓地的分期，我们可以找到一些线索。属于天子庙墓地第3组的②M36出有一件陶壶，整体形态与石寨山M53：3比较相似，颈部、圈足略有差异（图2.8，1、3）。目前还不清楚这是年代还是地域造成的差异，从腹部的特点判断，它们的时代可能大致相当。天子庙墓地第5组的①M2所出陶壶的口沿及腹部特点接近于石寨山M64：1，只是前者圈足较高（图2.8，2、4）。与天子庙①M2年代相近的其他墓葬中出现的陶壶，基本上都具有圈足较高的特点，说明陶壶发展到这一阶段，腹部和圈足均发生了变化。石寨山M64的陶壶圈足较矮，表明其年代可能

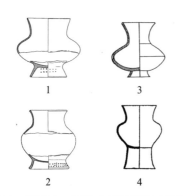

图2.8　石寨山与天子庙墓地圈足壶比较图
1.石寨山M53：3　2.石寨山M64：1
3.天子庙②M36：8　4.天子庙①M2：5

较早，但根据腹部的变化，石寨山M64：1应该是由M53：3发展而来的。也就是说，M53代表的a组年代可能早于M64代表的b组年代。倘若石寨山M53与天子庙墓地第3组同时，那么M64的年代可能相当于天子庙第3组和第5组之间。

---

①　发掘报告将此类墓葬随葬的主要器物定名为壶和罐，但并未说明这两类器物的区别。观察线图和照片，两类器物几乎都有矮圈足，整体形态比较一致，应该属于同类物，因此本文将具有矮圈足特点的器物统一命名为陶壶。

②　M63中与陶壶共出的器物，报告定为陶碗和陶钵，但笔者观察器物图，认为所谓陶碗具有圜底的特点，定为陶钵可能更恰当，而原本的陶钵实际为平底，口沿部分破损，也无其他完整物可参照，较难判断为何种器物。

第2组，出陶杯，仅见于M46。此器物腹部以上破损严重，但其筒状的器身及喇叭形圈足的特点，可在李家山M69中找到与之相似的陶杯。二者的区别在于圈足，前者为喇叭形，足沿略外撇，后者呈覆盘状，外侈，折沿略侈。观察圈足的细微变化，发现石寨山M46∶1的圈足中段略微隆起，似有向李家山M69∶165发展的趋势（图2.9）。李家山M69属于该墓地第三期，那么石寨山M46的年代可能略早。

图2.9　石寨山与李家山墓地陶杯比较图
1.石寨山M46∶1　2.李家山M69∶165

第3组，出陶釜，仅见于M1。发掘报告将该器物定名为陶盂，从器物图看（《云南晋宁石寨山古遗址及墓葬》图版八，5），其整体形态与羊甫头墓地的Ab型釜很相似，形制更接近于Ab Ⅳ式（图2.10），该式别在羊甫头墓地出现的时间约在第6段，因此石寨山M1或与羊甫头墓地第6段年代相当。

图2.10　石寨山与羊甫头墓地Ab型釜比较图
1.石寨山M1∶?　2.羊甫头M466∶3

第4组，出单耳壶，仅见于M71。与

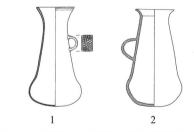

图2.11　石寨山与李家山墓地单耳壶比较图
1.石寨山M71∶145　2.李家山M51∶345

单耳壶共出的陶器还有陶碗，不过发掘报告未公布器物图，具体形制不明。从单耳罐的形制来看，与李家山墓地第三期的M51等墓葬所出单耳壶Ⅰ式非常相似（图2.11），因此可以判定石寨山M71应该与李家山墓地第三期年代相当。

第5组，以陶罐为主[①]，共出器物还有陶豆等，如M7和M40，但两座墓葬在同类器物形制和组合上有所差异。M7出平底小罐和圜底罐，器形非常小，M40所出陶罐

① 随葬陶罐的墓葬中，有2座需特别说明。M9除随葬5件平底陶罐外，还有双耳圈足器、圈足盒、辅首壶等（每种2件），这些器物类别及其摆放方式不同于其他墓葬；M23随葬的陶罐为汉式卷沿罐，其他共出器物的主体特征及摆放方式也较为特殊，故本书暂不将这两座墓葬归入石寨山文化。

未修复，器形不明；M7出陶豆，豆盘为敛口、浅腹、微圜底，M40所出陶豆为折沿、折腹、平底。M7还出陶熏炉等。将这些器物与其他墓地的相似器物进行对比，M7的陶豆和熏炉在会泽水城墓地有同类器物（图2.12，1、3、4、6）[1]。水城墓地这两类器物演变的规律是，盘和炉身逐渐变深，圈足柄由矮变高，覆碗形足底由浅变深，而M7的器物特点是盘身和炉身较浅，圈足柄较高，覆碗形足底较浅。对比水城M1，石寨山M7这两件器物均属于较早的型式，因此石寨山M7的年代应该早于水城M1。此外，M40的陶豆虽特别，但与羊甫头墓地第三期的M241所出陶豆的豆盘相似，不过二者圈足有些区别（图2.12，2、5）。比较这两座墓葬的共出器物情况，石寨山M40同时出有铜铁合制器和铁器，而羊甫头M241仅有陶器，因此推测M40的陶豆在形制上可能要晚于羊甫头M241的陶豆，也就是说，石寨山M40应该晚于羊甫头墓地第三期。

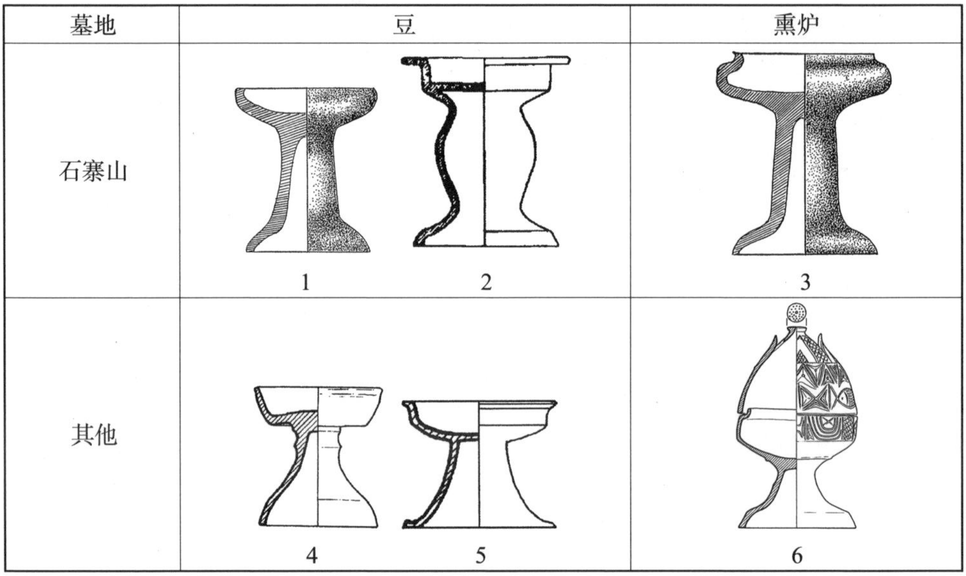

墓地	豆		熏炉
石寨山	1	2	3
其他	4	5	6

图2.12　石寨山与其他墓地相似器物比较图

1.石寨山M7：22　2.石寨山M40：3　3.石寨山M7：23　4.水城M1：19　5.羊甫头M241：?　6.水城M1：12

第二类，出典型青铜器铜剑、铜矛、铜戈、铜斧等的墓葬。

根据器物的形制及组合情况，把属于该类的墓葬分为3组，各墓葬所含器物型式及分组情况如下表所示（表2.9）[2]：

---

① 云南省文物考古研究所：《会泽水城古墓群发掘报告》，北京：科学出版社，2014年，第22～29页。

② 由于发掘报告未公布所有器物的图片，部分器物的型式只能参照报告所分式别进行推测。

表2.9　石寨山墓地第二类墓葬随葬器物型式及分组情况统计表

组别	墓葬	铜剑	铜矛	铜戈	铜斧	铜柄铁剑	其他器物
1	M56	无格 Aa Ⅰ					
	M58	无格 Aa Ⅰ、Ab					
	M82		凹口 A Ⅰ		A Ⅱ		
2	M15	无格 Aa Ⅰ	凹口 A Ⅱ	A Ⅱ			
	M16	无格 Aa Ⅰ			A Ⅲ等		
	M17	一字格 A Ⅱ等					
	M19	一字格 A Ⅱ					
	M42		平口 Ab Ⅱ				
	M48	无格 Aa Ⅰ			C Ⅱ		
3	M3	无格 Aa Ⅰ、Ab、B Ⅰ、B Ⅱ、一字格（A Ⅰ、A Ⅱ、C、D、G）	平口 Ab Ⅱ	A Ⅱ等	A Ⅲ、B Ⅱ、B Ⅲ、C Ⅲ	C	铁剑
	M4	无格（Aa Ⅰ、Ab、B Ⅱ）、一字格（A Ⅱ、C、D、G）		A Ⅱ等	A Ⅲ等	C	铁剑
	M5	无格 Aa Ⅰ	平口 Ab Ⅱ	A Ⅱ等	A Ⅲ、C Ⅲ等	C	铁剑
	M6	无格（Aa Ⅰ、Ab、B Ⅰ、B Ⅱ）、一字格（A Ⅱ、C、D、G）	凹口 A Ⅱ、平口（Aa Ⅱ、Ab Ⅱ）	A Ⅱ等	A Ⅲ、C Ⅲ等	C	铁剑
	M7	无格（Aa Ⅰ、Ab、B Ⅱ）、一字格（A Ⅱ、C、D、G）	平口（Aa Ⅱ、Ab Ⅱ）	B Ⅲ	A Ⅲ、B Ⅱ、C Ⅱ	C	铁剑
	M8		平口 Bb Ⅲ				铁锛、铁刀
	M10	无格 Aa Ⅰ、一字格（A Ⅱ、C、G）、山字格Ⅱ	平口（Aa Ⅱ、Ab Ⅱ）	A Ⅱ、B Ⅲ等	A Ⅲ、B Ⅰ、B Ⅱ、C Ⅲ	C	铁削、铁剑
	M12	无格（Aa Ⅰ、Ab、B Ⅰ、B Ⅱ）、一字格A Ⅱ、山字格Ⅱ	平口（Aa Ⅱ、Ab Ⅱ）	A Ⅰ、A Ⅱ、B Ⅲ等	A Ⅱ、A Ⅲ、B Ⅰ、B Ⅱ、C Ⅱ、C Ⅲ等		铁斧、铁矛、铁剑
	M13	无格（Aa Ⅰ、Ab、B Ⅰ、B Ⅱ）、一字格（A Ⅱ、C、D、E、F、G）、山字格Ⅱ	平口（Aa Ⅱ、Ab Ⅱ）等	A Ⅱ、B Ⅲ等	A Ⅲ、B Ⅰ、C Ⅱ、C Ⅲ等	C	铁削、铁矛、铁剑
	M20	无格 B Ⅱ			C Ⅲ		
	M21	无格 Aa Ⅰ、山字格Ⅱ	平口 Ab Ⅱ	A Ⅱ、B Ⅲ等	A Ⅲ、B Ⅱ、C Ⅲ等	C	

组别	墓葬	铜剑	铜矛	铜戈	铜斧	铜柄铁剑	其他器物
3	M22	无格（AaⅠ、Ab、BⅡ）、一字格（AⅡ、D、F）	平口AbⅡ	AⅡ、BⅢ等	AⅢ、CⅢ等	C	
	M35	一字格AⅡ	平口AaⅡ	AⅡ			铁剑
	M40	一字格（AⅡ、E）	凹口AⅡ、平口BbⅢ	BⅠ	AⅢ、CⅢ、E	C	五铢钱、铜带钩、铁矛
	M41	一字格AⅢ	平口BaⅡ		CⅠ	C	铜銎铁矛
	M43	无格AaⅠ、一字格（AⅡ、C）	平口AbⅡ		AⅢ、BⅢ、CⅡ等	C	残铜銎铁矛

上述各组器物特征可归纳为：

第1组，出无格铜剑AaⅠ式，凹口铜矛AⅠ式，铜斧AⅡ式等。

第2组，出一字格铜剑AⅡ式，平口铜矛AbⅡ式，凹口铜矛AⅡ式，铜斧AⅢ式、CⅡ式等。

第3组，出一字格铜剑AⅢ式，平口铜矛BaⅡ式、BbⅢ式，铜斧CⅢ式，铜柄铁剑C型等。

以上3组的年代关系，根据羊甫头墓地典型青铜器的演变规律，是由第1组向第3组发展的。

第三类，不出典型青铜器的墓葬。

如M14，以及所出典型青铜器器形不明者，如M11、M18。M14虽未出典型青铜器，但随葬的铜壶、铜尊与M17的同类器相似（图2.13，1、2、5、6），铜杯则与M15的同类器相似（图2.13，3、7），因此M14应与第二类第2组的时间大体相当。M11出土的一件铜盒，与M12随葬的铜盒为同类器物（图2.13，4、8），但在形态上略有差异，前者盒身较扁，后者形似球形，鉴于M11中未见铜铁合制器或铁器，推测前者可能早于后者，因此M11的年代应略早于第二类第3组。M18中可供对比的器物有限，考虑该墓未出铜铁合制器或铁器，年代可能不晚于第二类第3组。

第四类，以M76为代表的特殊墓葬。

该墓仅出铜戈一件，其形制不同于石寨山其他墓葬所出铜戈，但与羊甫头M19的B型铜戈（发掘报告命名）较相似（图2.14）。在层位关系上，M76被M59打破，

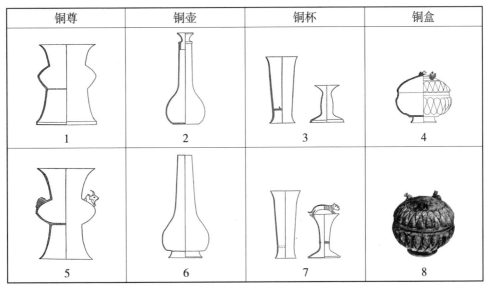

图2.13　石寨山墓地第三类墓葬相似器物比较图

1.M14：14　2.M14：3　3.M14：17　4.M11：6　5.M17：29　6.M17：24　7.M15：22　8.M12：33

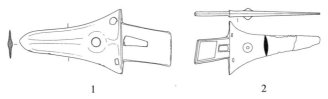

图2.14　石寨山与羊甫头墓地铜戈比较图

1.石寨山M76：1　2.羊甫头M19：23

这说明M76要早于M59。与M59相对应的第二类第1组单位相当于羊甫头墓地第二期，羊甫头M19属于第一期。综合来看，M76的年代可能早于第二类第1组，与羊甫头墓地第一期相当。

关于第一类墓葬与第二类墓葬的对应关系，除将第一类墓葬出土的典型青铜器与第二类墓葬的各组器物特征进行对比外，还可与其他墓地的相似器物作比较。

天子庙墓地第二期的青铜器特征与石寨山墓地第二类第1组相同，说明二者应该年代相当。根据前文分析，石寨山墓地第一类1-a组的年代约同于天子庙墓地第二期，那么第1-a组与第二类第1组墓葬的年代也大约相当。而第1-b组中的M59，出无格铜剑Ab式及铜斧AⅡ式，这与第二类第1组的器物特征相同。因此，石寨山墓地第一类第1组可对应第二类第1组。

第一类第2组，即M46，该墓葬年代略早于李家山墓地第三期，而李家山墓地第三期的年代范围与石寨山墓地第二类第3组相当，M46还被属于第二类第3组的M35打破，由此推断M46的年代早于第二类第3组，或与第二类第2组相当。

第一类第3组，即M1，该墓葬年代与羊甫头墓地第6段同时，而石寨山墓地第二类第3组相当于羊甫头墓地第四期，且M1所出铜斧、铜犁也与第二类第3组所出器物形制特征相同，那么M1的年代就与第二类第3组相当。

第一类第4组，即M71，该墓葬年代同于李家山墓地第三期，且M71出土无格铜剑Aa I、Ab、B I、B II式，一字格铜剑A II式，山字格铜剑 II式，凹口铜矛A II式，平口铜矛Aa II、Ab II式，铜戈A I、B III式，铜斧A III、B II、C III式，C型铜柄铁剑等，这些特征与第二类第3组相同，因此M71的年代应同于第二类第3组。

第一类第5组，M7和M40出典型青铜器，M7出一字格铜剑A II式，平口铜矛Aa II、Ab II式，铜戈B III式，铜斧A III、C III式，此外还出C型铜柄铁剑和铁剑，M40出一字格铜剑A II式，平口铜矛Bb II式，铜斧A III、C III式，这些特征均同于第二类第3组的器物特征，说明这两座墓葬与之相对应。

通过对以上四类墓葬单位的逐一分析，下面将各类各组单位的年代对应关系整理如下（表2.10）：

表2.10 石寨山墓地各类墓葬单位年代关系对应表

类别＼分期	第一期	第二期	第三期	第四期
第一类		第1组（a、b）	第2组	第3、4、5组
第二类		第1组	第2组	第3组
第三类			M11、M14、M18	
第四类	M76			

经过整理，石寨山墓地可分为四期，各期器物型式演变如图所示（图2.15）。

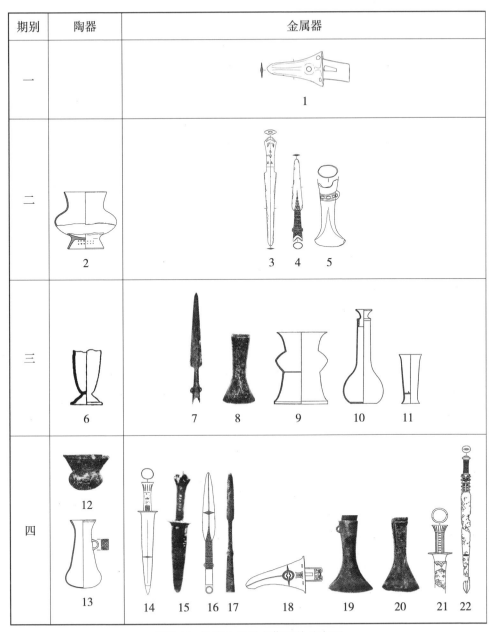

图2.15　石寨山墓地各期器物演变图

1、18.铜戈（M76：1、B Ⅲ式M12：21）3、14、15.铜剑（无格Aa Ⅰ式M56：2、一字格A Ⅱ式M71：70①、一字格A Ⅲ式M41：2）4、7、16、17.铜矛（凹口A Ⅰ式M82：1、凹口A Ⅱ式M15：21、平口Ab Ⅱ式M3：109、平口Bb Ⅲ式M40：4）5、8、19、20.铜斧（A Ⅱ式M82：2、C Ⅱ式M48：2、A Ⅲ式M3：80、C Ⅲ式M6：135）9.铜尊（M14：14）10.铜壶（M14：3）11.铜杯（M14：17）21、22.铜柄铁剑（Ba Ⅱ式M71：91、C型M71：27①）2.陶圈足壶（M53：3）6.陶杯（M46：1）12.陶釜（Ab Ⅳ式M1：?）13.陶单耳壶（Ⅰ式M71：145）

五　纱帽山墓地

该墓地位于昆明市宜良县汤池街道之北的纱帽山上，此山高约30米，东西宽150米，南北长200余米，西南距阳宗海约1.5公里。墓葬集中分布在纱帽山的东南坡，山顶也有少量分布。1989年，云南省文物考古研究所等单位发现并清理了57座墓葬，其中山顶1座、东南坡56座[①]。

关于该墓地的分期，发掘报告根据陶器和铜器的组合及演变、铁器和五铢钱的出现及流行、葬式的变化、墓葬之间的叠压打破关系，将墓葬分为四期6段。通过检讨报告的分期依据及结论，发现存在以下几点值得讨论的问题。

第一，报告的分期结果体现了陶器和铜器的形制演变，以及各期的组合特点，但经分析，发现大多数器物的演变逻辑和组合依据不充分。以陶器为例（表2.11）：

第一期的组合有A型壶、高领罐、A型釜、小平底罐和凸底浅盘，本期第1、2

表2.11　纱帽山墓地发掘报告各期陶器型式及组合统计表

期	段	壶	高领罐	釜	小平底罐	凸底浅盘	钵	豆	盘口罐	圜底罐	单耳平底罐	单耳圜底罐
一	1	AⅠ、AⅡ	√									
	2	AⅢ	Ⅰ、Ⅱ	AⅠ	Ⅰ、Ⅱ	√						
二	3	BⅠ、BⅡ、BⅢ、C	Ⅲ	AⅡ			AⅠ					Ⅰ
三	4			AⅢ				Ⅰ、Ⅱ、Ⅲ	Ⅰ、Ⅱ	Ⅰ、Ⅱ、Ⅲ		
四	5	DⅠ、DⅡ		AⅣ、AⅤ、B			AⅡ				Ⅰ、Ⅱ、Ⅲ	Ⅱ、Ⅲ
	6						BⅠ、BⅡ					Ⅳ、Ⅴ

[①] 云南省文物考古研究所、昆明市文物管理委员会、宜良县文物管理委员会：《云南宜良纱帽山滇文化墓地发掘报告》，四川大学博物馆、四川大学考古学系、成都文物考古研究所编：《南方民族考古》第八辑，北京：科学出版社，2012年，第313～392页。

段之间的划分比较明显，第1段只有壶AⅠ、AⅡ式和不明型式的高领罐，第2段有壶AⅢ式，高领罐Ⅰ、Ⅱ式，釜AⅠ式，小平底罐Ⅰ、Ⅱ式及凸底浅盘。但是没有证据表明A型壶的式别演变是由Ⅰ式向Ⅲ式发展的，Ⅰ、Ⅱ式共出于同一座墓葬，也没有出Ⅲ式的墓葬叠压前两式的例子。此外，第2段器物共出的情况较少。尽管壶AⅢ式与凸底浅盘均出自M2，该墓有分层叠压现象，壶AⅢ式出自第四层，凸底浅盘出自第二层，这种情况难以肯定它们一定具有同时性。虽然高领罐Ⅰ式与釜AⅠ式同出于M4，但该墓具有四层叠压的现象，从报告发表的材料来看，并不清楚它们各出自哪个层位，即便出自同一层位，也没有与其他器物共存的情况。

报告依据新出现的B、C型壶、A型钵和单耳圜底罐划分出第二期，同样没有说明B、C型壶可能同时以及B、C型壶均晚于A型壶的证据。壶BⅠ、BⅡ式及釜AⅡ式、单耳圜底罐Ⅰ式出自M6，由于该墓是分层埋葬，壶与釜、罐实际分属不同的层位。至于高领罐和釜的式别演变依据，同样也没有找到，反而发现Ⅱ与Ⅲ式共出于M3的第一层，报告却将M3归入第一期2段而非第二期，不知何故。

报告第三期，有釜AⅢ式，豆Ⅰ、Ⅱ、Ⅲ式，盘口罐Ⅰ、Ⅱ式，以及圜底罐Ⅰ、Ⅱ、Ⅲ式。检查所有单位发现，出豆和盘口罐的墓葬比较特殊，如豆单独出一次，和盘口罐共出两次，再无与其他陶器同出的例子，与之共出的唯一一件可辨器形的铜戈也与其他墓葬的有所不同；再如，出这两类器物的墓葬没有叠压打破关系，那么据何将其归入第三期呢？进一步查验，第三期各形制的器物之间并没有共存的现象，应不具有组合关系。

报告第四期，开始出现D型壶、B型釜、B型钵、单耳平底罐，这是与前面几期最大的不同。本期墓葬的共同点是大多出有铜铁合制器或铁器，报告应该也是据此划分出第四期的。那么，是否与铜铁合制器或铁器出自同一墓葬的陶器就一定是较晚的呢？至少从属于本期的M30来看，需要谨慎对待。M30具有六层叠压现象，出D型壶的层位被出铜铁合制器或铁器的层位叠压[1]，这说明D型壶与

---

[1]　报告公布的墓葬平面图中有器物编号和名称缺漏的问题，报告对各层包含器物的描述也与平面图中的情况不符。在各层所含器物描述中，铜铁合制器或铁器出自第一、三层，D型壶出自第四、五层，且同出的只有铜器；而平面图中，铜铁合制器或铁器出自第一层和第四层，D型壶出自第五层，不过第五层的器物编号和名称有缺漏。

铜铁合制器或铁器可能不同时。此外，本期第5、6段的区别是，第6段有B型钵以及单耳圜底罐IV、V式。钵BI式与单耳圜底罐IV式同出于M21，但该墓同样具有分层叠压现象，报告的描述暂无法判断二者是否出自一个层位。即使二者共出，找到B型钵与单耳圜底罐的关联，仍无法在层位学上证明单耳圜底罐的演变逻辑。也就是说第5、6段的划分依据不充分。报告以五铢钱及汉式器物为分段依据，论述第5段未见五铢钱及汉式器物，却仍将包含有这些器物的墓葬归入了第5段，前后矛盾。

第二，从第一点分析可看出，报告对器物逻辑演变的论证不足，再看其对器物的型式划分也存在不少问题。报告将壶分为四型，但C型与其他三型在形态上明显不同，应是不同的类。A型的标准是直口、长颈、小平底，分为三式，其中I式3件，均出自同一墓，II式1件，III式2件，出自同一墓；B型是侈口、长颈、假圈足，分为三式，I式3件，II式1件，III式3件，I、III式均出自同一墓；D型为侈口、小平底，分为两式，I、II式各1件。可以看出，报告对壶的型式划分很细，但标本明显不足，各型I、II式均出于同一墓葬，分两式的意义不大。且根据B型的标准，三式都应有假圈足，但前两式为小平底，而AIII式却有假圈足，这是将不同型划分为同型的不同式别。此外，存在上述问题的还有高领罐、釜和单耳圜底罐等。如高领罐I式与其他三式的大小及形态明显不同，前者整体较小，领部略短口外侈，后者体型较大，领部略直较高；釜I、II式与后三式也不同，前者为敞口，领部斜直，后者口沿外翻，束颈；单耳圜底罐I式较矮扁，II、III式瘦高，IV、V式均为盘口。综上，报告对陶器的型式划分标准不统一。

第三，报告列举了五组墓葬叠压打破关系，来证明各期的年代早晚关系，但一些组别尚存疑问。有的组别仅能说明墓葬之间的早晚关系，却不足以代表期之间的关系。如M9（第三期）→M11（第二期），首先，这两座墓葬出的同类器只有铜矛、铜镞和石坠，但这些器物没有表现出分期的意义；其次是判断两座墓葬所属期别的依据不足，前文分析M9所出AIII式釜的形制与前两式不同，从型式和层位学上都无法证明它们具有逻辑演变关系，属于第三期的墓葬之间，陶器很少有共存现象，何以将M9归入第三期呢？同理，M11也很难肯定属于第二期。另一组M25（第三期）

→M35（第二期）也存在相同的问题①。此外，有的组别还存在互相颠倒的矛盾现象，如M39→M40，报告在分期与年代部分论述为第四期6段的M39叠压第四期5段的M40，而墓葬分期表中M39和M40均属于第四期5段，墓葬登记表中M39则属于第三期，M40属于第四期，这三处表述均不相同。报告还举了两组第四期打破第二期墓葬的例子，如M10→M11和M50→M53，属于第四期的单位均出有铜铁合制器和铁器，第二期的则未出。说明至少在这两组墓葬中，出铜铁合制器和铁器的墓葬要比未出的年代晚。但M39→M40的例子表明，这种逻辑并不完全套用所有情况，因为在这组关系中，M39未出铜铁合制器和铁器，M40则出有铜铁合制器。因此，在不出陶器的情况下，仅根据铜铁合制器、铁器或五铢钱、汉式器物的出现进行分期，有失严谨。

通过以上分析可以看出，报告对纱帽山墓地进行了较细致的分期，但分期依据明显不足。根据报告提供的材料，该墓地的陶器类型较复杂，有的器形是纱帽山特有的，基于目前的材料还难以进行更细致的类型学分析。因此，本文主要在对比羊甫头、李家山墓地相同器类的基础上，对纱帽山墓地进行分期。

纱帽山墓地57座墓葬中，出陶器的墓葬有43座，完整和复原的陶器共计86件，其中已发表器物图的墓葬27座②。器类以罐为主，其次是釜。与羊甫头、李家山墓地的典型器物进行对比，部分釜、钵、罐等器物具有相同的型式（图2.16.1、2）。

釜，其中有三型与羊甫头墓地的同类器相似。

Ab型　即报告里的C型壶，形制和装饰风格均与羊甫头墓地的釜Ab Ⅳ式相似，因此属于该型式（图2.16.1，1、7）。

Cb型　即报告里的釜AⅠ式，器形接近羊甫头墓地的釜CbⅠ式（图2.16.1，2、8）。

Db型　即报告里的釜AⅢ、Ⅳ、Ⅴ式，器形接近羊甫头墓地的釜Db型。根据羊甫头墓地的式别划分，纱帽山墓地的釜AⅢ、AⅣ式更接近羊甫头DbⅡ式（图2.16.1，3、9）；纱帽山墓地的釜AⅤ式则与羊甫头墓地的釜DbⅢ式接近，但前者略扁（图2.16.1，4、10）。

---

① M35所属期别在文中论述分期部分为第二期，但墓葬登记表中并没有记录。

② 其中M17、M21、M28、M29、M43、M47、M50和M52等墓葬因随葬陶器与石寨山文化典型陶器不同，应不属于石寨山文化范畴。

钵，报告分为A、B两型，其中A型可在羊甫头墓地找到，AⅠ式与羊甫头墓地的Ⅰ式钵形制相似（图2.16.1，5、11），Ⅱ式与羊甫头墓地的Ⅱ式钵形制相似（图2.16.1，6、12）。

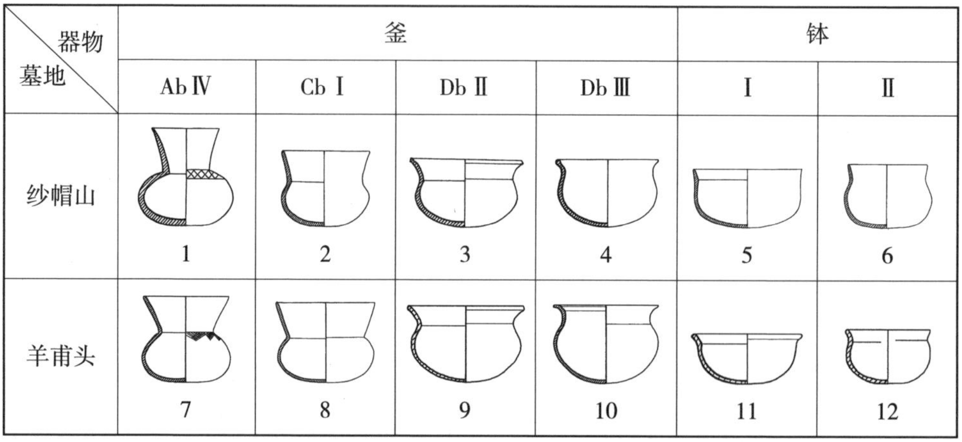

墓地＼器物	釜				钵	
	Ab Ⅳ	Cb Ⅰ	Db Ⅱ	Db Ⅲ	Ⅰ	Ⅱ
纱帽山	1	2	3	4	5	6
羊甫头	7	8	9	10	11	12

图2.16.1　纱帽山与羊甫头墓地相似器物比较图

1.纱帽山 M27：1　2.纱帽山 M4：13　3.纱帽山 M9：3　4.纱帽山 M38：4　5.纱帽山 M27：3　6.纱帽山 M22：9　7.羊甫头 M610：7　8.羊甫头 M251：13　9.羊甫头 M275：5　10.羊甫头 M572：8　11.羊甫头 M122：9　12.羊甫头 M333:?

罐的类型较多，其中与羊甫头墓地相同的类型有B型和D型：

B型　即报告里的A、B型壶，特征是长颈、小平底或假圈足，主要变化集中在腹部。根据腹径大小，纱帽山墓地的B型罐可分为Ba和Bb两个亚型，即报告AⅢ、BⅢ为同一型，其腹径大于19厘米，可作为Ba型；AⅠ、AⅡ、BⅠ和BⅡ为同一型，该亚型腹径在14~16厘米，作为Bb型。Ba型与羊甫头墓地的典型B型罐应属于同一个型，从式别演化的逻辑来看，纱帽山墓地的Ba型罐的腹部特征更接近羊甫头墓地的BⅠ式，但可能比BⅠ式要早，因为前者颈部与肩部分界不明，腹部较扁（图2.16.2，1、7）。Bb型可分为两式，报告的AⅠ、AⅡ式为Ⅰ式，BⅠ、BⅡ式为Ⅱ式，根据B型罐下腹部逐渐内凹的演变逻辑，Ⅰ式的腹部略斜直可能是较早式别的特征（图2.16.2，2）。BbⅡ式与羊甫头墓地M555的形制相同（图2.16.2，3、8），M555被属于第一期2段的M454叠压，说明BbⅡ式应当不晚于这一时段。

D型　即报告里的Ⅱ、Ⅲ式高领罐，其中Ⅲ式与羊甫头墓地的DⅡ式罐形制接近（图2.16.2，4、9），Ⅱ式则与DⅢ式相同（图2.16.2，5、10）。

此外，还有Ⅱ式单耳圜底罐与李家山墓地的Ⅰ式单耳壶相同（图2.16.2，6、11）。

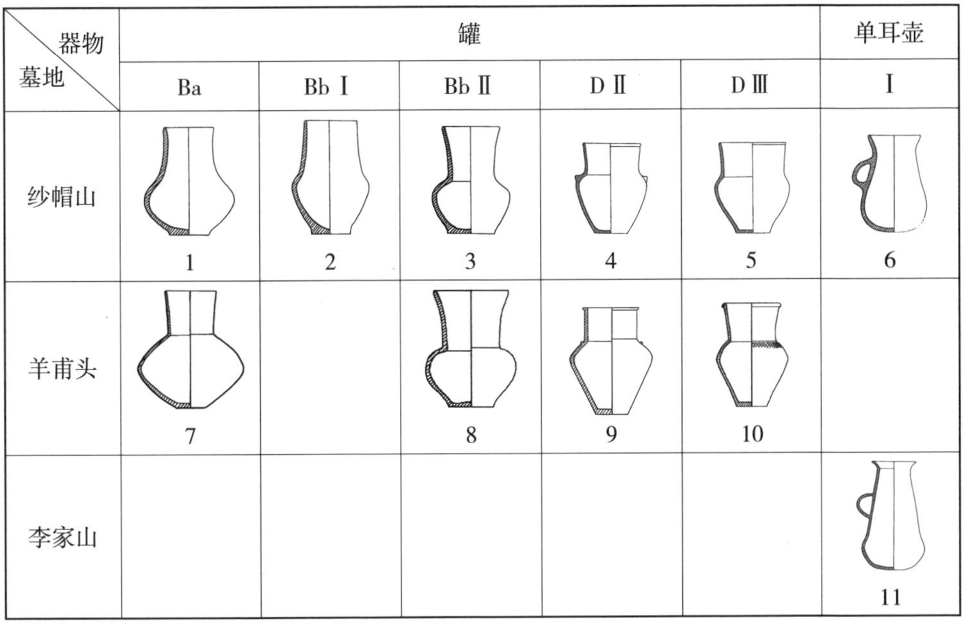

器物\墓地	罐					单耳壶
	Ba	BbⅠ	BbⅡ	DⅡ	DⅢ	Ⅰ
纱帽山	1	2	3	4	5	6
羊甫头	7		8	9	10	
李家山						11

图2.16.2　纱帽山与羊甫头、李家山墓地相似器物比较图

1.纱帽山 M2：14　2.纱帽山 M1：27　3.纱帽山 M6：13　4.纱帽山 M3：6　5.纱帽山 M3：8
6.纱帽山 M38：19　7.羊甫头 M6：9　8.羊甫头 M555：？　9.羊甫头 M102：45-1　10.羊甫头 M113：211
11.李家山 M51：345

根据上述器物型式划分，我们将随葬典型器物的墓葬和分组情况统计如下（表2.12）：

表内4组单位的器物特征可归纳为：

第1组：出罐Ba、BbⅠ、BbⅡ式。

第2组：出釜CbⅠ式，罐DⅡ、DⅢ式。

第3组：出釜AbⅣ、DbⅡ及钵Ⅰ式。

第4组：出釜DbⅢ、钵Ⅱ、单耳壶Ⅰ式。

此外，根据墓葬登记表中的器物型式统计，可对部分出土上述典型器物的墓葬所属组别进行推断[①]。如M5②随葬高领罐Ⅲ式，可归入第2组。M13（层位不明）和M35出壶C，应属于第3组。M19（层位不明）出壶BⅢ式，可归入第1组。M30⑤

---

① 由于部分墓葬具有分层埋葬现象，而墓葬登记表中未标注随葬器物所属层位，因此对这类墓葬暂时从整体进行考量。

表2.12　纱帽山墓地随葬器物型式及墓葬分组统计表

组别	墓葬	釜	钵	罐	单耳壶	其他器物
1	M1②[①]			Bb Ⅰ		
	M2④			Ba		
	M6②			Bb Ⅱ		
	M18			Ba		
2	M3①			D Ⅱ、D Ⅲ		平底罐、无格剑Aa Ⅰ、平口铜矛Ab Ⅰ、铜戈A Ⅱ、铜斧B Ⅱ等
	M4（层位不明）[②]	Cb Ⅰ				铜镞、铁爪镰等
3	M9（层位不明）	Db Ⅱ				平口铜矛Ab Ⅰ等
	M27	Ab Ⅳ	Ⅰ			
	M33	Db Ⅱ				铁爪镰等
4	M22		Ⅱ			铜斧C Ⅱ、铜釜、铁矛、铁镰、环首铁刀、五铢钱等
	M38③	Db Ⅲ			Ⅰ	铜柄铁剑Ba Ⅱ和C、铜骹铁矛、铜銎铁釜、环首铁刀等

随葬两件D型壶，从形制来看略同于B型罐，不同的是该类器物较小，形制上可能是介于Bb Ⅰ和Bb Ⅱ之间的式别，因此推测M30⑤可能属于第1组。M39出釜A Ⅲ，即釜Db Ⅱ式，可归入第3组。

与羊甫头墓地进行比较，纱帽山墓地第1组相当于羊甫头墓地第1、2段，第2组相当于第4、5段，第3组相当于第6段，第4组相当于第7段。根据器物的演变及阶段性变化特点，纱帽山墓地可归纳为三期4段：第1组即第1段代表第一期，第2组即第2段为第二期，第3、4组即第3、4段合并为第三期。

对于未出典型陶器但有其他类别陶器的墓葬，需要单独进行讨论：

---

① M1②所出B型罐虽然是年代较早的式别，但目前难以确定其绝对年代框架，暂时归入第1组。

② M4为四层叠压的墓葬，但因材料所限，器物出土的具体层位不明。其中器形可辨的陶器除釜Cb Ⅰ式外，还有报告划分的1件高领罐Ⅰ式，实际与高领罐Ⅱ、Ⅲ式不同，应为矮领罐，腹部形态与羊甫头墓地罐Ca Ⅱ式略似。釜Cb Ⅰ式在羊甫头墓出现于第一期，并延续至第三期，同时参考Ca型罐的演变规律，暂且将M4归入第2组。

第一，出矮领罐，如M8、M32。从形制来看，M8的陶罐领部较矮、口部外侈，其腹部特征与D型罐形似（图2.17），而M32的形制有很大区别。参考羊甫头墓地D型罐的演变规律，M8的陶罐腹部特点同于DⅡ式。根据分层埋葬现象，M8为四层叠压的墓葬，矮领罐出自第二层。因此推测M8②可能属于第二期。由于M32的陶罐是孤例，目前还难以进行比较。

第二，出圜底小罐，如M6①、M7、M42、M49。这类器物的特点是颈部斜直略高，器高均不超过10厘米。四座墓葬之间的器物形制区别是M6①和M7所出小罐器腹较浅，但M7的小罐腹部更浅一些且圜底较平，M42和M49所出小罐腹部都很深（图2.18）。M6①

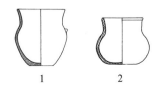

图2.17　纱帽山墓地M8、M32器物图
1.M8：5　2.M32：1

的其他随葬器物有单耳圜底杯、铜斧、铜削、铜镞和石坠，其中铜斧形制可判断为AⅢ式，且M6②为第一期，因此推测M6①应不早于纱帽山墓地第一期。M7具有分层埋葬现象，但器物的出土层位不明，M42和M49中的共出器物，仅见M42出海贝。倘若考虑羊甫头墓地中大部分典型器物均有器腹由浅变深的演变特点，圜底罐可能也遵循了此种规律，那么M7可能略早于M6①，而M42和M49应比M6①略晚。

图2.18　纱帽山墓地M6、M7、M42和M49器物图
1.M6：8　2.M7：1　3.M42：1　4.M49：1

第三，出豆和盘口罐，如M28、M43、M47、M52。这类墓葬均为单层埋葬，器类及器物组合也有别于纱帽山墓地其他墓葬，且不见于石寨山文化其他墓地，同时墓葬之间没有叠压打破关系。我们发现，这类墓葬所出的豆与滇东北昭鲁盆地野石山遗址的碗颇为相似，尤其是M28：3形制非常接近[①]，但是在野石山遗址中没有类似纱帽山墓地的盘口罐（图2.19）。有学者将野石山遗址代表的昭鲁盆地青铜

① 云南省文物考古研究所、昭通市文物管理所、鲁甸县文物管理所：《云南鲁甸县野石山遗址发掘简报》，《考古》2009年第8期。

文化遗存命名为"野石山遗存",并通过比较其与周边遗存的文化关系,推测该类遗存的年代范围在公元前1100~前1000年或稍后[①]。纱帽山墓地与野石山遗址相距两百多公里,其主体墓葬的年代初步判断也比野石山遗址晚六七百年。仔细观察豆(碗)的形制:野石山遗址的口向内凹,肩部折肩明显,肩腹部没有区分;纱帽山M28∶3口部略直外侈,略折肩,肩腹部不明显;纱帽山M43∶3口部更直且增高,腹部变浅,折肩位置下移,肩腹部有明显区分;纱帽山M52∶2口部有折棱,折腹,肩腹部有明显区分。从豆(碗)形制差异可以看出,可能存在野石山遗址向纱帽山墓地变化的趋势,但是这种变化的时间维度有多大,基于目前的材料还很难进行判断。因此,根据器物组合差异,笔者认为这类墓葬应不属于石寨山文化。

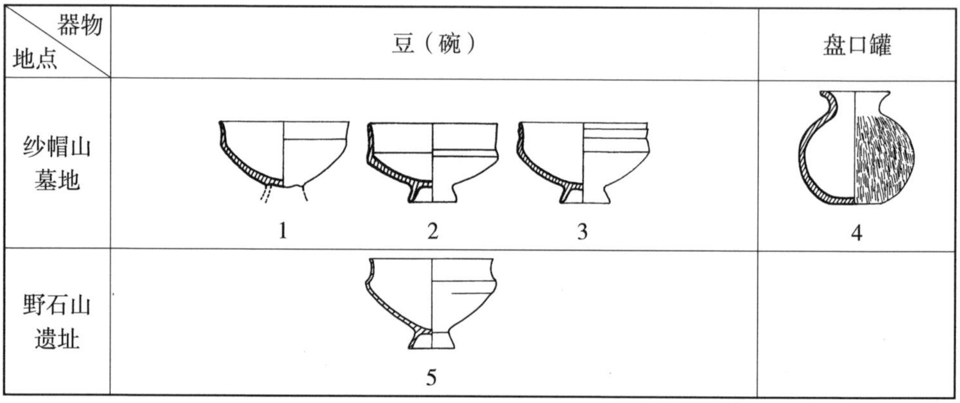

器物 地点	豆(碗)			盘口罐
纱帽山 墓地	1	2	3	4
野石山 遗址		5		

图2.19　纱帽山墓地与野石山遗址器物比较图
1.M28∶3　2.M43∶3　3.M52∶2　4.M52∶3　5.DT1014③中∶35

此外,部分不出陶器或陶器型式不明的层位或墓葬,将根据共出的铜器或铜铁合制器以及层位关系来判断其期属(表2.13)。

从上表可以看出,M2②、M8①、M11、M12、M53随葬的铜器与第二期的大致相同,且第三期的M9打破了M11,M11又打破M12,因此这几座墓葬应该属于第二期。M10、M30①、M30④、M40②和M45的大部分器物是从第三期开始出现的,其中涉及的打破关系有M10打破第二期的M11,M40被第三期3段的M39叠压,所以这些墓葬的年代应大体相当于第三期。

[①]　刘旭、孙华:《野石山遗存的初步分析》,《考古》2009年第8期。

表2.13　纱帽山墓地部分墓葬随葬器物型式和类别统计表

期别	墓葬	铜器	铜铁合制器	铁器
二	M2②	斧BⅡ		
	M8①	一字格剑AⅡ		
	M11	一字格剑AⅡ、凹口矛BⅡ、斧BⅡ		
	M12	平口矛BaⅠ		
	M53（层位不明）	平口矛BaⅠ		
三	M40②		铜柄铁剑BaⅠ	
	M10		铜柄铁剑BaⅡ	铁矛
	M30①[①]	斧CⅡ	铜骹铁矛、铜柄铁剑BaⅡ	环首铁刀
	M30④	铜戈BⅢ	铜柄铁剑Bc	
	M45	五铢钱、铜锄		环首铁刀

第二节　其他墓地的器物分期

一　黄土山墓地

该墓地位于昆明市呈贡区斗南街道小古城社区的黄土山上，此山西坡为天子庙墓地。黄土山是滇池东畔的一座低丘，高出当地平坝十多米，西临滇池约2千米。1976年曾在山坡头南侧清理滇墓、东汉墓共9座，但此次发掘材料未发表。1999年昆明市博物馆等单位在黄土山坡头北侧清理墓葬62座，发掘面积160平方米[②]。

发掘简报根据墓室结构、随葬器物组合及墓葬分布特点，将墓葬分为两类，第一类墓口不规则，多为圆角长方形或棺形，墓底有二层台、棺穴或腰坑，第二类墓口为规则长方形，墓底平整。简报对这两类墓葬年代早晚的判断依据是墓葬形制及器物组合。简报认为二层台及腰坑是中原早期墓葬形制的特点，天子庙墓地战国早、中期墓都有这种墓室构造，因此具有生土二层台、腰坑的墓葬应属于早期墓葬；从

---

① M30为六层叠压的墓葬，但是报告在分层描述部分和墓葬分布图中的器物出土层位互相矛盾。因此本文主要依据已发表器物的编号在墓葬分布图中出现的层位来进行判断。

② 昆明市博物馆、呈贡县文管所：《昆明呈贡黄土山古墓群发掘简报》，《云南文物》2012年第2期。

器物组合来看，第一类墓葬的器物组合见于天子庙战国中、晚期至西汉早期墓葬，其年代大体为战国中期至西汉早期，第二类墓葬未出方銎刃器和铁器，年代要早于石碑村墓地，所以其年代为西汉中期①。墓葬形制的特点虽然是时代特征的反映，但简报对"具有生土二层台和腰坑的墓葬即为早期墓葬"的论证并不充分。只有通过墓葬分期后才能总结出墓葬形制的变化情况和时代特征，而墓葬分期的前提是器物的分期研究，简报显然缺少了这样的分析。

发掘简报对随葬器物的型式划分存在不少问题，一是不同类划为同类的不同型，如壶类下的Ⅲ型应属于罐类；二是不同型划为同型的不同式别，如Ⅰ型罐下的三个式别；三是式别演变的逻辑不清。黄土山墓地的器物在羊甫头和天子庙墓地中均能找到相似器型，因此对其型式的划分可以参考这两个墓地②。现将部分器物型式明确的墓葬统计如下（表2.14）：

表2.14　黄土山墓地部分墓葬随葬器物型式及分组情况统计表

组别	墓葬	釜	罐	尊	其他器物
1	M14		AⅠ、AⅢ		
	M12		CaⅠ		
	M28		CaⅠ	AⅡ	无格剑AaⅠ、凹口矛AⅠ、斧AⅡ
	M56		AⅠ、CaⅠ		
2	M11		BⅡ		
	M47		CaⅡ		
	M55		CaⅡ	AⅢ	
3	M25	BaⅣ			
	M31		CaⅢ		
4	M50		CbⅣ		

根据器物特征，这些墓葬可分为4组（图2.20）：

第1组，出罐AⅢ式（图2.20，1）、CaⅠ式（图2.20，2），尊AⅡ式（图2.20，3），以M14、M12、M28、M56为代表。

---

① 昆明市博物馆、呈贡县文管所：《昆明呈贡黄土山古墓群发掘简报》，《云南文物》2012年第2期。

② 由于墓葬登记表中仅标注了型别未注明式别，加之简报公布的线图较少，无法对所有墓葬逐一订正。

第2组，出罐BⅡ式（图2.20，4）、CaⅡ式（图2.20，5），尊AⅢ式（图2.20，6），以M11、M47、M55为代表。

第3组，出釜BaⅣ式（图2.20，7），罐CaⅢ式（图2.20，8），以M25、M31为代表。

第4组，出罐CbⅣ式（图2.20，9），以M50为代表。

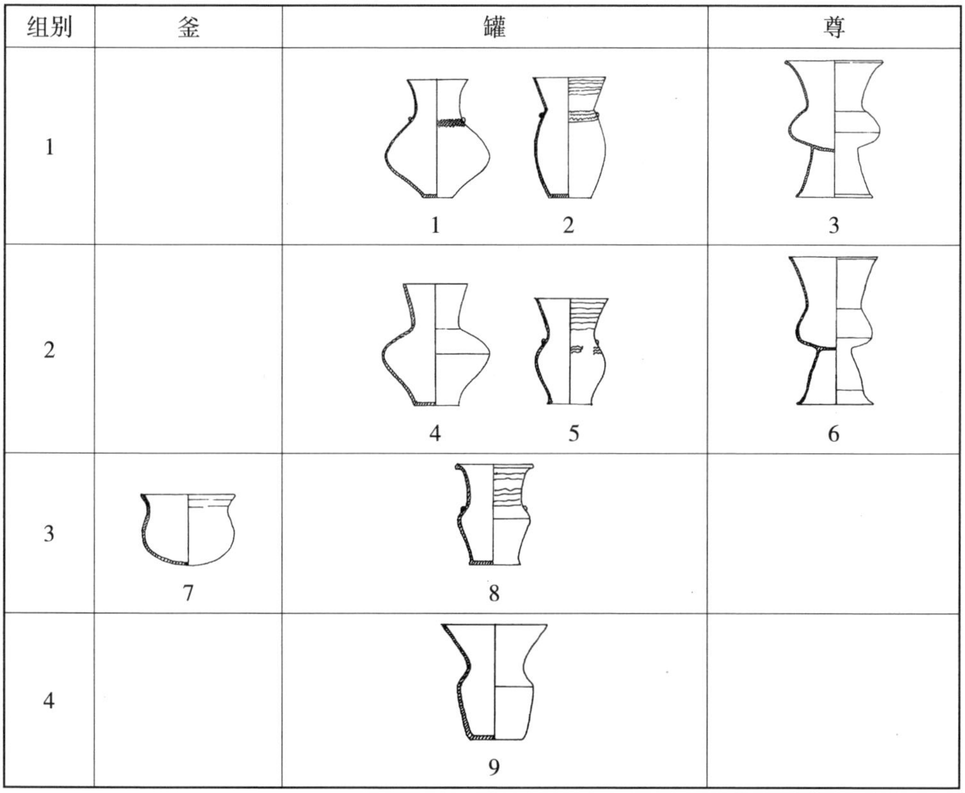

组别	釜	罐		尊
1		1	2	3
2		4	5	6
3	7	8		
4		9		

图2.20　黄土山墓地各组器物图

1.M14：5　2.M28：4　3.M28：6　4.M11：1　5.M55：1　6.M55：2　7.M25：6　8.M31：2　9.M50：9

将这4组单位特征与羊甫头墓地进行对比，第1组相当于羊甫头墓地第3段，第2组相当于羊甫头墓地第4段，第3组相当于羊甫头墓地第5段，第4组相当于第6段。综上，黄土山墓地可分为三期，即第1组为第一期，第2、3组为第二期，第4组为第三期。

此外，对于未出典型陶器的墓葬，如M46随葬的典型铜器有凹口矛AⅡ式，一字格剑AⅡ式，斧AⅡ式，戈AⅠ式，从这些器物判断M46应属于第二期。而一些随葬器物有限的墓葬，如M26、M41、M43、M49等，其所属期别较难判断。

二　石碑村墓地

该墓地位于昆明市呈贡区龙城街道龙街社区石碑村东北的一片台地上。由龙街至石碑村的一条小路把墓地切成两个区域。1974年云南省博物馆文物工作队清理了西边的117座墓葬，1979年昆明市文物管理委员会又清理了东边的65座墓葬。两次共计发掘墓葬182座，发掘面积约1300平方米[①]。

关于石碑村墓地的分期，第一次发掘简报根据器物组合的差异，再结合墓葬之间的打破关系，把墓葬分为三期[②]。第一期出Ⅰ式铜剑、Ⅰ式铜斧，不出铁器；第二期出Ⅱ式铜剑、Ⅲ式铜斧，无铁器发现；第三期以铁器为主，有铜柄铁剑、铜骹铁矛或铁矛、环首铁刀、Ⅲ式铜斧。检讨该分期，发现存在两个问题。

第一，简报依据器物组合的差异分期，但只考虑了铜斧、铜剑、铜铁合制器和铁器，尤其第一、二期的区别是铜斧和铜剑在形制上的差异。检索墓葬登记表，与铜斧和铜剑经常共存的还有铜矛。简报在归纳器物组合时，认为组合是以斧、剑、矛或削、斧、矛为基本组合，但分期未将铜矛列入其中。再核对打破关系，其中有两组（M46→M47和M96→M95）确可验证第一期与第二期的铜斧和铜剑彼此存在差异，与之共存的铜矛形制也不相同。这说明，不同形制的铜矛是有年代早晚关系的。由于简报未全面考察器物组合情况，导致对个别墓葬的年代判断不够准确，对各期特征的总结不足。

第二，简报的器物型式划分不准确。简报主要对铜斧、铜剑、铜矛和铜柄铁剑划分了式别，但式别反映的是类或型的关系，如铜剑Ⅰ式为无格剑，Ⅱ式为一字格剑，它们应属于不同类。此外，有的器物在形制上有变化，却被视为同一式别，如Ⅲ式铜斧，第二期特征是銎口无纹饰，合范缝不在侧面正中，第三期则是銎口处有

---

① 云南省博物馆文物工作队：《云南呈贡龙街石碑村古墓群发掘简报》，文物编辑委员会编：《文物资料丛刊》（3），北京：文物出版社，1980年，第86~97页；昆明市文物管理委员会：《昆明呈贡石碑村古墓群第二次清理简报》，《考古》1984年第3期。

② 云南省博物馆文物工作队：《云南呈贡龙街石碑村古墓群发掘简报》，文物编辑委员会编：《文物资料丛刊》（3），北京：文物出版社，1980年，第86~97页。

凸弦纹，合范缝在侧面正中。简报已经意识到这种差别，但未加以区分。因在墓葬
登记表中均统计为同一式别，一些出Ⅲ式铜斧的墓葬就很难判断其所属期别，如
M99、M100等。

　　石碑村墓地第二次发掘简报以有无金属货币、铜铁合制器和铁器为标志，将清理
的墓葬大致分为两期①。该分期仍未从器物的类型学分析入手，陶器、铜器型式划分存在
的问题与第一次发掘简报相同，因此分期结果较粗，各期特征只能看到器类上的不同。

　　除上述分别讨论的分期研究外，彭长林对两次发掘的墓葬进行了综合研究②。
彭文将墓葬分为四期，第一期以第一次发掘的一期墓为主，第二次发掘的M12、
M21也归入该期，第二至四期没有论述包含哪些墓葬单位，但从墓葬分期图中可
以看出应是在两次发掘简报分期基础上的细化，其细化的依据是有无铁器或汉式器
物，以及出现此类器物的丰富程度如何，在研究方法上仍未跳出前人研究的思路。

　　本文对石碑村墓地的分期是建立在羊甫头墓地分期的基础上，首先对器物型式
重新进行划分，再根据器物的形制演变和组合情况进行分组。

　　石碑村墓地182座墓葬中，只有第二次发掘的15座墓葬出陶器，其余墓葬出铜
器、铜铁合制器或铁器。因此我们将墓葬分为出陶器和未出陶器两种情况进行分析。

　　出陶器的墓葬仅复原了12件陶器，其中9件为罐，2件为釜，1件为壶。

　　罐类被分为三式。从发表的线图来看，Ⅰ式罐有5件，举了3例，即②M2:6、
②M41:4、②M62:1③，腹部以上均残破，但可看出形制有区别，可能属于不同的型。
其中，②M2:6（图2.21，1）暂未发现相同器类，但该器腹部较鼓，下腹内凹，底部
为较凸出小平底，与羊甫头墓地第三期罐类演变特征相同。②M41:4（图2.21，2）
与羊甫头AⅤ式罐相似（图2.21，9）。②M62:1（图2.21，3）与羊甫头BⅢ式罐相似
（图2.21，10），乳钉装饰可以在羊甫头M652中属同一式别的罐中找到相似点，弦
纹和菱形斜划纹虽然未见于羊甫头B型罐，但亦是其他罐类流行的纹样。Ⅱ式罐有
3件，举了1例（图2.21，4），羊甫头墓地未发现与其相似的器物。Ⅲ式罐只有1件，

① 昆明市文物管理委员会：《昆明呈贡石碑村古墓群第二次清理简报》，《考古》1984年第3期。
② 彭长林：《云贵高原的青铜时代》，南宁：广西科学技术出版社，2008年，第44~46页。
③ 由于该墓地两次发掘的墓葬号重复，为便于区分，本文在墓号前用"①"表示第一次发掘，"②"表示第二次发掘。

出自②M61（图2.21，5），与Ⅰ式罐②M2:6在腹部以下的形态相似，只是前者略小，由于后者口部缺失，较难判断二者是否同型。

简报认为是釜的2件器物（图2.21，6、7），从大小和器形来看，更接近羊甫头墓地第四期出现的陶钵（图2.21，11、12）。出Ⅲ式罐的②M61和出陶钵的②M55，这2座墓葬均出有五铢钱，但简报未公布五铢钱的线图，仅提及五铢钱铸造于汉武帝至昭帝、宣帝至平帝时期，因此五铢钱所属时代不明，暂且认为②M61和②M55的年代相近。

简报认为是壶的器物（图2.21，8），形态风格接近于羊甫头M668出土的罐BⅡ式（图2.21，13），M668出土的罐与釜BaⅢ式共存，因此，石碑村②M21应与羊甫头M668的年代相同。

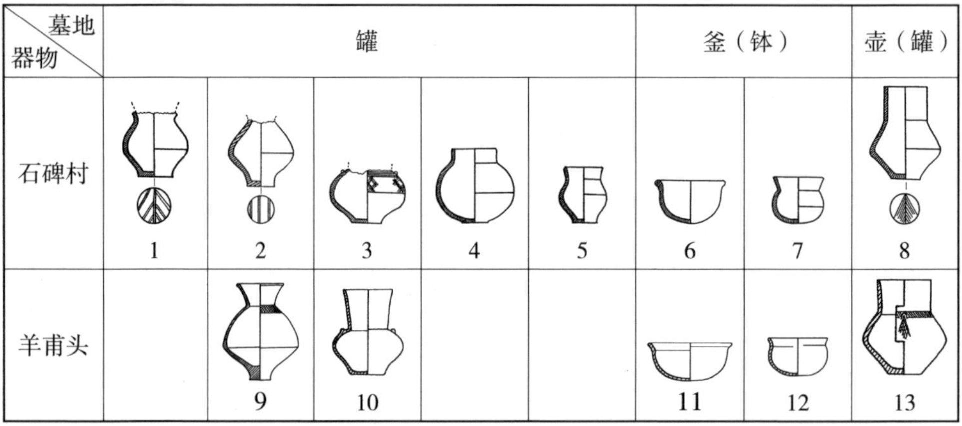

图2.21　石碑村与羊甫头墓地相似器物比较图

1.石碑村②M2：6　2.石碑村②M41：4　3.石碑村②M62：1　4.石碑村②M3：1　5.石碑村②M61：1
6.石碑村②M55：2　7.石碑村②M53：1　8.石碑村②M21：6　9.羊甫头M1：25-1　10.羊甫头M652：?
11.羊甫头M122：9　12.羊甫头M333：?　13.羊甫头M668：?

上述出陶器的墓葬，可将其分为3组：

第1组，②M21。

第2组，②M2、②M41、②M62。

第3组，②M53、②M55、②M61。

与羊甫头墓地进行对比，可知这3组的关系是由第1组向第3组发展的，即第1组相当于羊甫头墓地第4段，第2组相当于第5段，第3组相当于第6、7段。

此外，上述各组墓葬包括的铜器、铜铁合制器器物型式及其他共出器物有：

第1组，无格铜剑Aa Ⅰ式、铜斧A Ⅲ式、平口铜矛Aa Ⅱ和Ab Ⅰ式等。

第2组，铜斧A Ⅱ及C Ⅱ式、铜爪镰、铜削、铁卷刃器等。

第3组，铜斧B型、环首铁刀、铁爪镰、五铢钱等。

接下来，对部分未出陶器的墓葬所出铜器、铜铁合制器的型式统计如下（表2.15）：

表2.15　石碑村墓地部分墓葬随葬器物型式及分组情况统计表

组别	墓葬	铜剑	铜矛	铜戈	铜斧	其他器物
1	①M33	一字格C	凹口B Ⅱ		C Ⅱ	
	①M46	一字格A Ⅱ	平口Bb Ⅰ	A Ⅱ	C Ⅱ	
	①M47	无格Aa Ⅰ	凹口B Ⅱ		B Ⅱ、E	
	①M95	无格Aa Ⅰ	平口Ab Ⅱ		B Ⅱ	
	①M102	一字格A Ⅱ	凹口B Ⅱ	A Ⅱ		
	①M104	一字格A Ⅱ	平口Bb Ⅱ		C Ⅱ	
	①M112	无格Aa Ⅰ	平口Ab Ⅱ		A Ⅱ、B Ⅱ	
	①M117	无格Aa Ⅰ	凹口A Ⅰ、平口Ab Ⅰ	A Ⅱ	A Ⅱ、B Ⅱ	
	②M8	一字格A Ⅱ	凹口B Ⅰ		B Ⅱ	
	②M12	无格Aa Ⅰ	平口Bb Ⅱ	B Ⅱ		
	②M19	一字格A Ⅱ			C Ⅱ	铁爪镰、铜骹铁矛
	②M43	一字格A Ⅱ	平口Ab Ⅰ		C Ⅱ	
2	①M1				C Ⅲ	铜柄铁剑C、铜銎铁斧、铜骹铁矛、环首铁刀
	①M18				C Ⅲ	铜柄铁剑C、铁矛、铁削、铁环、铁钎
	①M20	无格Aa Ⅰ	平口Ab Ⅱ		C Ⅲ	铜柄铁剑Ba Ⅱ、环首铁刀
	①M27		凹口B Ⅱ		C Ⅲ	铜柄铁剑C、铜骹铁矛
	①M61	无格Aa Ⅰ	凹口A Ⅰ		C Ⅲ	铜柄铁剑C、环首铁刀
	②M18					铜柄铁剑Ba Ⅲ
	②M33				C Ⅲ	铜柄铁剑Ba Ⅲ
	②M42	无格Aa Ⅰ	平口Ab Ⅱ、Bb Ⅱ	B Ⅲ	C Ⅱ、C Ⅲ	铜銎铁卷刃器、环首铁刀、五铢钱
	②M63	无格Aa Ⅰ	凹口A Ⅰ、平口Bb Ⅲ			

根据器物组合情况，表内墓葬可以分为2组，各组器物特征归纳为：

第1组：出无格剑Aa Ⅰ式，一字格剑A Ⅱ式和C型，凹口矛B Ⅱ式，平口矛Ab Ⅱ、Bb Ⅰ、Bb Ⅱ式，戈A Ⅱ、B Ⅱ式，斧A Ⅱ、B Ⅱ、C Ⅱ式及少量的铜铁合制器及铁器等。

第2组：出平口矛Bb Ⅲ式，戈B Ⅲ式，斧C Ⅲ式，铜柄铁剑Ba Ⅱ、Ba Ⅲ式和C型，铜骹铁矛，铜銎铁斧，环首铁刀，铁矛、铁钎及五铢钱等。

依据器物特征，出陶器与未出陶器墓葬之间的年代对应关系为（表2.16）：

表2.16　石碑村墓地出陶器与未出陶器墓葬的年代关系对应表

分期 墓葬	第一期		第二期
出陶器墓葬	第1组	第2组	第3组
未出陶器墓葬	第1组		第2组

综上所述，我们将石碑村墓地分为两期。此外，其余一些器物型式不甚明确的墓葬，推断其所属期别是：①M4、①M36、①M44、①M67、①M82、①M89、①M92、①M96、①M99、①M107、①M110、①M111、②M7、②M50等属于第一期；①M8、①M32、①M38、①M39、①M40、①M86、①M88、②M24、②M32、②M34等属于第二期。

三　小松山墓地

该墓地位于昆明市呈贡区斗南街道小王家营村东南侧的小松山上，此山为一圆形低丘，高出当地平坝50多米，距离滇池约3.4公里。墓葬集中分布在山坡西面、东南面和东北面，1976~2002年，云南省博物馆文物工作队、昆明市博物馆等多家单位先后在此进行了七次发掘[①]，共清理石寨山文化墓葬213座[②]。

---

① 七次发掘共有四次发现了石寨山文化墓葬，其余发现的均为东汉竖穴土坑墓及砖室墓。

② 云南省文物工作队：《呈贡小松山竖穴土坑墓的清理》，《云南文物》1984年第6期；昆明市博物馆、呈贡县文管所：《呈贡小松山古墓群发掘简报》，《云南文物》2015年第1期。其中第一篇简报发表的是1976年发掘的4座墓葬，第二篇简报公布了2001年以前发现的共计47座墓葬的简况。2002年第七次发掘的166座墓葬材料尚未发表。

发掘简报依据墓葬形制和随葬品的组合情况，对已发掘的47座墓葬进行了年代判断[①]。简报认为中型墓的墓底设有棺穴、腰坑及二层台，随葬器物以陶器为主，青铜器很少，应属于西汉早期的贵族墓葬；小型墓墓底平整，无棺穴、无腰坑及二层台，仅随葬少量青铜器和陶器，尚未发现铁器，可能全部属于西汉中期的小贵族或平民墓葬。显然，该分期与年代的判断方法不够严谨。

此外，蒋志龙依据随葬品组合及形制差异，将第一次发掘的5座墓葬分为三组，认为这三组反映了小松山墓地的三个发展时期[②]。他指出第一组与第二组的组合略有不同，且两组出现的壶有形制差异，当是不同年代的反映。但比对器物又发现，这两组壶应属于不同的类型，形制上的逻辑演变关系不清。需要注意以M1为代表的第三组，其显著差异不仅在于器物组合，即均为汉式器物，且该墓埋葬于山脚，在区域上也有别于其他位于山腰的墓葬。因此，我们认为M1的文化属性已不是石寨山文化的范畴，不宜再纳入其中讨论。

发掘简报未从器物类型学角度对墓葬进行分期研究，只对器物作了型式划分，但划分标准不统一[③]。首先是将不同类划分为同类的不同型，如釜分为六型，但第六型为小平底，应属于罐类；壶分为三型，其中Ⅰ型、Ⅱ型Ⅰ式及Ⅲ式的颈部略短，与Ⅱ型Ⅱ式的长颈不同，应属于罐类。其次是将不同型划分为同型的不同式别，如Ⅱ型壶中，Ⅰ、Ⅲ式实际为罐类，与Ⅱ式壶不具备形制演变关系；Ⅰ型罐中，Ⅰ、Ⅱ式为直口、高领，Ⅲ式为侈口、矮领，Ⅲ式罐应属于罐类下不同的型。

从以上分析可以看出，发掘简报的器物型式划分较混乱。因此，笔者将参照羊甫头墓地的分期研究，先重新划分器物型式，再根据器物的形制演变和组合情况分组，对小松山墓地的部分墓葬进行分期研究。

小松山墓地已发表材料的47座墓葬中，出陶器的墓葬有30座，共复原陶器28件，其中釜10件、壶10件、罐5件、尊3件，与羊甫头墓地进行比较，发现小松

---

① 昆明市博物馆、呈贡县文管所：《呈贡小松山古墓群发掘简报》，《云南文物》2015年第1期。

② 蒋志龙：《滇国探秘——石寨山文化的新发现》，昆明：云南教育出版社，2001年，第189页。

③ 《呈贡小松山竖穴土坑墓的清理》一文对器物的型式划分简略，此处仅就《呈贡小松山古墓群发掘简报》的器物型式划分进行讨论。

山墓地有釜 Ba、Bb 和 Cb 型，壶应为 A 和 B 型罐，罐实则属于 C 和 D 型。简报中发表了典型器物线图的墓葬涉及 12 座[①]，这些墓葬的器物型式及分组情况统计如下（表 2.17）：

表 2.17　小松山墓地部分墓葬随葬器物型式及分组情况统计表

组别	墓葬	釜	罐	尊
1	M1	Ba Ⅰ、Bb Ⅰ、Cb Ⅰ	A Ⅱ	
	M3	Bb Ⅰ	B Ⅰ	
2	M12		A Ⅲ	A Ⅲ
	M20			A Ⅲ
	M28		D Ⅰ	
3	M30		A Ⅳ	
	M31		D Ⅱ	
	M32	Ba Ⅲ		A Ⅳ
4	M14		A Ⅳ、A Ⅴ	
	M16		B Ⅲ	
	M33	Ba Ⅳ		
	M34		Ca Ⅲ	

根据陶器的形制演变及组合关系，可将以上墓葬分为 4 组（图 2.22）：

第 1 组，出釜 Ba Ⅰ 式（图 2.22，1）、Bb Ⅰ 式（图 2.22，2）及 Cb Ⅰ 式（图 2.22，3），罐 A Ⅱ 式（图 2.22，4）、B Ⅰ 式（图 2.22，5）。

第 2 组，出罐 A Ⅲ 式（图 2.22，6）及 D Ⅰ 式（图 2.22，7），尊 A Ⅲ 式（图 2.22，8）。

第 3 组，出釜 Ba Ⅲ 式（图 2.22，9），罐 A Ⅳ 式（图 2.22，10）、D Ⅱ 式（图 2.22，11），尊 A Ⅳ 式（图 2.22，12）。

第 4 组，出釜 Ba Ⅳ 式（图 2.22，13），罐 A Ⅴ 式（图 2.22，14）、B Ⅲ 式（图 2.22,.15）

[①] 墓葬登记表的内容有错漏之处，如 M1 中只记录了 2 件 Ⅰ 型釜，但发表的器物线图中还有 Ⅱ 型和 Ⅲ 型各 1 件；M2 记录有 Ⅱ 型釜，但文中器物型式划分为 Ⅴ 型。因无法进行核实，只能依据线图标注的器物编号还原墓葬单位。此外，《呈贡小松山古墓群发掘简报》对前两次发掘的墓葬重新进行了编号，本文采用该编号系统。

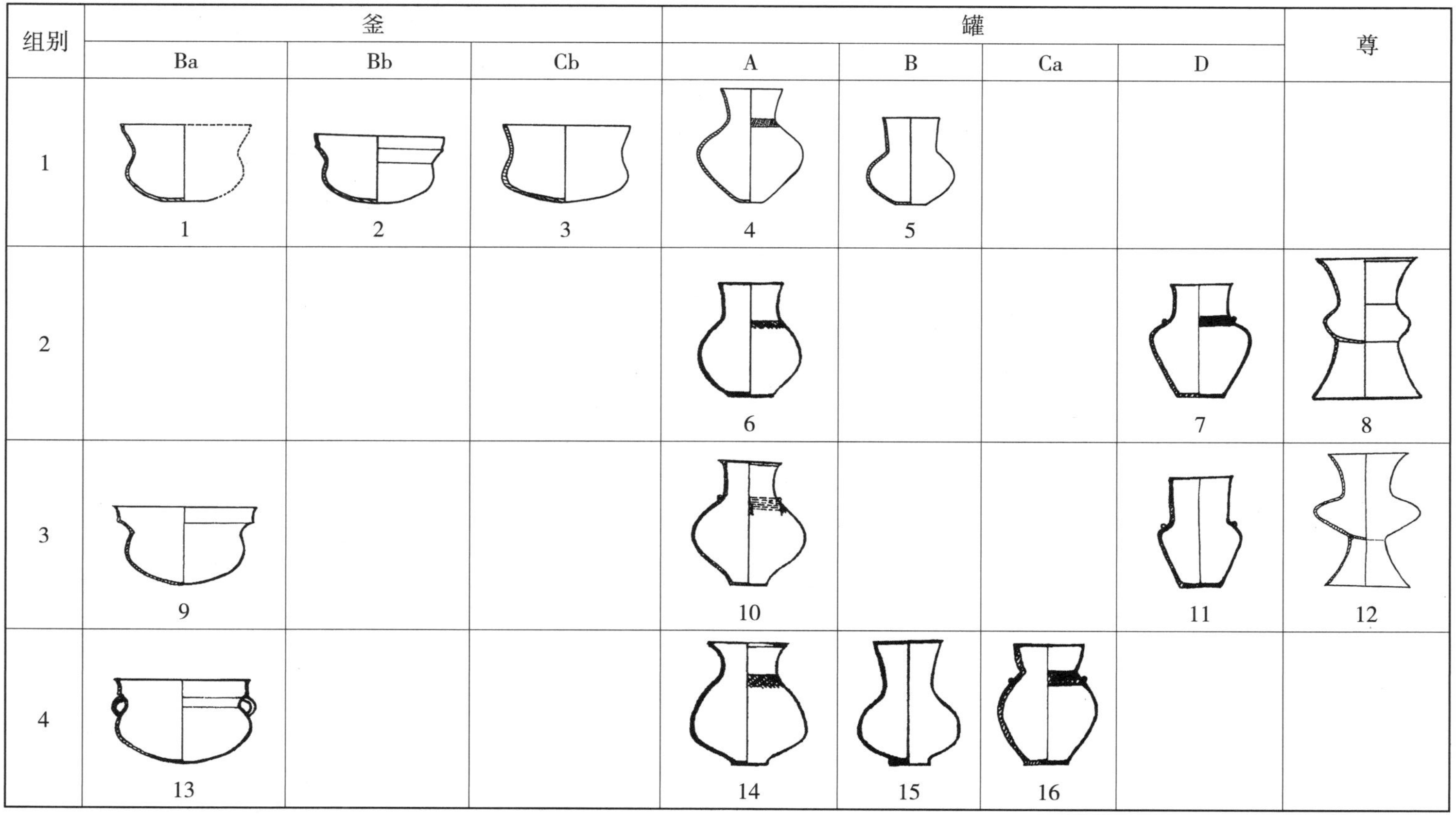

注：5号器物图采自《呈贡小松山竖穴土坑墓的清理》划分的壶，其余采自《呈贡小松山古墓群发掘简报》。

图2.22　小松山墓地各组陶器型式图

1.M1：13　2.M1：4　3.M1：6　4.M1：1　5.M3：3　6.M12：2　7.M28：2　8.M20：2　9.M32：1　10.M30：3　11.M31：4　12.M32：14　13.M33：2
14.M14：1　15.M16：3　16.M34：2

及Ca Ⅲ式（图2.22，16）。

经过比较，第1组相当于羊甫头墓地第2段，第2组相当于羊甫头墓地第3段，第3组相当于羊甫头墓地第4段，第4组相当于羊甫头墓地第5段。这样，小松山墓地就可以分为三期4段，即第1段为第一期，第2段为第二期，第3、4段为第三期。

上述单位中，随葬典型青铜器的只有第3段的M32，出无格铜剑Aa Ⅰ、一字格铜剑A Ⅱ、铜戈A Ⅱ及B Ⅱ、凹口铜矛A Ⅱ及B Ⅱ、铜斧A Ⅱ及B Ⅱ等，这些特征基本与羊甫头墓地第三期的特征相同。除M32外，同时出典型陶器和青铜器的墓葬有M18、M22、M27及M45，陶器以罐为主，但其具体型式不明，青铜器以矛为主，其中M27还随葬1件斧。从青铜器型式来看，4座墓葬的矛均统计为Ⅱ型，实际M18为Ⅰ型Ⅱ式、M22为Ⅰ型Ⅰ式、M27是Ⅰ型Ⅲ式，M27的斧为Ⅰ型Ⅱ式。根据羊甫头墓地的器物型式划分，M18和M22的器形更接近凹口矛A Ⅱ式，M27的可能属于凹口矛B Ⅱ式，排除只有1件B Ⅱ式的M27，M45与M18、M22同式别的可能性较大，而M27的斧应为A Ⅱ式。不考虑陶器型式，以青铜器流行的时间来判断，这几座墓葬的年代可能相同，推测在第三期比较合适。

仅随葬典型铜器的墓葬有M21、M26和M43。前两座随葬铜矛，型式可能为凹口矛B Ⅱ式。M43出铜戈，该型在羊甫头墓地数量不多，且未单独分型式，从其形态来看，与羊甫头第三期的铜戈M113：304（《昆明羊甫头墓地》图一五八，2）比较接近。因此，这三座墓葬可能属于小松山墓地第三期。

此外，只随葬陶器的墓葬还有 M2、M23、M35和M44。M2出一件 V 型釜，其形态与羊甫头墓地第三期4段的M668所出陶釜相似，那么M2可能属于小松山墓地第三期。M23随葬一件Ⅱ型釜，但未修复，根据M1：7所出Ⅱ型釜的器物标本图，M23可能与M1同时为第一期。M35和M44出Ⅵ型釜，均为平底，但前者腹较深，下腹微内凹，底为略凸出的小平底，后者从线图上看，似为盘口、鼓腹、平底，简报描述为侈口、折腹。M35还出1件圈足陶壶，与之形制相似的陶壶出现在天子庙墓地第二期的M36中，因此M35可归入小松山墓地第二期。M44的器物为孤例，其年代较难进行判断。

四 太极山墓地

该墓地位于安宁市东南的太极山上，此山东距滇池约13公里。1964年，云南省文物工作队在太极山东麓发掘了17座墓葬，发掘面积约100平方米[①]。1993年，云南省文物考古研究所对该墓地进行了第二次发掘，主要发掘区域在山顶及东南坡，共清理墓葬40座，发掘面积220平方米[②]。

发掘简报依据墓坑大小、深浅和随葬品的种类、数量及形制上的差别，将第一次发掘的17座墓葬分为早晚两期。早期墓葬以陶器为主，有少量铜器，不出铜铁合制器和纯铁器，陶器有Ⅰ～Ⅲ式高领敞口罐、直口罐和壶等，铜器有戈、矛等；晚期墓葬以铜器为主，有犁、斧、矛、剑、锛、臂甲和圆形镶石铜饰物等，出现铜铁合制器和纯铁器，陶器有双耳圜底罐和Ⅳ式高领敞口罐[③]。可以看出，早、晚两期的区别主要在于器类，尤其是铜铁合制器和纯铁器的出现与否。虽然高领敞口罐有形制上的变化，但是考察分期结果发现，在4座晚期墓葬中，仅有M8出高领敞口罐，根据墓葬登记表无法得知该器物的形制是否为Ⅳ式。可知M4出Ⅳ式高领罐，但M4属于早期墓葬，分期依据与结果存在矛盾。简报对器物的型式划分标准不统一，对形制演变的要素把握也不够准确。如高领敞口罐分为五式，但第Ⅴ式与前四式区别较大，应该属于不同的型；还有M4的两个Ⅳ式标本，实际应为两个不同的式别；五个式别的文字描述和标本图都很难看出某一个或几个要素的变化情况，也无墓葬叠压打破关系表明要素演变的逻辑顺序。

太极山墓地已发表材料的17座墓葬中，有15座出陶器，共计90件，大多破碎，较完整的有51件，其中数量较多的是罐和壶。部分高领敞口罐与羊甫头墓地的Ca型罐相似。羊甫头墓地Ca型罐的装饰特点是在领部刻划弦纹，肩部多刻划波浪纹或网格纹，并饰有对称乳钉。根据太极山墓地简报的描述，除Ⅳ式罐外，其他式别的器物大多没有装饰，但形制上与羊甫头墓地Ca型罐具有共性，可以视为同类器物。因此，将太极山墓地的部分高领敞口罐型式划分如下（图2.23）：

---

① 云南省文物工作队：《云南安宁太极山古墓葬清理报告》，《考古》1965年第9期。

② 中国考古学会编：《中国考古学年鉴》（1994），北京：文物出版社，1997年，第268～269页。

③ 云南省文物工作队：《云南安宁太极山古墓葬清理报告》，《考古》1965年第9期。

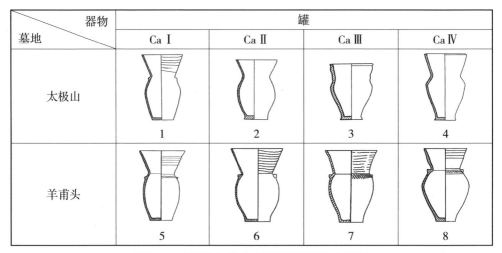

图2.23 太极山与羊甫头墓地相似器物比较图
1.太极山M4：1 2.太极山M12：13 3.太极山M13：2 4.太极山M4：3
5.羊甫头M547：7 6.羊甫头M663：? 7.羊甫头M626：? 8.羊甫头M194：11

这部分太极山墓地的器物型式及墓葬分组情况统计如下（表2.18）[①]：

表2.18 太极山墓地部分墓葬随葬器物型式及分组情况统计表

组别	墓葬	罐	其他器物
1	M12	Ca Ⅱ	直领罐、壶、铜剑、铜戈、铜矛
2	M13	Ca Ⅲ	壶、圆形扣饰
3	M4	Ca Ⅰ、Ca Ⅲ、Ca Ⅳ	

根据C型罐的形制演变情况，将以上墓葬分为3组：

第1组，出罐Ca Ⅱ式。

第2组，出罐Ca Ⅲ式。

第3组，出罐Ca Ⅳ式。

Ca型罐型式不明但共出其他陶器型式明确的墓葬，如M16，所出壶的形制与M12的大体相同，因此M16可归入第1组。M6同时出2件直领罐，领部较短、较直，腹部微鼓，形制与Ca Ⅰ式罐近似，那么，M6可能与第1组同时或早于该组。

---

① 墓葬登记表中未统计器物型式，根据发表的器物线图，C型罐型式明确的墓葬只有3座。

经过比较，上述第1组单位相当于羊甫头墓地第4段，第2组相当于羊甫头墓地第5段，第3组相当于羊甫头墓地第7段。总之，太极山墓地可以分为二期3段，即第1、2段为第一期，第3段为第二期。

对于陶器型式不明或不出陶器的墓葬，部分墓葬所出金属器与羊甫头墓地的典型器物相同，如铜剑（M2∶3）与BⅡ式无格铜剑类似，铜矛（M11∶4）接近于凹口矛BⅡ式，铜斧（M1∶9）与CⅢ式铜斧相似，铜柄铁剑（M1∶15）应为BaⅡ式铜柄铁剑，铜柄铁剑（M1∶16）同于C型铜柄铁剑。

M1出CⅢ式铜斧、BaⅡ式及C型铜柄铁剑、铜骹铁矛等，M11随葬BⅡ式凹口矛、CⅢ式铜斧、铜锄、残铁削等，这些器物也出现在羊甫头墓地第6、7段，因此M1和M11应属于第二期。此外，M2出双耳圜底罐，该器物未见于羊甫头及周边墓地，但M2有无格铜剑BⅡ式，该式别在羊甫头墓地出现在第5段，那么M2可能属于第一期。

五　五台山墓地

该墓地位于昆明市五华区上马村五台山上，此山为昆明盆地边缘的小丘，东低西高，距离滇池约16公里。墓葬密集分布在山腰缓坡上，从上至下呈带状分布，面积数千平方米。1977年，云南省文物工作队抢救性清理墓葬13座，发掘面积约180平方米[①]。

发掘简报以石碑村墓地的分期为依据，对五台山墓地的年代进行了推断。简报认为，五台山墓地未发现铁器，多数墓有蛇头形茎首无格青铜短剑、椭圆銎斧，器物组合与石碑村第一期相同，所以13座墓葬的年代应与石碑村第一期相当，大约在春秋晚期至战国中期[②]。前文已论述石碑村墓地分期研究存在的问题，因此，依据该分期结果来研究五台山墓地的分期必然不够准确。再检查简报对器物型式的划分，也存在不少问题。首先，简报将釜和罐分为不同的式，但不同式别，以及同一式下

---

① 云南省文物工作队：《昆明上马村五台山古墓清理简报》，《考古》1984年第3期。

② 云南省文物工作队：《昆明上马村五台山古墓清理简报》，《考古》1984年第3期。

的不同标本实际是不同的型。其次，由于没有区分出不同的型，器物的形制逻辑演变关系不清。

　　蒋志龙根据器物组合差异将墓葬分为三组，他认为这三组墓葬遗存基本上反映了五台山墓地的早晚年代序列和发展阶段[①]。从其分组标准来看，甲组的典型器物有高领敞口罐、壶和蛇首剑，但属于甲组的3座墓葬中，除M5和M12共出蛇首剑（报告里的Ⅰ型剑），以及M5和M6都有高领敞口罐（报告里的Ⅱ式罐）外，壶只出现在M5。尽管M5和M6都出Ⅱ式罐，但经笔者在云南省文物考古研究所库房查验，发现二者形制并不相同。如此很难说明这三种器物构成了甲组的组合。乙组的典型器物是侈口罐、直领圜底罐、矮领圜底罐、壶、空心扁圆茎剑、鸭嘴矛等。但其中的M1和M3，这两座墓葬所出的陶器和铜器的形制都截然不同，很难将其归为一组。其他墓葬尽管有同类器，如墓葬登记表中统计为Ⅰ、Ⅱ式釜的，但前文已指出简报型式划分存在问题，若据此进行分组不够准确。丙组有M4和M10，所出器物均不相同，不知为何被视为同组。此外，蒋志龙用三组（M4→M3，M4→M5，M10→M12）墓葬打破关系来证明所分三组遗存的早晚关系，但由于分组存在一些问题，各组包含的具有打破关系的墓葬分组未必准确。从打破关系看，属于丙组的M4比乙组的M3和甲组的M5要晚，但甲、乙两组的早晚是没有层位关系证明的。蒋志龙根据乙组的侈口罐可以在甲组中找到祖型（高领敞口罐），进而认为甲组早于乙组，却没有说明这两类器物是如何演变的。实际上，侈口罐和高领敞口罐属于不同器类，并没有演变关系。

　　鉴于以往分期研究存在的不足，本文认为五台山墓地的分期研究仍需从器物类型学分析入手。五台山墓地发掘的13座墓葬均出陶器，共计45件，其中数量较多的是釜和罐，前者有21件，后者有17件。从简报公布的部分器物图来看，釜和罐的类型较多，通过与羊甫头墓地的同类器物进行比较，我们对部分器物的型式重新进行划分（图2.24）。

　　釜可以分为Ba、Da、Db三型，如报告Ⅰ式釜M13：6虽然口沿外饰有乳钉较特别，但其形制接近BaⅢ式（图2.24，1、6）；另一件报告Ⅰ式釜M3：12应为BaⅣ式

---

① 蒋志龙：《滇国探秘——石寨山文化的新发现》，昆明：云南教育出版社，2001年，第190页。

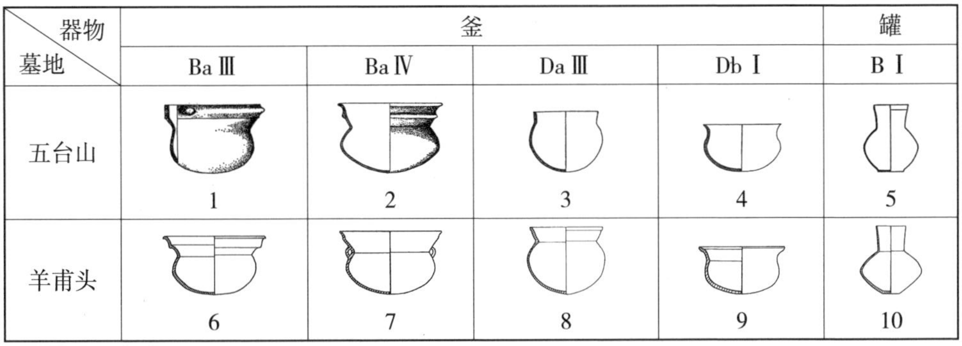

器物\墓地	釜				罐
	Ba Ⅲ	Ba Ⅳ	Da Ⅲ	Db Ⅰ	B Ⅰ
五台山	1	2	3	4	5
羊甫头	6	7	8	9	10

图2.24　五台山与羊甫头墓地相似器物比较图

1.五台山 M13：6　2.五台山 M3：12　3.五台山 M4：4　4.五台山 M1：17　5.五台山 M6：2
6.羊甫头 M155：12　7.羊甫头 M626：?　8.羊甫头 M185：17　9.羊甫头 M781：8　10.羊甫头 M6：9

（图2.24，2、7）；报告Ⅲ式釜 M4：4与 Da Ⅲ式较为相似（图2.24，3、8）；还有一件报告Ⅰ式釜 M1：17更接近于 Db Ⅰ式（图2.24，4、9）。

报告Ⅰ式罐中有一类为喇叭口、鼓腹、平底，领部饰有弦纹，肩部饰有水波纹和对称乳钉，与羊甫头墓地的 Ca 型罐形制相同，如 M3：4应为 Ca Ⅱ式。而 M3：7和 M9：4这两件罐的领部较矮且体形较大，前者比较接近 Ca Ⅱ式，后者与 Ca Ⅲ式相同，二者的演变关系应该是由前者向后者发展的。Ⅰ式罐 M6：2为直口、高领、鼓腹，与羊甫头墓地的 B 型罐同型，形制更接近 B Ⅰ式（图2.24，5、10）。

此外，经过笔者到考古所库房对器物的观察，简报中部分未发表的器物亦可进行型式划分。M2出1件Ⅱ式壶（M2：3）[①]，其形制更接近 A Ⅱ式尊。M5和 M10各有1件陶釜（M5：5和 M10：11）[②]，从形制上判断为 Da Ⅱ式。

青铜器方面，简报中的Ⅰ式剑应为羊甫头墓地的 Aa Ⅰ式无格剑；Ⅱ、Ⅳ式矛为凹口矛，形制接近 A Ⅱ式，Ⅲ式矛是平口矛，与羊甫头墓地的 Ab Ⅰ式相同；Ⅰ式斧为椭圆形銎口，形制与 A Ⅱ式相同，Ⅱ式斧为方形銎口，应属于 C Ⅱ式。

在对器物重新划分型式的基础上，将部分墓葬的器物型式及分组情况统计如下（表2.19）：

---

① 简报中器物型式划分部分描述为Ⅱ式壶，墓葬登记表统计为Ⅰ式壶，根据式别描述，实际应该是Ⅱ式。

② 墓葬登记表中显示 M5不出陶釜，但有1件Ⅰ式壶。从陶釜及壶的件数来看，Ⅰ式釜为8件，除 M5外已有7件，Ⅰ式壶仅1件为 M1所出，因此推断 M5应出Ⅰ式釜而非Ⅰ式壶。

表2.19　五台山墓地部分墓葬随葬器物型式及分组情况统计表

组别	墓葬	釜	罐	尊	其他器物
1	M2			A Ⅱ	无格铜剑 Aa Ⅰ 、凹口铜矛 A Ⅱ 、铜斧 A Ⅱ
	M6		B Ⅰ		敞口小平底假圈足罐
2	M1	Db Ⅰ			
	M5	Da Ⅰ			无格铜剑 Aa Ⅰ
	M10	Da Ⅰ			铜斧 C Ⅱ
	M13	Ba Ⅲ			无格铜剑 Aa Ⅰ 、平口铜矛 Ab Ⅰ 、铜斧 A Ⅱ
3	M3	Ba Ⅳ	Ca Ⅱ		凹口铜矛 A Ⅱ
	M9		Ca Ⅲ		
4	M4	Da Ⅲ			凹口铜矛 A Ⅱ 、铜斧 A Ⅱ

根据器物形制演变及组合情况，上述墓葬可分为4组：

第1组，出罐 B Ⅰ 式、尊 A Ⅱ 式。

第2组，出釜 Ba Ⅲ 式、Da Ⅰ 式及 Db Ⅰ 式。

第3组，出釜 Ba Ⅳ 式、罐 Ca Ⅱ 和 Ca Ⅲ 式。

第4组，出釜 Da Ⅲ 式。

经过比较，第1组相当于羊甫头墓地第2段，第2组相当于第4段，第3组相当于第5段，第4组相当于第7段。因此，五台山墓地4组墓葬可以分为三期4段，即第1段为第一期，第2、3段为第二期，第4段为第三期。

此外，部分没有陶器图的墓葬，可根据墓葬登记表记录的型式对其期属进行推断。M8出Ⅲ式罐和Ⅱ式釜，这两种式别的器物集中出现在第二期的墓葬中，所以推测M8应属于第二期。同样，M11的Ⅰ式罐主要出现在第二期，共出的无格剑（M11：5）形制比较特殊，柄首平齐，柄部有不规则镂孔，与一字格剑的喇叭形柄首相似，M11：5出土时柄部缠绕皮条和麻绳，这种装饰风格在羊甫头墓地第三期的一字格剑中时有发现，因此该墓葬的年代可能属于第二期。有两座墓葬无法得知随葬陶器的形制，如M7出陶钵，但简报未对此类器物进行描述；在墓葬登记表中，M12仅有器型不明的陶罐，但文中器物描述部分还有一件无格铜剑，实际情况无法得知。

六　普车河墓地

该墓地位于昆明市东川区普车河村，村子在小江支流晓光河西岸的二级台地上，墓葬密集分布于村后陡斜的山坡上，分布面积近千平方米。1985年，云南省文物工作队发掘了200平方米，共清理墓葬39座[①]。

发掘简报通过与石寨山、太极山等墓地进行比较，仅就墓地的年代进行了判断。简报认为普车河墓地出土随葬品以青铜器为主，个别墓葬出有少量小件铁器，其年代下限应不晚于西汉中期；普车河墓地出土的半圆或椭圆形銎铜斧、无格青铜短剑、铜矛、铜爪镰、铜扣饰等，都是滇文化第一、二期比较流行的典型器物，因此，年代上限或可早至战国晚期[②]。

由于简报未刊发墓葬登记表，且公布的器物图有限，很难进行较为细致的分期。本文只能对部分墓葬进行分析。

普车河墓地较完整的陶器有27件，全为平底器，不见圜底器和圈足器，其中大部分属于罐类，共有24件。简报将罐分为五式，但型与式互相混淆，且式别之间无演变关系。通过与羊甫头墓地对比发现：

简报Ⅱ式罐（图2.25，1），垂肩、鼓腹，下腹急收为小平底，肩部饰有两道锥刺纹和对称乳钉，与羊甫头墓地A型Ⅳ式罐相似（图2.25，4）；简报中有1件称为钵，实际应为罐（M15：3），其溜肩、折腹、下腹内凹的风格也与羊甫头墓地AⅣ式罐颇为相似。

简报Ⅳ式罐（图2.25，2），高领喇叭口，上腹较鼓，下腹内凹收为小平底，肩部饰有两道锥刺纹，形制与羊甫头墓地Ca型Ⅲ式罐相同（图2.25，5）；简报Ⅲ式罐（M1：2）虽为短领，但领部以下形态同于CaⅢ式罐。

普车河墓地还出有1件盘（图2.25，3），腹壁内凹、底微凸，此种形制在五台山墓地第三期出现（图2.25，6）。

根据罐的形制演变及器类差异，可以将墓葬分为3组：

---

①　云南省文物工作队：《云南东川普车河古墓葬》，《云南文物》1989年第26期。

②　云南省文物工作队：《云南东川普车河古墓葬》，《云南文物》1989年第26期。

器物 墓地	罐		盘
普车河	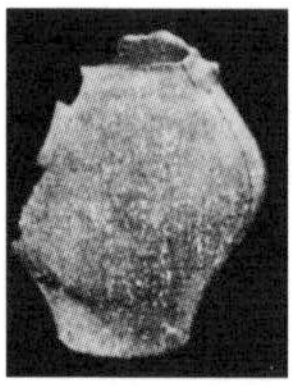 1	 2	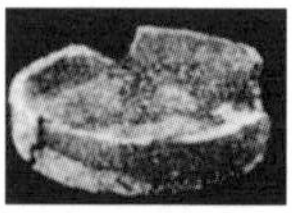 3
羊甫头	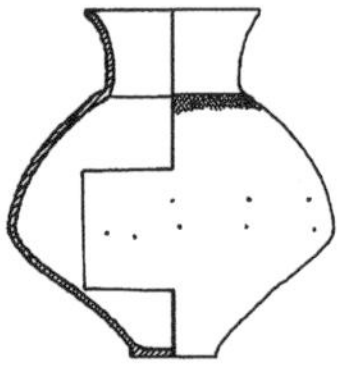 4	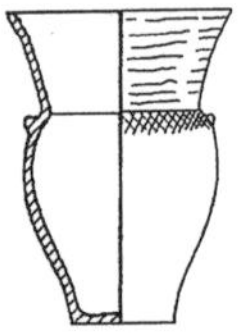 5	
五台山			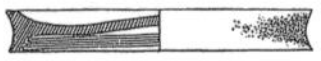 6

图2.25　普车河与羊甫头、五台山墓地相似器物比较图
1.普车河M5：8　2.普车河M14：1　3.普车河M36：2
4.羊甫头M573：1　5.羊甫头M626：?　6.五台山M4：2

第1组，出罐AⅣ式，以M5、M15为代表。

第2组，出罐CaⅢ式，以M1、M14为代表。

第3组，出盘，以M36为代表。

与羊甫头墓地和五台山墓地进行对比，普车河墓地第1、2组相当于羊甫头墓地第三期，第3组相当于五台山墓地第三期以及羊甫头墓地第四期。综上，普车河墓地可分为两期。此外，其他一些只出青铜器的墓葬，如M25、M39，前者出凹口矛AⅡ式，后者出凹口矛BⅡ式、铜戈AⅡ式，同类器物在羊甫头墓地出现的时间集中在第三期，因此这类墓葬的年代应该属于普车河墓地第一期。而M2出铁矛和环首铁刀，其年代可能在第二期。

七　团山墓地

该墓地位于玉溪市江川区的团山山坡上，此山西距李家山3千米，东临坝子。

1976年，云南省文物工作队在此发掘了11座墓葬[①]。

发掘简报以李家山墓地为参考，对团山墓地的年代进行了推断。简报认为团山墓地未出铁器、铜铁合制器和钱币，不少青铜器的器形与李家山第一类小型墓相同，因此团山墓地的年代应与李家山一类墓相当，即战国中期至西汉初[②]。

由于团山墓地随葬器物以青铜器为主，陶器仅出2件，不仅残破且器形不明，所以对该墓地的分期研究只能从分析青铜器形制及组合入手。通过与羊甫头墓地的典型青铜器进行比较，将部分墓葬随葬的器物型式统计如下（表2.20）：

表2.20　团山墓地部分墓葬随葬器物型式和分组情况统计表

组别	墓葬	铜剑	铜矛	铜戈	铜斧
1	M9		凹口矛 A I	A I	C II
	M4	一字格剑 A II	平口矛 Ab II	B III	C II
	M5		平口矛 Aa II		
2	M2		平口矛 Bb III		

根据青铜器形制演变及组合情况，可将表内墓葬分为2组（表2.20）：

第1组，出一字格剑 A II 式（图2.26，1）、凹口矛 A I 式、平口矛 Aa II 及 Ab II 式（图2.26，2）、铜戈 A I 及 B III 式（图2.26，3）、铜斧 C II 式（图2.26，4）。

第2组，出平口矛 Bb III 式（图2.26，5）。

将这两组单位与羊甫头墓地进行比较，团山墓地第1组，相当于羊甫头墓地第三期，第2组相当于第四期。因此，团山墓地可以分为两期。

八　大团山墓地

该墓地位于昆明市西郊4公里的黑林铺村东面的大团山上，此山为一高约30米的砂质小山。墓葬密集分布在大团山东坡南端高约15米处，1975年，云南省工作队

---

① 云南省博物馆文物工作队：《云南江川团山古墓葬发掘简报》，《文物资料丛刊》（八），北京：文物出版社，1983年。

② 云南省博物馆文物工作队：《云南江川团山古墓葬发掘简报》，《文物资料丛刊》（八），北京：文物出版社，1983年。

组别	一字格剑	平口矛	戈	斧
1	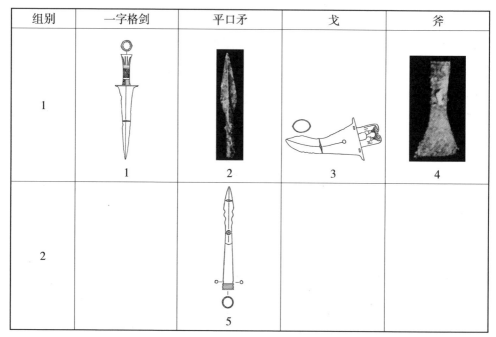 1	2	3	4
2	5			

图2.26　团山墓地各组器物图

1.M4：4　2.M4：6　3.M4：5　4.M4：3　5.M2：2

清理了被破坏的6座墓葬①。

发掘简报认为大团山墓地未发现铁器或铜铁合制器，其出土的铜剑、铜戈与石寨山、李家山墓地的形制相同，推断该墓地属于滇文化的早期类型，时代可能在春秋晚期至战国初期②。显然，仅依据青铜器推断墓地的年代，尚显证据不足。

该墓地只有3座墓葬出随葬品，器物以青铜器为主。从形制来看，3座墓葬出土的铜剑均与羊甫头墓地无格剑Aa Ⅰ式相似（图2.27，3），此种形制在羊甫头墓地前三期均比较流行；铜矛仅出现在M1，为平口矛Ab Ⅰ式（图2.27，4），在羊甫头墓地从第一期开始出现；M1和M5都发现铜斧，为銎口半圆形的B Ⅰ式（图2.27，5），出现于羊甫头墓地第一期。除青铜器外，M5中还出土了2件陶器。陶盘M5：2为侈口、凸底，形制与五台山墓地的Ⅰ式盘形制相似（图2.27，2）；陶罐M5：1为侈口、长颈、鼓腹，下腹内凹，形态接近于羊甫头墓地第三期出现的罐B Ⅲ式（图2.27，1）。综合考虑，大团山3座墓葬的年代都相当于羊甫头墓地的第三期，其中M1可能较早。

---

① 云南省博物馆文物工作队：《昆明大团山滇文化墓葬》，《考古》1983年第9期。

② 云南省博物馆文物工作队：《昆明大团山滇文化墓葬》，《考古》1983年第9期。

陶器		铜器		
罐	盘	无格剑	平口矛	斧
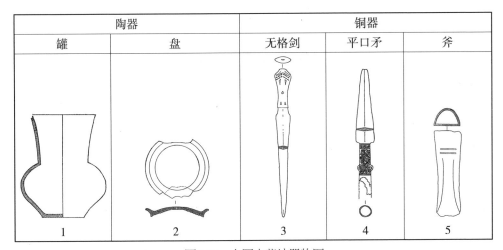				
1	2	3	4	5

图2.27 大团山墓地器物图

1.M5 : 1 2.M5 : 2 3.M1 : 3 4.M1 : 2 5.M5 : 7

九 金莲山墓地

该墓地位于玉溪市澄江县右所镇旧城村东部边缘的金莲山上，此山东依牧马山，西北与学山相望，南距抚仙湖北岸约3公里。金莲山海拔1806米，西坡较陡峭，北坡、南坡相对平缓，均为山坡台地，墓葬密集分布在金莲山山顶、北坡和东坡。2006年，云南省文物考古研究所等单位对金莲山山顶的被盗墓葬进行抢救性发掘，共清理墓葬144座[1]。2008~2009年，上述单位又在2006年发掘区的南部开展大规模发掘，共清理墓葬265座，发掘面积近600平方米[2]。

通过对比石寨山、李家山等墓地的相似器物，发掘简报推断了个别墓葬的年代。大致代表了三个时期，即以M122[2]为代表的战国时期，以M155为代表的西汉中期，和以M74[1]、M200[1]、M166为代表的西汉中晚期至东汉初期[3]。除M155是用陶器进行对比外，其余用的是青铜器或铜铁合制器。由于青铜器和铜铁合制器往往使用时间

---

① 发掘材料未发表，资料现存于澄江县文物管理所。

② 云南省文物考古研究所、玉溪市文物管理所、澄江县文物管理所等：《云南澄江县金莲山墓地 2008~2009年发掘简报》，《考古》2011年第1期。

③ 云南省文物考古研究所、玉溪市文物管理所、澄江县文物管理所等：《云南澄江县金莲山墓地 2008~2009年发掘简报》，《考古》2011年第1期。

较长，若只用个别器物来判断年代是不够准确的。如M122仅比较了出土的铜镞，就推断该墓葬的年代与李家山M24相同，大约在战国早中期。实际上，M122的铜镞有两种形制，李家山M24的铜镞有四种形制，前者只有其中一种形制同于后者。在没有对铜镞进行类型学研究的情况下，难以说明二者年代相同。简报还认为李家山报告对M24年代的断代偏晚，径自将年代提至战国早中期，也没有给出合理的解释。

蒋志龙在其博士论文中对金莲山墓地进行了分期研究。他根据青铜器和铜铁合制器在形制上的阶段性差异，将墓地分为早、中、晚三期。其研究方法是利用反映器物时代特征的墓葬叠压打破关系，对墓葬进行分组，由此既证明了各组之间的早晚关系，各组的划分亦代表了期的阶段性变化。该研究思路符合研究逻辑，但在具体材料的分析和论证上稍显不足。

蒋志龙列举了3组有明确叠压打破关系和随葬器物的墓葬，其中用来说明时代差异的器物只有戈和矛两种。而且第1组主要反映的是AⅠ、BⅡ式铜戈的早晚关系，以及AⅠ式铜戈与AbⅡ式铜骹铁矛的早晚关系；第2、3组反映的是AⅠ式铜戈与AbⅡ式铜骹铁矛的早晚关系。除铜戈属于同类不同型的变化外，其他均属于不同器类的变化，不如同类同型器物的比较可信度高。接着，他通过共存关系分析了AⅠ与AⅡ式铜戈，以及BⅠ与BⅡ式铜戈的早晚关系，还探讨了早、中、晚三期——以AⅠ式铜戈代表的早期、BⅡ式铜戈代表的中期、AbⅡ式铜骹铁矛代表的晚期的器物组合情况。他认为AⅠ与AⅡ式铜戈大体同时，问题在于式别划分不只说明形制区别，更反映形制演变的早晚，AⅠ与AⅡ式铜戈若同时，为何要划分出式别呢？他还认为，由于与BⅡ式铜戈共存的器物增加了铜铁合制器，根据金属器出现的规律，铜铁合制器和纯铁器要晚于铜器，所以BⅡ式应晚于BⅠ式铜戈。此论证说明BⅠ、BⅡ式之间的早晚关系是清楚的。但文中又以B型戈作为中期的典型器物，忽略了这两式反映的差异，对中期的划分过于笼统。而且与BⅡ式共存的Cc型铜柄铁剑同时与代表晚期特征的AbⅡ式铜骹铁矛共存，倘若以Cc型铜柄铁剑为标准进行分组，出BⅡ式铜戈和AbⅡ式铜骹铁矛的墓葬就可能被归为一组，那么文中的分组及分期就不够准确了。此外，他在青铜器分期的框架下，讨论了各期包含的陶器变化情况，但只说明了器类的阶段性变化，没有分析器物的型式演变，与文中的器物型式划分相脱节。

根据蒋志龙的研究，还有一点值得注意和讨论。以M195为代表的金莲山墓地

早期遗存，其典型器物包括A型铜戈、A、B型铜鐏、A型铜镞、AⅠ式铜凿以及刻
刀（图2.28），有少量骨镞、骨锥，陶器情况不明，仅出一片器型不明的饰细密绳纹
的陶片。从器物特征来看，无论是器物形制还是组合情况，都与典型的石寨山文化
有很大差别。如A型铜戈的特点是本部两面带翼，翼两端呈尖状突出，内似鱼尾状，
这种形制在石寨山文化以往的遗存中均没有发现；陶片的装饰风格，如细密的绳纹，
在目前已知的石寨山文化陶器中也很罕见。金莲山墓地早期遗存的青铜器器物组合
是戈、鐏、刻刀、凿或锛，而石寨山文化的是剑、矛、戈、斧或锛。笔者发现，与
金莲山墓地早期遗存相似的上述器物特征，普遍出现在分布于滇池以南的元江至南
盘江流域之间的遗存中。考虑器物形制与组合的差异，以及不同于石寨山文化的分
布范围，金莲山墓地早期遗存似乎不宜归入石寨山文化。

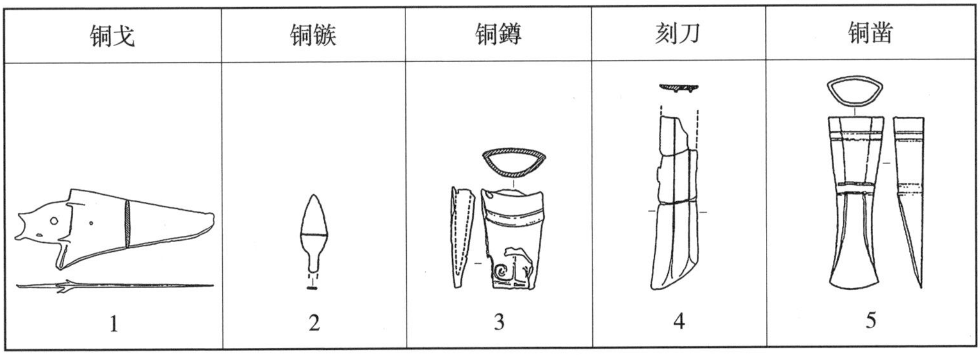

铜戈	铜镞	铜鐏	刻刀	铜凿
1	2	3	4	5

图2.28　金莲山墓地早期遗存器物图
1.A型戈（M86：4）　2.A型镞（M86：2）　3.A型鐏（M86：6）
4.刻刀（M204：4）　5.AⅠ式凿（M160：1）

　　由于发掘简报公布的墓葬及器物有限，本文只能根据已发表的几座墓葬以及蒋
志龙博士论文中公布的部分墓葬情况，对金莲山墓地进行粗略分期。

　　金莲山墓地出土的陶器很丰富，器类以釜、尊、罐为主。其中大部分釜和尊的形制
都能在羊甫头墓地找到相对应的型式，如M107的尊（M107：10）和釜（M107：11）[①]同
于羊甫头墓地尊AⅡ式和釜BaⅠ式（图2.29，6、12）；M111的釜（06M111：1）与羊甫
头墓地釜BbⅡ式相同（图2.29，1、7）；M77的釜（06M77：12-1）则与羊甫头墓地釜

————————
① 釜（M107：11）为笔者在云南省澄江县文管所库房调查所知。

BaⅢ式相似（图2.29，2、8）；M63的釜（M63②：5）同于羊甫头墓地的釜BaⅣ式（图2.29，3、9）；M157的釜（M157：1）在形制上与羊甫头墓地的釜DaⅢ式接近（图2.29，4、10）；M37的釜（06M37：5）应为羊甫头墓地的釜DbⅡ式（图2.29，5、11）。

根据羊甫头墓地各期的器物形制及组合情况，可以将金莲山墓地部分有代表性的墓葬分为4组：

第1组，出釜BaⅠ式、尊AⅡ式，以M107为代表。

第2组，出釜BbⅡ式，以M111为代表。

第3组，出釜BaⅢ、BaⅣ式，以M77、M63为代表。

第4组，出釜DaⅢ、DbⅡ式，以M157、M37为代表。

以上4组单位的陶器特征分别与羊甫头墓地一至四期的各期特征相对应，说明金莲山墓地至少可以分为四期，这两个墓地的存续时间很可能一致。

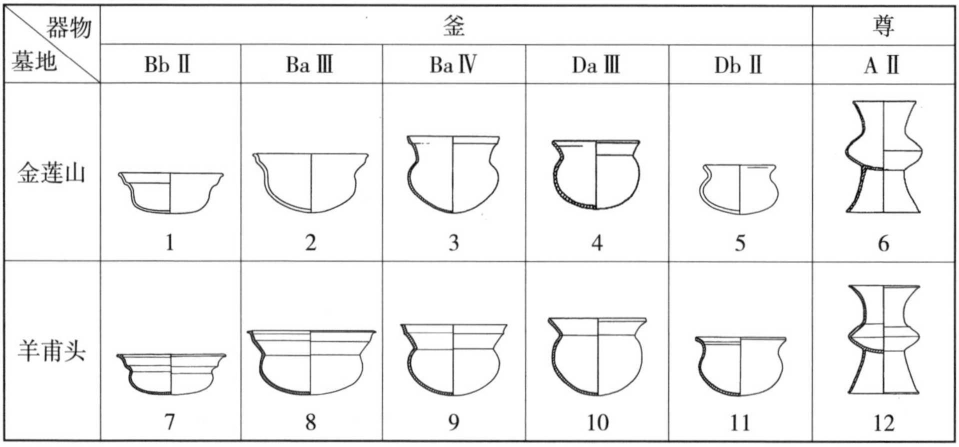

器物\墓地	釜					尊
	BbⅡ	BaⅢ	BaⅣ	DaⅢ	DbⅡ	AⅡ
金莲山	1	2	3	4	5	6
羊甫头	7	8	9	10	11	12

图2.29　金莲山与羊甫头墓地相似器物比较图

1.金莲山06M111：1　2.金莲山06M77：12-1　3.金莲山M63②：5　4.金莲山M157：1　5.金莲山06M37：5
6.金莲山M107：10　7.羊甫头M570：1　8.羊甫头M466：6　9.羊甫头M113：313　10.羊甫头M68：15
11.羊甫头M518：10　12.羊甫头M147：36

一〇　凤溪山墓地

该墓地位于昆明市嵩明县杨桥乡上禾村的凤溪山麓，此山海拔1944米，由西、北向东、南倾斜，为嵩明坝子西北高出盆地较突出的山丘。2007年11月至2008年4月，云南省文物考古研究所、昆明市博物馆和嵩明县文物管理所联合对该墓地进行了抢救性发掘，共清理墓葬133座[①]。

由于凤溪山墓地仅发表了简报，公布的墓葬及器物图有限，只能根据器物形制和组合对部分墓葬进行分组，再与羊甫头墓地进行对比，以此推测该墓地的分期。经过分析，凤溪山墓地可粗略分为2组：

第1组，以M124、M128、M64为代表，陶器有AⅣ和DⅢ式罐（图2.30，1、2）、陶盒和陶豆，青铜器有无格剑AaⅠ式、一字格剑AⅡ式（图2.30，3）、凹口矛AⅡ和BⅡ式（图2.30，4）、平口矛BbⅡ式（图2.30，5）、铜戈AⅡ式（图2.30，7）、铜斧AⅡ式（图2.30，6）。

第2组，以M33为代表，出铜斧CⅢ式（图2.30，8）、铜柄铁剑C型（图2.30，9），以及铜銎铁凿和铜骹铁矛。

器物 组别	陶器	金属器					
	罐	铜剑	凹口铜矛	平口铜矛	铜斧	铜戈	铜柄铁剑
1	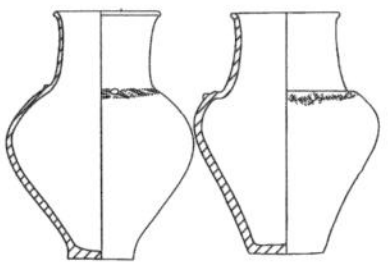 1　　2	 3	 4	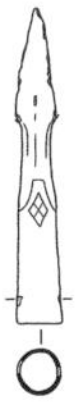 5	 6	 7	
2					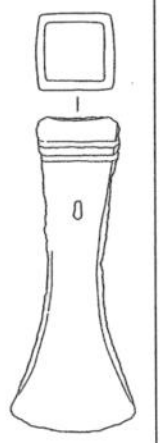 8		 9

图2.30　凤溪山墓地各组器物图
1.M128:4　2.M124:1　3.M124:17　4.M124:3　5.M124:6
6.M124:9　7.M124:8　8.M33:12　9.M33:7

[①] 袁媛、蒋志龙：《嵩明凤溪山古墓群清理发掘简报》，《云南文物》2017年第1期；云南省文物考古研究所、昆明市博物馆、嵩明县文物管理所：《云南嵩明县凤溪山墓葬发掘简报》，《北方文物》2023年第6期。

以上两组单位的器物特征，分别与羊甫头墓地第三、四期相同，说明凤溪山墓地至少可分为两期。此外，该墓地第一期还见泥质陶盒、陶豆等器物。

一一　完家村墓地

该墓地位于昆明市富民县完家村东北的一块台地上。2012年4~5月，云南省文物考古研究所和富民县文物管理所对该墓地进行抢救性发掘，发掘面积150平方米，共清理墓葬3座[①]。

根据器物组合的不同，完家村3座墓葬可以分为2组：

第1组，M1，随葬青铜器和陶器，有无格铜剑Aa I式、铜凿和高领平底罐。

第2组，M2和M3，以陶器为主，有单耳平底罐、高领平底罐和喇叭口深腹罐。

其中，M1的高领平底罐比较接近羊甫头墓地D II式罐，但二者装饰风格不同，完家村的是在器底压印叶脉纹，而羊甫头的则是在肩部饰对称乳钉，有的饰两圈戳印纹（图2.31，1、3）。M2和M3的喇叭口深腹罐与羊甫头墓地的Ca型罐在器形和装饰风格上比较相似，更接近Ca II式，不同的是前者的器形较大（图2.31，2、4）。第2组墓葬随葬的单耳平底罐在羊甫头墓地仅发现一例，出自M337，该器物与完家村的不同在于腹部较深，近底部微内凹，考虑罐类器形演变的特点，羊甫头的器物年代可能较晚。在羊甫头墓地，高领平底陶罐出现的时间大约在第三期，Ca II式喇叭口深腹罐也出现在第三期，M337属于第四期7段。综合考虑，完家村墓地的年代大概相当于羊甫头墓地的第三期。

除以上墓地外，还有几处具有代表性但资料有限的墓地，在此做简单介绍和分析。

凤凰窝墓地位于昆明市嵩明县城所在地嵩阳镇北约1公里的黄龙山南麓，地处嵩明坝子北缘。墓葬分布在北高南低的山麓南坡，坡度较缓。1988~1989年，云南省文物考古研究所、昆明市博物馆和嵩明县文管所组成联合考古队对墓地进行大规

---

① 汤为兴、李云梅：《富民完家村墓地抢救清理简报》，《云南文物》2013年第2期。

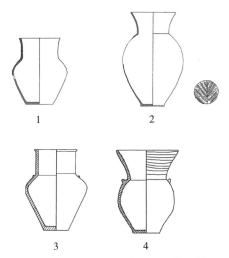

图2.31　完家村与羊甫头墓地相似器物比较图
1.完家村M1：5　2.完家村M2：7　3.羊甫头M102：45-1　4.羊甫头M715：1

模发掘，实际发掘面积2095平方米，共清理石寨山文化墓葬161座[①]。发掘者以随葬品中铁器或铜铁合制器的出现为标准，将墓葬分为两大类，并参考石寨山文化其他墓地及云南地区墓葬中普遍出现铁器的年代，认为出铁器或铜铁合制器的墓葬年代为西汉早中期，未出现的是战国晚期至西汉早期。由于发掘简报未公布器物标本图，无法确切得知各类器物的形制，但从简报对器物种类及型式划分的描述来看，陶器中壶、罐一类器物可能接近羊甫头墓地的A、C型罐，泥质黑陶盒或与凤溪山墓地的陶盒属同类器物，金属器中剑、矛、戈、斧等典型器物的形制大约与羊甫头墓地第三、四期的器物特征相似，说明该墓地可能有相当于羊甫头墓地这一时期的遗存。

　　金砂山墓地位于昆明市晋宁上蒜镇金砂村东面的金砂山上，西北与石寨山墓地相望，彼此直线距离仅数里。金砂山海拔1976米，整座山形似一个巨型的覆斗，其山顶及北、东、南三面地势相对平缓，均有古代墓葬分布。2000年，昆明市博物馆和晋宁县文管所联合在金砂山东坡被盗掘区域及附近进行调查，清理出较为完整的

---

① 云南省文物考古研究所、昆明市博物馆：《嵩明凤凰窝古墓葬发掘报告》，《云南文物》2003年第1期。

石寨山文化墓地12座[①]。由于这次发掘出土器物不多，大部分标本是追缴文物，发掘者对比石寨山墓地的器物，认为金砂山墓地的年代上限应在西汉早期，下限到东汉初期。从发掘简报公布的铜器标本图可以看出，大多与羊甫头墓地第三、四期的器物一致。2014~2015年，随着"石寨山古墓群考古工作计划"的实施，云南省文物考古研究所对金砂山墓地进行了系统的勘探工作，基本摸清了古墓葬的分布范围。为了进一步确定勘探所发现墓葬的性质和年代，2015年，云南省文物考古研究所联合晋宁区文物管理所对金砂山墓地进行了发掘[②]，发掘面积492平方米，共清理墓葬31座，其中竖穴土坑墓30座，均位于山顶，砖室墓1座，位于山坡南麓。因随葬器物迥异，发掘者认为竖穴土坑墓不属于石寨山文化遗存范畴，而与石榴坝、小直坡等墓葬是同一类型遗存，是一种新的考古学文化，极有可能是石寨山文化的源头之一。

木官山墓地位于玉溪市澄江县县城西南角，抚仙湖西北岸，龙街街道双树社区西北部一座平面近圆形的独立小山包上。2016年，云南省文物考古研究所联合玉溪市文物管理所、澄江县文物管理所对其进行考古发掘工作，发掘面积7000平方米。本次发掘区域位于木官山西部，共清理石寨山文化墓葬276座，灰坑15座[③]。目前该墓地的材料尚未发表，仅见相关报道。据发掘者初步分析，该墓地的石寨山文化遗存可分为早晚两期，第一期年代为西汉早、中期，第二期为西汉中、晚期。公布的部分器物图显示与羊甫头墓地第三、四期的器物相同。

第三节　综合分期与年代推断

根据前文对石寨山文化墓地材料的分析，将各墓地的分期对应关系整理如下（表2.21）：

① 昆明市博物馆、晋宁县文物管理所：《晋宁县金砂山古墓地清理简报》，田怀清、黄德荣主编：《大理丛书·考古文物篇》（四），昆明：云南民族出版社，2009年，第1487～1517页。

② 云南省文物考古研究所、晋宁区文物管理所：《昆明市晋宁区金砂山墓地2015年发掘简报》，《考古》2021年第3期。

③ 云南省文物考古研究所：《澄江木官山墓地》，"云南考古"网（http://www.ynkgs.com/html/discover/20160919095839.htm），2016年9月19日。

表 2.21　石寨山文化墓地分期表

墓地＼年代分期	战国中晚期 一	战国末至秦汉之际 二	西汉早期 三	西汉中晚期 四
羊甫头	1	2	3	4
天子庙	1	2	3	4
李家山	1	2		3
石寨山	1	2	3	4
纱帽山	1		2	3
黄土山		1	2	3
石碑村			1	2
小松山	1	2	3	
太极山			1	2
五台山	1		2	3
普车河			1	2
团山			1	2
大团山			1	
金莲山	1	2	3	4
凤溪山			1	2
完家村			1	
凤凰窝			√	√
金砂山			√	√
木官山			√	√

注："√"表示可能具有该时期的遗存。

　　石寨山文化的墓葬总体上可以分为四期，基本上代表了石寨山文化的各个发展阶段。现将各期特征概述如下（图2.32）：

　　第一期，陶器类别以釜占主要地位，其次是罐，还有较少的尊，偶见瓮、鼎和豆。釜的类型较多，以长颈釜和折颈釜为主，长颈釜的特点是束颈喇叭口，腹部较扁，腹径大于口径。折颈釜口部大敞，颈部曲折，颇有特色，但此时折棱不甚突出，底部微圜。罐类多见束颈鼓腹罐、长颈鼓腹罐、大喇叭口深腹罐。前两种罐的特点是腹部尖鼓，有小平底，大喇叭口深腹罐是上腹较鼓，下腹微向内凹。束颈罐和大喇叭口罐流行在肩部装饰对称乳钉，并刻划带状网格纹，大喇叭口罐颈部外侧通常刻划细密的划线纹，乳钉下还刻有草叶纹。尊似是在长颈釜下加圈足形成，口、腹形制与后者相似，圈足较高，足口较大，足壁斜直。

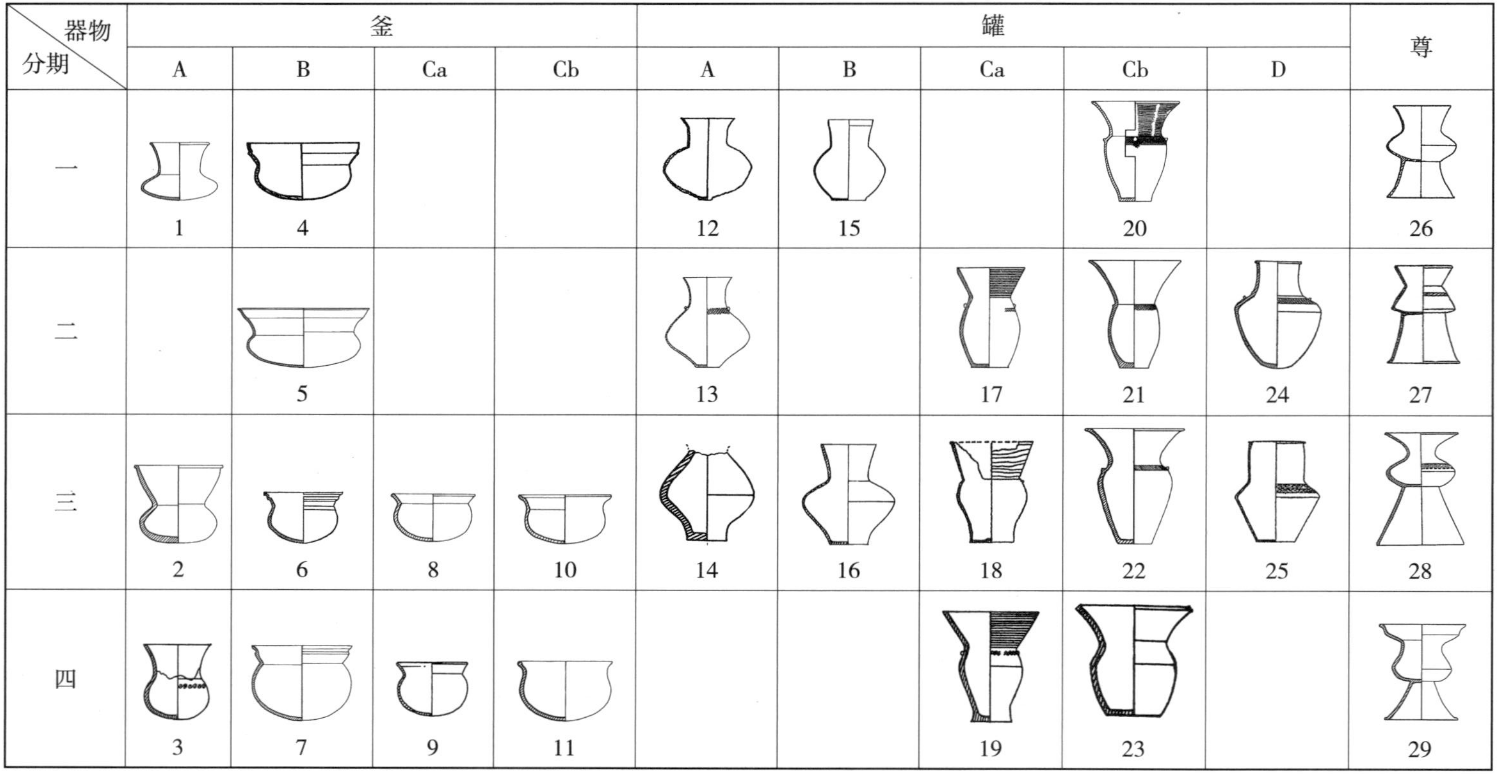

图2.32　石寨山文化墓地陶器演变图

1.羊甫头 M251：10　2.羊甫头 M113：194　3.天子庙②M21：7　4.小松山 M1：8　5.羊甫头 M46：9　6.天子庙②M106：18　7.羊甫头 M46：9　8.羊甫头 M630：5　9.金莲山 M157：1　10.羊甫头 M781：8　11.纱帽山 M38：4　12.天子庙③M61：2　13.黄土山 M14：5　14.石碑村②M41：4　15.五台山 M6：2　16.黄土山 M11：1　17.天子庙②M7：2　18.天子庙①M2：9　19.天子庙②M32：2　20.羊甫头 M19：171　21.羊甫头 M106：12　22.羊甫头 M113：284　23.天子庙②M21：5　24.天子庙②M36：2　25.天子庙①M5：1　26.金莲山 M107：10　27.天子庙①M1：4　28.天子庙②M41：105　29.羊甫头 M702：10

本期的青铜器中，剑、矛、戈和斧是常见的兵器组合。剑以无格剑为主，罕见一字格剑。无格剑流行在剑柄及剑身脊部进行装饰，其中剑柄以三角形镂空纹与直线、联珠刻纹的组合纹饰最为常见。一字格剑剑柄略细，柄首喇叭口较小，一字格较长且宽，剑身较宽，纹饰不多见。矛以凹口矛占主要，长叶凹口矛的骹部多有纹饰，有蛇纹、绚纹、云纹组合，也有火焰纹、弦纹、S纹、圆点纹组合，短叶凹口矛偶见骹部饰有雷纹、蛇纹。平口矛多为素面，仅Ab型见骹身饰弦纹、绚纹、绞索纹、云纹等组合纹饰。戈有尖锋、曲援、直内戈，援身上圆穿较大，穿外饰有一圈芒纹，旁侧还饰有梯形内填三蛙人纹，内末向内卷曲以致中间内凹，内上饰有五蛙人纹。斧以椭圆形銎口，銎身两侧内凹，刃部较平的形制为主，纹饰常见在銎身中部饰弦纹和绚纹组合，少见半圆形銎口斧。此外，铜器还有锛、凿、削等一类工具以及爪镰、锄等农具，生活用具有壶、杯、釜、鼎、勺、枕、贮贝器等，乐器有鼓，装饰品有扣饰、镯等。

第二期，本期属于过渡阶段，器物特征在继承上一阶段的同时，也为新器物的出现和发展奠定了基础。陶器中釜的类型变化不大，但罐的类型开始增加，出现小喇叭口深腹罐和直口鼓肩罐等，偶见豆和盒。陶器组合上较前一期变化不大。从形制上看，长颈釜和尊的器腹发生明显变化，腹径小于口径，此时尊的肩部流行饰一圈凸棱，凸棱下刻划一圈网格纹；折颈釜颈部折棱开始突出，有了较宽的沿面，底部也由微圜底发展为圜底；束颈鼓腹罐的变化主要在下腹，腹中部有较明显的折棱，下腹斜收微内凹，罐类的装饰较为一致的在肩部饰有对称乳钉和刻划纹，但束颈鼓腹罐、大喇叭口深腹罐和直口鼓肩罐通常饰网格纹，小喇叭口深腹罐则饰波浪纹，并在颈部饰数圈弦纹，底部饰叶脉纹。圈足壶整体矮扁。

本期的铜器，在继承上一期的基础上有了一些发展。一字格剑开始增多，形制变化比较明显，剑柄喇叭口变大，剑身变窄长，流行在柄部铸纹装饰，常见带状内填绚纹或S形纹、圆点纹的组合纹饰。个别墓葬中还出现了剑格为山字形状的铜剑。凹口矛常见长叶和短叶，形制变化不太大，仅短叶矛的骹部内凹。长叶平口矛Aa型的变化在叶部，叶底圆转呈柳叶形。尖锋戈援身由扁平向有凸脊发展，援身变长，锋部尖锐，援身上的圆穿变小，穿外多饰有双圈芒纹与三角形或其中内填雷纹的组合纹饰。此外，新出现了圭锋B型戈。斧类仍以椭圆形銎口斧为主，但形制略有变化，其刃面略宽于銎口呈弧形，銎身上的花纹亦有变化，开始流行弦纹、雷纹、绚纹及三角形内填雷纹的组合纹饰。其他类别的青铜器与第一期相差不大，但开始出现铜尊。

第三期，本期陶器有较大的变化，一方面是类型复杂多样，另一方面是形制差异明显。器类上，釜的类型更加多样，折颈釜占主要地位，其次是喇叭口长颈釜和侈口短颈釜；罐的类型也较多，束颈鼓腹罐和长颈鼓腹罐占多数，喇叭口深腹罐和直口鼓肩罐逐渐增加。形制上，釜类的整体趋势是腹部均变得更深；罐类的变化也比较一致，均为下腹明显内凹，其中束颈鼓腹罐和长颈鼓腹罐由于内凹加深，小平底也随之增高；尊开始变小，腹部也变窄变深，圈足足口缩小，足壁明显外撇。纹饰仍仅见于罐类，基本延续上一期的风格，但只在肩部饰有一周网格纹或水波纹，较少见前两期的组合纹饰。圈足壶腹部加深，整体变高。

本期青铜兵器的形制也发生了很大变化。无格剑的类型减少，一字格剑占主导地位，且类型多样，总体上以柄首呈喇叭状的A型为主，柄部的装饰繁复，除多种纹样组合的带状装饰风格外，还有整体饰缕纹、圆点纹、兽形纹等风格。凹口矛逐渐少见，短叶凹口B型矛开始演化出短叶平口Bb型矛；平口矛趋于主导，形制上整体风格比较一致，叶作柳叶形，脊部凸出呈柱状，Ab型矛流行在凸脊底部饰三角形纹。戈以B型为主，A型开始减少，B型从上一期的援身扁平向援身中部有凸脊发展，近阑处的援身变宽，锋部变窄而尖锐，援身上的纹饰为穿外饰单圈芒纹，梯形内填双蛙人纹，内上饰三蛙人纹。斧类，方形銎口斧出现并逐渐增多。椭圆形和半圆形銎口斧在形制上的变化主要体现在刃部，普遍较前一期变宽；方形銎口斧也慢慢向宽弧刃发展，到本期偏晚阶段其銎身两侧出现凸脊。同时，较为盛行在銎身上部装饰弦纹、绚纹及兽形纹的组合图案。其他青铜器仍然延续了前面两期的主要器形，但可以看到一些墓葬中开始出现少量车马器。

铜铁合制器和铁器在本期陆续出现，但还很少，主要有B型铜柄铁剑、铜骹铁矛、铁爪镰、环首铁刀等。

第四期，陶器较前一期有明显变化。器类上，釜的类型变少，折颈釜逐渐少见，短颈釜占主要地位，罐的类型也渐趋减少，其他器形有少量钵、单耳壶、杯、豆、熏炉等。形制上，变化主要集中在腹部，长颈釜腹部更深，底部变为圆角平底，折颈釜和短颈釜口径缩小，腹部似球；喇叭口深腹罐颈部变短，上腹较鼓，下腹斜收，腹部更深；尊的颈部缩短，腹部继续向深腹发展，圈足呈足口较小的喇叭形。

　　青铜兵器在继承前几期的基础上有进一步发展。无格剑仅见Aa型，且该型形制上有了变化，整体较短，柄身细长，柄部凸首圆钝，柄身装饰的线纹较粗，多与三角形镂空纹组合成闭合形图案；一字格剑以AⅢ式为主，柄首呈喇叭形，饰条形镂空纹，与柄身有明显分界，柄身较粗，饰联排方形或三角形镂空纹。凹口矛罕见，长叶平口矛也很少，常见短叶平口矛。形制上，短叶平口矛的叶身呈柳叶形，骹口流行饰数圈凸弦纹或凹弦纹。A型戈少见，以BⅢ式戈为主。C型斧盛行，其次是A型斧，其他型的斧少见，C型斧多为銎身两侧有凸脊及銎口处有数圈凸弦纹的CⅢ式。此外，生活用具有很大变化，前面几期流行的壶、杯、尊、枕等器物几乎不见，开始出现鍪、盆、洗、盂、匜、卮、炉等汉式器物。车马器较前一期增多。

　　铜铁合制器与铁器在本期大量出现，铜柄铁剑类型较多，以C型为主，Ba型由Ⅰ式发展为Ⅱ式，在较晚时期，还出现了剑身很长的Ⅲ式。铁器除环首铁刀、铁矛外，还有铁剑、铁斧等。

　　关于上述四期绝对年代的推断，本文将以四川、长江中游或中原等地区年代较为明确的考古学文化遗存中与各期墓葬出土相同或相似遗物的对比作为断代的主要依据，同时也参考有关的碳十四测年数据。

　　第一期：可从属于该期的羊甫头M101中找到一些线索。M101伴出的陶豆与四川盆地及周缘战国中期至晚期巴蜀文化墓葬所出的浅盘高柄豆造型基本相同，其形态特点更接近川西南犍为地区战国晚期墓葬所见的陶豆（图2.33，2）[①]。同类型的陶豆还见于战国时期的楚文化墓葬中，如江陵雨台山楚墓和当阳赵家湖楚墓，其出土的陶豆有较清晰的演变脉络。根据相关研究，雨台山楚墓的陶豆是由弧壁、深盘、短粗柄向弧壁、浅盘、细长柄再向折腹浅盘发展[②]，赵家湖楚墓陶豆（B型）的演变规律是豆盘由深变浅再变深，豆柄由矮变高，由弧变直，底座面由凹弧变为凸弧形（图2.33，3、4）[③]。从器形特征来看，羊甫头M101的陶豆与雨台山的Ⅱ式、赵家湖的Ⅱb

---

① 四川省文物管理委员会：《四川犍为金井乡巴蜀土坑墓清理简报》，《文物》1990年第5期。

② 湖北省荆州地区博物馆：《江陵雨台山楚墓》，北京：文物出版社，1984年，第61~62页。

③ 湖北省宜昌地区博物馆、北京大学考古系：《当阳赵家湖楚墓》，北京：文物出版社，1992年，第85~87页。

式形态相似，略有不同的是前者的豆柄更粗、底座面更大，后两者流行的时间大致在
战国早期至中期。此外，本期共出的青铜兵器亦是断代的重要依据，如羊甫头M19随
葬的三角形长援铜戈与四川成都百花潭中学M10、新都马家木椁墓所出的三角形长援
戈造型特征接近（图2.33，6）[①]，但羊甫头的铜戈在形态上锋部更尖锐、内末端向内卷
曲更甚，援本上的装饰则具有本地特点，应该是受到四川地区巴蜀文化铜戈的影响发
展而成。目前普遍认为百花潭中学墓葬的年代为战国早期，新都马家墓葬的年代是战
国中期[②]。其他一些墓葬所出的长胡带翼铜戈也与四川地区战国晚期巴蜀墓葬中的同类

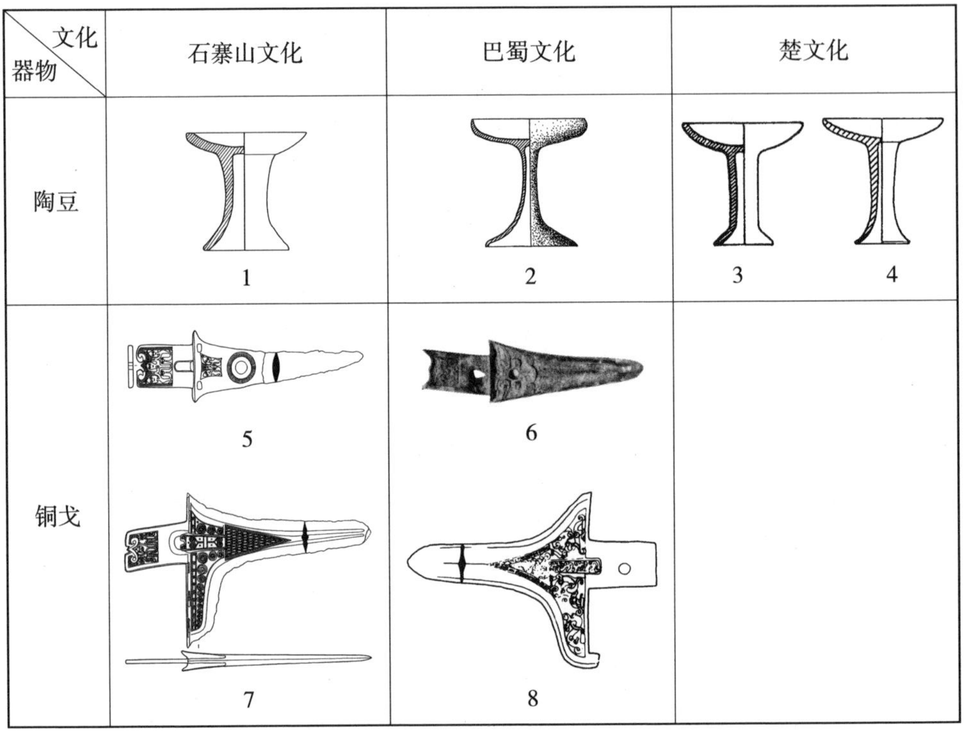

文化 \ 器物	石寨山文化	巴蜀文化	楚文化
陶豆	1	2	3　　　　4
铜戈	5 7	6 8	

图2.33　石寨山文化与其他地区文化遗存出土相似器物比较图（第一期）

1.羊甫头M101：27–3　2.犍为金井M6：3　3.江陵雨台山M490：2　4.当阳赵家湖JM42：7

5.羊甫头M19：74–2　6.成都百花潭M10　7.羊甫头M19：117　8.云阳李家坝98M45：10

① 四川省博物馆：《成都百花潭中学十号墓发掘记》，《文物》1976年第3期；四川省博物馆、新都县文
物管理所：《四川新都战国木椁墓》，《文物》1981年第6期。

② 江章华、张擎：《巴蜀墓葬的分区与分期初论》，《四川文物》1999年第3期；罗二虎、李映福主编：《中
国西南考古——新石器时代至西汉》，北京：科学出版社，2020年，第251～254页。

器物相似（图2.33，8）①，显然是受到了战国早期形制的影响②。同时，参考纱帽山墓地M2③的碳十四测年数据，距今2205±80年，树轮校正为距今2200±95年。M2③叠压在属于第一期的M2④上，又被属于第三期的M2②叠压，说明M2④的年代当不晚于该测年数据。据此，可将本期年代定为战国中晚期。

第三期：本期羊甫头M580伴出的陶瓮与四川盆地流行于战国晚期至西汉早期巴蜀墓葬中的陶大口瓮可能属同类器物，只是后者的领较高，底较大，肩至腹部饰绳纹。在形态特征上，羊甫头的陶瓮较接近秦代墓葬所出的陶瓮，如大邑五龙M19、荥经同心村M12、什邡城关M50等（图2.34，2）③。此外，还有羊甫头M99伴出的陶盒与长江中游地区湖北宜昌前坪、蕲春罗州城敢鱼咀，湖南常德樟树山等地汉墓出土的陶盒亦属同类器物（图2.34，4、5）④。这些墓葬的年代一般被定在西汉早期。此类器形可能源自中原地区的东周文化，如洛阳中州路战国晚期墓葬中的陶盒⑤。从伴出的其他器类来看，开始出现少量铜铁合制器和铁器，有少数明显为汉式器物，如环首铁刀等，说明此时虽有汉文化因素的影响但并不大。此外，参考纱帽山墓地M8②的测年数据，在距今2065±110年，树轮校正为距今2040±115年。因此，估计本期的年代下限在汉武帝置益州郡（公元前109年）之前，约西汉早期。

第四期：本期可供判断的器物出自羊甫头M634，石寨山M13、M6以及纱帽山M22等，这些墓葬均随葬具有时代特征的器物。M634伴出的陶盒是第三期同类陶盒演变的发展形态，常见于长江中游地区湖南津市肖家湖、湖北罗州城等地的西汉中、晚期的汉墓中（图2.35，2、3）。M13出文帝半两和流行于西汉前、中期的规矩

① 四川大学历史文化学院考古系、云阳县文物管理所：《云阳李家坝巴人墓地发掘报告》，重庆市文物局、重庆市移民局编：《重庆库区考古报告集》1998卷，北京：科学出版社，2003年，第352~354页。

② 井中伟：《早期中国青铜戈·戟研究》，北京：科学出版社，2011年，第300~302页。

③ 四川省文管会、大邑县文化馆：《四川大邑县五龙乡土坑墓清理简报》，《考古》1987年第7期；四川省文物考古研究所、荥经严道古城遗址博物馆：《荥经县同心村巴蜀船棺葬发掘报告》，四川省文物考古研究所编：《四川考古报告集》，北京：文物出版社，1998年，第212~280页；四川省文物考古研究院、德阳市文物考古研究所、德阳市博物馆：《什邡城关战国秦汉墓地》，北京：文物出版社，2006年。

④ 湖北省博物馆：《宜昌前坪战国两汉墓》，《考古学报》1976年第2期；黄冈市博物馆、湖北省文物考古研究所、湖北省京九铁路考古队：《罗州城与汉墓》，北京：科学出版社，2000年；常德地区文物工作队、常德县文化馆：《湖南常德县清理西汉墓葬》，《考古》1987年第5期。

⑤ 中国科学院考古研究所：《洛阳中州路（西工段）》，北京：科学出版社，1959年。

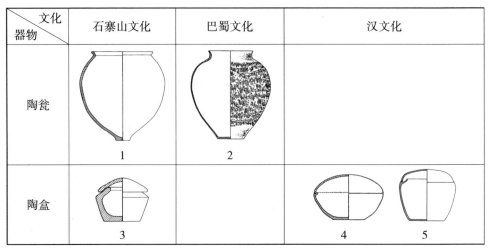

图2.34   石寨山文化与其他地区文化遗存出土相似器物比较图（第三期）
1.羊甫头M580：19   2.荥经同心村M12：14   3.羊甫头M99：2
4.樟树山M30：20   5.敢鱼咀M24：15

草叶纹镜；M6出有"滇王之印"和流行于西汉中期至王莽期间的宜佳人重圈铭文镜；M22随葬具有西汉中期特征的五铢钱。本期其他伴出器物的变化是铜铁合制器、铁器及汉式器物大量出现，其中米字纹格铜柄铁剑在整个西南地区西汉中晚期较为盛行。这些现象说明随着汉武帝置郡后对西南夷地区开拓的加深，汉文化因素对当地产生的影响愈加明显。还可找到一个碳十四测年数据线索，属于本期的纱帽山墓地M38③，测年数据为距今2035±95年，树轮校正年代为距今2005±105年。因此，可将本期的年代定在西汉中晚期。

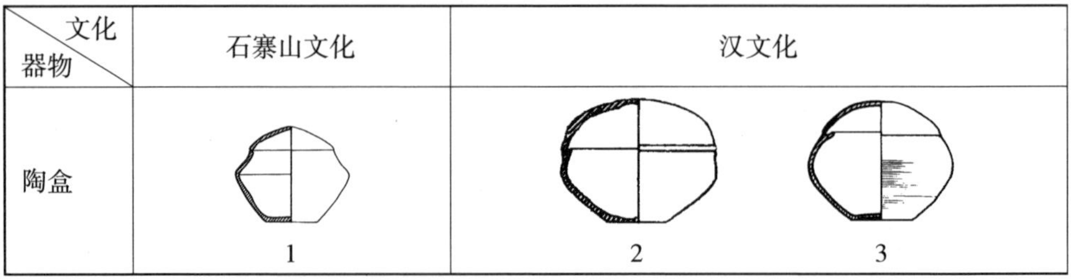

文化 / 器物	石寨山文化	汉文化	
陶盒	1	2	3

图2.35   石寨山文化与其他地区文化遗存出土相似器物比较图（第四期）
1.羊甫头M634：11   2.肖家湖M11：4   3.付家山M6：16

第二期：该期为过渡时期，器物特征是承上启下，年代应不会太久，且此时未见汉式器物。鉴于第一期与第三期年代的推定，可将本期年代大致确定在战国末期至秦汉之际。

第三章　石寨山文化墓地的形成与布局

　　墓地的形成与布局反映了墓地在时间与空间两个维度上的动态变化过程。具有规律的墓地布局在某种程度上体现了墓地使用者的规划意识，通过分析墓葬在墓地中随时间变化的空间分布状态来揭示石寨山文化的墓地结构是本章探讨的目的。这种时间变化上的空间考察，是通过尽可能地复原该墓地所有墓葬的下葬顺序，并观察墓葬在排列方式上体现的某种规律来实现。当前，研究墓葬的下葬顺序主要基于随葬器物的形态演变逻辑顺序，但这两个顺序的等同是一个理想化状态，因为实际情况中，器物的变化与墓葬的早晚并不能达到绝对同步，所以墓地呈现出的阶段变化会受到器物演变粗细程度的限制。因此，本章对每个墓地的形成与布局分析将基于前文的分期研究进行。具体操作方法是，根据墓葬在不同时段（期）呈现的排列方式，对墓地进行区域划分，即依据墓葬聚合程度，在墓地内部划分出代表不同层级的区、群单元结构。

　　所谓"墓区"，指的是一个墓地内同一时期的墓葬，在平面上表现出分区域聚集埋葬的现象，由于若干座墓葬在不同区域相对聚集，使得各区域之间形成较明显的空白地带，因此对"墓区"的划分主要以墓葬聚集程度和空白地带作为标准。"墓群"是指两座或三座墓葬并肩或稍有错位排列，或因过于紧密造成故意叠压和打破现象，在空间上相对独立，能与其他"墓群"相区别，具有这种成群对应关系的墓葬即划分为墓群。

第一节　诸墓地分布特点

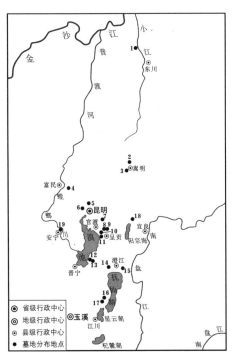

图3.1　石寨山文化墓地分布图

1.普车河 2.凤凰窝 3.凤溪山 4.完家村 5.五台山 6.大团山 7.羊甫头 8.天子庙 9.黄土山 10.小松山 11.石碑村 12.石寨山 13.金砂山 14.木官山 15.金莲山 16.团山 17.李家山 18.纱帽山 19.太极山

石寨山文化墓地的分布范围以滇池—抚仙湖为中心，北抵金沙江、西起螳螂川、南至星云湖、东到南盘江一带。截至目前，已发现石寨山文化墓地近20处（图3.1），清理墓葬数量2600多座[①]。

在地形地貌上，石寨山文化墓地分布区域处滇中高原，其地貌特点是高原顶部起伏缓和，海拔在2000米左右，其中散布着相对高度较小的丘陵和脉状山地，丘陵属于高原抬升前准平原面上残余的高起部分，抬升后再经破坏而成，相对高度一般不超过200米；山地为一侧陡、一侧缓降的掀升型山地，一般高度在2000米以上，缓坡部分延续范围较大，一部分成为高原面的组成部分，陡坡下有断陷盆地。断陷盆地广布，在其周围，因山体相对上升，相对高差增大，可达500~1000米。高原边缘或大河通过的地带，河流深切，形成切割较深的较大河谷，从高原顶部到大河谷底部，高差均超过1500米，使得高原边缘地带呈山高谷深的形态[②]。

在云南境内广泛分布着内部相对较低、周边相对较高，内部地面坡度在8°~12°以下

① 根据有关资料，在富民沙朗、官渡大耳村、晋宁唐家山、江川大坟山、玉溪宋官村等地调查发现的墓葬可能也属于石寨山文化，但因具体材料不明，本文暂未统计。参见云南省文化厅编：《中国文物地图册·云南分册》，昆明：云南科技出版社，1999年。

② 参考明庆忠、童绍玉主编：《云南地理》，北京：北京师范大学出版社，2016年；童绍玉、陈永森：《云南坝子研究》，昆明：云南大学出版社，2007年。

的山间中小型盆地、小型河谷冲积平原、河谷阶地、河漫滩和冲积洪积扇、起伏较缓和的高原面、剥蚀面及高原面上的宽谷低丘、较大的山谷等地貌类型，这些地貌类型可笼统地称为"坝子"[①]。滇中高原上分布的坝子，数量多，面积大，多为大型断陷坝和断陷湖盆坝，坝内较平坦，少起伏，土层厚，坝内有河流通过或被现代湖泊占据。石寨山文化的墓地大多分布在这些坝子内，如滇池坝、澄江坝、江川坝、阳宗坝和嵩明坝等。

从时间上观察各墓地分布的变化情况：第一期，约有8处墓地，分布在滇池坝、阳宗坝、澄江坝和江川坝这四个区域，其中滇池坝的数量最多，且较密集地分布于滇池东北岸。第二期，墓地数量及分布情况较第一期变化不大。进入第三期后，墓地数量增多、分布范围扩大，数量增至19处，不仅在前两期分布的四个区域内继续增加，而且逐渐向滇池以西、北方向发展，形成安宁、嵩明、东川坝这些新的聚集区域，不过滇池坝分布的墓地数量仍然是最多的。第四期时，墓地数量虽然减少至16处，但分布区域与第三期大体一致，仅滇池坝内和滇池西北部山地区域的墓地有所减少。

可以看出，墓地数量及分布变化反映了石寨山文化逐渐向外扩展的趋势，即在第三期这个节点上，石寨山文化有了明显的扩张，表明第三、四期是整个文化发展的繁荣期。同时，墓地在不同坝区聚集分布的现象贯穿始终，这说明石寨山文化墓地在分布上形成了以单个坝子为中心聚集，多个坝子相对分散的特点。从整体分布的情况看，滇池坝（滇池东北岸及东南岸）的墓地数量多而密集，显然是石寨山文化分布的重要区域。地貌特点是造成石寨山文化墓地分布特点的重要原因，这种分布特点在某种程度上反映了石寨山文化社会内部的组织结构特点。

第二节　典型墓地的形成过程与布局变化

一　羊甫头墓地

羊甫头墓地位于滇池坝区边上的第一级缓丘台地，海拔约1926米，墓葬分布在一座馒头形缓丘上，缓丘面积约5万平方米。根据墓葬分布范围的调查，发掘者测算

[①]　童绍玉、陈永森：《云南坝子研究》，昆明：云南大学出版社，2007年。

墓地总分布面积约4万平方米，墓葬多集中分布在缓丘西南、西北和北面以及东部高处，几个区域基本面向滇池，缓丘东部背滇池处分布较少①。

该墓地在发掘前曾遭到数次严重的破坏和盗掘，原生环境已经发生很大变化。第一次发掘时，墓地上覆盖了果园和建筑基础，并因施工改建训练场地推掉了缓丘东部高处的堆土，部分被用来填充西部低处。因此，墓葬原本的开口层位已模糊不清，缓丘的地貌状况也面目全非。根据报告提供的墓地典型剖面图，缓丘西部和北部边缘地势较低，越往东和南延伸，地势逐渐增高。从1998年拍摄的航拍图上看（《昆明羊甫头墓地》[四] 彩版一），墓地分布的区域在平面上呈扇形，靠近扇形夹角的位置，即缓丘东部是地势相对较高的区域，但也是破坏最严重的，所剩墓葬分布零星。而扇形边缘，即缓丘的西南、西北和北面破坏较轻，墓葬保存相对较好且分布密集。

从揭露状况来看，1998~2001年的发掘基本覆盖了整个扇形区域，发掘面积为1.5万平方米，仅西部及西北部的部分区域未进行清理。2016年的发掘位于前一次发掘区的东北角，发掘面积为1975平方米。如果根据发掘者测算的墓地规模，揭露范围大约只占了墓地范围的一半，说明还有同等体量的墓葬未发掘。有学者指出20世纪70年代拍摄的卫星图上显示羊甫头墓地呈长条形的馒头状②。结合现今地形等高线分析，原有地貌大概是一座西北—东南走向的长条形山丘，现已发掘的区域位于山体西部，东部被建筑物所占，那么未发现的墓葬会分布在这个区域吗？总的来看，发掘区除西部和北部的部分区域未清理外，在北部和西南部边缘未见墓葬继续延伸的迹象，应该就是原有墓区的边界，2016年对东北角的发掘似已到墓区边缘，那么只有东部及东南部因建筑物所占情况不明。鉴于此种情况，暂时把现已揭露的范围当作一个相对完整的墓地看待。

由墓葬分布图所示（图3.2），绝大多数墓葬均呈东北—西南向，只有零星几座墓葬为东—西向及西北—东南向，并紧邻东北—西南向墓葬埋葬。还可以看到，位于中间区域的墓葬墓坑规模较大，且排列有序、稀疏，而规模较小的墓葬则围绕中

① 云南省文物考古研究所、昆明市博物馆、官渡区博物馆：《昆明羊甫头墓地》（一），北京：科学出版社，2005年，第5～15页。

② 蒋志龙、吴敬：《关于云南金莲山墓地的初步认识》，《考古》2011年第1期。

图3.2　羊甫头墓地墓葬分布总平面图

间区域密集分布在其西、北及东面，不同区域之间似有空白地带相间隔。整体来说，墓葬分布较有规律，墓地布局应是有意规划而成。具体形成过程与布局还需结合墓葬分期来进一步分析。

　　根据上一章的分期研究，羊甫头墓地的大部分墓葬可以分为四期7段，从大的时段看，该墓地必然是经过四个时期的发展逐渐形成的。首先从宏观上观察墓地的布局及变化，即以期为单位，考察四个时期墓葬依次出现的情况。整个墓地能够分期的墓葬有433座[①]，其中属于第一期的墓葬有46座，第二期墓葬有69座，第三期墓葬

————————————

① 该数据包括具有叠层现象且器物出土层位明确的20座墓葬，这些墓葬有二或三层叠葬，由于不同层位存在分属不同期别的情况，因此拆解为不同的墓葬进行统计。

有190座，第四期有墓葬128座。观察四个时期墓葬的平面分布情况（图3.3）：

第一期，数十座墓葬分布在墓地的不同区域，整体上分散，但又以较为密集的形式有序排列在不同区域，根据墓葬聚集程度和区域之间的空白地带，大致可分为A、B、C、D、E五个区[①]，不同区域彼此具有一定间隔。第二期，按区分布的趋势更加明显，墓葬以五个墓区为框架进行分布，各区墓葬的数量均有所增加。第三期，墓葬仍以区为单位继续埋葬，各墓区的范围继续扩大，尤以B、C、E区的墓葬数量

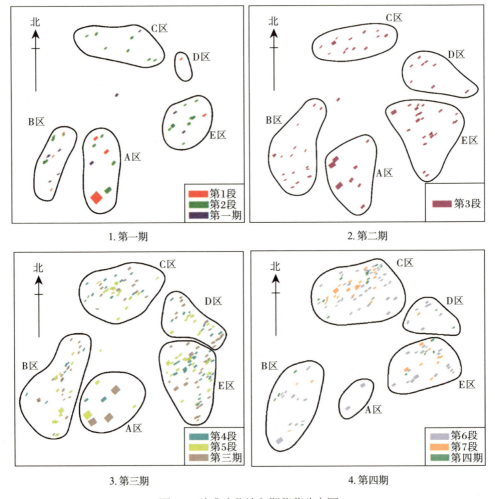

图3.3   羊甫头墓地各期墓葬分布图

---

① 在A区与C区之间还分布了一些墓葬，大部分被严重破坏，其所属期别不明，仅剩个别墓葬可判断期别，因此不再单独划分墓区。

最多，分布最为密集，墓葬之间的叠压打破关系也最复杂，而 A 区的墓葬规模大、数量少，排列井然有序。第四期，各区墓葬仍有不同程度的增加，但 A 区明显较少，不过墓地的整体布局规划仍旧稳定。

通过宏观上大时段考察墓地的形成过程和空间布局，可知羊甫头墓地是以至少五个墓区为单元组成的大型墓地，这种布局理念在墓地形成伊始就已经明确，并在第一至四期的使用中延续了既定的布局规划，说明整个阶段羊甫头墓地分区埋葬的规则较稳定。

接下来，分别考察各墓区的形成过程和布局，需通过辨认墓葬的下葬顺序来了解其排列方式，以便弄清每个墓区的空间结构以及不同墓区是否存在规划上的区别。需要说明的是，确定墓葬下葬顺序的前提是一个或多个器物细微的演变链条，但囿于材料所限，不是每座墓葬都有同类器物能呈现完整的演变序列，因此很难逐一明确所有墓葬的下葬顺序。目前只能将器物演变的时间缩小到"段"，并在此基础上观察每一"段"的墓葬分布规律。

1.A 区

A 区墓葬约有 60 座，总体呈南北向长方形状成片分布，靠近西部区域的墓葬排列井然有序，墓葬之间少有叠压或打破，但东部区域的墓葬较少且分布零星。墓葬方向均为东北—西南向。本区可以分期的墓葬有 26 座，其中第一期 1 段有 4 座墓葬，第 2 段有 4 座；第二期 3 段的墓葬有 8 座；第三期 4 段的墓葬有 2 座，第三期 5 段的墓葬 3 座，仅能确认为第三期的墓葬有 3 座；第四期 6 段的墓葬有 2 座。观察各期墓葬的分布情况可以看到（图3.4）：

第一期，墓葬呈南北向分散排列在西部区域，但大致以横排、纵列的方式间隔一定距离，有序分布①。第二期，墓葬集中于中部，个别延伸至东北部，大多为单个墓葬依次排列，仅 M106 和 M115 埋葬紧密似形成了一个墓群。第三期，墓葬数量不是太多，大致分布在墓区中部偏北，与上一期排列方式相同，其中两座并列埋葬的 M100 和 M113 应该属于一个墓群。第四期的墓葬非常少，分布范围已移至东北区域，墓葬排列分散彼此距离较远，但排列方式未变。

① 横向排列指的是墓葬以长边为基准呈水平排列，与之相反，以长边为轴接续排列称为纵向排列。

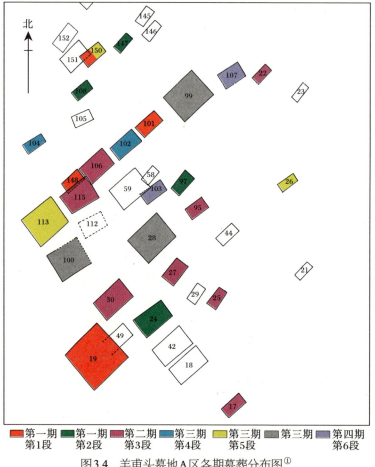

图3.4   羊甫头墓地A区各期墓葬分布图[①]

2. B区

该区墓葬约有202座，总体呈东北—西南北向长方形状分布，南部区域墓葬较多，排列密集，北部区域墓葬略少，分布松散。绝大多数墓葬的方向为东北—西南向，仅个别为东西向，集中分布在本区西南部。该区可以进行分期的墓葬有87座，其中第一期1段的墓葬有3座，第一期2段的墓葬有6座，只能确认为第一期的墓葬有5座；属于第二期3段的有16座；第三期4段的墓葬有6座，第三期5段有墓葬13座，仅能确认属于第三期的墓葬有19座；第四期6段的墓葬有12座，第四期7段的墓葬有3座，仅能划分为第四期的墓葬有4座。观察各期墓葬的分布情况可以看到（图3.5）：

---

① 本章所有各期墓葬分布图中仅用颜色标注出可以分期的墓葬。

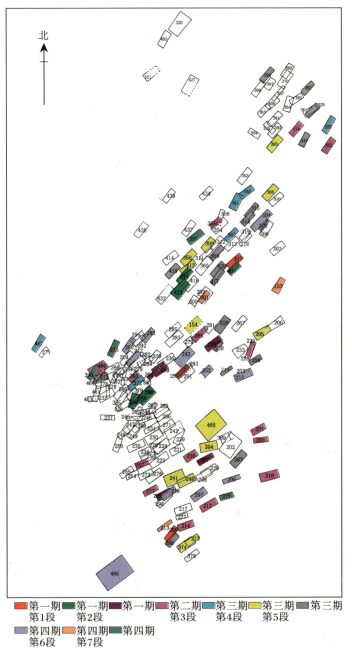

图3.5　羊甫头墓地B区各期墓葬分布图

第一期，墓葬分散排列在墓区北部至南部区域，其中年代相同或接近的墓葬多两两并列或叠压埋葬，如M380、M386和M290，M260和M269，M413和M418，M317和M411，形成四组在纵向上间隔一定距离埋葬的墓群，其他没有对应成群的单个墓葬在分布位置上也基本呈横、纵排列之势，彼此距离有一定间隔。继续观察第二、三期的情况，墓葬数量逐渐增多且分布范围向四周扩大，大多数两或三座墓葬成群对应，以墓群为单位按横、纵排列的方式进行埋葬。第四期，墓葬数量减少，且多集中在南部，分布较零散，部分墓葬可能存在墓群关系。

3. C区

该区约有墓葬250座，整体呈东北—西南长方形状成片分布，靠近东南区域的墓葬由于受到破坏，数量较少，且分布零星，而西北区域的墓葬较多，且排列密集，叠压打破关系非常复杂。几乎所有墓葬均呈东北—西南向，仅一座分布在区域西南角的墓葬为东西向。该区可以进行分期的墓葬有136座。暂时未发现第一期1段的墓葬，属于第一期2段的墓葬有7座，仅能确认为第一期的墓葬有1座；属于第二期3段的有13座；第三期4段的墓葬有11座，第三期5段有墓葬21座，只能确认属于第三期的墓葬有14座；第四期6段的墓葬有37座，第四期7段的墓葬有20座，另有10座墓葬属于第四期。观察各期墓葬的分布情况发现（图3.6）：

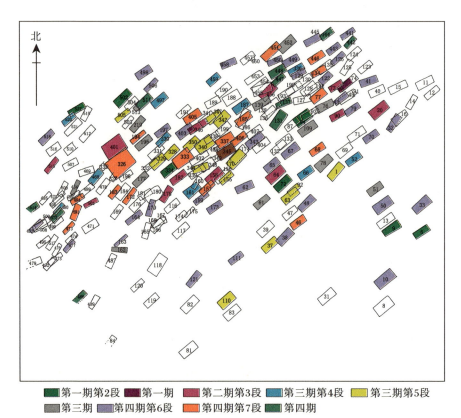

图3.6　羊甫头墓地C区各期墓葬分布图

第一期，墓葬分散排列在墓区的东南、中和西北部区域，虽然分散但排列有序，可以看出M502和M334大致呈西北—东南横向成排，M94和M75呈东北—西南纵向成列，墓葬之间的距离间隔较远。

第二期，墓葬数量有少量增加，分布范围向东北、西南区域扩展，墓葬以西北—东南横向及东北—西南纵向方式排列的现象更明显，如M178和M401、M503和M182横向成排，M501、M346和M456纵向成列，不过每座墓葬之间仍保留一定间隔。

第三期，墓葬数量增多，分布范围逐渐向西北和东南方向扩展，中部区域排列较密集。虽然该期两段墓葬仍以横、纵向的方式有序排列，但能看出第5段部分墓葬的排列方式有些不同，既有单座墓葬在横向和纵向上间隔一定距离埋葬的情况，也有两或三座墓葬西北—东南向并列或稍有错位集中埋设，同时又以横、纵向方式间隔距离排列的情况。如M350和M340，M340紧密埋葬在M350东南侧并打破了后者。此种排列现象还出现在M347和M342，以及M92和M63之间，均为后者紧靠前者南侧埋葬。此外，还有两座不能确定段别的墓葬M345和M78则分别与第5段的M170和M1并肩排列。

第四期，墓葬分布范围继续向四周延伸，墓区规模发展到最大。与上一期的排列方式相同，该期第6、7段的墓葬大多是两座或三座墓葬紧密埋设在一起，同时数个墓群在横向和纵向上间隔一定距离依次排列，如第6段的M498和M506、M197和M403、M159和M173，以及第7段的M337、M345和M406等。

4.D区

该区墓葬约有86座，总体呈西北—东南北向带状分布，东北部区域的墓葬排列较紧密，越往西南区域墓葬分布越稀疏。墓葬方向均为东北—西南向。该区可以进行分期的墓葬有50座，其中第一期1段的墓葬有1座；属于第二期3段的有8座；第三期4段的墓葬有8座，第三期5段有墓葬11座，仅能确认属于第三期的墓葬有12座；第四期6段的墓葬有7座，第四期7段的墓葬有1座，只能划分为第四期的墓葬有2座。各期墓葬的分布情况如下（图3.7）：

第一期，见一座墓葬排列在墓区西北部。第二期，墓葬向西南和东南区域扩展，虽然排列分散但基本按照横向成排、纵向成列的规则进行埋葬。第三期，墓葬数量增加，多数年代相同或相近的两座或三座墓葬集中埋设形成墓群，并以相同的排列

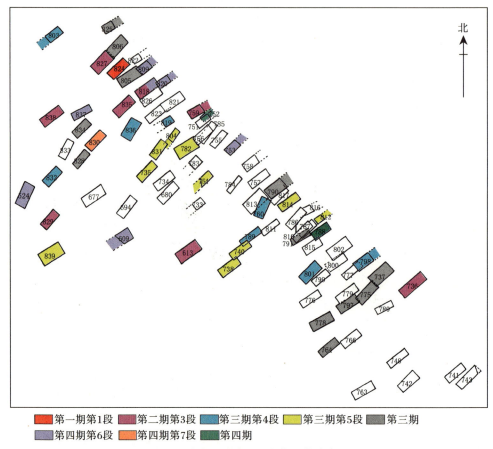

図3.7　羊甫头墓地D区各期墓葬分布图

规则依次分布。第四期，墓葬数量明显减少，且集中分布在北部区域，虽然成群的墓葬数量不多，但排列方式基本没变。

5. E区

该区墓葬约有236座，总体呈南北向片状分布，北部区域墓葬较多且排列密集，南部区域墓葬较少且分布稀疏。所有墓葬的方向均为东北—西南向。本区能分期的墓葬有133座，其中第一期1段的墓葬有1座，第一期2段的墓葬有11座，仅能确认为第一期的墓葬有2座；属于第二期3段的有23座；第三期4段的墓葬有21座，第三期5段有墓葬22座，仅能确认属于第三期的墓葬有23座；第四期6段的墓葬有17座，第四期7段的墓葬有8座，有5座墓葬属于第四期。从各期墓葬的分布情况来看（图3.8）：

第一期，墓葬集中在北部区域，基本呈西北—东南横排及东北—西南纵列。根据

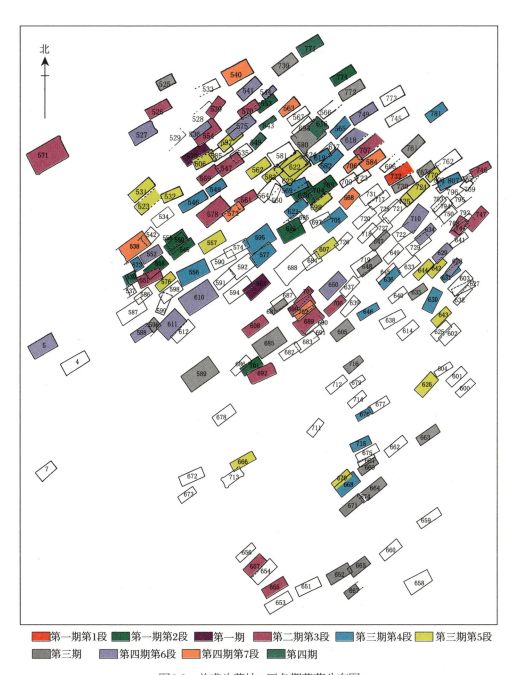

■ 第一期第1段 ■ 第一期第2段 ■ 第一期 ■ 第二期第3段 ■ 第三期第4段 ■ 第三期第5段
■ 第三期 ■ 第四期第6段 ■ 第四期第7段 ■ 第四期

图3.8 羊甫头墓地E区各期墓葬分布图

墓葬分布的位置关系，第2段的M555、M559和M545，以及M620、M704和M708排列紧密，分别形成了两个墓群，在纵向上成列但距离较远，与其年代相同或接近的墓葬则在横向和纵向上形成了同排、列之关系。第二期，墓葬逐渐增加并向四周扩展，除主要集中在北部外，南部也有零星分布，并且多数是两或三座墓葬以成群的方式按排、列依次分布的。第三期，墓葬数量发展到最多，分布范围继续向四周延伸，仍以墓群为单位按照同样的排列规则进行布局。第四期，墓葬数量开始减少，分布范围缩小并集中于北部区域，但大部分墓葬仍以成群的形式分布。

　　通过以上分别对五个墓区不同时期墓葬分布情况的逐一考察，我们发现各墓区的形成过程与布局情况基本相同，说明每个墓区的内部结构大体一致。各区域的墓葬均具有统一的排列规则，即在西北—东南向成排且东北—西南向成列间隔一定距离埋葬，因此各墓区是在不同时期遵循这种排列方式的基础上逐渐形成的。总之，墓区在空间上呈现出由单个墓葬以及两或三座墓葬构成的墓群所形成的棋盘式分布特点。

　　相关墓葬研究理论表明，墓葬的空间位置关系体现了墓主的社会距离[①]，这意味着墓葬之间可能具有两种关系。一种是年代相同或相近的两座或三座墓葬，集中埋葬并形成相对独立的埋葬区域，与其他墓葬在空间上有距离，说明这些墓主关系密切。另一种是年代相同或相近的墓葬或墓群分布不集中，并按统一的规则，间隔一定距离埋葬，意味着这些墓主的关系相对疏远。上述空间布局及所反映的关系，表明羊甫头墓地每个墓区都是由若干个墓群所代表的基本单位组成的。不过我们发现，各墓区出现墓群的时间并不一致，考虑到墓地有近一半的墓葬未能分期，以及整个墓地体现出较强的统一规划原则，可以认为每个墓区的情况应大体相同，即不同时期各墓区内部的构成单位基本一致。不同时期单位的构成情况没有发生太大变化，说明墓区的空间结构较稳定。

　　总的来说，羊甫头墓地的空间结构是由墓地—墓区—墓群三级组织所构成，即

---

① 根据西方考古学的墓葬研究理论，过程考古学派认为墓葬的空间分布距离可以反映死者的社会距离，因此墓地中墓葬的空间分布状态是研究社会组织结构的重要因素。该学派对墓葬材料的理论解释使其又被称为"直接解释学派"，代表性学者有Binford、Saxe及Goldstein等。参见刘莉：《山东龙山文化墓葬形态研究——龙山时期社会分化、礼仪活动及交换关系的考古学分析》，《文物季刊》1999年第2期；秦岭：《环太湖地区史前社会结构的探索》，北京大学博士学位论文，2003年，第3～5页。

墓地之下的次级单元是 A、B、C、D 及 E 五个墓区，代表了五个不同的社群，他们共用同一个墓地但又有各自相对独立的埋葬区域；每个墓区下的次级单元是由若干个两座或三座墓葬组成的墓群，这也是整个墓地的最小社会单元。不同墓葬和墓群统一按照西北—东南横向成排、东北—西南纵向成列的规则以区为单位同时进行埋葬，最终形成了整个墓地的布局现状。从时间上看，这种墓地结构贯穿始终，充分体现了布局理念的规划性和相对稳定性。

二　天子庙墓地

该墓地位于滇池东北边，埋葬地层属古滇池盆地边缘的湖积层，地势较低平，高出当地农田 2 米。根据历次抢救性发掘的情况，第一次发掘区在天子庙围墙外的东北和东南两个地点，第二次发掘区在围墙内 800 平方米的范围内，而第三次发掘区位于前两次发掘区域 100 余平方米的中间地带。由于墓地遭到长期破坏，加之发掘时未对墓地整体情况进行调查，墓地实际分布和规模已很难知晓。目前揭露的墓地范围可能并不是完整的。已发表的材料中尚缺乏第一、三次发掘的墓葬平面图，只能依据第二次发掘情况对该墓地做简要探讨。

由墓葬分布图所示（图 3.9），墓葬排列密集，呈东西向片状分布，墓向均为东北—西南向。根据墓葬分期研究，第二次发掘的墓葬中能分期的只有 18 座，其中属于第一期的墓葬有 1 座，第二期有 6 座，第三期有 8 座，第四期有 3 座。下面通过观察各期墓葬的分布情况，对墓地形成过程和空间分布做进一步分析。

第一期，墓葬很少，仅见 1 座墓葬，分布于墓地东部。

第二期，墓葬有所增加，分布较分散，向东、西两个方向延伸。有 5 座墓葬基本呈西北—东南纵向排列，其中两座略呈南北向排列在墓地东部边缘，且位于第一期墓葬的东北侧，另有 1 座墓葬位于第一期墓葬的西北侧；有 1 座墓葬位于墓地中部偏西；还有 1 座墓葬排列在墓地西部边缘，距离其他墓葬都较远。此外，有 1 座似单独埋葬在墓地南部。从整体空间分布情况来看，同一时期的墓葬各有不同的埋葬区域，不同时期的墓葬埋葬相对集中，说明墓地可能存在分片埋葬的现象。根据第一期墓葬的分布情况，目前看来可能形成了东、西两个墓区。

　　第三期，墓葬数量进一步增加，大多在东、西两个区域内继续埋设墓葬，两个墓区内的墓葬均呈西北—东南纵向依次排列。但有1座面积非常大的墓葬分布在东、西两个区域中间的空白地带。

　　第四期，墓葬数量较少，仅有3座墓葬，其中2座集中埋葬在西区，1座位于中部偏南区域。

　　通过观察各期墓葬空间布局的变化情况，发现墓地使用应具有规划，存在分区埋葬的现象，即至少有东、西两个墓区。在这两个区域中间的空白地带，自第二期开始有单独埋设的墓葬，尤其是在第三期，埋葬了一座规模最大的墓葬，在空间上形成一个特殊的埋葬区域，并被东、西两个墓区的墓葬所围绕，显示出这座墓葬在整个墓地中的核心地位。

　　因此，我们推断天子庙墓地至少由两个墓区组成，具有墓地—墓区两级结构。在墓地发展过程中可能出现了专门埋葬特殊墓葬的区域。由于各期墓葬不是太多，很难判断各墓区下是否有更小的构成单元。

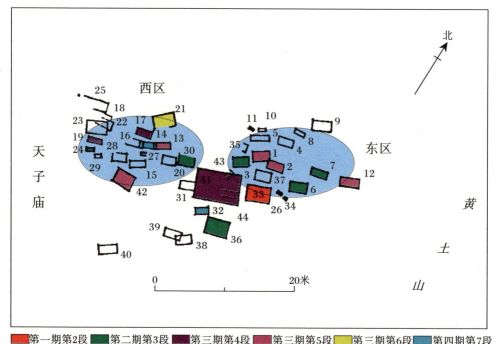

图3.9　天子庙墓地各期墓葬分布图

三　李家山墓地

该墓地所在的李家山是江川西北梁王山余脉多依山的分支，海拔约1839.52米，山势呈东南走向，为突入坝子的小山丘，高出湖水面100余米。山顶几经开垦种植，形成平地，面积约200平方米，东南及西南面的山坡则较陡。墓葬主要分布在山顶部及接近顶部的西南坡。第一次发掘时，山顶墓葬由于墓坑较深，原生土壤厚，地势平坦且不易受到山洪冲刷，一般保存较完整，但西南坡的墓葬墓坑较浅，又处于坡段，水土流失严重，已受到不同程度的破坏[①]。到第二次发掘时，山顶因地表遭到反复破坏，地貌变化极大，墓地的地层已非原生堆积，墓坑都开口于表土层下，有些墓葬的墓坑上段已被严重破坏[②]。从揭露情况来看，几次发掘的范围都集中在山顶部位，说明分布在山顶的墓葬应已基本揭露。墓葬分布图中显示，在山体西部缓坡有墓葬零星分布，由于发掘报告未叙述墓地规模调查情况，尚不清楚这一区域是否还有其他未发现的墓葬。不过根据墓葬集中分布在山顶区域判断，目前揭露的李家山墓地大体完整。

由墓葬分布图所示（图3.10），墓葬集中分布的区域在平面上大致呈一个直角三角形，直角指向南，另外一个朝东北，一个向西。三角形中心为山顶，是墓地最高处，越往东北、南和西面地势越低。大部分墓葬分布在中心至东北角区域，一部分在直角区域，少数位于西角。埋葬于最高处和最低处的墓葬彼此落差大约为4米。

观察墓葬的方向，有47座墓葬呈西北—东南向，21座为东北—西南向，东西向的有15座，南北向1座。其分布情况是：西北—东南向墓葬可以分成两片，大部分集中在东北角以南至直角区域，少部分位于西部偏北区域；东北—西南向墓葬主要分布在东北角，少数散布在直角区域偏南和西南角；东西向墓葬与东北角的东北—西南向墓葬交错分布；南北向墓葬夹在东北角东北—西南向和西北—东南向墓葬之间。总体上看，相同墓向的墓葬有聚集埋葬的现象，不同墓向的墓葬位置关系呈现出顺时针排列的分布规律，由东北—西南向到西北—东南向，再到东北—西南向和西北—东南向，也就是以山

---

①　云南省博物馆：《云南江川李家山古墓群发掘报告》，《考古学报》1975年第2期。

②　云南省文物考古研究所、玉溪市文物管理所、江川县文化局：《江川李家山——第二次发掘报告》，北京：文物出版社，2007年，第6页。

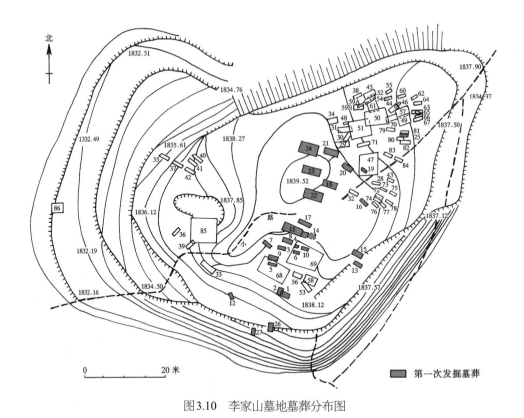

图3.10   李家山墓地墓葬分布图

顶为中心，沿山腰向心式排列。需要注意的是，倘若根据向心式朝向的规律，位于南坡直角区域的墓葬其墓向应该为指向山顶的方向，但实际仅有1座墓葬基本朝向山顶（北偏东30°），其余19座墓葬均为西北—东南向，与朝向山顶的方向垂直。不知这种现象是否表示一部分墓葬可能具有固定的埋葬方向而不受朝向规律的限制？

报告认为墓地存在分群埋葬的迹象，由一至几座大型墓及其周围的中、小型墓群成一群，每群墓葬都比较密集，推测这种情形可能与地下因素有一定关系，在生土层较厚及岩石较松软地带，墓葬比较密集[1]。是否与该原因有关，本文暂且不论，但墓地显然具有明确的布局规划。根据墓葬聚集程度和空白区域，该墓地似可分为Ⅰ、Ⅱ、Ⅲ、Ⅳ四个区。结合墓葬分期情况，接下来对墓地的形成过程与布局作进一步分析。

李家山墓地能够分期的墓葬有73座，其中第一期墓葬有6座，第二期墓葬有38

---

① 云南省文物考古研究所、玉溪市文物管理所、江川县文化局：《江川李家山——第二次发掘报告》，北京：文物出版社，2007年，第6页。

座，第三期墓葬有29座。观察三个时期墓葬的空间分布情况（图3.11）：

第一期，墓葬数量少，排列较分散。从墓葬之间的位置关系来看，Ⅰ区有1座墓葬位于东部近山顶处，在其东南方向，即东部缓坡处有2座墓葬呈东北—西南向并列；Ⅱ区有2座墓葬呈西北—东南向首尾接续排列，分布在靠近山顶的南面，在其西南方向，即南部缓坡处有1座墓葬。由此，初步判断有分区埋葬的可能，即东坡为Ⅰ区，南坡为Ⅱ区。并且两个区内都有墓葬两两排列紧密的现象，表明它们具有成群对应关系，可分别视为墓群。

第二期，墓葬数量增至最多，分布范围扩大，从墓葬分布的聚集程度来看，分区埋葬的现象较明确，相互之间有一定的空间间隔，大致可分为Ⅰ、Ⅱ、Ⅲ区。

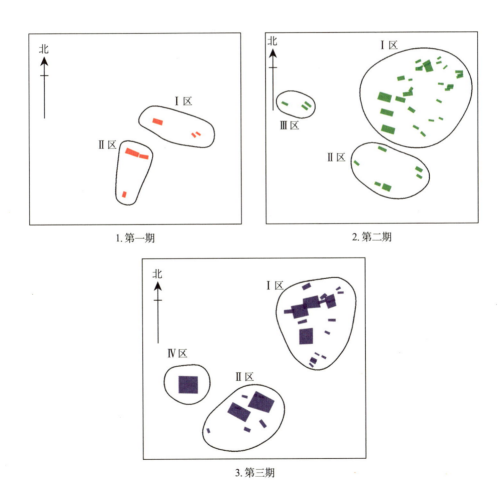

1. 第一期　　　　　　　　　　　　2. 第二期

3. 第三期

图3.11　李家山墓地各期墓葬分布图

　　Ⅰ区的墓葬最多，大部分沿一期墓葬排列之线分布在其北部的区域，范围由山顶向东北、东部缓坡逐渐延伸。墓葬排列相对有序，基本根据山势变化，从山顶向山脚方向，以横向和纵向的方式排成若干排、列。部分墓葬四周与其他墓葬均具有一定距离，但还有部分墓葬排列紧密，即两座、三座或四座墓葬大致呈南北向并肩或稍有错位排列，似形成了墓群关系，并且不同墓群也以横、纵方式有序排列其中。

　　Ⅱ区的墓葬较少，分布较分散，多数排列在第一期墓葬之间，即南部缓坡处，沿山顶向山下方向大致成排；有2座距离较远，位于东南部缓坡，与排列在近山顶的墓葬基本呈西北—东南向纵向成列。本区少数墓葬有两两呈南北向并肩排列的现象，说明可划分为墓群。

　　在距离Ⅰ、Ⅱ区较远的西北部山坡，新出现了几座墓葬，由于距离间隔很大，可视为第Ⅲ区。墓葬排列有序，2座呈东北—西南并肩排列，地势较高，另1座间隔一定距离分布在其西北部，地势较低。2座排列紧密的墓葬应属同一墓群。

　　第三期，墓葬数量有所降低，大部分墓葬仍分布在Ⅰ、Ⅱ区内。第Ⅲ区内不见有墓葬分布，不过在Ⅱ和Ⅲ区之间的空白区域，新出现1座墓葬，似单独构成新的埋葬区域，故视为第Ⅳ区。

　　Ⅰ区墓葬相对较多，依然以第二期的排列方式集中、有序地分布在东北和东部缓坡，逐渐向山下延伸。部分墓葬仍有两两南北向并肩排列的现象，表明墓群仍然存在。

　　Ⅱ区的墓葬较少，部分墓葬相对集中分布在南部缓坡，排列方式与第二期相同。另有1座墓葬分布在距离较远的西南坡下。从墓葬之间的位置关系来看，稍有错位排列的M68和M69可能构成了墓群。

　　从各期墓葬的空间关系和变化情况可以发现，李家山墓地存在分区埋葬的现象，经过三个时期的不断埋设，基本形成了四个墓区，其中Ⅰ和Ⅱ区从第一期延续至第三期；Ⅲ、Ⅳ区应分别在第二、三期形成。

　　此外，Ⅰ、Ⅱ和Ⅲ墓区内的墓葬排列方式相同，这表示它们的空间规划和内部结构也应该相同。可以看到由两座、三座或四座并肩排列的墓葬共同构成了一个在空间上相对独立的墓群，若干墓群和墓葬由山顶向山脚以排、列的方式有序埋葬。虽然排列规律相同，但是由于不同墓区所处的方位或表示的墓向不同，就呈现了不同的空间形态，如Ⅰ区，以山顶为中心，在山体的锥状结构影响下，表现出由高处向低处依次排列的环状形态，即Ⅰ、Ⅲ区是围着山腰成排、沿山脊成列，而Ⅱ区则相反。不过，这三个区内的墓葬空间位置关系，均表明墓群应该是构成墓区的基本单元。Ⅳ区由于墓葬较少，暂不清楚其内部结构情况。

在各期墓葬空间变化的基础上，可进一步归纳整个墓地的形成过程：第一、二期的墓葬普遍分布在山顶及地势略低的东北、南、西面缓坡；第三期时墓葬集中分布在东北、南、西南面缓坡地带。可以看出，墓地的形成是从山顶逐渐向山下延伸。

总的来说，李家山墓地形成了一个墓地—墓区—墓群的三级结构。整个墓地的布局理念和空间结构在墓地使用期间相对稳定。

四　石寨山墓地

该墓地所在的石寨山是滇池东南边上的一座小山丘。自平面观察，山体的南北两端尖突，中段较宽，南北长约500米，东西最宽处约200米，似一个不太规则的菱形，整体走势呈西北—东南向。从山势看，山顶最高处位于山体中段，离地平面约33米，山体西面陡峭，北、东和南面向山下逐渐趋于平缓。

石寨山墓地前后历经五次发掘，发掘区域集中在山体东南面半山腰处（图3.12）。根据历次发掘的情况，石寨山上不仅包含了复杂的文化遗存，也因为长期的盗掘和破坏使得原生地貌破碎不堪。目前看来，山上除分布有墓地外，还有遗址与土城墙。由于涉及墓地分布范围的了解，下面对墓地、遗址和土城墙之间的关系做简要讨论。

石寨山遗址曾有过两次局部试掘，即第一次和第三次发掘。根据第一次发掘报告的描述，发掘前曾对遗址进行了初步调查，发现遗址位于山顶，被土城墙围绕，因城外有乱石，未见任何遗物，所以判断遗址的范围不会超出土城太远。由于没有进行系统的调查和勘探，遗址的实际面积和堆积情况目前还不是很清楚。土城墙位于山顶中部的缓坡，西面沿山脊修筑，南端稍窄，北端较宽，随山势向东伸展，面积约为1.8万平方米。现已揭露的墓地范围就在土城墙内的东部区域，面积约1500平方米。

第一次发掘的探沟选择在遗址的东面边沿一带、遗址中部、遗址中部偏北及土城墙西北段四个地点。石寨山文化的墓葬出现在第一地点，即设在东面边沿的探沟内，也是靠近城墙东段的位置。这次发掘得到两点认识，一个是发现墓葬的地点处

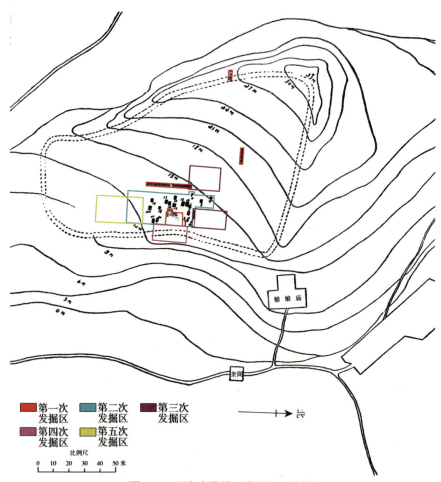

图3.12　石寨山墓地历次发掘示意图

于遗址的边沿，另一个是城墙的年代晚于遗址[①]。第二次发掘的主要对象是墓葬，发
掘区域以第一次发现的墓葬为基点，向南、北、西三面扩展，西面接近第一次发掘
设立的遗址中部探沟。根据发掘者意见可知，墓地以西即为遗址的中心区域，墓葬
不大可能埋葬于此[②]。同时发掘报告中还提到有几座墓葬被压在城墙下，证实城墙的
年代晚于墓葬的年代，但是从第二次发掘的墓葬分布图上看，发掘坑东部距离墙体
尚有一小段距离，实际情况如何不明。前两次发掘都存在一个共同的问题，所谓遗
址东部边沿是与墓地有交叠的区域，但两次发掘均未交代墓葬与遗址的层位关系，

① 　云南省博物馆考古发掘工作组：《云南晋宁石寨山古遗址及墓葬》，《考古学报》1956年第1期。

② 　云南省博物馆：《云南晋宁石寨山古墓群》，北京：文物出版社，1959年，第4页。

也就是说二者的年代关系不明。

第三次发掘有两个区域，其中一个位于以往发掘区的西北，即简报所说的遗址中部，在此区域发掘的8座墓葬均在有螺壳层的遗址区内，打破了遗址。发掘者认为从遗址的地层和所包含的遗物来看，遗址年代应早于墓葬，并根据一些大型墓葬压在东部土墙下的迹象，提出墓葬年代应早于城墙的认识。第四次发掘区位于第一次发掘地点的东面，清理的墓葬均被压在土城墙下，发掘者提出此次发掘区域"已是墓地的最外围"[①]。通过这两次发掘可以知道，墓地的范围并没有局限在城墙内东部边沿地带，与遗址也不只是边缘的交叠，西部区域的墓葬已深入所谓的遗址中心，那么这是否为墓地的西部边界？还有继续向西面扩展的可能吗？同样，墓地东部被压在城墙下的墓葬表示这一定就是墓地的东部边界吗？有没有超出城墙范围呢？还有一个值得深入思考的问题，墓地、遗址和城墙的形成都具有时间性和空间性，目前发现的墓葬与遗址、墓葬与城墙之间的叠压关系只是局部空间中发生的表现彼此关系的例子，是否能代表不同遗存在整个空间的关系？这三类遗存的关系是相继发生的，还是彼此略有交错呢？

第五次发掘的范围在第二次发掘区的南部，仍位于城墙内东部边沿地带。此次发掘有新的发现和认识，但仍未解决墓地规模、墓地与遗址及墓地与城墙的年代关系问题。发掘者也述及目前尚不知道墓地的规模有多大，遗址与城墙的年代、性质仍是未来需要解决的问题[②]。

通过以上梳理可以看出，石寨山墓地的实际规模可能远不止于已经揭露的范围。虽然历经五次发掘，但揭露的面积还很有限，墓地缺乏完整性。因此，对该墓地的分析只能立足现有基础。

根据五次发掘区的方位关系，本文对墓葬分布图进行了拼合（图3.13）。由于缺少第一和第三次发掘的墓葬分布图，仅绘制了部分墓葬的大体方位，因此各发掘区之间墓葬分布的相对位置可能并不准确。严格来说这只是墓葬方位示意图，而不是墓葬分布图。需要说明的是，因为缺乏准确的墓葬分布信息，必然影响对墓地整体空间布局的判断，当然我们目前讨论的墓地实际上也并不完整。

---

① 云南省博物馆：《云南晋宁石寨山古墓第四次发掘简报》，《考古》1963年第9期。

② 云南省文物考古研究所、昆明市博物馆、晋宁县文物管理所：《晋宁石寨山——第五次发掘报告》，北京：文物出版社，2009年。

　　由前述墓葬分布情况所示，墓葬依山势分布在山腰缓坡处，因山势高低存在一定落差。第三次发掘的西部区域墓葬所处地势较高，而第五次发掘的墓葬位置略低，彼此落差在5米左右。观察墓葬的方向，绝大多数的墓向都是西北—东南向，一部分呈东西向，仅2座墓葬为东北—西南向。

　　根据墓葬的分期情况，首先观察墓地的形成过程。前文将可以分期的40座墓葬分为四期，其中第一期有1座，第二期为11座，第三期有10座，第四期有18座。该分期主要依据典型铜器的形制演变，很难再进行更细致的分析，无法逐一还原每座墓葬的下葬顺序。从各期墓葬的空间分布情况来看（图3.13）：

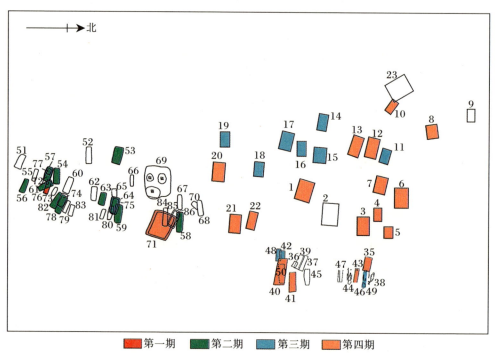

图3.13　石寨山墓地各期墓葬分布图

　　第一期，仅1座墓葬分布在墓地南部，这也是地势最低的区域。

　　第二期，墓葬数量增加，十多座墓葬集中分布在墓地南部，排列成三排，大致呈东北—西南向。同时还有两座或三座墓葬并肩或稍有错位排列，如M64和M59，M82和M78，M54、M57和M61。这些墓葬的位置相近，又与周边其他墓葬有一定的间隔，构成了三组具有成群对应关系的墓群。

第三期，墓葬数量未有明显变化，但墓地范围进一步扩大，十多座墓葬集中分布在墓地北部区域，均位于地势较高的缓坡。墓葬基本呈南北向成排、东西向成列，有序排列。中部相对空白，似隔成东、西两个片区，不过这两个区域分属不同时间的发掘区，且还有大部分墓葬被破坏，似乎不能以此简单划分墓区。从墓葬间的位置关系来看，仍有两座或三座墓葬呈南北向并列埋设，埋葬空间较独立，如M48和M42，M15、M16和M17，可看作为两个墓群。

第四期，墓葬数量有所增加，分布范围在前期基础上逐渐向北部和东部延伸，但大部分墓葬仍集中在第三期形成的范围内，位于最北端的墓葬地势相对较高。墓葬的排列方式延续了前几期的有序排列规则，具有成群对应关系的墓葬总是两座或三座南北并肩或稍有错位排列，不同墓群间隔一定距离，南—北横向成排、东—西纵向成列，如M12和M13，M21和M22，M41和M40等。

通过以上对各期墓葬空间布局的分析，可以发现整个墓地的形成过程是：第一、二期的墓葬集中分布在东部山腰居南的缓坡处；第三期，墓葬向北部高处延伸，分布在地势较高的缓坡地带；第四期，墓葬大部分集中在第三期分布范围内，但个别墓葬仍继续向西北部地势较高的区域延伸。由此归纳出，墓地的形成应该是从山腰逐渐向山顶发展的。

从各期墓葬的位置关系来看，除第一期墓葬较少，难以判断外，其余各期都有两座或三座墓葬紧密埋设的现象，形成相对独立的埋葬区域，与其他墓葬或墓群区别开来，说明这些具有成群对应关系的墓葬共同构成了若干个墓群，而这些墓群是构成整个墓地的基本单位。只是基于目前的材料，还不清楚墓群和墓地之间是否还有一级其他形式的结构。

综上所述，我们初步认为石寨山墓地的空间结构是一个由墓群构成墓地的二级结构，墓地的形成在空间上是从山腰低处逐渐向山顶高处发展的。当然，该认识仅基于现有材料得出，如果墓地发掘得更完整，可能会有其他认识。

五　纱帽山墓地

该墓地所在的纱帽山为阳宗海北缘的一座小山丘，高约30米，东西宽约150米，南北长200余米，南北两端比较狭窄，从平面看似一个不规则的平行四边形，山体呈东北—西南走势。山体中部地势较高,西部为断崖,自山顶向北、东、南往山下延伸坡度逐渐变缓。

在纱帽山上曾进行过两次发掘。第一次发掘地点位于北部山坡至山脚,但此次发掘没有发现青铜时代的墓葬。第二次发掘分三个地点布探沟和探方,第一地点位于山顶布探沟一条,清理了一座墓葬;第二地点位于东南坡,地势较高,布一条探沟,发掘了2座墓葬;第三地点紧接第二条探沟,为地势较低的缓坡,布三个探方,发掘面积400平方米,清理墓葬54座。此次发掘认为墓葬集中分布在东南坡的南部梯地上,但山体的其他区域,尤其是发现了1座墓葬的山顶区域,是否还有墓葬?在报告中并未提及。因此,墓地的规模可能不限于已经揭露的范围,囿于材料所限,对该墓地布局的分析可能只反映局部情况。

从墓葬分布图上看(图3.14)[①],整体呈东北—西南向片状分布,墓葬方向均为西

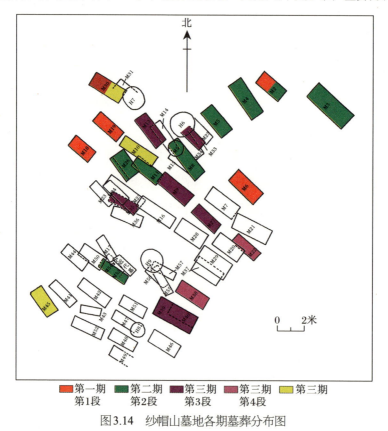

图3.14 纱帽山墓地各期墓葬分布图

---

① 该墓葬分布图反映的是第二、三发掘区内的墓葬分布情况,因此没有包括位于山顶的M1。

北—东南向。墓葬布局基本呈东北—西南横向、西北—东南纵向，北部墓葬分布比较稀疏，南部墓葬排列相对密集。根据墓葬分期研究，大部分墓葬可分为三期4段：第一期1段有6座墓葬；第二期2段有14座；第三期3段有7座，4段有2座，仅能判断为第三期的墓葬有4座[①]。

　　观察各期墓葬的空间变化情况：第一期，墓葬分布在墓地北部，大部分呈东北—西南向有序排列；第二期，墓葬数量有所增加，墓地范围向东及南北方向扩展，大多数墓葬仍集中分布在墓地北部，整体呈东北—西南向，依次排列在一期墓葬的东南方向，从部分墓葬两两并列、稍有错位埋葬的现象来看，可能构成了墓群，如M11和M12；第三期，墓地分布范围继续向东南方向扩展，其中第3段墓葬接续在二期墓葬之后，或排列在其南、北两侧，第4段墓葬则接续在第3段墓葬之后，或分布在后者北侧，并且部分墓葬可能构成了墓群，如M39和M40。

　　从墓葬的下葬顺序可以看出，在纵向上，墓葬大致是从西北向东南，按时间早晚依次排列，同时在横向上，也大多是由东北向西南，按时间早晚分布，这种横向和纵向的方向性说明墓地使用者从北至南埋设墓葬。根据墓葬所处山势变化，墓地是由山腰向山下发展形成的。上述分析表明墓地布局具有明确的规划，并且，在墓地使用期间，埋葬规则相对稳定。由墓葬的空间结构可知，墓群应该是墓地的基本单位，因此纱帽山墓地具有墓地—墓群两级结构。需要指出的是，叠葬及单层多人合葬的情况也应该看作是具有"墓群"结构的社会单元，是墓主社会关系的特殊表现，代表了这种"墓群"内部更紧密的关系网络。

第三节　石寨山文化墓地的形成与布局特征

　　上一节分别对五个典型墓地的形成过程和空间布局情况进行了分析，在此基础上，本节将通过比较不同墓地的空间历时变化以及同一时期不同墓地的形成与布局

---

① 纱帽山墓地有22座墓葬具有叠层现象，对不同层位所属期段明确的，拆解为不同的墓葬进行统计，如第2段的M8包括一、二层，第4段的M40包括一、二、三层；有的墓葬因各层位期段无法明确则合并为一座墓葬统计。

情况，梳理不同墓地表现出的异同，并进一步归纳和总结石寨山文化墓地的形成与布局特点。

一　诸墓地的异同比较

整理并分析石寨山文化各墓地的形成与布局情况（表3.1）[①]，可以从六个方面比较异同：

1. 墓地选址

从墓地选址来看，绝大多数墓地（约占墓地总数的84%）都位于相对独立的小山丘上，山丘海拔在1800~2000米之间，与地面的相对高度大多不过百米；少数墓地（约占墓地总数的16%）埋葬于丘陵台地或山地坡面上。根据墓地所处的地理环境及山体性质，可将墓地选址的情况分为五类：

第一类，位于滇池东南岸湖积平原的孤山，如石寨山和金砂山墓地。

第二类，位于湖盆边缘冲积平原向山地过渡的台地或阶地地带，如羊甫头、天子庙、小松山、石碑村等墓地。

第三类，位于湖盆边缘冲积平原向山地过渡的丘陵地带，属于山脉支系突入平原的部分，如李家山、木官山、金莲山、纱帽山等墓地。

第四类，位于山间盆地向山地过渡的台地或坡面上，如凤凰窝、完家村等墓地。

第五类，位于高山深谷河流岸边的山前台地，如普车河墓地，该墓地在地理位置上距离其他墓地较远，直抵高原北部边缘的金沙江边，所处地貌形态也与其他墓地判然有别。

上述几类墓地，从空间上看，是以滇池—抚仙湖为中心，由近及远逐渐分布的，在选址上表现出的这种区域性特点，与滇中高原复杂的地貌有关。

2. 墓地规模

由于揭露程度不同，大部分墓地的实际规模很难明确。根据发掘规模推测，绝大多数墓地（约占墓地总数的58%）都在几千平方米以上，墓葬总数在一两百座左

---

① 为从整体上比较石寨山文化各墓地的基本情况，本表也统计了暂未进行墓地形成和空间布局分析的墓地。

表 3.1　石寨山文化各墓地形成与布局情况比较表

墓地名称	分期	墓地位置	选址	海拔（m）	高出地面（m）	规模（m²）	发掘面积（m²）	发掘墓葬（座）	墓葬分布	墓向	墓地结构	形成过程
羊甫头	一至四期	滇池坝东北	山丘	1926	不详	4万多	1.7万	884	山体西部山头	东北—西南：798座；东—西：1座；西北—东南：2座	墓群—墓区—墓地	分区埋葬，各墓区形成、使用及废弃时间大约相同
天子庙	一至四期	滇池坝东北	疑似山丘	1904	2	不详	疑似1000	84	山体西坡	东北—西南	墓区—墓地	分区埋葬，各墓区形成、使用及废弃时间大约相同
李家山	一至四期	江川坝北	山丘	1840	100多	不详	约2000	86	山顶及围绕山顶的东北、西南、西坡	西北—东南：47座；东北—西南：21座；东—西：15座；南—北：1座	墓群—墓区—墓地	由山顶向山下发展
石寨山	一至四期	滇池坝东南	山丘	1907	33	不详	1500	87	山体东南部山腰	西北—东南：大多数；东—西：一部分；东北—西南：2座	墓群—墓地	由山腰向山顶发展
纱帽山	一、三、四期	阳宗坝北	山丘	1793	30	不详	400	57	山顶及山体东南坡	西北—东南	墓群—墓地	由东北和西北平坪始逐渐向西南和东南方向延伸，即由山腰向山下发展
黄土山	二至四期	滇池坝东北	山丘	约1900	10多	不详	大于160	62	山坡头	东北—西南：56座；东—西：1座	可能有若干墓群	不详
石碑村	三、四期	滇池坝东北	台地	1930	10	不详	1340	182	台地缓坡	东北—西南：157座；东—西：5座；西北—东南：10座	墓群—墓地	不详
小松山	一至三期	滇池坝东北	山丘	1893	50多	不详	1835	47	山体东南、东北及西北面	东北—西南	墓群—墓区—墓地	分区埋葬，各墓区形成、使用及废弃时间大约相同

墓地名称	分期	墓地位置	选址	海拔(m)	高出地面(m)	规模(m²)	发掘面积(m²)	发掘墓葬(座)	墓葬分布	墓向	墓地结构	形成过程
五台山	一、三、四期	滇池坝北	山丘	1937	不详	数千	180多	13	山腰缓坡	西北—东南	墓群—墓地	可能是由山腰向山下发展
大极山	三、四期	滇池坝以西	山丘	1889	不详	5000	320	57	山顶及山体东南坡	东北—西南	不详	不详
普车河	三、四期	东川坝附近	台地	1400	不详	近千	200	39	山体坡面	西北—东南	不详	不详
团山	三、四期	江川坝北	山丘	1800多	不详	不详	不详	11	山体坡面	东北—西南	不详	不详
大团山	三期	滇池坝北	山丘	不详	30	不详	不详	6	山体南端高约15米处	东北—西南；东—西	不详	不详
金莲山	一至四期	澄江坝东	山丘	1806	56	4.5万	2100	406	集中在山顶、山体北坡和东坡	西北—东南；南—北	不详	不详
凤溪山	三、四期	嵩明坝	山丘	1944	不详	不详	不详	133	山体东南坡	东北—西南	不详	不详
完家村	三	富民坝附近	台地	不详	不详	不详	150	3	台地缓坡	东北—西南	不详	不详
凤凰窝	三、四期	嵩明坝	山脉缓坡	1940多	不详	不详	2095	161	山体南麓缓坡	东北—西南	不详	不详
金砂山	三、四期	滇池坝东南	山丘	1977	100	不详	500多	85	山顶、山体北坡及东坡	东北—西南	不详	不详
木官山	三、四期	澄江坝西	山丘	1819	不详	不详	7000	276	山体西部从山顶至山脚	西北—东南、东北—西南、东—西	不详	以山顶为中心的同心圆环状分布，每一圆环之间间隔距离大致相同，墓葬与墓葬之间间距相近

右。个别墓地的规模较大，有上万平方米，墓葬总数达800多座。

3. 墓葬分布

根据墓地选址的不同，可以分成两种情况，一是墓地位于独立山丘，墓葬大多分布在山顶及山顶以下的四面山腰缓坡处；二是依山势分布在山体的坡面上。

4. 墓葬方向

从数据统计来看，大部分墓地的墓葬方向并不单一，还有一些墓地的实际规模尚不清楚，不能确定墓向。在情况复杂的墓地，基本上都有一个主要墓向，如羊甫头墓地，东北—西南向的墓葬占了总数的95%，东—西向和西北—东南向的墓葬仅占0.3%。需要特别注意的是李家山墓地，虽然西北—东南向的墓葬占主要，但东北—西南和东—西向的墓葬也不少。就多种墓向在墓地中的分布而言，存在两种情况，一种是少数墓向混杂在主要墓向中，这种情况比较常见；另一种是相同墓向的墓葬聚集，并按向心式朝向的规律排列分布，此种现象见于李家山墓地，除此之外还有木官山墓地，虽然该墓地的资料仍未发表，但从公布的墓葬分布图来看①，同心圆环状分布方式也形成了与李家山墓地相同的墓向分布特点。总的来说，现有墓地的墓向仍以东北—西南向占多数，其次是西北—东南向。

在分布区域上，若以滇池坝为界，墓向以东北—西南向为主的墓地，除分布在滇池坝东南的金砂山和江川坝的团山墓地外，其他墓地均位于滇池坝东北及其以北区域；以西北—东南向为主的墓地，多数分布在滇池坝东南及其以南的澄江、江川坝子，个别在滇池坝以东的阳宗坝子，但有两个墓地较特殊，一个是在滇池坝北部的五台山墓地，另一个是距离滇池坝最远的普车河墓地。因此，墓向相同又相对聚集的现象可能表现了区域性特点，即滇池坝以北地区主要是东北—西南向墓地，滇池坝以南地区以西北—东南向墓地为主。

5. 墓地结构和空间布局

墓地的空间结构情况反映较充分的是羊甫头和李家山墓地，这两处墓地都具有墓地—墓区—墓群三级结构，各结构的空间分布井然有序，显示出较强的规划性。类似结构可能在小松山墓地也有出现。其他墓地大多是二级结构，但层级有所不同，

---

① 云南省文物考古研究所：《澄江木官山墓地》，"云南考古"网（http://www.ynkgs.com/html/discover/20160919095839.htm），2016年9月19日。

如天子庙墓地是由墓区组成，石寨山、纱帽山、五台山和石碑村等墓地主要是由墓群构成。暂未发现墓地结构的区域性特点，但总的来看，结构的不同和墓地规模有关，在很大程度上也与揭露情况相关联。

从排列方式来看，大多数墓地都遵循较为一致的规划原则，即横向成排、纵向成列。因此，在同一墓地或墓区内，墓葬或墓群通常有序排列。只是由于墓向不同，不同墓地的横、纵排列方向会有差异。同一墓群内，墓葬大多是由两座、三座或以上，按一定方向并肩或稍有错位分布，由于排列紧密造成相互叠压，通常是较晚墓葬叠压在较早墓葬的南侧或北侧。但明显不同的是墓区布局，羊甫头墓地是四个墓区围绕一个中心墓区分布，并且每个墓区的墓向一致，而李家山墓地没有明显的中心墓区，各墓区以山顶为中心环状分布，由于朝向山顶，各墓区的墓向并不相同。此外，在天子庙墓地还可以看到不同墓区围绕中心分布的现象，这与羊甫头墓地的墓区布局类似，这两座墓地均位于滇池坝东北部，而李家山墓地在滇池坝以南，这种空间布局差异可能与地域不同有关。在距离李家山墓地不远的澄江坝西部，木官山墓地所呈现的以山顶为中心、同心圆环状分布的现象则与李家山墓地多有相似之处。

总之，石寨山文化墓地空间结构的基本单位是墓群，在此之上一些墓地还有墓区结构，这说明大部分墓地的基本构成方式是一致的，但部分墓地结构层级的不同。个别墓地在墓区结构布局上的区别反映了文化内部的差异，并且这种差异反映的可能是区域性特点。

6. 墓地形成

墓地形成的特点可以分成两种情况：

第一种，墓地是在不同墓区内同时埋设墓葬的过程中形成的，不同墓区形成、使用和废弃的时间大致相同，不同时期每个墓区内的墓葬或墓群均以横、纵方式间隔排列，呈现出棋盘式的分布特点，方向性的变化规律不明显。这种情况主要见于羊甫头和天子庙墓地。

第二种，墓群或墓区的形成按一定方向早晚排列，使得整个墓地的形成具有某种发展趋势，此种情况再细分，还可看到不同墓地呈现出的差异，如较早形成的墓群或墓区位于地势较高的山顶或山腰，较晚形成的墓群或墓区出现在地势更低的位置，可能是山腰以下或是接近山脚的地方，整个墓地是由高处逐渐向低处发展形成的，这种情况见于多个墓地，如李家山、纱帽山和五台山等墓地；另一种与前述形成趋势相反的情况出现在石寨山墓地，这可能是特例，或只是局部反映。

由此可以看出，虽然各墓地具有普遍遵守的组成原则，但形成的具体过程不尽相同，一方面体现出小范围的一致，另一方面也有区域之间的差异。具有第一种情况的墓地大多分布在滇池坝东北部；而第二种情况中，形成特点是从山顶向山下发展的墓地距离滇池坝较远，且分布在东、南、北不同的方向，但形成情况最独特的石寨山墓地却分布在滇池坝东南部。

二　墓地的形成与布局特点

根据上述比较分析，石寨山文化墓地的形成与布局特点可以归纳为：

第一，墓地的选择具有倾向性。大多位于相对独立的小山丘，因此依托山体走势，墓葬沿山顶及四面山腰缓坡成排成列分布。根据山丘所处地理位置及山体性质的不同，墓地选址表现出区域性特点。

第二，墓葬方向以东北—西南向和西北—东南向为主。这两种方向可能存在分布区域上的差异，东北—西南向为主的墓地主要集中在滇池坝东北及其以北区域，而西北—东南向的墓地大多分布在滇池坝以南及以东地区。

第三，墓地具有统一的规划。墓地内部的结构分为两种，一种是分墓区埋葬的形式，各墓区内再以墓群为基本单位进行埋葬；另一种是没有明显分区，大多以墓群为单位进行埋葬。墓地结构的不同反映出文化内部的差异，也可能与墓地规模有关。

第四，基于相同的排列规律，不同墓地的墓葬和墓群均呈东北—西南或西北—东南向有序排列。但具有墓区结构的墓地显然在布局上有所不同，这同样体现了文化内部的差异，并且可能反映了北、南不同的区域性特点。

第五，根据墓地形成表现出的区域性差异，大致可以划分出北、南两个区域，这在很大程度上与墓地选址的特性有关，同时也反映了文化内部的不同。

总之，墓地选择、墓葬方向、空间布局及形成等方面的表现说明石寨山文化墓地的形成与布局具有区域性特征。依据这些特征差异，以滇池为界可大致划分出北、南两个区域，不过有些墓地反映出的特征是有交叉的，如五台山墓地位于北区域，但在墓向和形成特点上与南区域的特征相同。而且需要注意的是石寨山墓地各方面表现较为独特，在墓向和形成特点上更接近南区域。

第四章 石寨山文化墓地的特征差异与等级分化

　　上一章通过分析墓地的形成过程及空间布局，了解了墓地的空间结构，即石寨山文化墓地反映的社会单位构成情况，但这只是对表面形态的认识。社会结构不仅仅是一个由不同层次社会单位搭成的框架，还包括单位差异及其变化[①]。因此，要进一步了解石寨山文化的社会结构，在认识其空间结构的基础上，还需深入分析不同层级结构表现的分化状况。从墓葬遗存的角度，当墓葬和随葬品特征在量化的基础上整体反映出高低差别，可以认为是等级分化的表现，这种现象在一定程度上代表了社会成员的等级差异。一般来说，分化等级的多少和等级之间的差异程度可以衡量分化水平的高低。所以，本章主要探讨的是石寨山文化的墓葬材料如何反映以及反映出什么程度的等级分化。

　　探索的主要方法是通过量化统计来比较单个墓地内部和不同墓地之间在墓葬特征和随葬品特征上表现的异同，进而确定单个墓地内不同墓葬的等次以及不同墓区、墓地之间的级别。墓葬特征包括墓葬规模、墓葬结构、葬具和葬俗等，其中墓葬规模实际指墓坑口部的面积大小，结构指墓室的构筑方式，葬俗则重点考察墓主的埋葬方式；随葬品特征包括随葬品数量、质量、种类和摆放位置等。需要说明的是由于大部分墓地的人骨保存不佳，关于葬俗及性别、年龄的分析还有待新材料的发现和发表。

---

① 秦岭：《环太湖地区史前社会结构的探索》，北京大学博士学位论文，2003年，第6页。

第一节　典型墓地的内涵特征

一　羊甫头墓地

根据前文研究，羊甫头墓地具有墓地—墓区—墓群三级结构，下面将分别对每个结构表现在墓葬特征和随葬品特征上的差异进行分析。

（一）墓区结构的分化状况

1.墓葬规模

该墓地均为竖穴土坑墓，根据坑口形状，有直角长方形、梯形和圆角外凸长方形之分，圆角外凸是由于椁或棺呈井干式交错凸出墓坑四角所致。发掘报告根据墓口面积将墓葬分为大、中、小三型，即墓口面积18平方米以上的是大型墓，墓口面积在6~18平方米的为中型墓，墓口面积在6平方米以下的是小型墓[①]。本文认为该分类标准跨度过大，不易分析墓葬规模的实际区别，需缩小面积范围，观察不同规模在横向（不同墓区）和纵向（不同时期）上的情况，才能明白墓葬规模代表的具体意义。

将不同时期五个墓区所含墓葬的面积分为七个区间，其中1~11平方米的墓葬以每2平方米为单位分五个区间，11平方米以上的墓葬数量少且跨度不均，不再细分[②]，由此进行墓葬数量统计（表4.1）：

第一期，A区与其他墓区的墓葬面积情况有明显差异。A区的墓葬面积均在3平方米以上，甚至出现5平方米以上；B、C和E区的情况较一致，即墓葬面积以1~3平方米为主，少量3~5平方米；D区的墓葬较少，且面积未超过3平方米。

第二期，A区与其他墓区的墓葬面积情况仍有差异。在A区，面积在5~7平方米的墓葬数量比前期有所下降，超过11平方米的墓葬有一定增加，并且这些墓葬只

---

① 墓葬登记表中记录墓口有残缺的未统计在内。

② 云南省文物考古研究所、昆明市博物馆、官渡区博物馆：《昆明羊甫头墓地》，北京：科学出版社，2005年，第16页。

表4.1　羊甫头墓地各墓葬面积区间数量统计表①

分期	墓区	不足1m²	1~3m²	3~5m²	5~7m²	7~9m²	9~11m²	11~40m²
一	A区			3	4		1	1
	B区		12	2				
	C区		5	3				
	D区		1					
	E区		11	3				
二	A区			4	1			3
	B区		14	2				
	C区		9	3	1			
	D区		6	2				
	E区		14	7	1		1	
三	A区			2	1		1	4
	B区	2	30	3	1	1		
	C区	1	35	8				
	D区		24	4				
	E区		53	4	4	1		
四	A区				1	1		
	B区		15	2			1	
	C区		53	11			1	
	D区		5	1				
	E区	1	16	8			1	

出现在A区；其他四个墓区的情况大体相同，即1~3平方米的墓葬数量占比均超过半数，3~5平方米的墓葬数量在不同区域有不同程度的增加，不同的是C区和E区开始出现少数5平方米以上的墓葬，且E区还有2座面积在9~11平方米之间的墓葬。

第三期，A区与其他墓区的墓葬面积差异继续存在。A区的墓葬面积发生变化，11~40平方米的墓葬数量有所增加，同时面积超过9平方米的墓葬仍只出现于该区；相比前期，其他四个墓区的墓葬面积情况变化不大，面积1~3平方米的墓葬数量继续增加，仍是占比最多，不同的是，B区和C区有少量面积小于1平方米的墓葬，B区和E区也有少量面积在5~9平方米的墓葬，其中E区有4座面积在5~7平方米的墓葬值得注意。

第四期，墓葬面积的主要差异仍旧体现在A区和其他墓区之间。A区有2座墓

———————————
① 墓葬统计数量单位为座。

葬，面积分别在5~7平方米和7~9平方米，且这两个面积范围的墓葬不见于其他墓区；B区、C区和E区的墓葬面积情况较接近，除仍以1~3平方米的墓葬面积为主外，均出现1座面积在9~11平方米的墓葬，但是D区没有，连3平方米以上的墓葬也极少。

总的来说，A区与其他四个墓区相比，在墓葬规模上具有十分突出的差异。第一至三期，面积在9平方米以上的墓葬主要集中于A区，到第四期，9平方米以上的墓葬不见于A区，而在B、C和E区有少量出现。其余四个墓区的墓葬规模情况大体上相同但仍有细部差异，相同的情况是规模始终以1~3平方米的墓葬为主，第一至三期有逐渐增加的趋势，第四期除C区外，其他三区均减少但仍然占主要地位，其次是3~5平方米的墓葬在各区均有一定数量，但占比较少；不同的情况是，第二至四期，B、C、E区依次出现少数小于1平方米和5~11平方米的墓葬，而这些墓葬都不见于D区，进一步看，D区的墓葬规模不曾超过5平方米，第二期才开始出现3~5平方米的墓葬，且数量也不多。

2.墓葬结构

墓葬结构主要体现在墓坑底部，即竖穴土坑底部有平底[1]、"二层台"、"腰坑"和凹槽几种不同的构造形态。发掘报告根据墓坑结构的不同，将小型墓分为四类——A类平底墓、B类腰坑墓、C类二层台墓以及D类既有腰坑又有二层台墓，其中B类墓依据腰坑形状的不同，又分为Ba、Bb和Bc三型，C类墓根据生土和熟土区别，分为Ca和Cb两型[2]。墓底有凹槽的情况，报告认为可能是放置棺椁垫木的基槽，未再单独分类说明，均计入上述四类墓葬中。仔细观察"二层台"和"腰坑"的特征，本文认为B、C和D类还可以做进一步的分类和探讨。

（1）"二层台"墓

从"二层台"的形制来看，可将报告提供的12个墓例（生土"二层台"墓11座，熟土"二层台"墓1座）分为四面、三面、两面、单侧四类，生土"二层台"墓较复杂，这四类都有，而熟土"二层台"墓目前只见四面这一种。

---

① 指坑底平整的形态。

② 云南省文物考古研究所、昆明市博物馆、官渡区博物馆：《昆明羊甫头墓地》，北京：科学出版社，2005年，第16~19页。

①四面

从"二层台"的高度和台面宽度来看，生土"二层台"墓还可分为两类，一类是"二层台"的台面宽窄不均（图4.1，1），最宽达0.5米，最窄仅0.05米，高度在0.1米左右，如M202、M413和M571；另一类是台面宽窄相对均匀（图4.1，2），大约0.2米，高度约0.4米，如M5。熟土"二层台"墓M204的台面宽度不是很均等（图4.1，3），约0.1~0.4米，高度约0.44~0.54米。

②三面

此类墓葬见2座（图4.1，4），M187是南、东和北面有"二层台"，台面宽约0.1米，高约0.6米；M265比较特殊，报告认为是西和北面有"二层台"，但墓葬平面图上显示南面还有约一半的位置有"二层台"现象，因为该墓的墓圹呈梯形，西端比东端要宽，"二层台"的台面越往东越窄，中间刚好形成一个较规整的长方形，因此台面最宽处约0.2米，高约0.6米。这两座墓葬的"二层台"特征颇为相似，同时都具有叠葬现象。需要注意的是，M187的"二层台"与第二层叠葬出现的位置几乎相同；而M256的"二层台"与第一层叠葬出现的位置约相距0.4~0.6米，但在"二层台"平面有长方形的板灰痕迹。这不得不让人思考，这类"二层台"的形成是否与再次埋葬的行为有关，是因为破坏了原有墓圹的范围导致坑口扩大而形成的吗？若是这样，那此类墓葬的"二层台"就不是在第一次修筑墓坑时形成的，是二次埋葬造成的假象，因此可能不属于真正意义的"二层台"。

③两面

此类墓葬的"二层台"有北、东面和北、西面两种情况（图4.1，5），从台面和高度来看，墓葬规模越大，相应的台面越宽、高度越高，如M59的墓葬面积有15.3平方米，"二层台"台面宽0.8米，高0.5~0.6米，M688的墓葬面积为8.5平方米，"二层台"台面宽0.2~0.5米，高约0.13~0.2米。

④单侧

目前可以看到的单侧"二层台"是位于墓底西面（图4.1，6），如M100、M520等，其台面宽约0.2~0.4米，高约0.22~0.27米。

"二层台"一般指的是土坑竖穴墓接近墓底的四壁台阶，常用于摆放随葬品或者

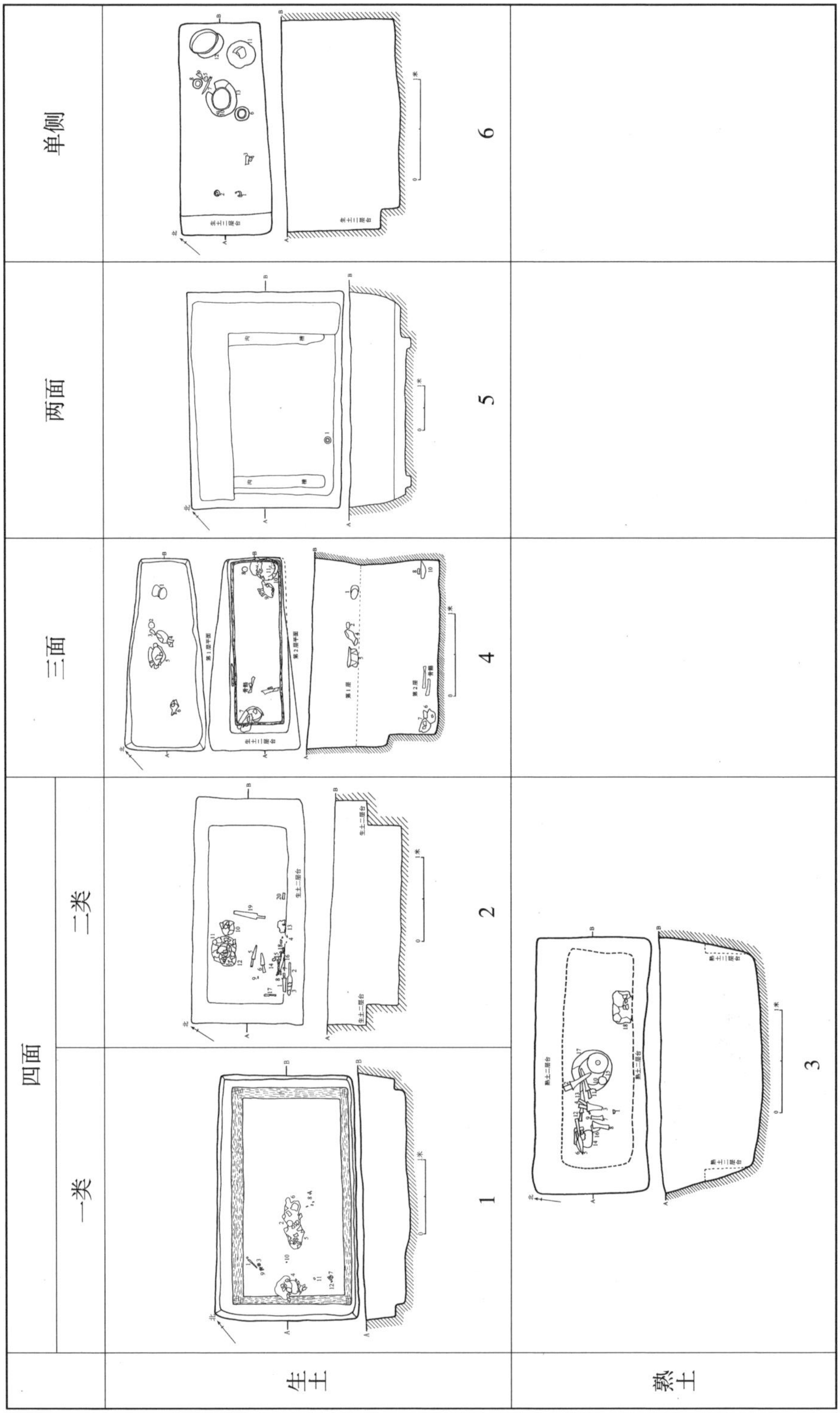

图 4.1　羊甫头墓地 "二层台" 形制划分图
1. M202　2. M5　3. M204　4. M265　5. M59　6. M520

殉人①。这一术语实际来源于商墓，是为了描述结构复杂的墓葬而产生的②，因此它一定是依托当时发现的墓葬特征总结得出。现在看来，对这个术语的认可和运用已不限于商墓，不同区域不同时期的竖穴土坑墓中出现的类似迹象都被普遍称为"二层台"。由于地域与时间的不同，"二层台"的形制（包括构筑的方式、结构、大小等）和功能显然也有所不同。一个值得思考的问题是，如果脱离了术语产生的环境，术语是否具有普适性？又或是对术语概念的模糊？就羊甫头墓地而言，"二层台"的形制较复杂，相同类型的结构、大小并不完全一致，如四面"二层台"，有的南北、东西宽度不同，高度非常小，有的四面宽度比较均等，具有一定高度；而且形成原因也不同，如三面"二层台"中，有的墓葬似乎是因为二次埋葬无意形成的，有的则是在挖墓坑时有意构筑的。从公开发表的墓例来看，个别墓葬如M634的平面图上还显示有部分随葬品与"二层台"重合，但该墓地的"二层台"显然不具有放置随葬品的功能。当然，讨论"二层台"的功能，尤其是不同类型是否有不同功能，还需要更多翔实的资料。而羊甫头墓葬中的"二层台"结构特点鲜明，若严格运用"二层台"的术语概念，将这种与"二层台"类似的结构均称为"二层台"是否合适呢？

（2）"腰坑"墓

与"二层台"一样，"腰坑"这一术语也来源于商墓，指的是在墓室底部挖的小坑，一般位于墓底中央墓主腰部下，其内殉牲或葬物，较高等级的墓葬往往还在其内殉人③。虽然腰坑葬俗在全国多地的史前、商周、秦汉等时期的遗址中都有发现，但不同区域不同时期的腰坑形制和坑内埋葬情况并不一致④。不过大部分都具有两个共同的特点，即大致位于墓底中部墓主腰部下和坑内有埋葬物。

根据羊甫头墓地的发掘报告，有66座墓葬带"腰坑"，本书分别从墓底位置、形制和坑内埋葬情况这三方面分析。

---

① 何贤武、王秋华主编：《中国文物考古辞典》，沈阳：辽宁科学技术出版社，1993年，第11页。

② 刘斌、张婷：《河南地区考古对中国早期考古学术语形成的贡献（1921～1949）》，文化遗产研究与保护技术教育部重点实验室等编：《西部考古》（第14辑），北京：科学出版社，2017年，第392～393页。

③ 邰向平：《商系墓葬研究》，北京：科学出版社，2011年，第69页。

④ 郭志委：《史前时期腰坑葬俗试析》，《考古》2014年第6期。

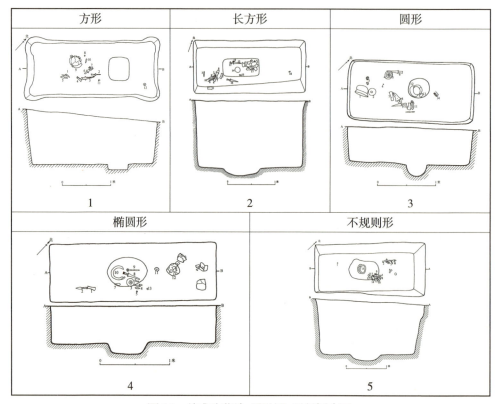

图4.2　羊甫头墓地"腰坑"形制划分图
1.M33　2.M185　3.M568　4.M518　5.M131

从墓底位置来看，据统计，大部分"腰坑"位于墓底中部，共计52座，另外有10座墓葬的"腰坑"位于墓底偏东，2座墓葬的"腰坑"居墓底西部，2座不明。

在形制方面，主要是平面形状和大小，形状有方形、长方形、圆形、椭圆形和不规则形（图4.2），其中长方形最多，共45座，其次是椭圆形，有7座，方形和圆形各有5座，不规则形有4座[①]。值得注意的是，部分长方形"腰坑"的坑长不仅超过墓主腰部，甚至长于人的身高，严格来讲已不能看作是"小坑"，那么这种坑还能称为"腰坑"吗？尤其是M322（图4.3），"腰坑"较深，坑壁垂直坑底，与其他"腰坑"坑壁倾斜的情况不同，怀疑是否应为"二层台"。

---

① 此处各形态的数量差异不具有统计意义，因为报告在分类时将方形、长方形归为一类，圆形和椭圆形划为一类，所以这四种形态的具体数量并不清楚。报告发表的墓例较少，且经过选择，更无法根据统计进行考量。

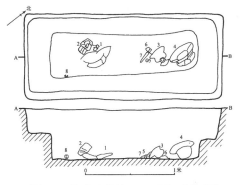

图4.3　羊甫头墓地M322平、剖面图

坑内埋葬情况主要依据报告的文字描述和墓葬平、剖面图呈现的状况来考察"腰坑"内是否有埋葬物。但由于报告的描述过于简略，且大部分墓葬剖面图中未绘制随葬品位置，这给埋葬情况的认定带来一些难度。

通过仔细梳理各类"腰坑"所反映的埋葬情况和埋葬物信息（见附录），可以看出：在长方形"腰坑"中，报告描述19座墓葬的"腰坑"内有器物，其中2座各有人骨和动物骨骼。根据墓葬的平、剖面图，除1座没有平、剖面图外，有6座无法确认随葬品是否位于坑内，其余12座墓葬可以明确器物位于坑内，其中1座墓葬有动物骨骼。但是我们还发现一个现象，器物位于坑内的12座墓葬中，有3座墓葬的剖面图显示器物悬于坑内，距离坑底约10厘米；还有3座墓葬的器物是部分位于坑底，部分悬于坑内，距离坑底6~15厘米。总的来看，报告描述和墓葬平、剖面图都反映器物位于"腰坑"内的墓葬实际有9座，其中埋葬动物骨骼的墓葬有1座。

报告描述随葬品置于"腰坑"附近或上方（包括明确表示器物放置的平面与墓底的距离）的墓葬有14座。所谓"附近"，平面图上显示器物大多在"腰坑"范围内或边缘区域，但剖面图中无法确认，而"上方"也存在相同的情况。因此推测这两种表述是指器物位于坑口之上的"腰坑"面积范围内或边缘。明确表示器物位置的情况则表明器物距离坑口有30~40厘米。

报告仅描述了随葬品摆放位置，未描述与"腰坑"关系的墓葬有3座。从平、剖面图来看，有1座墓葬显示器物位于"腰坑"上方，但距离坑底12厘米；有1座墓葬的器物与"腰坑"没有任何关系；还有1座墓葬的部分随葬品在平面图上与"腰坑"有重合，但无法通过剖面图确认它们之间的关系。

报告对随葬品与"腰坑"的关系没有任何描述的墓葬有6座，其中1座的平面图没有画出腰坑位置，剖面图也未显示器物与"腰坑"的关系，其余墓葬也只能从平面图上看到大部分器物在"腰坑"范围内或边缘。

在正方形"腰坑"中，报告描述随葬品置于"腰坑"上方及附近的墓葬有3座，在平面图中可以看到器物大多位于"腰坑"范围内，但剖面图无法确认。有1座描述了随葬品摆放位置，1座则未进行说明，但这2座墓葬的平、剖面图均表明器物并未埋葬在"腰坑"内。

在圆形"腰坑"中，报告描述1座墓葬的随葬品置于"腰坑"内，2座墓葬的随葬品置于"腰坑"上方或附近，这3座墓葬的平面图均显示部分器物在"腰坑"范围内，而无法通过剖面图得到确认。另外有2座墓葬未说明随葬品与腰坑的位置关系，从平、剖面图来看，虽然有少部分器物紧贴坑边，但应该是在接近坑口的边缘区域，因此这两座墓葬的随葬品都不会在坑内。

在椭圆形"腰坑"中，报告描述有2座墓葬的随葬品置于"腰坑"内；有2座墓葬的随葬品置于"腰坑"附近或上方；有1座墓葬的随葬品位于坑内和上方；还有2座墓葬未明确描述随葬品与"腰坑"的位置关系，但其中1座明确表示有头骨残片在坑内。然而，上述7座墓葬，只能观察到部分器物在平面图上大致位于"腰坑"范围内或坑边，均无法从剖面图获取更多信息。

在不规则状的"腰坑"中，仅有1座墓葬的随葬品在坑内，其余3座墓葬均位于"腰坑"附近。墓葬平面图只显示了部分器物在"腰坑"范围内，个别在坑边，而剖面图仍未显示器物与"腰坑"位置关系的信息。

综上所述，结合报告描述和墓葬平、剖面图均明确反映了埋葬物与"腰坑"位置关系的各种信息，目前看来，只有9座长方形"腰坑"内埋葬有器物，其中有1座墓葬埋葬有动物骨骼。若以报告描述为标准，则有24座墓葬的"腰坑"内埋葬了器物，其中以长方形"腰坑"居多，圆形、椭圆形和不规则形都非常少。如此看来，在"腰坑"内埋葬器物的现象不到所有墓例的一半，埋葬人骨和动物骨骼的情况更是少见。同时还需要考虑部分器物悬于坑内的情况，这代表器物原本就埋葬于坑内吗？排除绘图误差，如果器物与坑底的距离真实存在，很有可能是原来放置在棺内的器物由于棺木腐朽和埋葬环境的变化掉入"腰坑"，造成了悬于坑内的现象。也就是说，羊甫头墓地的"腰坑"并非全部用来埋葬器物。那么，这说明"腰坑"可能具有不同的功能。虽然在长方形"腰坑"内埋葬器物的情况居多，但还不能明确"腰坑"形状的差异是造成功能不同的主要原因。倘若考虑时间变化因素，埋葬器物的现象在每一时期都有出现，且由于墓例较少，数据统计没有太大意义。不过有一点值得注意的是，9座明确埋葬器物的"腰坑"中，有7座墓葬位于A区，2座位于B区，并且是B区墓葬面积最大和较大的墓葬，那么具有埋葬器物功能的"腰坑"是否与区域以及区域内墓葬规模的大小有关？

进一步观察"腰坑"内埋葬器物的种类，在9座长方形"腰坑"中，有3座埋葬了陶器，其余6座主要是陶器和铜器。而其他可能埋葬了器物的"腰坑"，器物种类以陶器和铜器为主，也有少数铜铁合制器和玉石器等。在器物类型上，陶器以陶釜居多，铜器以铜剑、削、腰扣为主，玉石器主要是石坠、玛瑙珠等。这说明虽然"腰坑"内埋葬的器物种类不固定，但不同类别的器形可能一致。

关于"腰坑"内埋葬人骨和动物骨骼的情况，目前可以明确的只有2座墓葬，且并非单独埋葬，说明"腰坑"专门用于"殉牲"或"殉人"的可能性很小。这种坑内置人和牲的现象是否表明一定是"殉人"和"殉牲"还不能妄断。

通过以上分析可以看出，羊甫头墓地在墓底挖坑的现象较复杂，根据坑的形制和坑内埋葬情况的不同，统一将其称为"腰坑"似乎不妥。形制较小的坑，部分只埋葬陶器，可认为是"腰坑"，但形制较大的长方形坑，同时埋葬了较多陶器和铜器，也许具有特殊意义，称为"器物坑"可能更恰当。

（3）"二层台腰坑"墓

指的是坑底既有"二层台"又有"腰坑"的墓葬类型。需要说明的是，报告划分的个别墓葬不应该属于此种类型，如M20、M72和M462。这3座墓葬均具有叠葬现象，从它们的平、剖面图来看，"二层台"与"腰坑"分属不同的叠层，M20的"二层台"位于第二层（图4.4，1），M72和M462的在第一层（图4.4，2、3），"腰坑"均位于3座墓葬的底层。此种现象表明"二层台"与"腰坑"的修筑不是同时完成的，不应该看作一个整体结构，需与同时具有这两种结构的墓坑区别开来。

用同样的方式对部分墓葬的"二层台"与"腰坑"基本情况进行统计发现（表4.2）："二层台"除有生土和熟土外，还有生土与熟土相结合的情况。如熟土叠在四面生土"二层台"上，或熟土与生土相拼接，构成一个四面"二层台"。在形制上，有四面、三面、两面和单面类型，其中单侧还有双层的，但是三面、两面和单面的情况都没有固定方位（图4.5）。

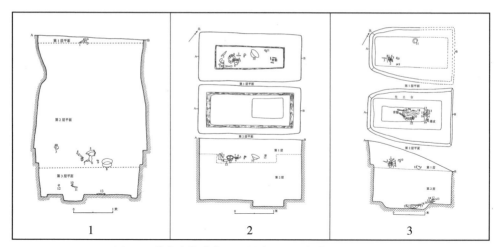

图4.4　羊甫头墓地非"二层台腰坑"墓葬平、剖面图
1.M20　2.M72　3.M462

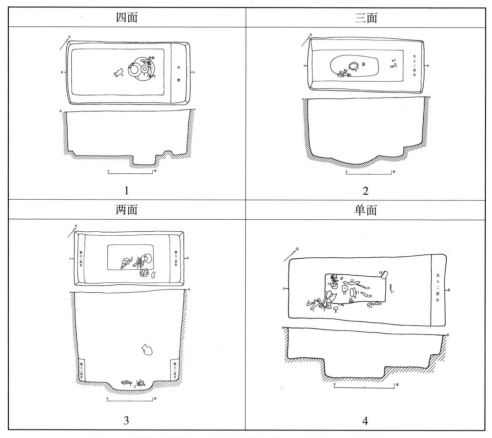

图4.5　羊甫头墓地"二层台腰坑"墓"二层台"形制划分图
1.M64　2.M541　3.M801　4.M48

表4.2 羊甫头墓地"二层台腰坑"墓坑内埋葬情况及"二层台"形制统计表

墓葬	腰坑形状	报告描述	墓葬平、剖面图反映的情况	"二层台"形制
M48	长方形	未描述	平面图显示陶器、部分铜器和石器在腰坑范围内,剖面图未显示	单侧(东)
M170	长方形	腰坑上方	平面图显示陶釜、铜戈和玛瑙扣等在腰坑范围内,剖面图显示陶釜和铜戈悬于坑内,距坑底10厘米	单侧(北)
M107	长方形	随葬品置于距墓底70厘米的墓坑中部	无随葬品	双层单侧(北)
M326	长方形	腰坑内	平面图显示所有器物在腰坑范围内,剖面图无显示	单侧(西)
M465	长方形	未描述	平面图显示所有器物在腰坑范围内,剖面图无显示	单侧(南)
M610	长方形	腰坑上方	平面图显示陶器在腰坑范围内及边缘,剖面图未显示	三面(西、南、东)
M541	不规则长方形	腰坑上方及坑内	平面图显示陶釜和玉玦在腰坑范围内,铜铁器等在坑边,剖面图未显示	三面(北、东、南)
M725	长方形	腰坑内	平面图显示陶釜、铜腰扣在腰坑范围内,铜剑在坑边,剖面图未显示	单侧(西)
M801	长方形	腰坑内	平面图显示陶釜、罐、纺轮和铜爪镰在腰坑范围内,剖面图显示器物悬于坑口,距离坑底11厘米	熟土,两面(东、西)
M323	近正方形	腰坑上方	陶釜、铜戈和骨骼在坑口之上	四面,生熟结合,西北东为熟土,南为生土
M64	圆形	腰坑上方附近	平面图显示陶釜、罐、纺轮和骨骼在腰坑范围内,铜削在坑边,剖面图未显示	四面
M158	椭圆形	腰坑附近	平面图显示陶器和铜腰扣在腰坑范围内,剖面图未显示	两面(东、南)
M630	椭圆形	腰坑内	平面图显示陶釜和玛瑙珠在腰坑范围内,剖面图未显示	两面(南、西)
M634	椭圆形	腰坑内及附近	平面图显示陶釜、罐、尊在腰坑范围内,剖面图未显示	单侧(东)
M50	不规则形	未描述	陶纺轮在坑底,陶釜距离坑口14厘米	四面,熟土叠在生土上

从"腰坑"的位置看，大多位于坑底中部，少数偏东。形制方面，方形、长方形、圆形、椭圆形和不规则形都有，但不同形制的"腰坑"面积相对均等，墓葬面积在5平方米以下的，"腰坑"面积都不超过1平方米，墓葬面积在7平方米以上的，"腰坑"面积都超过了1平方米。关于坑内埋葬物的信息，报告认为有6座墓葬的"腰坑"内埋葬了器物，但通过剖面图确认，1座墓葬的坑内器物实际是悬于坑口，距离坑底约11厘米，且该墓葬有熟土"二层台"，表示应该有棺木，器物由于棺木朽烂掉入坑口的可能性极大。报告认为有6座的随葬品置于腰坑上方或附近，还有3座未描述相关信息，但从器物位置关系清楚的剖面图来看，器物确实位于坑口之上或坑边附近。因此，在这种"腰坑"与"二层台"相结合的墓葬结构中，"腰坑"的功能与只有"腰坑"结构的情况并无区别。

不同形制的"二层台"和"腰坑"在组合上没有发现明显规律，表明二者的结合可能具有随机性。

以上对墓葬结构的分析表明，羊甫头墓地的墓葬结构复杂，报告划分标准过于粗略，实际可再依据"二层台"和"腰坑"的不同形制做更细致的划分，更有助于通过数据统计分析不同形制的时空差异等问题。可惜报告发表的材料有限，目前无法进行深入探讨。

下面以报告的墓葬类型为线索，并尽可能结合上述对各类墓葬的分析，进一步考察墓葬类型在不同墓区的差异情况。根据本文重新统计，可以进行分期的平底墓有185座，"二层台"墓23座，"腰坑"墓共有195座，"二层台腰坑"墓23座，这些类型在各期不同墓区的数量和占比情况如图所示（图4.6）：

第一期，不同墓葬类型在各区的分布情况有差异。除D区外，平底墓在其他四个墓区均有分布，且占比都超过或接近40%，尤以B区最多。"腰坑"墓分布在除B区外的其余四个墓区，在A、C和E区的数量仅次于平底墓，占比接近40%。"二层台"墓数量较少，见于B、C和E区，"二层台腰坑"墓极少，仅出现在E区。

第二期，不同墓葬类型在各区的分布仍有差异。平底墓和"腰坑"墓在五个墓区均有分布，是各区的主要类型，但二者相比，仍是平底墓占比较高。"二层台"墓的情况和上期相比变化不大，在E区的数量有少量增加。有少量"二层台腰坑"墓分布在B、C区。

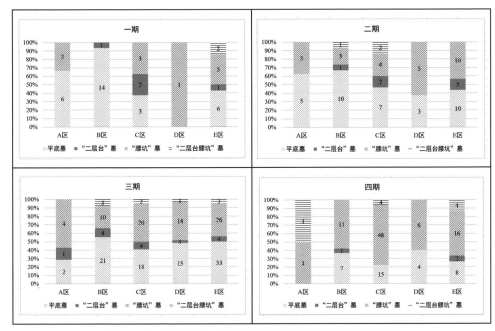

图4.6　羊甫头墓地各期不同墓区墓葬类型分布数量比较图

第三期，除A区外，不同墓葬类型在其余四区的占比情况大致相同。在B、C、D和E区，平底墓和"腰坑"墓的数量较多，占比基本相同，均在50%左右，而"二层台"墓和"二层台腰坑"墓的数量很少，占比也大体相同，在3%~10%。A区的情况有所不同，"腰坑"墓的占比较平底墓要高，并分布少量"二层台"墓。

第四期，除A区外，墓葬类型在其他四区的分布存在差异。在B、C、D和E区，相同的情况是"腰坑"墓和平底墓的占比情况基本一致，均为前者最高，在50%以上，后者在20%~40%，有差异的是"二层台"墓很少，仅分布在B区和E区，"二层台腰坑"墓的数量也不多，只见于C区和E区。而A区有少量"腰坑"墓和"二层台腰坑"墓。

总的来看，第一、二期墓葬类型在不同墓区的分布情况有所不同，但基本都以平底墓为主，其次是"腰坑"墓，"二层台"墓和"二层台腰坑"墓则零星分布在B、C和E区。第三期，不同墓区的分布差异缩小，尤其B、C、D和E区几乎一致，A区相对独特，但平底墓和"腰坑"墓均为五个墓区最主要的墓葬类型。到了第四期，墓葬类型分布又有变化，此时B、C、D和E区的墓葬类型均以"腰坑"为主，平底墓变为次要，而A区则不见平底墓。

　　上述变化说明，墓葬的主要类型在各墓区可能存在一个此消彼长的过程，但不同墓区变化的总体趋势是一致的，即第一期时，平底墓占主要地位，但"腰坑"墓已经开始在部分墓区出现；第二期是一个过渡，平底墓仍旧保持其势头；到第三期，"腰坑"墓在每个墓区都有明显增长，平底墓和"腰坑"墓势均力敌；第四期时，"腰坑"墓占据主要地位，平底墓的势头减弱。而从"二层台"墓及"二层台腰坑"墓不同时期在各墓区的零星分布来看，说明这两种墓葬类型在每个墓区都不是最主要的。

　　结合"二层台"和"腰坑"的形制，进一步观察不同墓葬类型在更细致的分类下是否有差异。"二层台"墓和"二层台腰坑"墓在不同墓区之间暂未发现很明显的分布规律。但从"腰坑"墓可以看到一些特点（图4.7），在A区只见长方形或方形"腰坑"①，而其他四个墓区的情况较一致，不同形制的"腰坑"出现比例大体相同，都是长方形和方形"腰坑"最多，圆形、椭圆形和不规则形较少。如果再仔细观察A区的情况，除8座墓葬的"腰坑"具体是方形还是长方形不明外，其余11座墓葬的"腰坑"全为长方形，且形制较大，面积都在0.9平方米以上，部分墓葬的"腰坑"面积几乎接近墓葬面积的一半，同时埋葬有很多随葬品，应该超出了普通"腰坑"的功能，具有特殊意义。

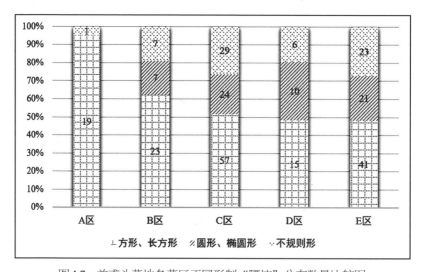

图4.7　羊甫头墓地各墓区不同形制"腰坑"分布数量比较图

---

① 有1座墓葬的"腰坑"是不规则形，但从形态来看似长方形状，可能是墓葬底部挤压变形所致。

3.葬具

羊甫头墓地的葬具大多保存状况较差，从部分保存较好或有清晰板灰痕迹的墓葬来看，有单棺及一椁一棺的现象。亦发现许多墓底有漆痕的现象，木棺应该经过髹漆处理。报告依据可辨识的葬具痕迹，认为有棺有椁墓为16座，有棺木痕迹的墓葬129座[①]。通过对不同墓区的葬具情况粗略统计发现，具有一椁一棺的墓葬大多分布在A区，少数分布在B区和E区，并且是墓葬规模为7~11平方米的墓葬；具有单棺的墓葬在每个墓区均有分布，但分布数量不同，其中B、C、E区的分布数量大体相同，D区有单棺的情况极少，目前只见1例。

4.随葬品数量

通过计算各期不同墓区的随葬品数量均值，并按一定随葬品数量区间分八组，对墓葬数量分别进行统计[②]（表4.3、4.4）：

第一期，A区的随葬品数量均值明显高于其他四个墓区，而D区在四个墓区中最高，B区和E区基本相同。从分布情况看，A区的内部差异很大，这主要和大部分墓葬被盗掘和破坏有关，但还是可以看出，数量多集中在51~60件，而且有1座墓葬的随葬品数量超过了200件。其他四个墓区，B、C和D区的分布大致相同，葬品数量不超过10件的居多，但有少量墓葬的随葬品在11~20件，D区只见1座墓葬的随葬品数量在11~20件之间，这可能是其均值较高的主要原因。

表4.3　羊甫头墓地各期不同墓区随葬品数量均值统计表[③]

期别＼墓区	A区	B区	C区	D区	E区
一	59.88	8.38	8.38	12.00	7.43
二	17.88	6.94	7.77	8.25	10.13
三	72.57	7.53	9.34	7.84	8.65
四	8.5	7.37	10.3	7.5	13.73

---

① 云南省文物考古研究所、昆明市博物馆、官渡区博物馆：《昆明羊甫头墓地》，北京：科学出版社，2005年，第17页。

② 羊甫头墓地随葬品数量统计来源于发掘报告大、中、小型墓葬介绍及墓葬登记表。需要说明的是对各类器形不明的器物均根据报告按件数进行统计，一些器形较小的物品因数量较多报告计为"若干"，如铜扣，玛瑙或绿松石珠、扣等，暂以"1"为单位计数。下同。

③ 随葬品统计数量单位为件。

表4.4 羊甫头墓地随葬品数量区间墓数统计表 [①]

分期	墓区	1~10件	11~20件	21~30件	31~40件	41~50件	51~60件	61~70件	200~400件
一	A区	1	1	1	1		3	1	1
	B区	9	4						
	C区	5	3						
	D区		1						
	E区	10	4						
二	A区	2	4	1	1				
	B区	12	4						
	C区	10	3						
	D区	6	2						
	E区	14	8	1					
三	A区	4				1	1		1
	B区	27	10	1					
	C区	30	9	3	2				
	D区	22	9						
	E区	47	15	4					
四	A区	2							
	B区	16	2	1					
	C区	43	19	3	1	1			
	D区	8	2						
	E区	13	11	4	1	1			

第二期，A区的均值仍高于其他四个墓区，E区在四个墓区中的均值是最高的，其次是D区，B区和C区相差不大。在数量分布上，A区也不同于其余四个墓区，但四个墓区的分布情况大体相同。A区的情况还是与墓葬被盗掘破坏有关，即便如此，现有数据显示较多的墓葬其随葬品数量超过了11件，有1座超过30件的情况也不见于其他墓区。其余四个墓区有60%~75%的墓葬其随葬品数量集中在1~10件，其余为11~20件，但E区有1座墓葬的随葬品数量超过20件。

第三期，A区的随葬品数量均值仍然是五个墓区中最高的，且数值差距很大。其他四个墓区的整体水平较一致，但C区和E区的均值稍高于B区和D区。从数量分布情况看，差异仍然体现在A区与其他四个较一致的墓区之间。在A区，有超过半数

① 墓葬统计数量单位为座。

的墓葬随葬了1~10件器物，也有一半左右的墓葬其随葬品数量超过了40件，其中1座墓葬的随葬品数量在300件以上。其余四个墓区的分布情况大体相同但还有一些差异，相同的是随葬1~10件器物的墓葬均占70%左右，有11~20件葬品的墓葬也大多占20%~30%，不同的是C区和E区有约占6%的墓葬其随葬品数量在21~30件，C区甚至有2座墓葬的葬品数量超过了31件。

第四期，E区的随葬品均值高于其他四个墓区，其次是C区，A区低于C区，B区和E区最低且基本相同。各区随葬品数量分布的表现也与均值反映的情况一致，在E区，随葬1~10件和11~20件的墓葬比例基本相同，各占40%左右，超10%的墓葬其随葬品数量在21~30件之间，有2座墓葬的随葬品超过了31件。C区也有2座墓葬的葬品数量超过了31件，但该区有60%的墓葬其随葬品数量集中在1~10件，所以其均值低于E区。B区和D区有80%左右的墓葬随葬了1~10件器物，但B区还有1座墓葬的葬品数量超过了21件，这种情况不见于D区。

概言之，第一至三期，A区的随葬品均值不仅高于其他四个墓区，也是随葬品数量超过31件的墓葬集中分布的区域，并且第一、三期各有1座墓葬的随葬品数量超过百件；其他四个墓区的均值变化与分布情况同步，B区的均值有增加的趋势，但幅度很小，C区在第二期降低，但第三期又增加了，D区的均值呈下降趋势，E区则是第二期有明显升高，但第三期有小幅度的降低。影响均值变化的因素是随葬品数量分布频率的波动，整体上四个墓区的随葬品数量以1~10件为主，有11~20件随葬品的墓葬只占少数，但从第二期开始，在E区、C区和B区逐渐出现了随葬21~30件器物的墓葬，其中C区和E区有增加趋势。到第四期，随葬品均值和分布情况与前面三期已截然不同，A区的均值明显下降，随葬品数量不超过10件，而E区不仅均值最高，且随葬品超过21件的墓葬较多，其次是C区，表明不同墓区的随葬品数量分布在这一期发生了重要变化。

5.随葬品种类

羊甫头墓地的随葬品以铜器为主，陶器次之，铜铁合制器、铁器、石器、玉器、玛瑙和绿松石器等也有一定数量，漆木器和骨器仅见于个别墓葬。下面对各期不同墓区的各类随葬品数量及均值情况进行统计（表4.5）：

第一期，在随葬品种类异同上，五个墓区均随葬陶器、铜器和玉石器等，但漆

表 4.5　羊甫头墓地各期不同墓区各类随葬品数量及均值情况统计表 ①

分期	墓区	墓葬数量	陶器		青铜器		铜铁合制器		铁器		石器		玉、玛瑙和绿松石器		漆木器	骨器
			总数	均值	总数	均值	总数	均值	总数	均值	总数	均值	总数	均值		
一	A区	9	71	7.89	407	45.22					2	0.22	41	4.56	8	
	B区	14	47	3.36	55	393					5	0.36	6	0.43		
	C区	8	28	3.5	33	4.13					3	0.38	3	0.38		
	D区	1	2	2	10	10										
	E区	14	53	3.79	43	3.07					4	0.29	3	021		
二	A区	8	40	5	86	10.75					2	0.25	59	738		
	B区	16	26	1.63	73	4.56					12	0.71	1	0.06		
	C区	15	37	2.47	59	393					2	0.13	4	0.27		
	D区	8	16	2	49	6.13							2	0.25		
	E区	23	87	3.78	93	4.04			1	0.04	4	0.17	68	296		
三	A区	8	48	6	298	37.25	5	0.63	1	0.13	11	1.38	111	13.88	74	
	B区	38	117	3.08	145	3.82	2	0.05	1	0.03	6	0.16	12	032		2
	C区	46	119	2.59	223	4.85	5	0.11	5	0.11	22	0.48	27	0.59		
	D区	31	82	2.65	145	4.68	2	0.06	1	0.03	7	0.23	5	0.16		
	E区	66	243	3.69	266	4.03	6	0.09	3	0.05	13	02	54	0.82		
四	A区	2	17	8.5			274	137								
	B区	19	41	2.16	56	295			4	0.21	2	0.11	8	0.42		
	C区	67	179	2.67	300	4.48	78	1.16	41	0.61	21	0.31	61	091		
	D区	10	21	2.1	27	2.7	8	0.8	1	0.1	2	02	17	1.7		
	E区	30	102	3.4	202	6.73	34	113	9	0.3	7	0.23	50	1.67		

① 随葬品统计数量单位为座和件。

木器只出现在A区，D区则不见玉、玛瑙和绿松石这类器物。同类器物均值方面，A区的陶器、青铜器和玉、玛瑙及绿松石器均值都要高于其他四个墓区。在B、C、D和E区，E区的陶器均值最高，D区最低，但D区的铜器均值是四个墓区中最高的，其他器物的均值在各区相差不大。

第二期，五个墓区的随葬品种类大体相同，但E区出现少量铁器。A区的陶器、青铜器和玉、玛瑙及绿松石器均值仍然高于其他四个墓区。在四个墓区中，陶器和铜器的均值高低情况与前期相同，石器，玉、玛瑙及绿松石器的均值开始有差异，其中石器是B区最高，但其玉、玛瑙及绿松石器的均值最低，玉、玛瑙及绿松石器的均值最高的是E区，其余相差不大。

第三期，五个墓区的随葬品种类基本相同，个别品类如漆木器只出现在A区，B区有少量骨器。A区的各类随葬品均值在五个墓区中都是最高的。在B、C、D和E区，陶器均值仍然是E区最高，其他三个墓区的差异不大；铜器均值是C区和D区最高，B区和E区略低但数值较接近；铜铁合制器、铁器和石器的情况较一致，C区均高于其他墓区；玉、玛瑙及绿松石器的均值是E区最高，C区也不低。

第四期，随葬品种类差异是A区只见陶器，其他四个墓区的种类一致。陶器均值方面，A区远高于其他墓区，其次是E区，C区略低于E区，B和D区的均值相差不大；铜器方面，E区的均值最高，其次是C区，B区虽高于D区但差距不大；铜铁合制器和铁器的情况较一致，D区明显低于其他三个墓区；石器方面，C区的均值略高于其他墓区；玉、玛瑙及绿松石器的均值则是D、E区要高于B、C区。

总的来说，第一至三期，各区主要的随葬品种类相同，但一些特殊的品类只出现在个别墓区，如漆木器仅分布于A区。各类器物的均值差异具体表现在A区与其他四个墓区之间，A区主要品类的均值在这三期几乎都是最高的，而其他四个墓区的均值差异变化是，第一、二期的陶器和青铜器均值情况变化不大，但石器和玉、玛瑙及绿松石器均值在第二期出现差异，第三期时，C区的铜器、铁器、石器和玉、玛瑙及绿松石器均值明显有突出变化。到了第四期，不同墓区之间的差异又有新的发展，A区虽只见陶器但均值仍最高，除A区外，C区和E区的各类器物均值在四个墓区都较高，其次是B区，前三期在青铜器均值上都表现很高的D区则变成最低。

接下来观察数量较多的陶器和铜器在各墓区的品类分布情况。我们根据功能，将陶器分为容器、工具和装饰品三类，其中工具以纺轮为主，装饰品常见手镯；铜器分为兵器、工具、乐器、杖头饰、车马器、生活用具六类。对陶器和铜器类别进行统计的情况如下（表4.6、表4.7）①：

表4.6　羊甫头墓地各墓区陶器类别统计表②

类别＼墓区	釜	罐	尊	瓮	鼎	器盖	豆	盒	钵	杯	圈足壶	碗	纺轮	镯
A区	38	61	17	2	2	4	8	5				1	15	
B区	88	100	4	1	1	3	4	1	6	1	1		101	13
C区	143	50	13			1	5	15	7				156	
D区	63	62	5					4	1				37	37
E区	259	204	20	2		1		2	3	1	2	1	125	12

表4.7.1　羊甫头墓地各墓区铜器类别统计表（一）③

类别＼墓区	铜兵器												
	矛	剑	戈	斧	钺	戚	啄	镞	头盔	甲	箭箙	剑鞘	镦
A区	107	81	124	67	13	19	42	14	3	5	7	10	8
B区	82	63	37	43	1	1	1	10		3		1	3
C区	114	88	50	97	2	3	5	17		13	1	4	2
D区	53	29	23	29		1	3	30		4		1	
E区	111	89	60	74	3	5	8	22		16		5	1

表4.7.2　羊甫头墓地各墓区铜器类别统计表（二）④

类别＼墓区	铜工具、马具及杖头饰													
	锛	凿	斤	锤	削	卷刃器	爪镰	锄	锸	镰	卷经杆	幅撑	卷布轴	马具	杖头饰
A区	18	14	4	4	35	2	14	19	16	1	2	2	1	3	15
B区	4	7			24	1	50								
C区	16	20			32	2	76	1	1					4	
D区	8	3			17		27								
E区	14	3			50	2	86	1	3					5	

---

① 包括未能分期的墓葬，数据来源于发掘报告墓葬登记表。

② 陶器统计数量单位为件。

③ 铜器统计数量单位为件。

④ 铜器统计数量单位为件。

表4.7.3　羊甫头墓地各墓区铜器类别统计表（三）①

类别 墓区	铜乐器			铜生活用具																
	鼓	葫芦笙	箫	提筒	贮贝器	釜	鼎	罐	盆	杯	勺	枕	镜	铃	扣饰	镯	钏	头饰	带钩	五铢钱
A区	2	1	3	1	2	15	8	1	1	1	2	1		3	36	23	7	8		
B区															44	8				
C区														1	87	2		1	1	2
D区															26	2	1			
E区						1								1	94	13		1		

　　从陶器类别统计表中可以看出，B、D和E区都具有容器、纺轮和手镯三个品类的器物，而A区和C区则不见陶镯这一类陶质装饰品。陶纺轮分布最多是C区，B区和E区也较多，A区最少。容器方面，釜、罐和尊这三种器物在五个墓区均有分布，尤以釜和罐较多，而尊在A区和E区的分布情况要高于其他区域；钵和杯在C区的分布较多，B、D和E区较少，A区则不见；其他类别如瓮、鼎、豆、盒及器盖的数量都很少，主要分布在A区和B区，个别器物在C区和E区有少量分布，但这些器物都不见于D区；圈足壶和碗的数量极少，前者多分布在B区和E区，后者零星见于A区和E区。

　　上述统计说明，从功能来看，除装饰品外，五个墓区都有一定数量的容器和纺轮。容器不同类别在各区分布差异较大，相同的是五个墓区均以釜、罐为主，尊次之，不同的是A区在瓮、鼎、豆、盒及器盖上有更多的占有率，B区和E区紧随其后，C区较少，D区则完全没有，而钵和杯这两类器物，则主要分布在除A区外的其他四个区域。

　　在铜器类别统计表中，首先看兵器，分为攻击性武器（矛、剑、戈、斧、钺、戚、啄、镞）、防御性武器（头盔及各部位甲片）和兵器附件（剑鞘、箭箙、镦）。攻击性武器在每个墓区均以矛、剑、戈、斧为主，其次是镞，啄、钺和戚主要见于A区，其他四区的分布较少，在D区则不见钺。防御性武器以甲类如臂、胸和腿甲等居多，但头盔似乎只见于A区。此外，兵器附件以A区出现得最多。

　　工具包括手工业（锛、凿、斤、锤、削、卷刃器）、农业（爪镰、锄、锸、镰）和纺织用具（卷经杆、卷布轴、辐撑）。其中手工业工具以锛、凿、削为主，在每个

---

① 铜器统计数量单位为件。

墓区均有分布；其次是卷刃器，但是这种器物在D区暂未发现；斤和锤这两种器物只出现在A区。农具中最主要的是爪镰，不过可以看出这种器物在B、C和E区分布较多；锄和锸集中出现在A区，C区和E区只有零星分布，B区和D区则不见；唯一的一件镰仅见于A区。此外，纺织工具也只分布在A区。

马具有辔饰、节约、三通筒、铃、泡、衔、当卢和策等，主要分布在A、C和E三个区。

杖头饰是指杖形器顶端安装的铜饰件，杖形器可能是礼仪性用具。饰件的造型多样，有人形、鱼形、狼牙棒（无齿和有齿）、叉形、矛形和双钺形等，这些器物通常成对出现，但仅分布在A区。

乐器有鼓、葫芦笙和箫，数量都非常少，且均出自A区。

生活用具包括容器（贮贝器、釜、鼎、盆、杯）、装饰品（扣饰、镯、钏、头饰、带钩）及其他杂器（勺、枕、镜、五铢钱等）。其中铜容器主要发现于A区，个别如釜在E区有极少分布。装饰品以扣饰和镯为主，在五个墓区均有分布；钏主要见于A区，D区有1件，但报告未刊登器物图，不知准确与否；头饰以A区分布居多，C和E区有少量发现；带钩仅见于C区。其他杂器类数量都非常少，其中勺和枕仅出现在A区，镜和五铢钱只见于C区。

根据上述统计可知，铜器各类别及不同类别下的器物在不同墓区的分布差异较大。A区出现的品类较全面，几乎包括了所有种类的器物，并且像纺织工具、杖头饰、乐器和生活容器这几类器物几乎只出现在该区，说明这些器物具有区域专属性。其他四个墓区分布的器物品类相对一致，以攻击性兵器、手工业和农业用具及装饰品为主，其中攻击性武器常见矛、剑、戈和斧，工具多为锛、凿、削和爪镰，装饰品有扣饰和少量铜镯。不过四个墓区之间仍有一些差异，C区和E区拥有少数见于A区的器物，如攻击性武器中的钺、啄，农具中的锄和锸，以及马具和生活用具中的釜、头饰一类器物，C区还有其他区域不曾出现的铜镜、带钩和五铢钱。B区和D区的分布情况相差不大，不过从各品类数量看明显是B区要多一些。

通过以上对羊甫头五个墓区的墓葬规模、墓葬结构、葬具、随葬品数量及随葬品种类等方面进行比较，能够看出A区与其他四个墓区在上述方面均表现出明显差异，其他四个墓区之间也有细部区别，如B、C和E区显然与D区有分化，但C和E

区可能更接近一些。也就是说，五个墓区在墓葬和随葬品特征上的分化具有等级表现。如果从时间上看，墓地初始，A区的等级高于其他四个墓区，随着墓地的发展，B、C和E区的等级不断变高，开始与D区拉开距离，可能形成了A区→C、E区→B区→D区四个从高到低的级别，到了第四期，A区的分化没有加深并可能下降，B区、C区、E区则有所加强，表明其级别可能有了变化。不过A区大部分墓葬受到破坏，目前尚不清楚是否与此有关。

（二）各墓区内部的分化状况

接下来以墓区为单位，分别讨论各墓区内部体现的分化状况。为了更清楚地了解各墓区内不同墓葬或墓群在墓葬及随葬品特征上表现的差异，以及这些差异的变化过程，我们将以时间为线索进行讨论。

1.A区

（1）第一期

墓葬规模差异很大，有2座墓葬面积在3~4平方米，4座墓葬面积在5.5~6平方米，1座墓葬为11平方米左右，面积最大的1座墓葬达37平方米；墓葬类型多数是平底墓（5座），"腰坑"墓（3座）较少；均发现有葬具，但多数仅剩朽痕，其中2座可明确为一椁一棺；随葬品数量差距也很大[①]，有1座墓葬的随葬品数量低于10件，随葬品数量在50~90件的墓葬可能有5座，随葬品数量最多的达200多件；随葬品种类以铜器和陶器为主，其次是玉、玛瑙和绿松石器，部分墓葬有石器和漆木器。

根据墓葬规模、随葬品数量、质量及种类差异[②]，可大致将墓葬分为四等（图4.8）：

一等，仅1座，墓葬面积为37平方米，随葬品数量有200多件，墓葬类型为平底墓，葬具为一椁一棺。随葬品种类以铜器和陶器为主，铜器类别以兵器居多，器类有矛、剑、戈、斧、钺、啄、镞等，也有头盔之类的防御性武器和剑鞘、镦等兵器附件，工具有锛、凿、削、锄和锸，乐器有鼓，生活用具有提筒、釜、鼎；陶器只见容器，器物组合为釜、罐、尊和瓮，除瓮外均泥质黑陶，器表抹光，火候较高；

---

① 部分被破坏并严重影响随葬品数量的墓葬暂不进行统计。

② 由于本区有大部分墓葬被盗掘和破坏，只考虑随葬品数量来进行分类是不够准确的，因此各期在分类时，主要以墓葬规模为标准，即以破坏性较小的墓葬为参考，推测面积相同的墓葬其随葬品情况应大体一致。

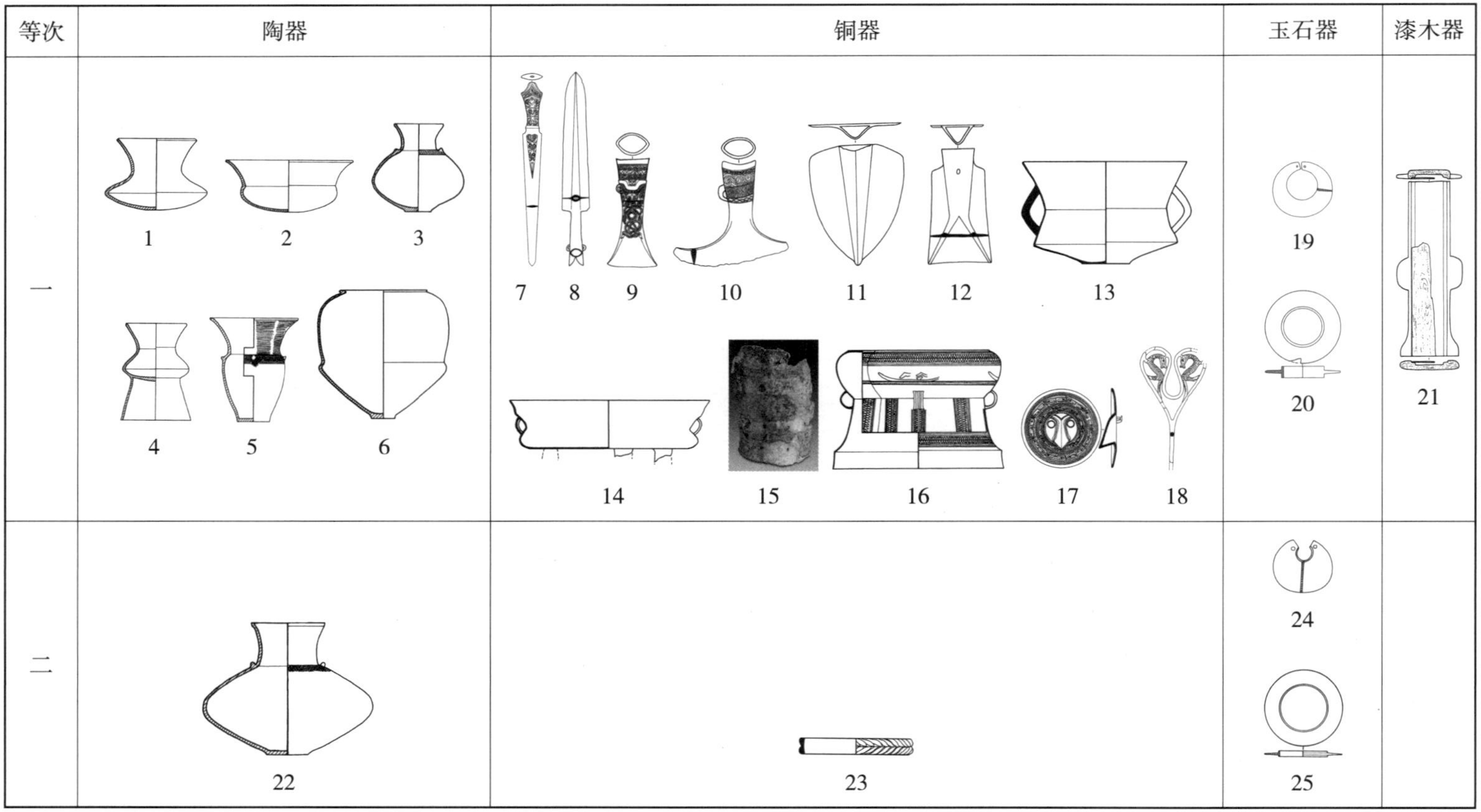
等次
陶器
铜器
玉石器
漆木器
一
1
2
3
4
5
6
7
8
9
10
11
12
13
14
15
16
17
18
19
20
21
二
22
23
24
25

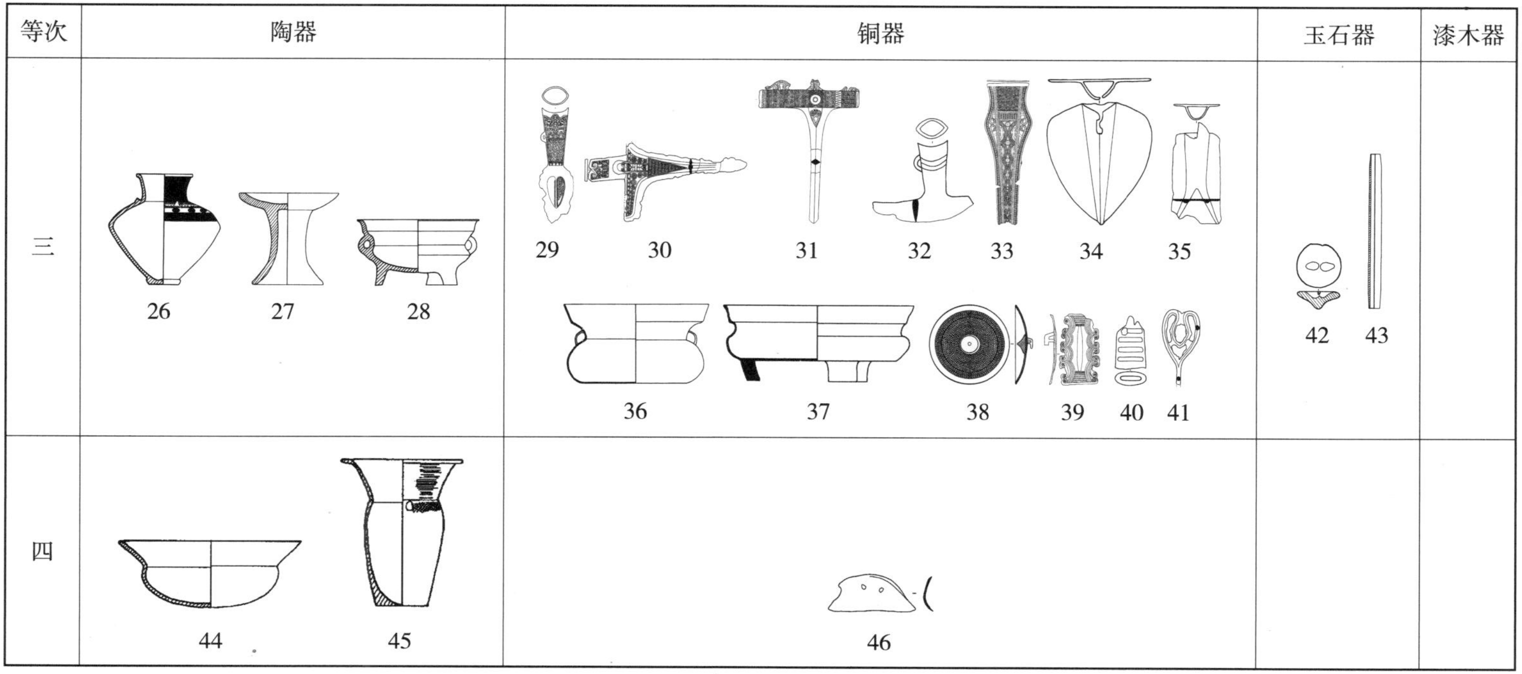

图4.8　羊甫头墓地A区第一期各等次墓葬器物比较图

1、2、44.陶釜（M19：180、M19：170、M148：？）　3、5、22、26、45.陶罐（M19：172、M19：171、M24：8、M150：11、M148：？）　4.陶尊（M19：166）　6.陶瓮（M19：105）　27.陶豆（M101：27–3）　28.陶鼎（M101：55–2）　7.铜剑（M19：215）　8、29.铜矛（M19：150、M108：75）　30.铜啄（M101：9）　31.铜啄（M108：74）　10、32.铜钺（M19：107、M147：47）　9.铜斧（M19：77）　33.铜剑鞘（M101：38、44）　11、34.铜锄（M19：37、M101：37）　12、35.铜锸（M19：39、M101：1）　13、36.铜釜（M19：156–1、M101：42）　14、37.铜鼎（M19：155、M101：47）　15.铜提筒（M19：21）　16.铜鼓（M19：151）　17、38、39.铜扣饰（M19：220、M101：40、M108：44）　18、40、41.铜头饰（M19：211–2、M150：59–1、M97：29–1）　23.铜镯（M24：12–2）　46.铜爪镰（M148：？）19、24.玉玦（M19：184、M24：1–1）　20、25.玉镯（M19：195、M24：6）　43.玉管（M101：59）　42.玛瑙扣（M101：39–4）　21.木箭箙（M19：192）

等次	陶器	铜器	玉石器	漆木器
三				
四				

玉、玛瑙和绿松石器有玉玦、镯，玛瑙珠等；还有少量漆木器，如木箭箙。

二等，仅1座，墓葬面积为11平方米左右，平底墓，有椁木痕迹，推测葬具应该有椁，随葬品数量和种类不明，部分器物为铜镯、玉玦和玉镯，以及玛瑙、绿松石饰品。

三等，约5座，墓葬面积在4~6平方米之间，随葬品数量在50~90件左右，其中3座墓葬类型为"腰坑"墓，2座为平底墓，均有棺痕，推测至少为单棺。随葬品种类以铜器和陶器为主，铜器常见矛、剑、戈、斧、啄组合的兵器，部分有钺和镞，大部分的防御性武器为护甲，工具均有锄和锸一类的农具，多数还有锛、凿、削和爪镰，生活用具部分有釜、鼎和盆等；陶器只有容器，器物组合应都是釜、罐、尊，个别有瓮或鼎，陶质多泥质，少数为夹砂，陶色以褐色为主，有的偏黑褐或灰褐，器表多抹光，个别罐有红色彩绘；大多数墓葬有玉和玛瑙饰品，个别见石坠和漆木器。

四等，仅1座，墓葬面积为5.5平方米，随葬品数量为7件，平底墓，葬具为一椁一棺，随葬品种类以陶器为主，器物组合为釜、罐等。

上述特征差异表明A区第一期墓葬可分四个等次。观察四个等次墓葬在墓区的空间分布情况（彩版一，1），一等墓单独排列在墓区最南端；二等墓排列在一等墓之后，即一等墓的东北侧；三、四等墓分布在距离一、二等墓较远的墓区北部，大致在横向和纵向上成排、成列。

（2）第二期

墓葬面积差异较大，3~4平方米的墓葬有2座，4.6~6.6平方米的墓葬有3座，还有3座墓葬在11~15平方米之间；墓葬类型方面，有4座为平底墓，2座是"腰坑"墓，还有2座墓葬不太明确，可能分别为平底墓和"腰坑"墓；有4座墓葬内发现棺木或椁木痕迹，其中2座可确定为一椁一棺，1座是单棺；随葬品数量在10件左右的墓葬有2座，在20~30件之间的墓葬可能是3座，还有1座墓葬可能在60件以上；随葬品种类以铜器和陶器为主，其次是玉、玛瑙和绿松石器，个别还有石器。

综合考虑墓葬规模、随葬品数量及种类等因素，可将本期墓葬分为三等（图4.9）：

一等，3座，墓葬面积在11~15平方米，随葬品数量可能在60件以上。墓葬类型既有"腰坑"墓也有平底墓，应有葬具，其中1座明确为一椁一棺。随葬品种类以铜器居多，兵器有矛、剑、戈、斧、钺、啄，工具有凿、削、爪镰、锄和锸，还有狼牙棒、叉形、矛形和人形等杖头饰，乐器偶见有鼓，生活用具有贮贝器、釜、枕和镯、钏等饰品；陶器容器和纺轮，容器类别有釜、罐、尊、豆、盒等，豆及盒一类器物为泥质褐陶，且豆盖及身均髹漆；玉、玛瑙和绿松石器应较多，类别有玉玦、镯、觿，玛瑙珠、纺轮和绿松石等饰品。

二等，3座，墓葬面积在4.6~6.6平方米，随葬品数量可能在20~30件之间。墓葬类型方面，有2座是平底墓，1座为"腰坑"墓；葬具方面，可知1座是一椁一棺，1座为单棺；随葬品种类以陶器和铜器为主，陶器有罐、碗和纺轮，铜器有矛、剑、戈、斧为组合的兵器，工具主要是凿、削和爪镰，个别有扣饰等装饰品，石器只见有砺石，玉、玛瑙和绿松石器种类不多，见玉管、玛瑙珠和扣等。

三等，2座，墓葬面积在3~4平方米，随葬品数量在10件左右。墓葬类型均为平底墓，是否有葬具不明。随葬品种类分两种情况，一种以陶器为主，器类有釜、尊和纺轮，铜器只见爪镰，还有石坠；另一种以铜兵器为主，器类有矛、戈、斧，还有凿一类的工具，陶器见极少的罐，以及少量玉玦。

本期可能具有成群对应关系的M106和M115，两座墓葬的等次均为一等，这或许代表了本期墓群内部的分化状况。

从空间分布上看（彩版一，2），一等墓相对集中在墓区西部，其中2座M106和M115埋葬紧密，与另一座排列在其南部的M30相隔较远；二等墓中，M27和M95呈西南—东北向依次排列在一等墓M30之后，另有1座M17分布在墓区最南端，距离其他墓葬较远；三等墓M25排列在二等墓M27的东南方向，彼此一定距离，还有1座墓葬M22则单独位于墓区的东北角，与其他墓葬相距很远。

（3）第三期

墓葬规模差异很大，面积在3~4平方米的墓葬有2座，有1座6平方米的墓葬是叠层，10平方米左右的墓葬有1座，还有4座墓葬的面积在20~22平方米之间；墓葬类型以"腰坑"墓（4座）居多，平底墓（2座）和"二层台"墓（1座）较少；大部分墓葬内均发现有棺木或椁木痕迹，推测可能有3座墓葬是一椁一棺；随葬品数量少于10件的墓葬有2座，40件的有1座，90件左右的有1座，还有1座数量多达近400件；随葬品种类以铜器为主，其次是陶器、石器及玉、玛瑙和绿松石器，个别墓

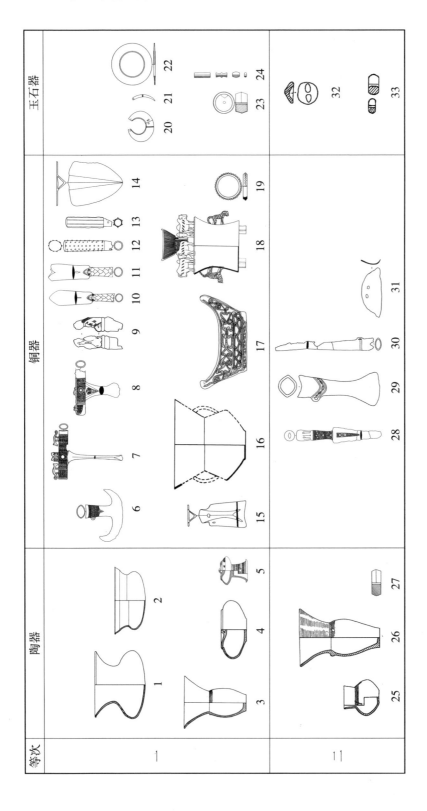

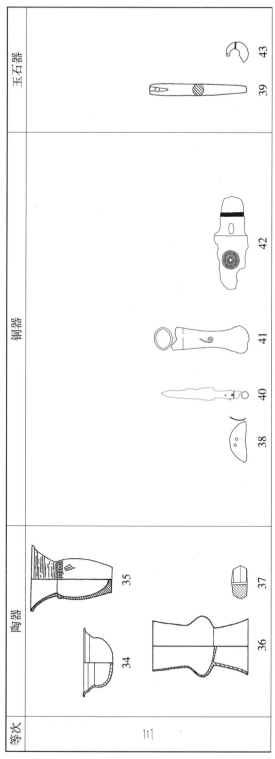

图4.9　羊甫头墓地A区第二期各等次墓葬随葬器物比较图

1、2、34.陶釜（M106：9、M106：18、M25：？）3、25、26、35.陶罐（M106：12、M17：？、M27：8、M25：？）4.陶盒（M30：33）5.陶豆（M30：32）36.陶尊（M25：？）27、37.陶纺轮（M95：？、M25：？）6.铜叉形杖头饰（M30：21）10.铜矛形杖头饰（M115采:1）11.铜叉形杖头饰（M115采:7）12.铜带齿狼牙棒（M115采:8）13.铜无齿狼牙棒（M115采:19）14.铜锄（M30：35-2）15.铜锛（M30：35-1）16.铜釜（M106：17）17.铜枕（M30：26）18.铜贮贝器（M30：31）19.铜镯（M30：14-1）28.铜剑（M95：？）29、41.铜斧（M17：？、M22：？）30.铜削（M95：？）31、38.铜爪镰（M95：？、M25：？）40.铜矛（M22：？）42.铜戈（M22：？）20、43.玉块（M30：19、M22：？）21.玉镯（M30：18-1）22.玉镯（M30：11）23.玛瑙纺轮（M30：25-1）24、33.玛瑙珠（M30：9-1、M95：？）32.玛瑙扣（M17：？）39.石坠（M25：？）

葬有铜铁合制器、金器和漆木器。

根据墓葬规模、随葬品数量及种类差异，将本期墓葬大致分为四等（图4.10）：

一等，4座，墓葬面积在20~22平方米之间，随葬品数量在300~400件左右。墓葬类型有"腰坑"墓和"二层台"墓，从个别有葬具的情况推测是一椁一棺。随葬品种类以铜器为主，矛、剑、戈、斧、钺、戚、啄、镞等兵器最多，还有头盔、护甲一类的防御性武器和箭箙、剑鞘、镦等兵器附件，工具有锛、凿、削、斤、爪镰、锄和锸等，还有卷经杆和辖撑等纺织用具，杖头饰有狼牙棒、叉形、矛形、双钺形等，生活用具主要是釜、鼎、杯、勺，以及扣饰、镯、钏、头饰等装饰品，还有一些马具；陶器有釜、罐、尊、豆和盒，豆、盒分别为泥质褐、红陶，盖及身均髹漆，其余陶器多为夹砂黑褐陶，器表抹光，火候较高；此外还有大量工具和生活用具类的漆木器，玉、玛瑙和绿松石器也很多，有玉玦、镯、觿、扣、珠，及玛瑙珠、扣等装饰品。

二等，1座，墓葬面积为10平方米，随葬品数量在60件左右。墓葬类型为"腰坑"墓，葬具可能是一椁一棺。随葬品种类以铜器为主，兵器有矛、剑、戈、斧、钺、啄、镞等，工具有削、锄和锸等，生活用具见釜和腰扣、镯、头饰等装饰品；陶器有釜、罐、豆等，多为泥质褐陶；石器有坠，玉、玛瑙和绿松石器较多，有玉玦、镯、管及玛瑙珠等。

三等，1座，墓葬面积约4平方米，随葬品数量约40件。墓葬类型是平底墓，可能有葬具。随葬品种类以铜器为主，器类有矛、剑、戈、斧、钺组合的兵器，锛和锄等工具，还有釜、扣饰等生活用具；陶器有釜、罐、尊等，釜和罐多泥质褐陶，器表抹光，尊有泥质黑陶和夹砂褐陶；还有少量石、玉和绿松石器，为石坠、玉玦和觿等。

四等，2座，墓葬面积应在3平方米左右，随葬品数量8~9件。墓葬类型为"腰坑"墓和平底墓，均有葬具。随葬品种类以铜器为主但数量明显不及前类墓葬，有矛、剑或戈、斧组合的兵器，还有削、爪镰等工具；陶器有釜、罐、尊等，多为夹砂红陶；仅1座墓葬出石坠。

本期有2座墓葬可能具有成群对应关系，即M100和M113，这2座墓葬的等次均为一等，一定程度上反映了同一墓群内的分化状况。

观察不同等次墓葬的空间分布情况发现（彩版一，3），一等墓除M100和M113并肩排列外，其余两座墓葬依次分布在其东北方向，彼此具有一定间隔；二等墓

M102排列在M113和M99之间，三者在纵向上成列；三等墓位于M113以北数米之外；四等墓分布不集中，位于墓区北部和东北部接近边缘的区域。

（4）第四期

该期墓葬仅发现2座，即M103和M107，墓葬面积分别为6.5和7.7平方米；墓葬类型各为"腰坑"墓和"二层台腰坑"墓；葬具方面，均发现有棺痕，可能为单棺；随葬品方面，M103被破坏，仅存的随葬品数量为7件，均为陶器，器类有罐和纺轮等，M107的随葬品数量为10件，均为陶器，器类有釜、罐、豆、盒。从这2座墓葬的规模和随葬品情况来看，属于同一等次的可能性较大。从分布上看，M103位于墓区中部，M107排列在其东北部接近墓区边缘的位置，二者间隔一定距离。

通过以上对A区各期墓葬进行等次划分，可以看出：

第一期，墓葬在规模、随葬品数量和种类等特征上差异明显，可分为四个等次，不同等次的空间分布较有规律，一等墓相对独立，分布在墓区南端，二等墓紧随其后排列，三、四等墓则排列在距一、二等墓较远的北部；第二期，没有表现出进一步分化的趋势，分化等次应与第一期基本相同，不同等次墓葬的空间分布虽杂乱，但大体是一等墓居墓区西部，二等墓排列在一等墓之后，三等墓分布在墓区东北部，即由西南至东北方向，墓葬等次逐渐降低；第三期，墓葬之间的特征差异仍然突出，但分化没有加剧，而是继续保持了以往形成的分化状况，不同等次的墓葬空间分布有些变化，一等墓除分布在墓区西南部，同时还排列在墓区东北部，并与其他等次的墓葬交错分布；第四期，墓葬之间可能已无分化，仅剩下等次较低的墓葬，大致分布在墓区中部偏北及东北部区域。

2.B区

（1）第一期

墓葬规模方面，面积在1~2.6平方米的墓葬约占92%，有1座约4平方米，不过该墓是叠葬；墓葬类型以平底墓为主；有2座墓葬内发现棺痕，可能是单棺；有2座墓葬属于叠葬，属于本期的均为最底层；随葬品数量在10~16件的墓葬有5座，小于10件的墓葬有9座；随葬品种类以陶器和铜器为主，但有近一半的墓葬只有陶器而无铜器，少部分墓葬还有石器和玉器。

根据随葬品数量和种类差异情况，可将本期墓葬分为两等（图4.11）：

等次	陶器	铜器	漆木器	玉石器

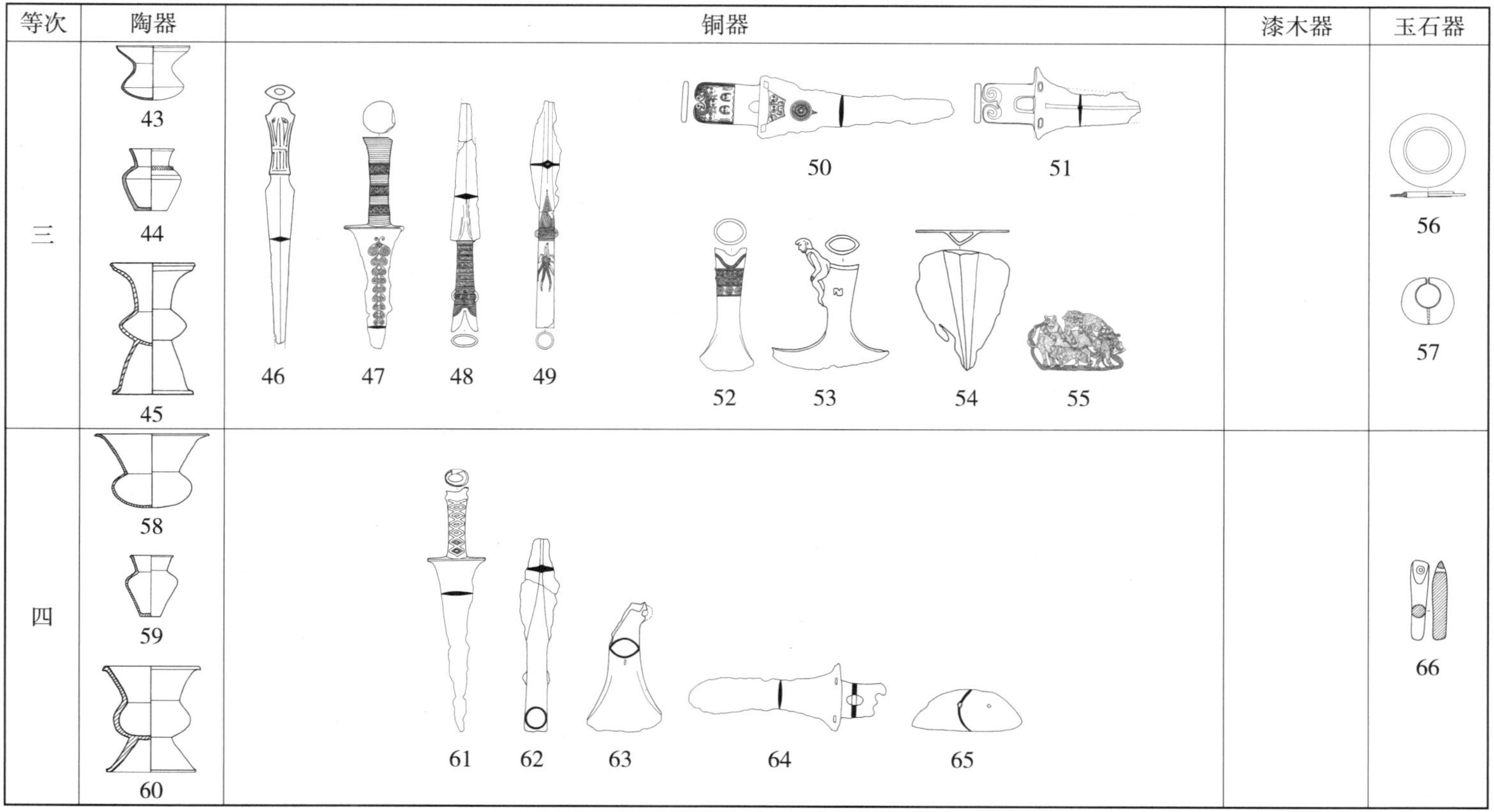

图 4.10　羊甫头墓地 A 区第三期各等次墓葬器物比较图

1、2.陶盒（M113∶273、M113∶272）3.陶豆（M113∶329）29、30、44、59.陶罐（M102∶45-2、M102∶45-1、M104∶32、M26∶5）43、58.陶釜（M104∶34-1、M26∶3）45、60.陶尊（M104∶37-2、M26∶2）4、46、47、61.铜剑（M113∶358、M104∶25、M104∶13、M150∶4）5、31、32、50、51、64.铜戈（M113∶300、M102∶23、M102∶9、M104∶9、M104∶19、M26∶6）6、34.铜豚（M113∶80、M102∶11）7.铜头盔（M113∶224）8、35、54.铜钺（M113∶342、M102∶44、M104∶1）9、36.铜锄（M113∶332、M102∶26）10.铜杯（M113∶315）11.铜勺（M113∶306）12.铜葫芦笙（M113∶320）13、37.铜釜（M113∶207、M102∶46）14.铜鼎（M113∶200）15.铜卷布轴（M113∶60）16、33、53.铜钺（M113∶235、M102∶2、M104∶36）17.铜矛形杖头饰（M113∶87）18.铜叉形杖头饰（M113∶83）19.铜双钺形杖头饰（M113∶162）20.铜人形杖头饰（M113∶2）21.铜筒帽（M113∶365）38、55.铜扣饰（M102∶52、M104∶38）39.铜镯（M102∶34-2）22、40.铜头饰（M113∶4、M102∶25-1）23.铜钏（M113∶226）48、49、62.铜矛（M26∶1）52、63.铜斧（M104∶5、M150∶1）65.铜爪镰（M26∶8）24.漆木祖（M113∶384）25.漆木壶（M113∶59）26、41、56.玉镯（M113∶90、M104∶27、M104∶23）27.玉髓（M113∶56-2）28、42、57.玉珠（M113∶274-3、M102∶29-1、M104∶2）66.石坠（M150∶6）

　　一等，5座，随葬品数量在10~16件，平底墓为主，葬具不明，随葬品种类以铜器和陶器为主，铜器多见矛、剑、戈、斧和镞为组合的兵器，个别墓葬出现钺和啄，其次是凿、削和爪镰等工具，陶器以釜、罐和纺轮居多，大部分墓葬有石坠和玉饰品。

　　二等，9座，随葬品数量在1~9件，均为平底墓，个别墓葬有葬具，可能是单棺，随葬品种类以陶器为主，有容器、纺轮和镯，容器多为釜和罐，个别有尊，少数墓葬还有石坠、玉玦等饰品。

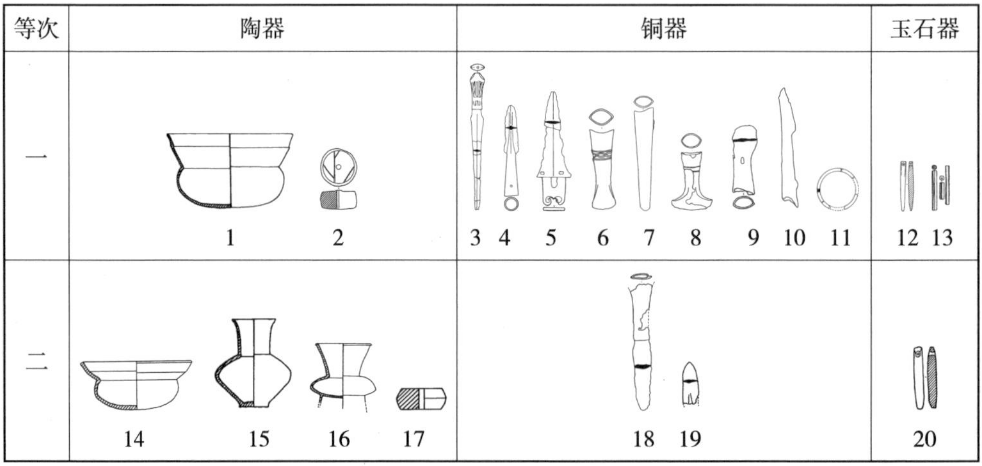

等次	陶器		铜器		玉石器
一					
	1　　　　2		3　4　5　6　7　8　9　10　11		12　13
二					
	14　　15　　16　17		18　19		20

图4.11　羊甫头墓地B区第一期各等次墓葬器物比较图

1、14.陶釜（M290：7、M411：?）　2、17.陶纺轮（M225：?、M411：?）　15.陶罐（M380：?）　16.陶尊（M251：14）　3、18.铜剑（M299：5、M418：?）　4.铜矛（M290：15）　5.铜戈（M290：13）　6.铜斧（M228：?）　7.铜啄（M225：?）　8.铜钺（M225：?）　9.铜戚（M225：?）　10.铜削（M228：?）　11.铜镯（M299：6）　19.铜箭镞（M418：?）　12、20.石坠（M290：9、M418：?）　13.玉管（M225：?）

　　本期约有四个墓群，观察它们的墓葬等次情况，发现其中两个墓群的墓葬均为二等，另外两个墓群内的墓葬分别为一、二等，这表明墓群内部已经有了分化，但差异不是太大。

　　从空间分布上看（彩版二，1），一等和二等墓间隔一定距离，成排成列交错分布；在同一墓群中，一等墓多叠压二等墓之上。

　　（2）第二期

　　以面积在1~2.4平方米的墓葬为主，另有2座面积在3.5~4.8平方米的墓葬；墓葬类型主要是平底墓（10座），"腰坑"墓、"二层台"墓和"二层台腰坑"墓较少；有

3座墓葬发现棺痕，推测可能是单棺；其中有3座墓葬属于叠层；随葬品数量超过10件的墓葬有4座，不足10件的墓葬有12座；随葬品种类以铜器和陶器为主，其次是石器，极个别有玉器。

根据墓葬规模、随葬品数量及种类差异情况，将本期墓葬分为两等（图4.12）：

一等，4座，随葬品数量在11~15件的墓葬，面积在2~4.8平方米之间；墓葬类型方面，平底墓和"二层台腰坑"墓各有2座；1座见有葬具；随葬品种类以铜器和陶器为主，铜器常见矛、剑、戈和斧组合的兵器，部分有锛、削、爪镰等工具，陶器仅见容器，多为釜和罐，少数墓葬还有石坠和玉玦。

二等，12座，随葬品数量为1~7件，面积在1.3~2.1平方米之间；墓葬类型以平底墓（9座）为主，"腰坑"墓（2座）和"二层台"墓（1座）很少；2座发现有葬具；随葬品种类以铜器和陶器为主，铜器是矛、剑、戈和斧等兵器，但多不成套，数量也少于第一类墓葬，锛和爪镰等工具极少，陶器有容器和纺轮，容器类别主要是釜和罐，部分墓葬仍有石坠，不见其他玉石制品。

观察本期墓群内各墓葬等次差异，M200和M201均为二等墓，分化状况与第一期相比大致相同。

上述两个等次在空间上的分布情况是（彩版二，2），一等墓和二等墓间隔一定距离，成排成列交错分布，与第一期的分布情况基本一致。

（3）第三期

墓葬规模方面，有82%的墓葬面积在1~3平方米之间，3~6平方米的墓葬仅占10%，不足1平方米的占5%，约9平方米的占3%；墓葬类型以平底墓（21座）为主，其次是"腰坑"墓（10座），"二层台"墓（4座）和"二层台腰坑"墓（3座）较少；有8座墓葬发现棺痕，可能均为单棺；有4座墓葬属于叠葬[①]；随葬品数量超过20件的墓葬有1座，10~20件的墓葬有8座，不足10件的墓葬有27座；随葬品种类以铜器和陶器为主，其次是石器、玉器和玛瑙器，部分墓葬还有少量铜铁合制器和骨器。

综合考虑墓葬规模、随葬品数量和种类等特征差异，可将本期墓葬分为四等

---

① 其中M229和M371各叠层具体情况不明。对于此类墓葬，其分期是根据随葬品整体情况来判断的，实际各叠层的期别、墓葬和随葬品特征并不清楚，因此尚无法对此类墓葬进行更细致的分析，下文各区亦同。此外，报告认为M465亦属叠葬，该墓虽有墓葬平、剖面图，但叠层的具体情况难以从图中判断。

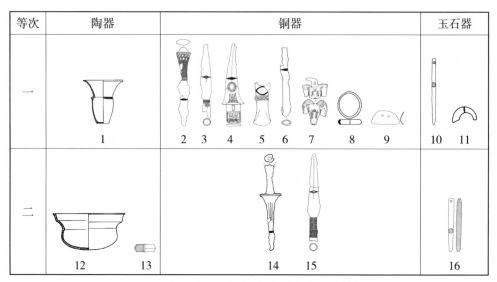

图4.12　羊甫头墓地B区第二期各等次墓葬器物比较图

1.陶罐（M210：?）　12.陶釜（M277：?）　13.陶纺轮（M251：9）　2、14.铜剑（M323：6、M216：?）3、15.铜矛（M323：2、M200：?）　4.铜戈（M323：8）5.铜斧（M323：9）6.铜削（M212：12）7.铜扣饰（M212：13）8.铜镯（M210：?）9.铜爪镰（M210：?）　10、16.石坠（M212：10、M251：5）11.玉玦（M210：?）

（图4.13）：

一等，仅1座，墓葬面积约9平方米，墓葬类型为"二层台腰坑"墓，随葬品以陶器为主，器类有釜、罐、豆和纺轮，铜器有剑。

二等，2座，1座墓葬面积约5.3平方米，墓葬类型为"二层台腰坑"墓，有葬具，随葬品种类均为陶器，器类有釜、尊和豆等；另外1座墓葬面积约2.4平方米，随葬品数量为26件，墓葬类型是平底墓，有葬具，随葬品种类以铜器为主，大多是矛、剑、戈、斧成套组合的兵器，陶器见釜，此外还有石坠和玉玦等。

三等，8座，墓葬面积在2.3~3平方米，随葬品数量在11~18件，墓葬类型多为平底墓（5座），"腰坑"墓（1座）和"二层台"墓（2座）略少，个别墓葬有葬具。随葬品种类以铜器和陶器为主，铜器常见矛、剑、戈、斧组合的兵器，但数量比二等墓少，工具较少，见锛、削、爪镰，陶器有容器和纺轮，容器只见釜、罐组合，或只有釜或罐，部分墓葬还有石坠和玛瑙饰品，个别墓葬见石纺轮。

四等，25座，墓葬面积在0.9~2.3平方米，随葬品数量在1~9件，墓葬类型以平

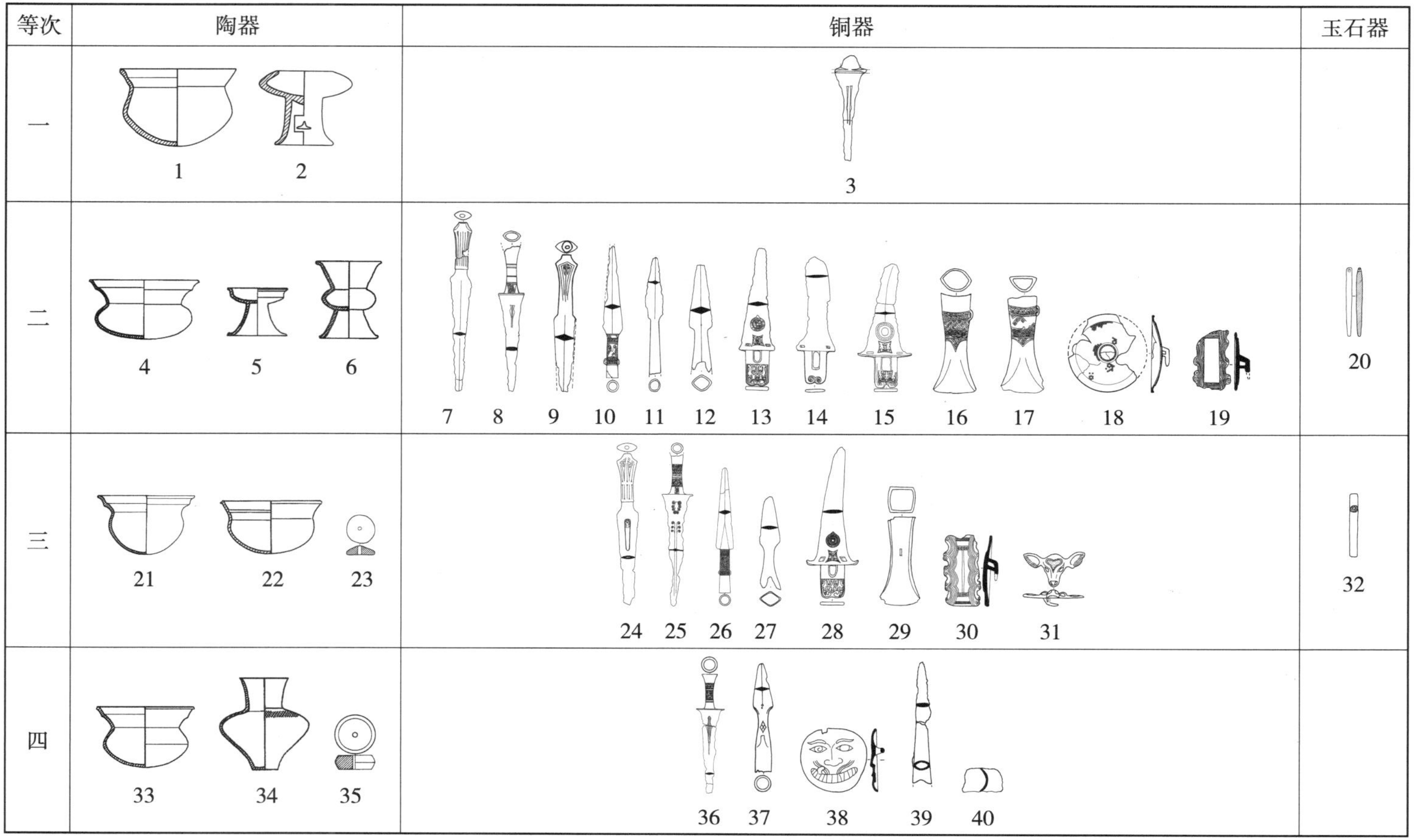

图4.13　羊甫头墓地B区第三期各等次墓葬器物比较图

1、4、21、22、33.陶釜（M465：3、M241：?、M309：9、M372：11-2、M374：?）2、5.陶豆（M465：5、M241：?、）6.陶尊（M241：?）34.陶罐（M374：?）23、35.陶纺轮（M372：3、M374：?）3、7-9、24、25、36.铜剑（M465：1、M387：15、M387：16、M387：18、M204：13、M314：9、M373：4）10-12、26、27、37.铜矛（M387：12、M387：13、M387：14、M314：3、M314：5、M373：2）13-15、28.铜戈（M387：8、M387：5、M387：7、M314：6）16、17、29.铜斧（M387：4、M387：2、M314：2）18、19、30、31、38.铜扣饰（M387：23、M387：24、M314：10、M314：8、M373：6）39.铜削（M352：？）40.铜爪镰（M374：?）20.石坠（M387：21）32.玉管（M204：9）

底墓（14座）为主，其次是"腰坑"墓（8座），"二层台"墓（2座）和"二层台腰坑"墓（1座）很少，有4座墓葬发现棺痕。随葬品以陶器和铜器为主，陶器有容器和纺轮，器物组合多为釜和罐，部分只有釜或罐，铜器多见爪镰、削等工具，兵器较少且多不成套，个别墓葬见有矛、剑等铜铁合制器。

接下来考察本期墓群的墓葬等次关系，如表所示（表4.8）：

表4.8   羊甫头墓地B区第三期各墓群墓葬等次统计表

墓群	墓葬	等次
①	M465	一
	M204	三
②	M241	二
	M240	四
③	M309	三
	M359	四
④	M314	三
	M315	四
⑤	M351	三
	M352	四
⑥	M358	四
	M412	四
⑦	M417	四
	M420	四
⑧	M373	四
	M374	四
	M298	四

墓群内的墓葬等次情况分两种，一种是同一墓群内墓葬等次相同，如⑥、⑦、⑧组，墓葬等次均为四等；另一种是同一墓群内墓葬等次不同，如①组分别为一、三等，②组分别为二、四等，第③至⑤组的情况相同，墓葬等次分别为三、四等。这说明同一墓群内不同墓葬，以及不同墓群之间的分化程度加深。

倘若从空间上观察不同等次的分布情况（彩版二，3），可以看到一等墓位于墓区中部偏南区域，与其他墓葬有一定距离，埋葬空间相对独立，唯有属同一墓群的一座三等墓紧贴其南侧埋葬；二等墓分布在距离一等墓较近的西南和东南侧；三、四等墓排列在一、二等墓周围，大部分并列或交错分布在墓区中部至北部区域。

（4）第四期

以墓葬面积在1~2.6平方米的墓葬居多，3~4平方米的墓葬有2座，10平方米左右的有1座；墓葬类型以"腰坑"墓（11座）为主，其次是平底墓（7座），"二层台"墓极少（1座）；5座墓葬发现棺木或椁木痕迹，1座为一椁一棺，其余应是单棺；1座墓葬有叠葬现象，其各叠层期别均属于本期；随葬品数量在20~25件的墓葬有2座，9~11件的有3座，数量不足9件的有14座；随葬品种类以陶器和铜器为主，其次是铜铁合制器和铁器，部分还有玉、玛瑙和绿松石器等。

根据墓葬规模、随葬品数量和种类等特征差异，可将本期墓葬分为四等（图4.14）：

一等，1座，墓葬面积在10平方米左右，墓葬类型属"腰坑"墓，葬具为一椁一棺，随葬品数量有7件，以陶器为主，器类有釜和尊等，并有少量铜戈、铜骹铁矛一类的兵器。

二等，2座，随葬品数量在20~25件的墓葬，面积为2.3平方米左右；墓葬类型有平底墓和"腰坑"墓各1座；1座墓葬有葬具；随葬品种类以铜器为主，常见矛、剑、戈、斧、镞等兵器，还有锛、凿、削等工具，铜铁合制器多为矛、剑、凿，亦有刀、爪镰等铁器，陶器仅见釜，还有少量玛瑙和绿松石等饰品。

三等，3座，随葬品数量在9~11件，面积在2~2.2平方米；墓葬类型多为"腰坑"墓（1座），也有平底墓（1座）；其中1座墓葬见葬具；随葬品以铜器、铜铁合制器为主，类别多见兵器，数量上少于二等墓，陶器有釜、罐及纺轮，极少数还有玉管。

四等，13座，随葬品数量在2~7件的墓葬，面积集中在1.6~2.5平方米之间；墓葬类型多为"腰坑"墓（7座），平底墓略少（5座），"二层台"墓极少（1座）；少数墓葬有葬具；随葬品以陶器和铜器为主，陶器类别有容器和纺轮，容器多为釜，少数有钵等，铜器和铜铁合制器主要是兵器，数量比前一类较少，极个别还有削和刀等工具，少数有石坠以及绿松石饰品等。

从可能具有成群对应关系的墓葬等次情况来看，同一墓群内墓葬等次大多相同，均为四等，或差别不大，分别为三和四等，表明墓群内部和墓群之间的等次差距并没有继续扩大。

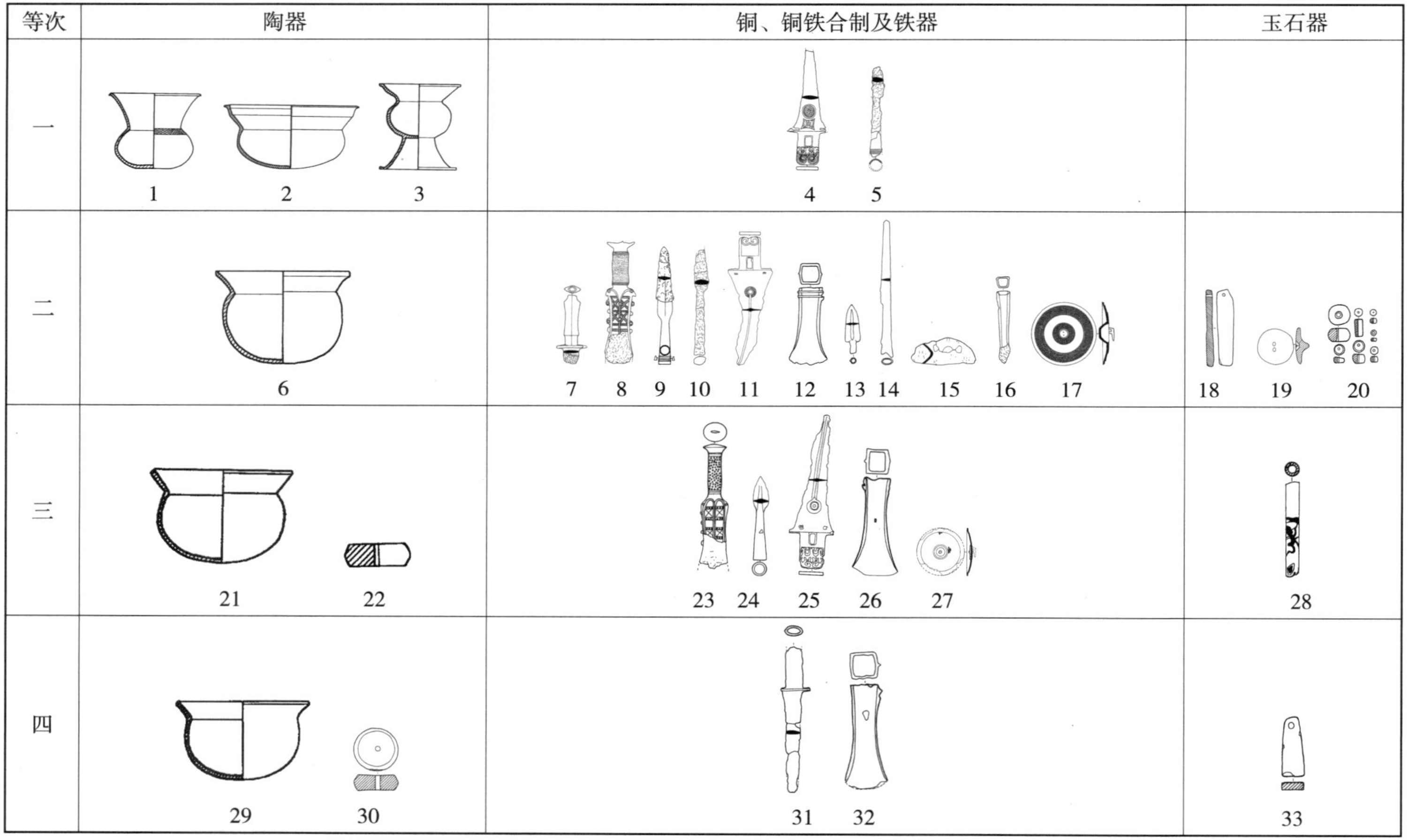

图4.14　羊甫头墓地B区第四期各等次墓葬器物比较图

1、2、6、21、29.陶釜（M466：3、M466：6、M297：28、M288：？、M280：？）3.陶尊（M466：4）22、30.陶纺轮（M218：？、M275：3-2）4、11、25.铜戈（M466：7、M297：15、M390：4）5、9.铜骹铁矛（M466：5、M297：18）10.铁矛（M297：19）7、8、23.铜柄铁剑（M297：7、M297：27、M390：6）12、26、32.铜斧（M297：23、M390：2、M280：？）13.铜箭镞（M297：5）14.铜削（M297：9）15.铁爪镰（M297：8）16.铜銎铁刃锄（M297：12）17、27.铜扣饰（M297：10、M390：9）24.铜矛（M390：3）31.铜剑（M272：？）18、33.石坠（M297：11、M280：？）19.玛瑙扣（M297：21）20.琉璃珠（M297：25）28.玉管（M390：8）

在空间位置上（彩版二，4），一等墓单独埋葬在墓区最南端，与其他墓葬有较远间隔；其余等次均分布在一等墓之后的东北方向，二、三等墓交错排列在南部和中部区域，四等墓大多分布在中部至西北部区域。

通过以上分析可以看出，B区墓葬在第一期时分化程度不高，根据随葬品数量差异可分为两个等次，在空间分布上两个等次基本交错排列；第二期，墓葬的分化状况及不同等次的空间分布情况基本延续前期；到了第三期，分化程度加深，通过墓葬规模和随葬品数量分化出了两个更高的等次，并且在空间分布上可以看到一等墓的埋葬空间相对独立，二、三、四等墓围绕在其周围由内向外依次排列，越往墓区东北部分布墓葬的等次越低；第四期，继续维持前期形成的分化状况，但不同等次的墓葬空间分布发生变化，即一等墓相对独立地埋葬在墓区西南部，二、三等墓并列或交错排列在一等墓的东北部，四等墓继续排列在二、三等墓周围至墓区东北部。

3.C区

（1）第一期

墓葬面积集中在2~3.5平方米之间；具有四种墓葬类型，其中平底墓和"腰坑"墓较多，"二层台"墓略少。仅知2座墓葬有单棺，3座墓葬有叠葬现象[①]，其中M72第一层属于本期。随葬品数量上，有3座墓葬的随葬品数量为13、14件，其余4座墓葬的随葬品不足10件；随葬品种类以陶器和铜器为主，个别墓葬有石器、玉器和绿松石器。

综合来看，墓葬之间的差异主要表现在随葬品数量和种类上，据此可分为两等（图4.15）：

一等，3座，随葬品数量为9~14件，有2座墓葬的葬具均为单棺，墓葬类型有平底墓、"腰坑"墓和"二层台"墓，除随葬较多铜器和陶器外，还有少见于其他墓葬的石器和玉器，陶器有釜、罐和尊，铜器主要是剑、矛、戈、斧组合的兵器和装饰品扣饰。

二等，3座，随葬品数量3~4件，葬具情况不明，墓葬类型有平底墓和"腰坑"墓，仅随葬陶器和铜器，陶器多为釜和纺轮，铜器有兵器但种类不及一等墓多。

从空间分布来看（彩版三，1），相同等次的墓葬不集中，不同等次的墓葬在排列上也没有明显规律。仅能看出，相较于二等墓，一等墓的空间分布主要在东南区域。

---

① M94和M502的叠层情况不明。

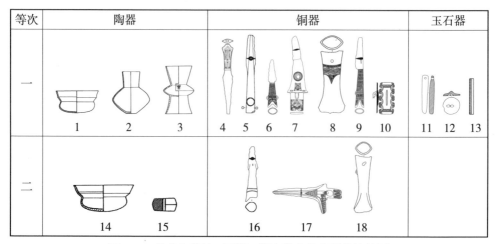

图4.15　羊甫头墓地C区第一期各等次墓葬器物比较图

1、14.陶釜（M9：2-1、M522：？） 2.陶罐（M6：9） 3.陶尊（M6：8） 4.铜剑（M9：5-1） 5、6、16.铜矛（M9：9-1、M6：5、M75：？） 7、17.铜戈（M72：13、M75：？） 8、18.铜斧（M9：10、M75：？） 9.铜削（M72：5） 10.铜扣饰（M9：5-2） 11.石坠（M72：7） 12.玛瑙扣（M72：12） 13.玉管（M9：9-2） 15.陶纺轮（M522：？）

（2）第二期

墓葬面积多集中在1~3平方米，有3座墓葬的面积在3~4平方米，但出现1座面积6平方米左右的墓葬。墓葬类型以平底墓为主，其次是"腰坑"墓，"二层台"墓和"二层台腰坑"墓只占少数。葬具应为单棺，但只有3座墓葬发现棺痕。有2座墓葬具有叠葬现象，其中M20第二层属于本期[①]。随葬品数量方面，有3座墓葬的葬品数量超过了10件，小于10件的墓葬有12座。随葬品种类仍以陶器和铜器为主，个别墓葬有石器、玉器和玛瑙器。

综合考虑墓葬规模、随葬品数量及种类差异可将本期墓葬分为三等（图4.16）：

一等，仅1座，随葬品数量有16件，面积为6.3平方米，墓葬类型是平底墓，葬具为单棺，随葬器物以陶器为主且数量最多，其中几种器物如陶盒、铜镯和玉玦不见于其他墓葬。

二等，5座，随葬品数量在7~14件，面积为2.4~3.8平方米，墓葬类型有平底墓、"腰坑"墓、"二层台"墓及"二层台腰坑"墓，各类数量较均等，有2座墓葬的葬具可能是单棺，随葬器物以铜器和陶器为主，铜器主要是剑、矛、戈、斧组合的兵器，

---

① M501的叠层情况不明。

少量工具为锛、削和爪镰，装饰品为扣饰，少数墓葬还有玛瑙饰品。

三等，6座，随葬品数量在2~6件，面积集中在1~2平方米的范围，墓葬类型多见平底墓，少数为"腰坑"墓，葬具情况不明，随葬品种类以陶器和铜器为主，但数量和种类均不及二等墓，陶器主要是釜、罐组合，亦有较多纺轮，铜器以工具为主，多为爪镰，极个别还有玛瑙珠。

从空间位置来看（彩版三，2），一等墓分布在墓区西部，与周围墓葬具有一定距离，空间相对独立；二等墓由西南至东北向依次排列在一等墓东南侧；三等墓也呈西南—东北向依次排列在一等墓前后。

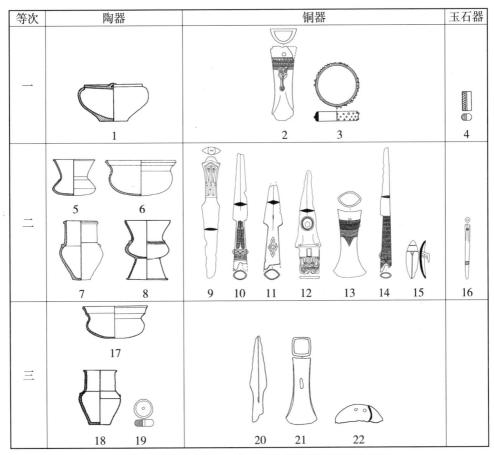

图4.16　羊甫头墓地C区第二期各等次墓葬器物比较图

1.陶盒（M401：13-1）5、6、17.陶釜（M64：4、M90：13、M182：？）7、18.陶罐（M64：3、M182：？）8.陶尊（M64：6）19.陶纺轮（M182：？）9.铜剑（M90：12）10、11、20.铜矛（M90：9、M178：3-1、M73：？）2、13、21.铜斧（M401：14、M90：6、M73：？）3.铜镯（M401：9）12.铜戈（M90：51）14.铜削（M90：11）15.铜扣饰（M90：2）22.铜爪镰（M346：？）16.石坠（M158：4）4.玛瑙珠、管（M401：2）

（3）第三期

墓葬面积在1~3平方米的墓葬数量最多，约占80%，3~5平方米的墓葬占比接近20%，有1座墓葬的面积低于1平方米。墓葬类型以"腰坑"墓和平底墓为主，前者所占比例略高于后者。仅发现8座墓葬有棺木痕迹，应为单棺。有11座墓葬为叠葬[①]；随葬品数量方面，随葬器物超过30件的墓葬有2座，20~30件之间的有2座，10~18件的有11座，小于10件的有31座。随葬品种类以陶器和铜器为主，其次是石器以及玉、玛瑙和绿松石器，少数墓葬有铜铁合制器和铁器。

根据墓葬规模、随葬品数量并考虑其他特征情况，可将墓葬分为以下四等（图4.17）：

一等，2座，随葬品数量约31~35件，墓葬面积在3.6~3.8平方米之间，有1座墓葬的类型为"腰坑"墓，1座为"二层台腰坑"墓，均发现有棺木或棺痕，其中1件髹漆；2座墓葬都是叠葬，属于第三期的均为墓葬最底层。随葬品种类以铜兵器为主且数量较多，兵器以剑、矛、戈、斧为组合，还有镞和护甲，有少量锛、凿一类的工具，装饰品有扣饰和头饰，陶器数量次于铜器，组合为釜和尊，有石坠、玉玦及玛瑙饰品，还有铜骹铁矛等铜铁合制器。

二等，2座，随葬品数量约24~26件，墓葬面积在2.1~3平方米之间，墓葬类型均为"腰坑"墓，葬具不明，其中1座是叠葬。随葬品种类以铜、铜铁合制及铁制兵器为主，器类组合与一等墓相同，但数量不及后者，还有铜锛、凿一类的工具，装饰品有铜扣饰，陶器数量不多，器类见釜和尊，此外少量玉玦饰品。

三等，9座，随葬品数量在11~18件，墓葬面积集中于1.7~3平方米，墓葬类型多为平底墓（4座）和"腰坑"墓（4座），"二层台"墓较少（1座），只有1座墓葬内发现棺痕，应为单棺，随葬品种类以铜兵器为主，但数量及种类比二等墓更少，工具多见爪镰，并有少量锛、凿和削，装饰品有扣饰，陶器除容器外还有较多纺轮，器物组合以釜和罐为主，部分为釜、罐、尊，少数只有釜或罐，大部分墓葬有石坠及玉、玛瑙和绿松石饰品，少数墓葬有铜铁合制和铁制兵器。

[①]　M12、M76、M109和M452的叠层情况不明。

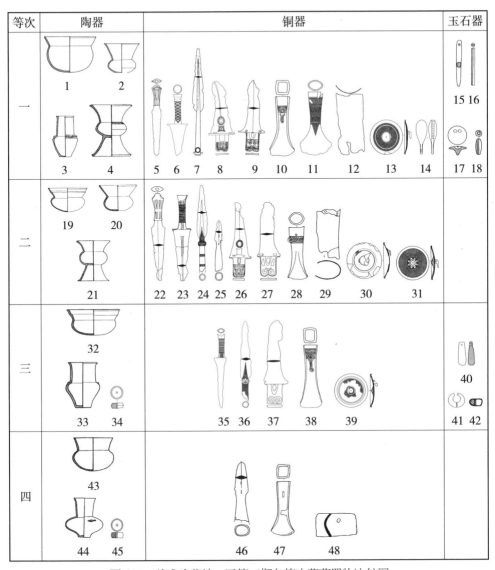

图4.17　羊甫头墓地C区第三期各等次墓葬器物比较图

1、2、19、20、32、43.陶釜（M170：35、M170：26、M328：21、M328：22、M187：18、M344：？）
3、33、44.陶罐（M340：35、M187：21、M344：？）　4、21.陶尊（M170：4、M328：25）　34、45.陶纺
轮（M520：4、M344：？）　5、6、22、23、35.铜剑（M170：22、M340：23-2、M345：20、M345：32、
M187：14）　7、24、25、36、46.铜矛（M340：20、M345：25、M345：24、M187：11、M347：？）　8、9、
26、27、37.铜戈（M170：36、M340：11、M345：27、M345：21、M187：13）　10、11、28、38、47.铜
斧（M340：6、M170：16、M345：29、M187：12、M347：？）　12、29.铜臂甲（M170：29、M328：16）
13、30、31、39.铜扣饰（M340：26、M345：9、M328：10、M187：15）　14.铜头饰（M170：21）　48.铜
爪镰（M344：？）　15、40.石坠（M170：28、M187：22）　16.玉管（M170：13）　17.玛瑙扣（M170：23）
18.绿松石珠（M170：5）　41.玉玦（M520：2）　42.玛瑙珠（M520：10）

四等，29座，随葬品数量为1~8件，面积集中在0.9~2.8平方米，墓葬类型多为平底墓（13座），其次是"腰坑"墓（10座），"二层台"墓（4座）和"二层台腰坑墓"（1座）较少，只有4座墓葬内发现棺痕，可能为单棺。随葬品种类以陶器和铜器为主，陶器有容器和纺轮，组合多为釜和罐，部分只有釜或罐，铜器有兵器和工具，其中兵器不成套且数量很少，工具多见爪镰和削，极少数墓葬有石坠和玛瑙饰品，铜骹铁矛、铜茎铁剑亦较少。

本期部分墓葬有成群对应关系，通过等次划分进一步考察墓群内和不同墓群之间的分化状况，各墓群墓葬的等次以表格形式统计如下（表4.9）：

表内六个墓群的等次差异情况分为两种，第一种是等次差距不大，如①、②、⑤和⑥组；第二种是等次差距较大，如③组。这意味着同一墓群内分化程度不同；

表4.9　羊甫头墓地C区第三期各墓群墓葬等次统计表

墓群	墓葬	等次
①	M170②	一
	M345②	二
②	M347	四
	M342②	三
	M342①	四
③	M350	四
	M340③	一
	M340②	四
	M340①	四
⑤	M92	四
	M63	三
⑥	M78	四
	M1③	三
	M1②	四
	M1①	四

不同墓群之间也具有一定的等级差异，①组显然要高于其他墓群。

从空间位置上看（彩版四，1），第一等次的墓葬或墓群均分布在墓区中部，第二等次的墓葬多数排列在一等墓的周围，第三、四等次的墓葬又靠近第二等次的墓葬排列，四等墓多分布在外围或接近墓区边缘。

（4）第四期

墓葬面积仍主要集中在1~3平方米之间，3~5平方米的墓葬数量较前期有所增加，本期最大的变化是出现了1座面积约9平方米的墓葬。墓葬类型的占比发生更明显的变化，"腰坑"墓的比例远高于平底墓，不见"二层台"墓，但"二层台平底墓"有少量增加。有11座墓葬发现棺痕，可能均为单棺。有2座墓葬属于前期墓葬中的叠层①。随葬品数量在40~46件的墓葬有2座，有20~29件随葬品的墓葬有4座，有21座墓葬的葬品在10~19件，小于10件的墓葬有40座。随葬品种类以陶器和铜器为主，其次是铜铁合制器和铁器，再次是石器及玉、玛瑙和绿松石器。

综合考察墓葬规模、随葬品数量及种类等各项特征，可将墓葬分为以下四等（图4.18）：

一等，1座，墓葬面积约9平方米，随葬品数量约22件，以陶器为主，陶容器数量最多，组合为釜、罐和尊，铜器类别主要是锄、锸等农具，不见于其他墓葬，玉、玛瑙和绿松石器较多，有玉玦、玛瑙和绿松石珠等。墓葬类型为"二层台腰坑"墓，有漆木棺底。

二等，2座，墓葬面积在1.8~2.2平方米，随葬品数量在40~46件，墓葬类型均为"腰坑"墓，仅1座墓葬发现葬具为单棺。随葬品种类以铜兵器为主且数量较多，组合为矛、剑、戈、斧，还有少量钺，以及凿、削、卷刃器一类的工具和马具，装饰品均为扣饰，铜铁合制器和铁器的数量次于铜器，多为矛、剑等兵器，陶器有容器和纺轮，器物组合为釜、尊或釜、罐，此外均有石坠以及玉玦、玛瑙扣和绿松石珠等饰品。

三等，22座，墓葬面积在1~3平方米，随葬品数量在10~29件；墓葬类型以"腰坑"墓居多（17座），平底墓较少（4座），仅1座为"二层台腰坑"墓；有2座墓葬见棺痕；随葬品种类以铜兵器为主，数量比前期较少，常见矛、剑、戈、斧组合，

---

① M67、M343亦属叠葬，但叠层情况不明。

工具多为锛、凿，铜铁合制器和铁器的数量也较多，器类多为矛、剑等兵器，也有凿、削和刀等工具，装饰品多为扣饰，极少数有头饰和带钩，陶器多有容器和纺轮，器类以釜为主，极个别墓葬还有尊、钵，大部分墓葬有石坠，但有玉、玛瑙和绿松石饰品的不多。

四等，42座，墓葬面积在1~3平方米，但随葬品数量在2~9件，墓葬类型以"腰坑"墓为主（29座），其次是平底墓（11座），"二层台腰坑"墓较少（2座），有7座墓葬内发现棺痕，有2座为出现于前期墓葬中的叠层，均非最底层。随葬品种类以陶器和铜器为主，陶器多有容器和纺轮，器物组合有釜和罐、釜和钵等，但并不多，大部分只见一类器物，如釜、罐或钵，铜器多为兵器，矛、剑、戈和斧的组合极少，多是矛、剑，矛、剑和斧，以及只有单件的情况，工具以爪镰为主，削和凿较少，装饰品也较少，部分墓葬仍有少量铜铁合制器、铁器，有玉石器的墓葬极少。

接下来将本期有成群对应关系的墓葬等次统计如下（表4.10）。

墓群内的等次差异情况分为三种，第一种是等次相同，如②、⑤~⑧、⑨、⑩、

表4.10　羊甫头墓地C区第四期各墓群墓葬等次统计表

墓群	墓葬	等次	墓群	墓葬	等次
①	M494	三	⑧	M37	四
	M491	四		M38	四
②	M183	四	⑨	M137	三
	M172	四		M131	三
③	M164	三	⑩	M447	四
	M179	三		M448	四
④	M157	二	⑪	M451	三
	M173	三		M450	四
	M159	四	⑫	M129	三
⑤	M403	四		M449	四
	M405	四	⑬	M43	四
⑥	M337	四		M79	四
	M345①	四	⑭	M443	三
	M406	四		M126	四
⑦	M506	四	⑭	M441	四
	M511	四		M442	四
	M498	四			

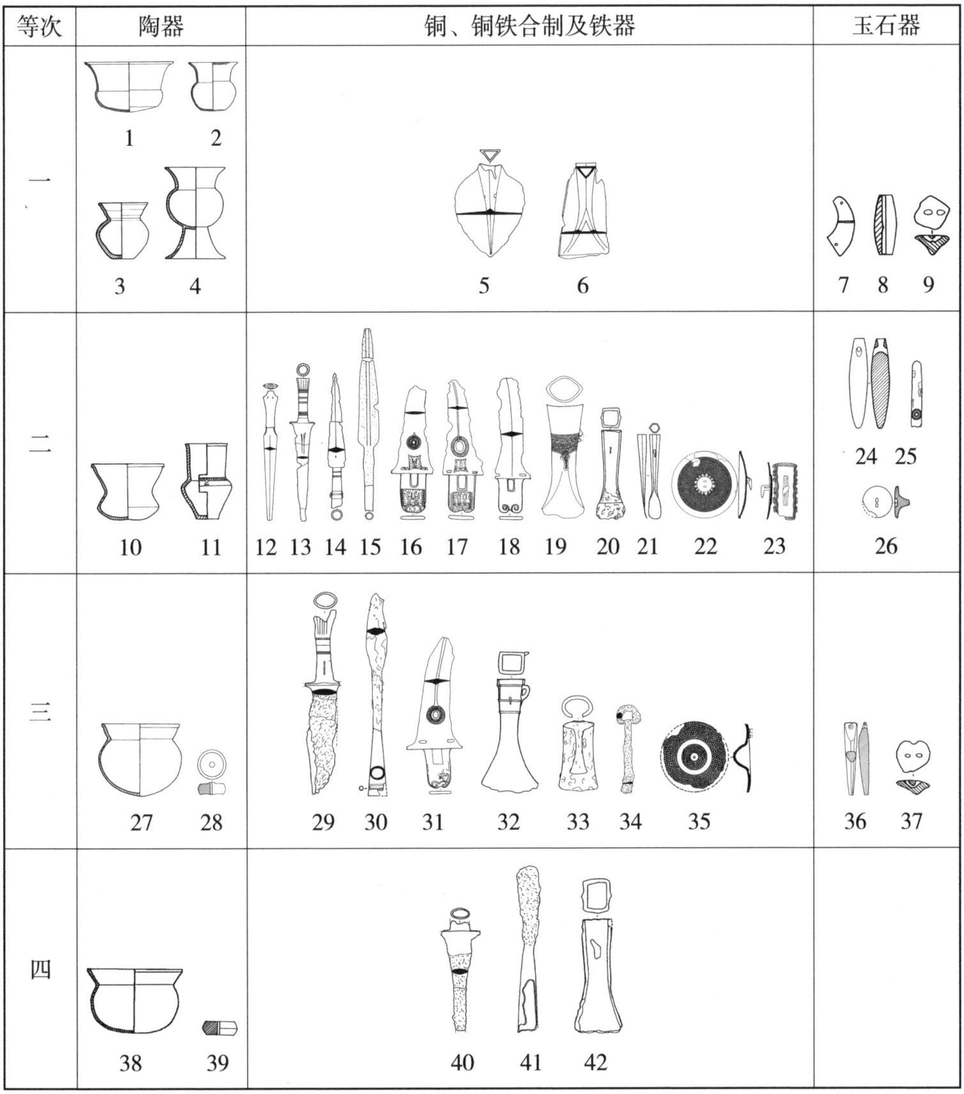

等次	陶器	铜、铜铁合制及铁器		玉石器
一	1　2 3　4	5　6		7　8　9
二	10　11	12 13 14 15 16 17 18 19 20 21 22 23		24 25 26
三	27　28	29 30 31 32 33 34 35		36 37
四	38　39	40 41 42		

图4.18　羊甫头墓地C区第四期各等次墓葬器物比较图

1、2、10、27、38.陶釜（M326∶18、M326∶17、M197∶29、M185∶17、M406∶？） 3、11.陶罐（M326∶11、M197∶35） 4.陶尊（M326∶10） 28、39.陶纺轮（M131∶2、M446∶？） 5.铜锄（M326∶8）6.铜锸（M326∶9） 12、13.铜剑（M197∶28、M197∶26） 14.铜矛（M197∶16-1） 15、30、41.铜骹铁矛（M197∶5、M185∶9、M446∶？） 16~18、31.铜戈（M197∶17-2、M197∶17-3、M197∶21、M185∶8） 19、32、42.铜斧（M197∶7、M185∶4、M406∶？） 20.铜銎铁刃凿（M197∶2） 21.铜卷刃器（M197∶9） 22、23、35.铜扣饰（M197∶27-5、M197∶27-2、M185∶14） 29、40.铜柄铁剑（M185∶12、M406∶？） 33.铁斧（M185∶1） 34.环首铁刀（M185∶13） 7.玉玦（M326∶20） 8.玛瑙珠（M326∶2-1） 9、37.绿松石扣（M326∶3-2、M131∶1） 24、36.石坠（M197∶12、M185∶11） 25.玉管（M197∶24）26.玛瑙扣（M197∶36）

⑬和⑮组，墓葬均为三或四等；第二种是等次差距不大，如①、⑪、⑫和⑭组，墓葬分别为二、三，或三、四等；第三种是等次差距较大，如④组，墓葬分别为二、三和四等。这说明同一墓群内可能存在无分化和有分化的情况，且分化程度不同；不同墓群之间的等级差异不是特别突出，但均为四等的墓群等级应该较低。

观察不同等次墓葬的空间位置关系可以看到（彩版四，2），一等墓分布在墓区中部偏西；二等墓成排分布在一等墓之后，即东北方向；三和四等墓交错排列在一、二等墓周围。

综上分析，在第一期时，C区内部墓葬之间已有分化，表现为两个等次，但在空间上尚未有明显分布规律。第二期分化程度进一步加深，通过墓葬规模、随葬品数量及种类差异分化出新的等次，从空间分布可以看出一等墓的埋葬空间相对独立，位于墓区西南部，二、三等墓排列在一等墓周围及其东北部。到了第三期，墓葬、墓群内和各墓群之间都有明显分化，分化内容表现在随葬品数量及种类上，空间分布规律仍然是低等次墓葬围绕在高等次墓葬周围，不过有变化的是一等墓大多集中在墓区中部。第四期时，分化继续加深，通过墓葬规模和随葬品种类分化出了更高一个等次，此时空间分布的趋势又与第二期相似，一等墓相对独立地埋葬在墓区西南部，低等次墓葬分布在一等墓周围，由西南至东北方向，墓葬等次逐渐降低。

4.D区

（1）第一期

本期墓葬仅有1座，墓葬面积2.4平方米，墓葬类型是"腰坑"墓，葬具不明，随葬品数量为12件，种类以铜兵器为主，器类有矛、剑、戈、斧、啄，并有削和爪镰等工具，陶器较少，见尊和纺轮。

（2）第二期

墓葬面积多集中在1.6~3平方米，仅个别超过3平方米，墓葬类型多为"腰坑"墓（5座），其次是平底墓（3座），未见明显葬具痕迹，有1座墓葬有叠葬现象。随葬品数量在4~14件；随葬品种类以铜器为主，其次是陶器，少数有玉器和玛瑙器。

根据随葬品数量及种类差异可将本期墓葬分为两等（图4.19）：

一等，3座，随葬品数量在10~14件，墓葬类型有"腰坑"墓和平底墓。随葬品种类以铜器为主，常见矛、剑、戈和斧为组合的兵器，个别有镞，还有削等工具，陶器类别均为容器，均有釜，个别有罐，此外有的墓葬出玉玦。

二等，5座，随葬品数量在4~8件，墓葬类型有"腰坑"墓和平底墓，前者较多。随葬品种类多有铜器和陶器，铜器以兵器为主，但器类和数量不及一等墓，陶器多为容器，器类以釜、罐为主，个别有尊和纺轮，极少数有玛瑙饰品。

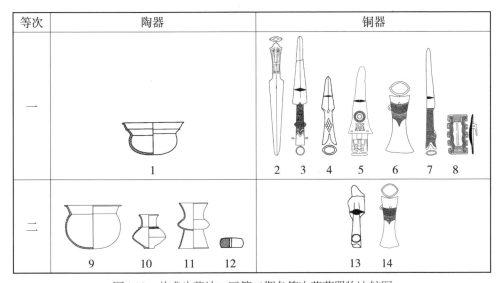

图4.19　羊甫头墓地D区第二期各等次墓葬器物比较图

1、9.陶釜（M759：？、M827：？）10.陶罐（M827：？）11.陶尊（M827：？）12.陶纺轮（M827：？）2.铜剑（M759：？）3、4、13.铜矛（M759：？、M759：？、M835：？）5.铜戈（M838：？）6、14.铜斧（M838：？、M835：？）7.铜削（M759：？）8.铜扣饰（M759：？）

从空间位置上看（彩版五，1），这两个等次的墓葬大多分布在墓区北部，彼此交错排列，无明显规律。

（3）第三期

墓葬面积主要集中在1~2.9平方米，超过3平方米但不足4平方米的有4座。墓葬类型方面，平底墓（15座）和"腰坑"墓（14座）几乎各占一半，"二层台"墓（1座）和"二层台腰坑"墓（1座）极少。葬具不明。有1座墓葬属于叠葬。随葬品数量在10~18件的墓葬有8座，少于10件的墓葬有22座。随葬品种类以陶器和铜器为主，部分有石器及玉、玛瑙和绿松石器，铜铁合制器较少。

综合考虑随葬品数量、种类及墓葬规模等特征差异，可将本期墓葬分为两等

（图4.20）：

一等，18座，随葬品数量在7~18件的墓葬，面积为1.6~3.9平方米，墓葬类型有"腰坑"墓和平底墓，前者略多一些，也有少量"二层台腰坑"墓。随葬品种类以铜兵器为主，常见矛、剑、戈和斧组合，少数有镞，工具以削居多，也有锛、凿和爪镰，装饰品为扣饰，陶器多数是釜、罐组合的容器，少数为釜、罐和尊，有一定数量的纺轮，部分墓葬还有石坠，以及矛、剑一类的铜铁合制器，少数墓葬有玉玦、绿松石等饰品。

二等，13座，随葬品数量在2~6件，面积集中于1.2~2.6平方米，墓葬类型多数是平底墓和"腰坑"墓，前者较多，还有少量的"二层台"墓。随葬品种类以陶器和铜器为主，陶器类别有容器和纺轮，容器多见釜、罐组合，个别有尊，纺轮较多；铜器以爪镰为主，兵器极少，个别墓葬出铁爪镰、石纺轮。

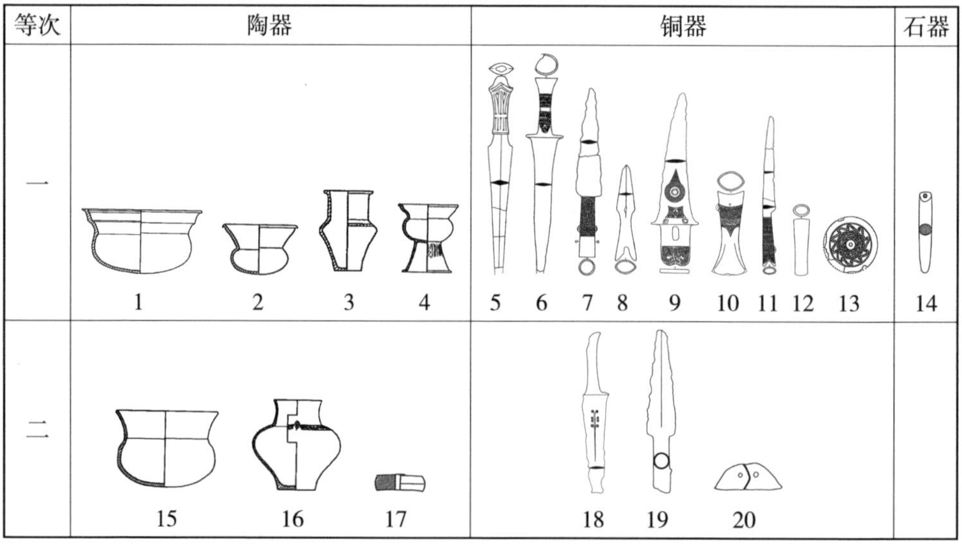

等次	陶器				铜器									石器
一	1	2	3	4	5	6	7	8	9	10	11	12	13	14
二	15	16	17				18	19	20					

图4.20　羊甫头墓地D区第三期各等次墓葬器物比较图

1、2、15.陶釜（M782：？、M782：？、M834：？）　3、16.陶罐（M782：？、M834：？）　4.陶尊（M782：？）　17.陶纺轮（M834：？）　5、6、18.铜剑（M836：？、M836：？、M740：7）　7、8、19.铜矛（M836：？、M836：？、M740：8）　9.铜戈（M804：？）　10.铜斧（M836：？）　11.铜削（M804：？）　12.铜凿（M804：？）　13.铜扣饰（M804：？）　20.铜爪镰（M834：？）　14.石坠（M798：？）

本期部分墓葬可能具有成群对应关系，如M790和M814，M798和M737。从它们的墓葬等次情况来看，等次均相同，说明本期同一墓群内分化不明显。

观察两个等次墓葬在墓区的分布情况（彩版五，2），发现1座面积最大的一等墓单独埋葬于墓区最西端，可能表明该墓在所有墓葬中地位特殊，其余一等墓均与二等墓并列或交错埋葬在该墓的东北区域。

（4）第四期

墓葬面积集中于1.4~2.7平方米，个别有3.6平方米。墓葬类型有"腰坑"墓（6座）和平底墓（4座）。有1座墓葬发现棺痕，可能是单棺。1座墓葬为叠葬。随葬品数量在3~14件，随葬品种类以陶器和铜器为主，部分墓葬还有铜铁合制器、铁器、石器及玉、玛瑙和绿松石器。

同样，根据随葬品数量、种类及墓葬规模差异情况本期墓葬仍可分为两等（图4.21）：

一等，5座，随葬品数量约8~14件，面积在2.7~3.6平方米，墓葬类型有"腰坑"墓（3座）和平底墓（2座）。随葬品种类以铜兵器为主，器类有矛、戈、斧和镞，铜铁合制器也多见矛、剑等兵器，陶器有釜和罐，也有钵和纺轮，还有少量石坠，玉及玛瑙、绿松石饰品。

二等，5座，随葬品数量在3~5件，面积集中于1.4~2.2平方米，墓葬类型有"腰坑"墓（3座）和平底墓（2座），个别墓葬有葬具。随葬品种类以陶器和铜器为主

等次	陶器		铜器及铜铁合制器		玉石器	
一	1　　2　3　4		5　6　7　8　9　10		11　12	
二	13　　14		15			

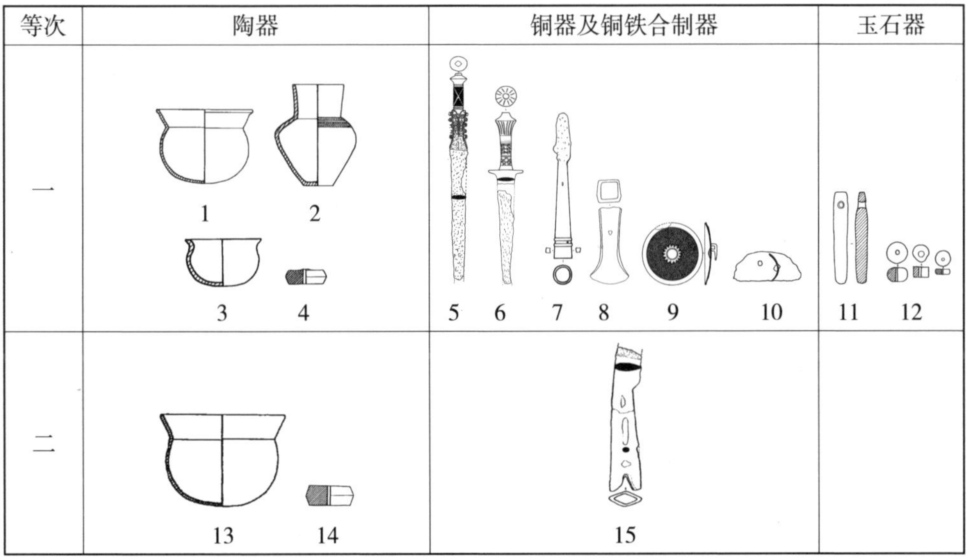

图4.21　羊甫头墓地D区第四期各等次墓葬器物比较图

1、13.陶釜（M809：？、M837：？）2.陶罐（M818：12）3.陶钵（M818：8-1）4、14.陶纺轮（M524：？、M837：？）5、6.铜柄铁剑（M524：？、M818：4）7.铜骹铁矛（M818：1）8.铜斧（M818：13）9.铜扣饰（M818：9）10.铜爪镰（M524：？）15.铜削（M837：？）11.石坠（M818：5）12.玛瑙珠（M818：3）

（图4.34），陶器中容器多为釜和罐，还有少量纺轮，铜器常见锛、削、爪镰等工具。

观察各等次墓葬的空间位置（彩版五，3），一等墓均分布在墓区西北部，其中1座面积最大的单独埋葬在西偏南端，距离其他墓葬都较远，其余墓葬则依次排列在其东北方向。二等墓部分排列在一等墓之后或旁侧，部分依次分布在墓区东南部。

总的来看，在D区，第一期虽然墓葬数量较少，但墓葬的等次不低，表明此时墓葬之间可能已经有了分化。第二至四期，墓葬在规模、随葬品数量和种类上有差异，但分化程度不高，可分为两个等次，并且这种分化状况相对稳定。不同等次的墓葬在空间上成排成列交错分布，分化不是很突出，但可能从第三期开始有些变化，大体是一等墓主要分布在墓区西部。

5.E区

（1）第一期

墓葬面积集中在1~3.4平方米之间，有1座墓葬在4平方米左右。墓葬类型多见平底墓（6座）和"腰坑"墓（5座），"二层台"墓（1座）和"二层台腰坑"墓（2座）较少。有3座墓葬发现棺痕，可能均为单棺。随葬品数量上，有4座墓葬的葬品数量为12~17件，其余10座墓葬的随葬品数量不足10件。随葬品种类以陶器和铜器为主，个别墓葬有石器、玉器和玛瑙器。

根据随葬品数量及种类特征差异情况，本期墓葬可以分为两等（图4.22）：

一等，8座，随葬品数量在7~17件，墓葬类型有"腰坑"墓（3座）、平底墓（2座）、"二层台腰坑"墓（2座）和"二层台"墓（1座），仅1座墓葬发现棺痕。随葬品种类以陶器或铜器为主，陶器有容器和纺轮，器物组合主要是釜、罐、尊，铜器多见矛、剑、戈、斧为组合的兵器，少数有削和爪镰等工具，此外个别墓葬有石器。

二等，6座，随葬品数量在1~4件，墓葬类型以平底墓（4座）居多，"腰坑"墓（2座）略少，其中有2座墓葬发现棺痕。随葬品种类以陶器为主，数量较前一类墓葬要少，陶器有容器和纺轮，器物组合多为有釜和罐，个别有尊，铜器以爪镰等工具为主，少数墓葬出玛瑙饰品。

本期具有成群对应关系的墓葬形成了两个墓群，即M545和M620组，其墓葬等次分别为一和二等，这表明同一墓群内部已有分化，但不同墓群之间的分化状况基本相同。

从空间上看两个等次墓葬的分布情况（彩版六，1），第一和第二等次的墓葬均交错排列在同一排或同一列，尚无明显分布规律。

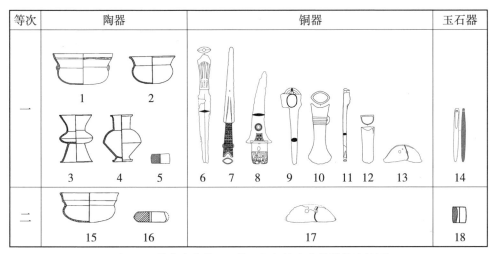

图4.22　羊甫头墓地E区第一期各等次墓葬器物比较图

1、2、15.陶釜（M545：? 、M545：? 、M620：? ）　3.陶尊（M545：? ）　4.陶罐（M545：? ）
5、16.陶纺轮（M545：? 、M620：? ）　6.铜剑（M774：? ）　7.铜矛（M579：? ）　8.铜戈（M579：? ）
9.铜啄（M593：? ）　10.铜斧（M579：? ）　11.铜削（M579：? ）　12.铜锛（M545：? ）　13、17.铜爪镰
（M615：? 、M620：? ）　14.石坠（M579：? ）　18.玛瑙珠（M620：? ）

（2）第二期

以墓葬面积为1~3平方米的墓葬居多，其次是3~5平方米的，有2座墓葬面积超过了5平方米，分别为5.7和9.3平方米。墓葬类型以平底墓（10座）和"腰坑"墓为主（10座），还有少量"二层台"墓（3座）。有8座墓葬发现棺木痕迹，可能均为单棺。有1座墓葬是叠葬。随葬品数量超过20件的墓葬有1座，10~20件的有6座，少于10件的有16座。随葬品种类以陶器和铜器为主，其次是玉、玛瑙和绿松石器，石器较少，个别墓葬出现了铁器。

根据墓葬规模、随葬品数量及种类等特征差异情况，本期墓葬可以分为以下四等（图4.23）：

一等，1座，墓葬面积在9平方米以上，墓葬类型为"二层台"墓，有棺痕，可能是单棺，随葬品以陶器为主，多达10件，器物组合为釜、罐、尊[①]。

----

① 该墓器物大多未修复。

二等，1座，墓葬面积接近6平方米，墓葬类型为平底墓，有棺痕，葬具可能是单棺，随葬品数量有29件，种类以陶器和铜器为主，数量在所有墓葬中最多，陶器组合为釜、罐，铜器类别以矛、剑、戈和斧为组合的兵器为主，还有镞和甲等，工具见有削。

三等，7座，墓葬面积集中在2.5~4.4平方米，随葬品数量约9~16件，墓葬类型方面，平底墓（4座）较多，"腰坑"墓（2座）和"二层台"墓（1座）较少，部分墓葬有葬具，可能是单棺。随葬品种类以陶器和铜器为主，陶器有容器和纺轮，器物组合多为釜、罐，有的还有尊，铜器多为矛、剑、戈和斧为组合的兵器，数量较二等墓要少，部分墓葬有镞和甲，还有削和爪镰一类的工具，此外大部分墓葬有石坠，玉器很少，见玉玦。

四等，14座，墓葬面积多数在1.6~2.5平方米，随葬品数量约3~7件，部分墓葬超过16件，但主要是因为玉、玛瑙和绿松石器中珠、扣一类的数量较多。墓葬类型方面，"腰坑"较多（8座），平底墓较少（5座），还有1座为"二层台"墓，其中3座墓葬有葬具。随葬品种类以陶器为主，陶器有容器和纺轮，器物组合常见釜和罐，部分只有釜，铜器较少，大多数墓葬都有爪镰，有的见矛、剑等兵器，此外有部分墓葬出较多的玉、玛瑙和绿松石器，多为玉玦、玛瑙珠或扣，个别墓葬出石坠。

接下来将本期各墓群的墓葬等次统计如下（表4.11）：

表4.11　羊甫头墓地E区第二期各墓群墓葬等次统计表

墓群	墓葬	等次
①	M559	三
①	M547	三
②	M768	四
②	M747	四
③	M554①	三
③	M554②	四
③	M530	四
④	M655	三
④	M657	四
⑤	M703	四
⑤	M699	四
⑤	M689	四

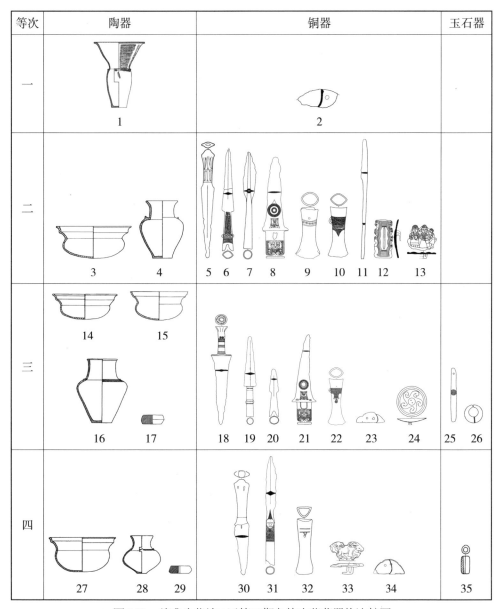

图4.23　羊甫头墓地E区第二期各等次墓葬器物比较图

1、4、16、28.陶罐（M571∶2、M578∶4、M608∶?、M657∶?）　3、14、15、27.陶釜（M578∶21、M608∶?、M608∶?、M657∶?）　17、29.陶纺轮（M608∶?、M657∶?）　5、18、30.铜剑（M578∶16、M547∶6、M746∶3）　6、7、19、20、31.铜矛（M578∶12、M578∶13、M547∶5、M547∶4、M746∶1）8、21.铜戈（M578∶3、M547∶3）　9、10、22、32.铜斧（M578∶6、M692∶?、M547∶2、M746∶2）11.铜削（M578∶5）　12、13、24、33.铜扣饰（M578∶15-1、M578∶15-2、M547∶8、M746∶4）2、23、34.铜爪镰（M571∶1、M608∶?、M657∶?）25.石坠（M547∶10）　26.玉玦（M608∶?）　35.绿松石珠（M746∶5）

可以看出墓葬等次情况分为两种，一种是同一墓群内墓葬等次相同，如①组均为三等墓，②和⑤组均为四等墓；另一种是同一墓群内墓葬等次不同，如③和④组，墓葬等次分别为三、四等。这说明同一墓群内的墓葬有未分化和分化的情况，有分化的墓群分化等次大致相同，不同墓群之间也表现出分化差异。

不同等次的墓葬或墓群在空间上的分布情况是（彩版六，2），一等墓单独埋葬在墓区西北角，距离其他墓葬较远；二等墓分布在墓区中部偏北，位于一等墓的东南方向；三等墓多数依次排列在二等墓西北侧和东南侧，个别分布在墓区南部；四等墓有部分排列在二等墓和三等墓之后，即后者的东北侧，还有少数分布在墓区东北部接近边缘的区域。

（3）第三期

以墓葬面积为1~3平方米的墓葬为主，占比达88%，3~5平方米的墓葬较少，约占12%，有1座墓葬面积达7.2平方米。墓葬类型以平底墓（33座）为主，其次是"腰坑"墓（26座），还有少量"二层台"墓（4座）和"二层台腰坑"墓（3座），有10座墓葬发现棺或椁木痕迹，其中8座可能为单棺，1座明确为一椁一棺，还有1座墓葬因墓坑四角向外凸，报告推测可能有椁。随葬品数量在30件以上的墓葬有2座，10~20件的墓葬有21座，数量不足10件的墓葬有43座。随葬品种类以陶器和铜器为主，其次是石器和玉、玛瑙和绿松石器，部分墓葬有铜铁合制器和铁器。

综合考虑墓葬规模、随葬品数量及种类等特征差异，将墓葬分为以下四等（图4.24）：

一等，1座，墓葬面积约7.2平方米，随葬品数量约13件，墓葬类型为平底墓，葬具为一椁一棺。随葬品以陶器为主，有容器和纺轮，其中容器较多，有釜、罐等，罐为泥质褐陶，铜器见斧、爪镰、锸一类的农具以及镯等装饰品，并有玛瑙珠。

二等，4座，墓葬面积集中在5.2~5.6平方米，随葬品数量约10~30件，墓葬类型有"腰坑"墓（2座）、平底墓（1座）、"二层台"墓（1座），其中3座墓葬发现棺木痕迹，1座可能有椁。随葬品种类以陶器或铜器为主，陶器数量较多，多的有8~10件，以釜、罐、尊为组合，个别有瓮和纺轮，铜器类别中兵器数量较多，以矛、剑、戈和斧为组合，部分有锸、锛、凿、削等工具，以及石坠、玉玦和玛瑙珠等饰品。

三等，21座，墓葬面积集中于1.6~2.8平方米，随葬品数量在9~20件，墓葬类型以

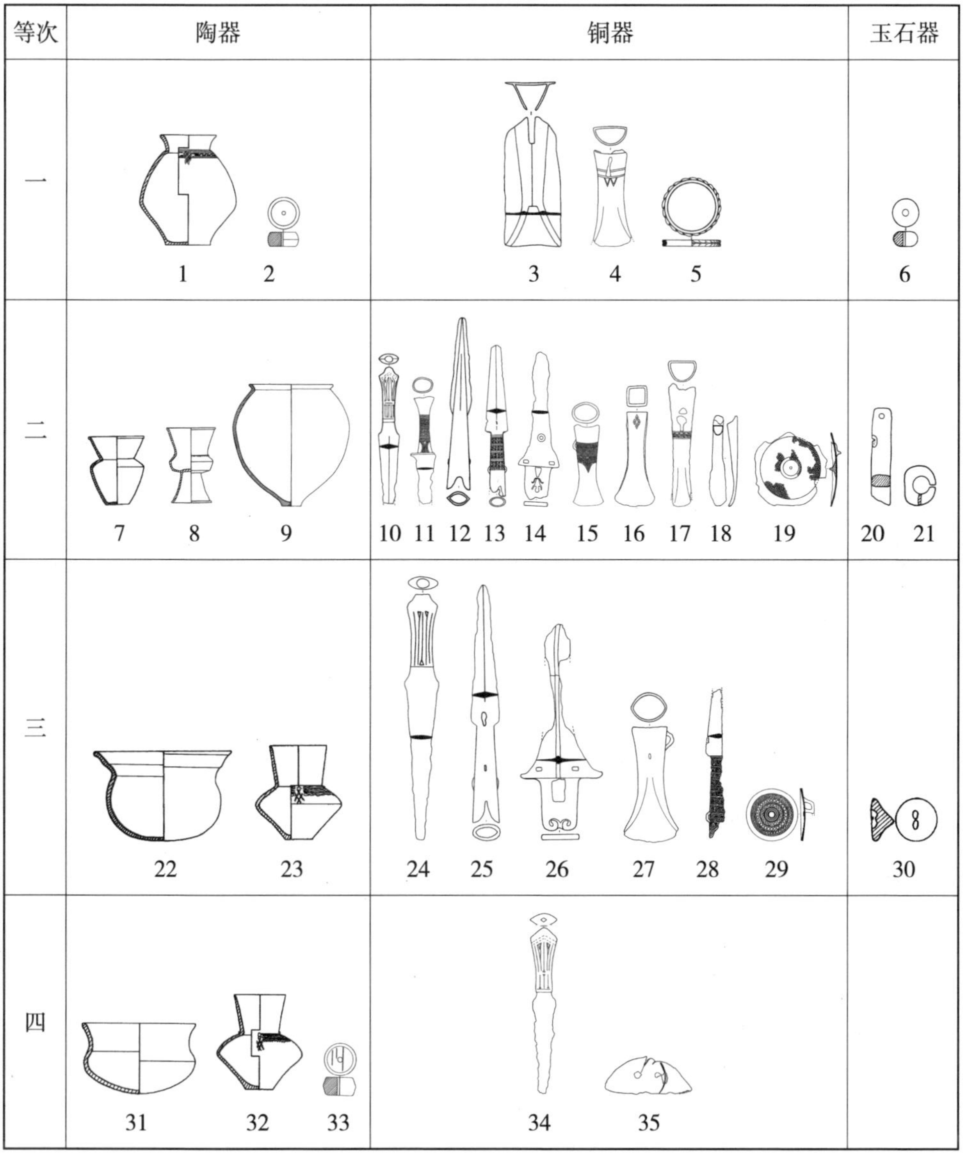

等次	陶器		铜器												玉石器	
一	1	2	3	4	5										6	
二	7	8	9	10	11	12	13	14	15	16	17	18	19		20	21
三	22	23	24	25	26	27	28	29							30	
四	31	32	33	34	35											

图4.24　羊甫头墓地E区第三期各等次墓葬器物比较图

1、7、23、32.陶罐（M589：11、M623：？、M664：？、M671：？）　2、33.陶纺轮（M589：3、M642：？）　8.陶尊（M623：？）　9.陶瓮（M580：19）　22、31.陶釜（M644：12、M671：？）3.铜锸（M589：10）　4、15、16、27.铜斧（M589：13、M580：23、M582：21、M644：9）　5.铜镯（M589：9-2）　10、11、24、34.铜剑（M582：14、M582：1、M644：10、M565：？）　12、13、25.铜矛（M580：1、M582：13、M644：2）　14、26.铜戈（M580：13、M644：14）　17.铜凿（M582：26-2）18.铜卷刃器（M582：26-1）　19、29.铜扣饰（M582：11、M644：4）　28.铜削（M664：？）　35.铜爪镰（M557：？）6.玛瑙珠（M589：1）　20.石坠（M582：7）　21.玉玦（M580：24）　30.玛瑙扣（M664：？）

平底墓（11座）为主，其次是"腰坑"墓（7座），"二层台"墓（2座）较少，其中4座墓葬见棺木痕迹。随葬品种类以陶器和铜器为主，陶器有容器和纺轮，器物组合多见釜和罐，少数只有釜或罐，铜器常见矛、剑、戈、斧为组合的兵器，数量比二等墓较少，工具多见削，还有少量锛、凿和爪镰等，此外大部分墓葬有石器以及玉、玛瑙和绿松石器，多为石坠、玛瑙珠和扣等，少数墓葬见矛、剑一类的铜铁合制器以及铁爪镰。

四等，40座，墓葬面积集中在1~2.6平方米，随葬品数量在1~8件，墓葬类型以平底墓（20座）为主，其次是"腰坑"墓（17座），"二层台腰坑"墓（2座）和"二层台"墓（1座）较少，极少数墓葬见有棺木痕迹。随葬品种类以陶器为主，铜器次之，各类数量比三等墓更少，陶器有容器、纺轮和装饰品，器物组合以釜和罐为主，少数墓葬只有釜或罐，铜器多为兵器和工具，兵器不成套出现，只有矛、斧或剑等，工具多见爪镰，此外只有极少数墓葬有铜骹铁矛、铁爪镰、石坠及玛瑙珠等饰品。

继续讨论本期墓群内的等次关系，将各墓葬等次情况统计如下（表4.12）：

表4.12　羊甫头墓地E区第三期各墓群墓葬等次统计表

墓群	墓葬	等次	墓群	墓葬	等次
①	M668	三	⑦	M623	二
	M670	四		M569	三
②	M595	四		M622	三
	M577	四	⑧	M635	四
③	M523	三		M630	四
	M531	四	⑨	M767	四
④	M562	三		M770	四
	M583	四		M725	三
⑤	M621	三	⑩	M724	三
	M698	四		M730	四
⑥	M644	三			
	M642	四			

表内各墓群的墓葬等次情况大体可分为两种，第一种是同一墓群内墓葬等次相同，如③、⑨、⑩组均为四等；第二种是同一墓群内墓葬等次差距不大，如①、⑧组，墓葬等次分别为二、三等，②、④至⑦、⑪组，墓葬等次分别为三、四等。这些现象说明本期同一墓群内和不同墓群之间的分化有加深的趋势。

从空间位置上看（彩版六，3），一等墓位于墓区中部偏西的第一排墓列，其北、南和东侧均与其他墓葬有很大间隔；二等墓分散排列在一等墓之后的数排中；三等和部分四等墓集中于二等墓周围或紧随其后排列，接近墓区东北部边缘的墓排大多埋设四等墓。

（4）第四期

仍以墓葬面积为1~3平方米的墓葬为主，占比达63%，其次是3~5平方米的，约占27%，其中有1座面积最大的墓葬达9.8平方米，有2座墓葬小于1平方米。相较于前期，墓葬类型变为以"腰坑"墓（16座）为主，其次是平底墓（8座），还有少量"二层台"墓（2座）和"二层台腰坑"墓（4座）。有10座墓葬发现棺木痕迹，可能均为单棺。随葬品数量超过30、40件的墓葬各有1座，有4座墓葬的随葬品数量在20~30件，10~20件的有12座，数量不足10件的有12座。随葬品种类以陶器和铜器为主，其次是铜铁合制器和铁器，大部分墓葬还有石器，玉、玛瑙和绿松石器。

综合观察墓葬规模、随葬品数量及种类等特征差异，可将本期墓葬分为四等（图4.25）：

一等，1座，墓葬面积约9平方米，墓葬类型为"二层台腰坑"墓，有棺痕，可能是单棺。随葬品种类以陶器为主且数量多达13件，器物组合为釜、罐、尊和瓮，并有少量玉饰品。

二等，1座，墓葬面积约3.2平方米，但随葬品数量多达45件，墓葬类型分别为"腰坑"墓；发现有棺痕，可能是单棺。随葬品种类以铜器为主，其中兵器较多，器类除矛、剑、戈、斧、镞外，还有钺和啄，农具有锄、锸和爪镰，容器有釜，陶器数量也不少，但由于大多残破无法复原，只知有2件釜；此外还有石坠、玉玦和镯等。

三等，15座，随葬品数量在11~27件，墓葬面积集中在2~3.5平方米，墓葬类型以"腰坑"墓（8座）为主，平底墓（4座）、"二层台"墓（2座）和"二层台腰坑"墓（1座）较少，其中4座墓葬内发现棺痕，并有髹漆，可能均为单棺。随葬品种类以铜器和陶器为主，其次是玉、玛瑙和绿松石器，多数墓葬有铜铁合制器、铁器和石器，陶器器物组合多为釜、罐、尊或釜、罐，个别有钵、杯等，铜器常见矛、剑、戈、斧组合的兵器，数量少于二等墓，还有甲等防御武器，多见锛、卷刃器、凿和削一类工具，部分墓葬有马具，铜铁合制器也以矛、剑等兵器为主，其他还有石坠、玛瑙扣和绿松石器等。

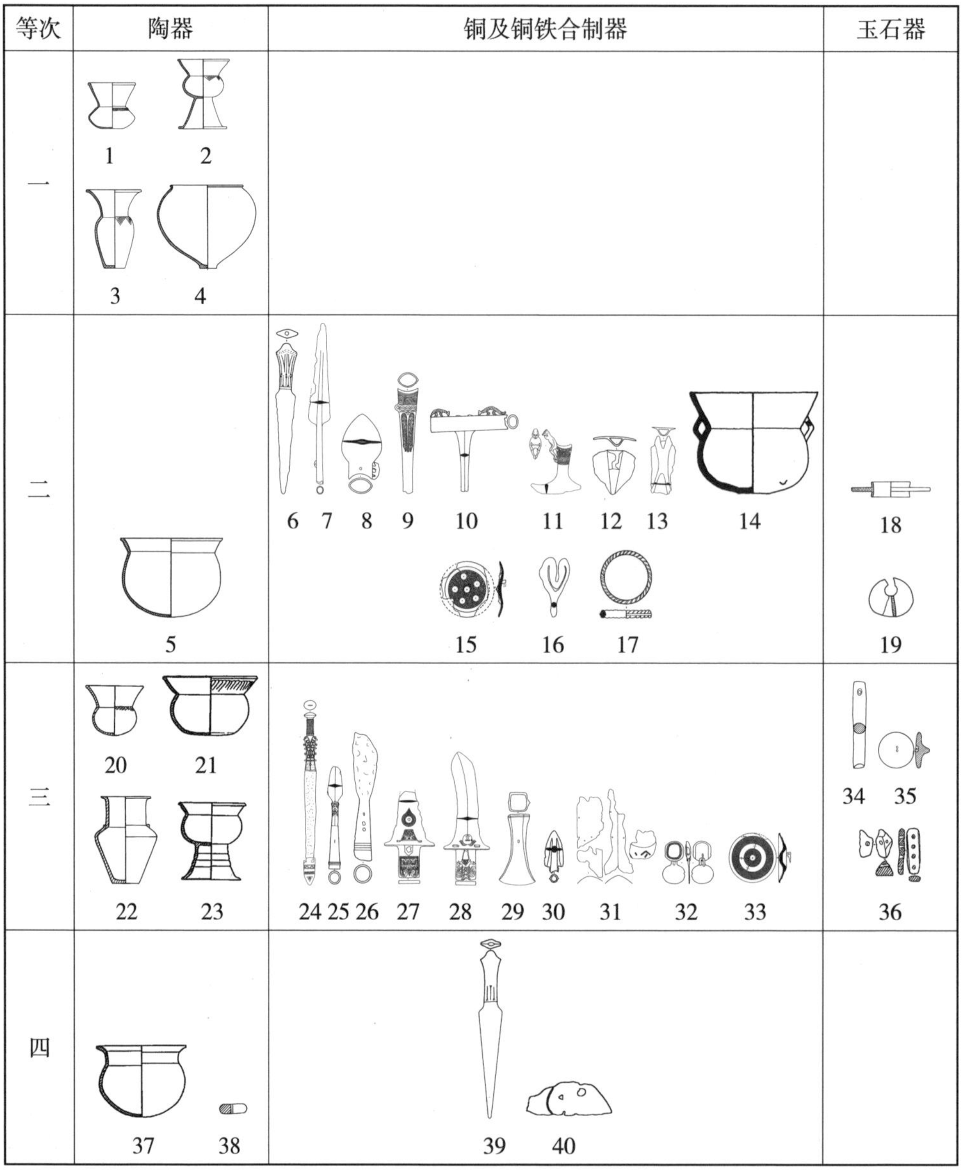

图4.25　羊甫头墓地E区第四期各等次墓葬器物比较图

1、5、20、21、37.陶釜（M610：9、M527：37、M611：？、M611：？、M706：？）2、23.陶尊（M610：4、M611：？）3、22.陶罐（M610：11、M543：25）4.陶瓮（M610：3）38.陶纺轮（M629：？）6、39.铜剑（M527：29、M706：？）7、8、25.铜矛（M527：6、M527：13、M543：24）9、10.铜啄（M527：14、M527：10）11.铜钺（M527：11）12.铜锄（M527：18）13.铜锸（M527：20）14.铜釜（M527：39）15、33.铜扣饰（M527：24、M543：19）16.铜头饰（M527：12-2）17.铜镯（M527：30-3）24.铜柄铁剑（M543：10）27、28.铜戈（M543：3、M543：17）29.铜斧（M543：18）31.铜臂甲（M543：2）32.铜马具（M543：23）26.铜骹铁矛（M575：10）30.铜镞（M549：？）40.铜爪镰（M629：？）18.玉镯（M527：17）19.玉玦（M527：2）34.石坠（M543：14）35.玛瑙扣（M543：1）36.绿松石饰品（M543：5）

四等，12座，随葬品数量在3~8件的墓葬，面积集中于1~2.8平方米，墓葬类型以"腰坑"墓（7座）为主，平底墓（3座）和"二层台腰坑"墓（2座）较少，有2座墓葬内发现棺痕。随葬品种类以陶器和铜器为主，其次是铜铁合制器及铁器，较少有石器、玛瑙和绿松石器，陶器有容器和纺轮，器物组合多为釜和罐，部分只有釜或罐，铜器常见爪镰、削等工具，兵器较少，铜铁合制器和铁器多为矛、剑等兵器，石器见有纺轮等。

将部分具有墓群关系的墓葬等次情况统计如下（表4.13）：

表4.13　羊甫头墓地E区第四期各墓群墓葬等次统计表

墓群	墓葬	等级
①	M552	三
	M538	四
②	M634	三
	M710	三
③	M541	四
	M540	四
④	M584	四
	M706	四
⑤	M628	四
	M629	四

从表中各墓群的等次关系可以看出，同一群内的等次情况分为两种：一种是墓葬等次相同，如②组，均为三等，③至⑤组，均为四等；另一类是墓葬等次不同，如①组，分别为三和四等。这说明墓群内部和不同墓群之间仍有分化，但与上一期相比没有加剧。

观察不同等次墓葬或墓群的空间分布情况（彩版六，4），一等墓位于墓区中部偏西，二等墓分布在墓区西北部，二者的埋葬空间相对独立，三、四等墓围绕一、二等墓分布，但大部分交错排列在墓区东北部。

总的来说，在第一期时，E区内部墓葬分化出两个等次，分化主要体现在随葬品数量上，空间分布有二等墓排列在一等墓周围的趋势；第二期，分化程度进一步加深，在第一期的基础上分化出两个更高的等次，分化内容体现在墓葬规模、随葬

品数量和种类上，从空间分布可以看出一等墓的埋葬空间相对独立，并位于墓区西
北部，二、三和四等墓依次排列在一等墓周围及其东北部；到了第三期，分化状况
基本与前一期相同，所不同的是同一墓群内和各墓群之间的分化加剧，等次关系变
得复杂，空间分布规律仍然是一等墓相对独立，分布在墓区西部居中的位置，低等
次墓葬围绕在其北、南和东部，越往东北方向分布，墓葬的等次越低；第四期，分
化程度继续加深，高等次墓葬的分化内容并不是同步的，而是在墓葬规模、随葬品
数量或种类各有体现，不同墓葬等次的空间分布情况仍与前期相同，即存在墓葬呈
西南一东北向排列等次逐渐降低的趋势，但不同的是，由于高等次墓葬有相对独立
的埋葬空间，可能形成了低等次墓葬围绕高等次墓葬分布的不同群体。

通过以上对羊甫头墓地各墓区内部分化状况的逐个分析，进一步比较各时期不
同墓区内部的分化情况，并将四个时期各墓区墓葬等次关系对应如下（表4.14）：

表4.14　羊甫头墓地各期不同墓区墓葬等次关系对应表

分期	墓区	等次					
		一	二	三	四	五	六
一	A区	一	二	三	四		
	B区					一	二
	C区					一	二
	D区					√	
	E区					一	二
二	A区		一		二	三	
	B区					一	二
	C区				一	二	三
	D区					一	二
	E区			一	二	三	四
三	A区	一	二	三	四		
	B区		一		二	三	四
	C区			一	二	三	四
	D区					一	二
	E区		一	二		三	四
四	A区			√			
	B区		一	二		三	四
	C区		一	二		三	四
	D区					一	二
	E区		一	二		三	四

　　第一期，A区墓葬的分化显著，具有四个等次，而其余四个墓区的情况基本相同，分化程度较低，除D区外，可分两个等次，且比A区墓葬的等次要低；第二期，A、B、D区的分化情况可能变化不大，但C和E区的分化开始加深，分化出了较高等次的墓葬，尤其E区分化出了四个等次，其中二等墓可与A区二等墓相对应，不过一等墓还不及A区；第三期，A区墓葬的分化依然显著，而在其他墓区，不仅C区和E区继续保持上一期的分化趋势，B区墓葬也分化出四个等次，其中B和E区的一等墓大致相当于A区的二等墓，但墓葬规模和随葬品数量与A区仍有一些差异，A区一等墓在整个墓地中等次最高，分化内容在墓葬规模、随葬品数量及种类上均有体现；第四期，各墓区内部分化状况明显反转，A区内部没有继续分化且墓葬等次较低，而B、C和E区，其内部分化程度较高，均有四个等次的墓葬，其中一等墓均为整个墓地的最高等次，但分化内容主要表现在墓葬规模上，此外，D区始终保持分化出两个等次的情况。

（三）小结

　　综合上述分析，我们可以得出以下认识：羊甫头墓地是由五个内部结构相似的社会单元组成的大型社群，各单元在墓葬和随葬品特征上的差异表明五个社会单元之间具有明显的等级分化，并且这种分化随时间而变化。刚开始时，A区可能是这个墓地的核心群体，B、C、D和E区是相对平等的普通群体。随着分化加剧，B、C、D和E区这四个社会单元在分化状况基本相同的情况下，逐渐演变为B、C和E区的分化程度高于D区，最终在整个墓地，这三个墓区所代表的群体可能比A区占有更重要的地位。

　　在社会单元内部同样存在墓葬和随葬品特征差异，说明各单元内部也具有等级分化，但各单元同一时期的分化状况及不同时期的变化情况有所区别。从第一至第四期，A区在前三期基本保持很高的分化程度，一等墓既是A区也是整个墓地的核心墓葬，而B、C和E区墓葬的分化呈逐渐上升的趋势，内部结构由简单到复杂，并在第四期发展至顶峰，此时各区一等墓不仅是本区也是整个墓地的核心墓葬。从分化内容来看，在各社会单元内部的表现并不相同，A区在墓葬规模、随葬品数量及种类上有更显著的差异，且总体上是墓葬规模越大，随葬品数量越多、种类越丰富，但B、C和D区的特点是，墓葬规模最大的墓葬，其随葬品数量并不是最多的，且随葬品构成以陶器为主，陶器数量相对较多。分化在空间分布上也有所体现，在时间上可能有细节变化，但总的来说，不同社会单元的情况较一致，即高等次墓葬大多分布在各区域的西部，低等次墓葬依次排列在其东北方向，在有的社会单元，低等次墓葬也围绕在高等次墓葬周围。

二　天子庙墓地

根据三次发掘情况，天子庙墓地的墓葬均为长方形竖穴土坑，但有的墓口形状不规则，长方形呈圆角，或坑边不太平直[①]。

墓葬结构方面，第二、三次发掘报告称部分墓葬墓底设有"二层台""腰坑"或"棺穴"[②]。从报告提供的墓葬平、剖面图及描述来看，应该是类似于"二层台"的土台，且多为生土，形制有四面及两面。关于"腰坑"，第二次发掘报告还同时提到了"棺穴"的概念，但未对这两个概念进行阐释与区分，认为二者属于相似现象，并在不同墓葬中分别使用了这两个概念，如M6中称"腰坑"，M33则称"棺穴"。根据报告记录，M6的"腰坑"长1、宽0.5、深0.3米，M33的"棺穴"尺寸不详，结合"棺穴"的字面意思和墓葬平面图反映的情况，M33"二层台"下即为棺穴，可能是长3、宽1米左右。"棺穴"的面积应该比"腰坑"要大，但是M6的"腰坑"面积也大于真正意义上的"腰坑"。由于报告未提供所有墓葬的完整信息，无法得知"腰坑"的具体情况，所以，与M6情况相似的墓葬都不应该认为是"腰坑"。此外，报告划分的大、中型墓葬中大多有"二层台""棺穴""腰坑"，但小型墓没有。

葬具方面，中等墓多有朽木块、红漆皮痕迹，无椁有棺；小型墓未见葬具

---

① 云南省博物馆文物工作队：《云南呈贡天子庙古墓群的清理》，《考古》编辑部编：《考古学集刊》（三），北京：中国社会科学出版社，1983年，第132～142页。昆明市文物管理委员会：《呈贡天子庙滇墓》，《考古学报》1985年第4期。昆明市文管会：《呈贡天子庙古墓群第三次发掘简报》，《云南文物》1994年第39期。

② 昆明市文物管理委员会：《呈贡天子庙滇墓》，《考古学报》1985年第4期。昆明市文管会：《呈贡天子庙古墓群第三次发掘简报》，《云南文物》1994年第39期。

痕迹^①。

　　该墓地未发现完整人骨，仅4座墓葬中残存些许，其中1座墓葬在墓底中部的铜釜和陶尊之间放置一人头骨，周围堆放肢骨、肋骨等，不知是否为二次葬^②。

　　随葬品数量相差较大，最多的有300多件，少则10件左右，大部分只有2~3件，有的空无一物。种类以铜器和陶器为主，少数有玉石器和漆器等。

　　根据前文分析，天子庙墓地具有墓地—墓区二级结构，下面将分期考察其内部结构在墓葬特征和随葬品特征上表现的差异状况。

　　1.第一期

　　墓葬数量较少，仅见1座墓葬，墓葬面积为7.4平方米，墓葬底部有四面"二层台"和"棺穴"，有葬具，可能都是单棺。随葬品数量近40件，种类以铜器为主，器类有剑、矛等兵器，鼓等乐器，以及贮贝器、鼎、腰扣和镯等生活用具。这些特征说明该墓的等次不低，此时墓地内部已有分化。

　　2.第二期

　　墓葬规模差异较大，面积最小的约1平方米，3~5平方米的墓葬有3座，还有1座墓葬面积约8.4平方米。墓葬结构方面，2座墓葬分别有四面和两面"二层台"，其中两面"二层台"墓葬可能还有疑似"腰坑"的结构。1座墓内有朽木痕迹，表明或许有葬具，可能是单棺。随葬品数量方面，1~3件的墓葬有4座，8件和12件的各有1座。随葬品种类分两种情况，一种是陶器和铜器皆有，个别还有较多的玉石器，另一种是只随葬陶器。

　　根据墓葬规模、随葬品数量及种类等特征差异情况，将本期墓葬分为三等（图4.26）：

　　一等，墓葬面积在8.4平方米，随葬品数量超过10件的墓葬。墓葬结构方面，有四面"二层台"。随葬品种类有陶器、铜器和玉器，其中陶器以直口罐、尊和圈足壶为组合，铜器主要是生活用具如釜和镯，并有较多的玉管、珠一类的装饰品。

　　二等，墓葬面积在3~5平方米之间，随葬品数量在2~8件的墓葬^③。墓葬结构方

---

① 昆明市文物管理委员会:《呈贡天子庙滇墓》,《考古学报》1985年第4期。

② 昆明市文物管理委员会:《呈贡天子庙滇墓》,《考古学报》1985年第4期。

③ 随葬品最小数量可能不止2件,因为墓葬中还有很多陶器碎片,因无法修复,器形不明。

面，1座墓葬有两面"二层台"，葬具也只有1座墓葬发现了朽木块，可能有棺作为葬具。随葬品种类分两种情况，一种是以铜器为主，器类有剑、矛、戈、削、镦、釜和腰扣，陶器较少只见小喇叭口罐，另一种是主要随葬陶器，器类有喇叭口罐和圈足壶。

三等，墓葬面积在1平方米左右，随葬品数量大约1件[①]，种类为陶器，见小喇叭口罐。

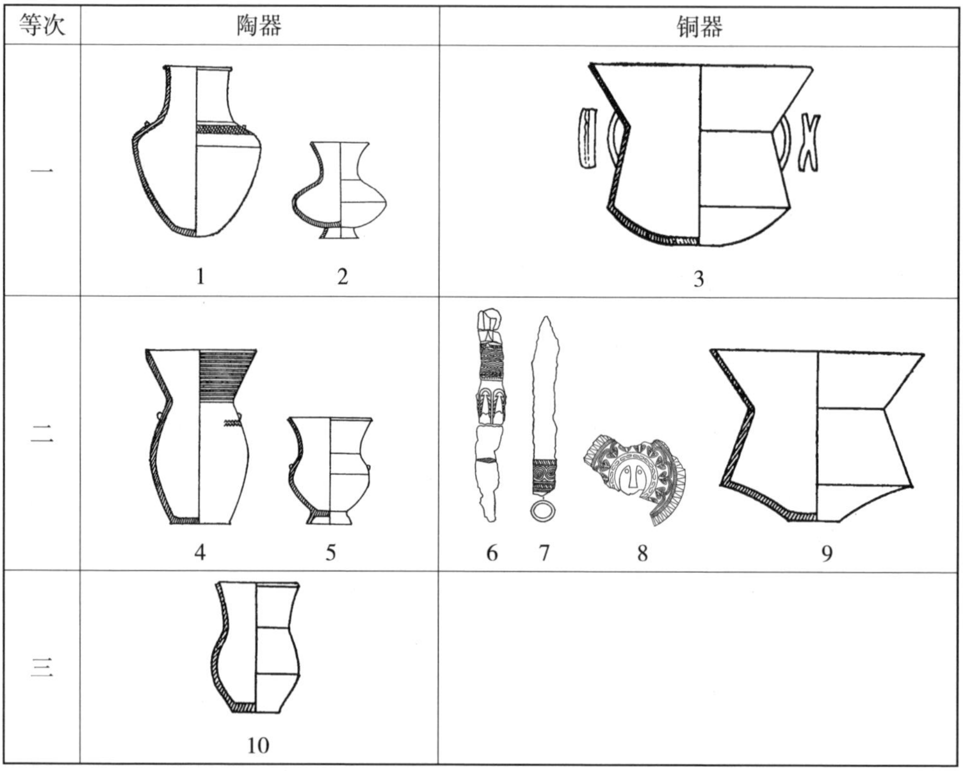

等次	陶器	铜器
一	1　　2	3
二	4　　5	6　7　8　9
三	10	

图4.26　天子庙墓地第二期各等次墓葬器物比较图

1、4、10.陶罐（②M36：2、②M7：2、②M24：1）2.陶圈足壶（②M36：8）5.陶圈足罐（②M7：1）
3、9.铜釜（②M36：7、②M3：7）6.铜剑（②M3：5）7.铜削（②M3：9）8.铜扣饰（②M3：2）

观察不同等次墓葬的空间分布情况（彩版七，1），一等墓分布在墓地中部偏南；二等墓集中在中部和东部，大约呈东西向，依次排列在一等墓北侧；三等墓则分布在墓地西缘。

---

① 由于墓葬中还有陶器碎片，器形无法辨别，数量可能不止1件。

3. 第三期

墓葬规模差异很大，面积在1.8~3.1平方米的墓葬有4座，在4.3~6.4平方米的有
3座，还有1座墓葬的面积在25平方米左右。墓葬结构方面，3座墓葬有"二层台"，
其中，面积为25平方米的墓葬其"二层台"形制是四面，另外两座的形制分别为两
面和单侧，墓葬面积在4.3~6.4平方米之间。有2座墓葬见葬具，面积为25平方米的
墓葬有一椁一棺，约3平方米的墓葬见棺木残留，可能是单棺。随葬品数量上也显示
出很大差距，数量在2~6件的有7座，约9件的有1座，超过百件的墓葬有2座，其中
一座高达300多件。随葬品种类以陶器和铜器为主，个别墓葬有大量玉石器和海贝，
以及少量铁器和漆木器。

综合考虑墓葬规模、随葬品数量和质量，以及随葬品种类等因素，可将本期墓
葬分为三等（图4.27）：

一等，1座，墓葬面积约为25平方米，随葬品数量超过300件的墓葬。墓葬结
构方面，底部有四面"二层台"，东西两侧宽60~85、南北两侧宽25、高90厘米。报
告提及据群众反映及实地考察，该墓室上方原来有封土堆，但发掘时已不存[1]。葬具是一
椁一棺，椁为长方体扁箱，由椁盖板、四壁壁板和底板用榫卯结构相互扣合而成，外壁
长4、宽2.8、累高1米，棺位于椁底板中部，仅见板灰，痕迹长2、宽0.9米。墓中仅残留
部分人骨及臼齿，分别位于棺东西南端和中间，以及椁内西北角铜鼓附近，有学者
认为椁外的臼齿可能是成年人和儿童，不知是否为合葬墓。随葬品种类以铜器为主，
常见矛、剑、戈、斧、啄、钺、戚、镞、护甲等兵器，也有削、凿、卷刃器、锄、锸、
镰、卷经轴、梭口刀和工字形器等工具，杖头饰有狼牙棒、叉形器、双钺形器等，乐器
有鼓，生活用具有釜、鼎、提筒、枕、勺、扣饰及镯等。并随葬了大量的玉石器及海
贝，如玉玦、镯，以及玉珠、玉管、玛瑙扣和珠等组成的装饰品。陶器有容器和纺轮，
容器以鼎、直口罐、尊为组合，尊为硬灰陶，表面磨光，直口罐陶质亦坚硬，打磨
光滑并施陶釉。此外还有铁削和漆木棒等。

二等，墓葬面积在4.3~6.4平方米，随葬品数量在6~9件的墓葬。墓葬结构部分，
有单侧及两面"二层台"的情况。可能有棺。随葬品种类常见陶器和铜器，陶器有

---

① 昆明市文物管理委员会：《呈贡天子庙滇墓》，《考古学报》1985年第4期。

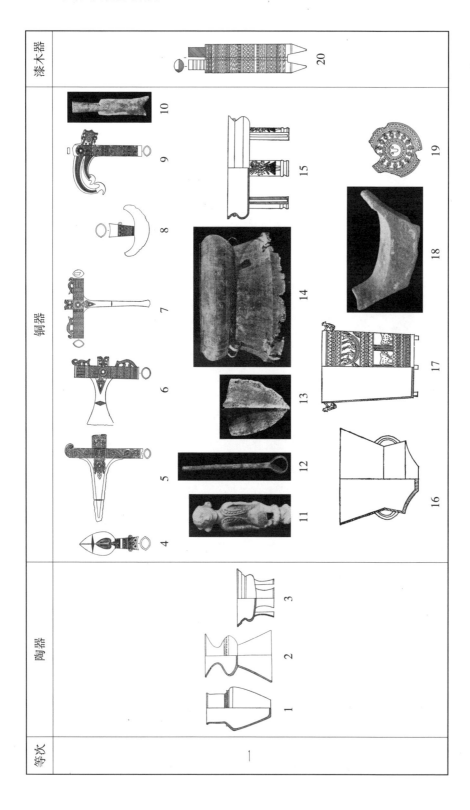

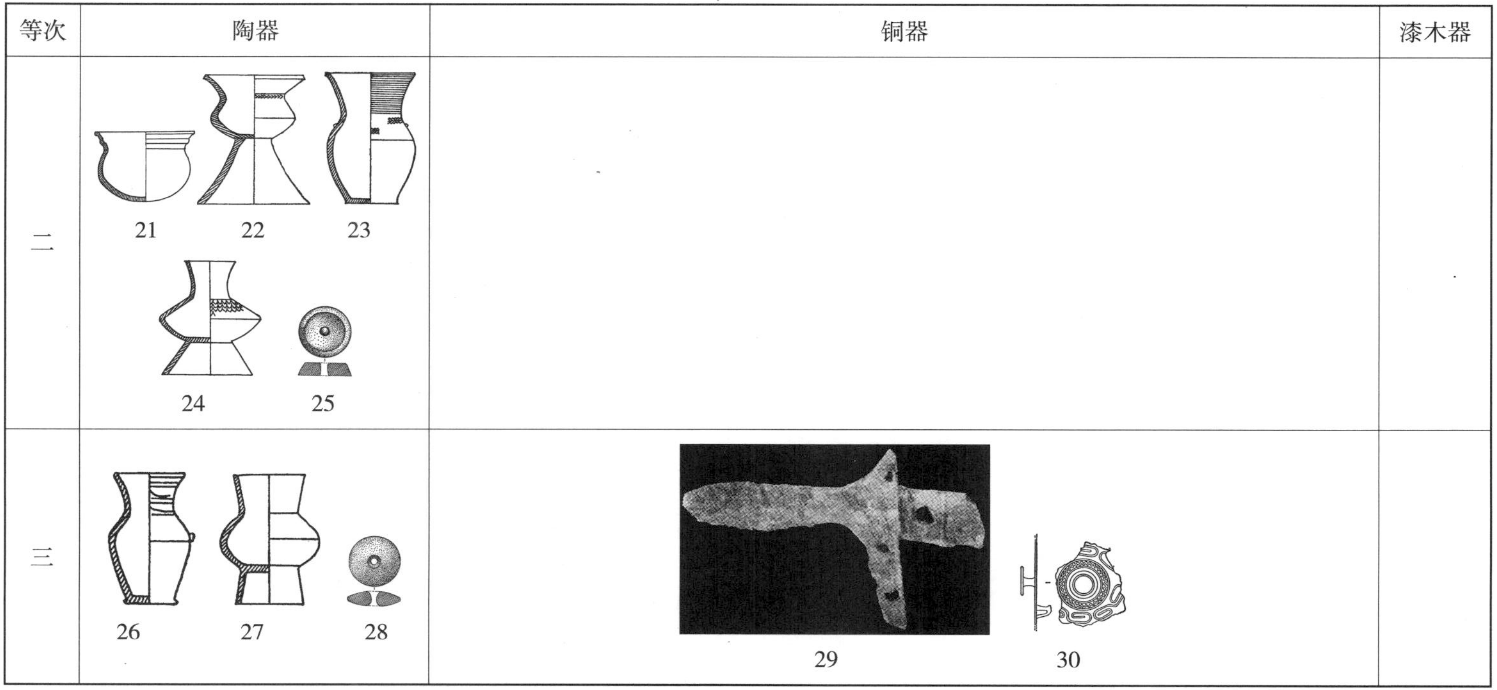

等次	陶器	铜器	漆木器
二			
三			

图4.27　天子庙墓地第三期各等次墓葬器物比较图

1、23、26.陶罐（②M41：106、②M12：2、②M13：6）2、22.陶尊（②M12：2、②M41：105、②M42：3）3.陶鼎（②M41：104）21.陶釜（②M1：8）24、27.陶圈足壶（②M12：4、②M2：8）25、28.陶纺轮（②M12：1、②M30：1）6.铜斧（②M41：67）7.铜啄（②M41：84）8.铜钺（②M41：158）9.铜斧（②M41：151）5、29.铜戈（②M41：182）5、29.铜戈（②M41：147）10.铜叉形杖头饰（②M41：189）11.铜人形杖头饰（②M41：16）12.铜勺（②M41：14）13.铜锄（②M41：111）14.铜鼓（②M41：117）15.铜鼎（②M41：132）16.铜釜（②M41：81）17.铜提筒（②M41：103）18.铜枕（②M41：120）19、30.铜扣饰（②M41：42、②M13：3）20.漆木棒（②M41：122）

釜、小喇叭口罐、尊和圈足壶，纺轮较少，铜器有剑、矛、斧、削和釜，但数量很
少，个别墓葬随葬玉玦或大量玛瑙珠。

三等，墓葬面积在1.8~3.1平方米左右，随葬品数量在2~5件的墓葬。个别墓葬
有朽木块和红漆皮，可能有棺做葬具。随葬品种类分两种情况，一种是陶器和铜器
均有，陶器仅见侈口罐，铜器有剑、戈、削和腰扣等，另一种是只随葬陶器，容器
有小喇叭口罐、圈足壶、瓶，工具有纺轮。

不同等次的墓葬在空间上的分布情况是（彩版七，2），一等墓位于墓地中部，
即东区和西区之间的空白区域，二、三等墓排列在一等墓的东、西两侧，即东、西
两个区，在墓区内无明显分布规律。

4.第四期

本期仅有3座墓葬，有2座墓葬面积在2.3~3平方米，1座6.4平方米。规模较小
的2座墓葬随葬品数量在1~2件，较大的有20件。随葬品种类亦可看出区别，面积小
的2座墓葬类别基本相同，都有陶器，器类为小喇叭口罐，其中1座墓葬出石坠。面
积较大的墓葬也以陶器为主，器类有釜、罐、尊、圈足壶、纺轮以及大量未能辨认
器形的陶器，同时还随葬了1件漆镯。根据这些特征差异，可将墓葬分为两个等次，
两座小墓的分化水平相当，等次应该相同，面积较大且随葬品数量、种类多的墓葬
等次较高（图4.28）。

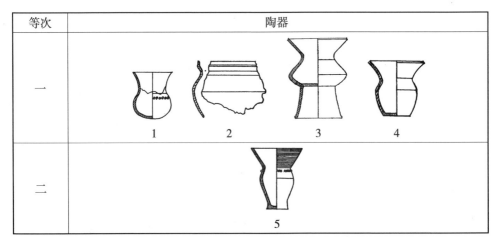

图4.28　天子庙墓地第四期各等次墓葬器物比较图
1、2.釜（②M21：8、②M21：9）3.尊（②M21：1）4、5.罐（②M21：5、②M32：2）

在空间分布上（彩版七，3），各有1座一等和二等墓分布在西区，另有1座二等墓单独埋葬在墓地南部。

总的来看，天子庙墓地的分化状况可以进一步概括为：

第一期，墓葬较少，但可能已经有了分化，且墓葬的等次不低。

第二期，墓葬在规模、随葬品数量及种类上表现出较明显的分化，可分为三个等次。在空间上不同等次的墓葬分布区域不同，一等墓单独埋葬中部偏南区域，二等墓位于东、西区，三等墓分布在西区，这或许表明一等墓开始具有不同以往且较独立的埋葬区域。同时，二等墓均分布在东、西两区，说明两个区内部的分化状况应该相同。

第三期，分化进一步加深，根据特征差异仍可分为三个等次，但明显一等墓的分化程度非常高，与二、三等墓之间形成强烈的差距，并且在空间上一等墓居于墓地中心，二、三等墓均排列在其东、西两侧，表现出一等墓的核心地位。从二、三等墓均埋葬在东、西两区的情况来看，说明两个区的分化状况仍较一致。

第四期，墓葬之间仍有分化，主要反映在西区内部，但分化程度相较于上一期降低，仅有两个等次。

5.小结

综合以上分析，天子庙墓地最初可能是由东、西两个相对平等的社会单元组成的社群，其内部分化状况相同，已经具有一定程度的分化。随着分化加深，高等次墓葬在规模、随葬品数量及种类上的差异越来越突出，并开始埋葬在两个社会单元分布范围之外相对独立的区域。在第三期，当分化表现出最大差距时，高等次墓葬居于墓地中心，东、西两个群体围绕其分布，表明其在整个墓地中的核心地位。但此后墓葬之间的差异没有继续扩大，分化程度逐渐降低。

三 李家山墓地

该墓地的墓葬形制均为竖穴土坑，部分墓葬的墓室结构有"二层台"现象，墓葬规模大小不一。发掘报告依据墓坑的规模将墓葬分为大、中、小三型，认为其差别主要表现在墓坑宽度上，少数中、小型墓的墓口长度与大型墓相当，但中型墓不及大型墓宽，小型墓没有中型墓宽①。从报告的划分标准来看，小型墓的长度比大型墓短，墓葬登记表中未标明墓葬类型，不清楚实际对应情况。由于保存状况不佳，葬具大多朽烂，发掘报告根据残痕判断大部分墓葬有木棺或木椁。墓内人骨多数朽没，只能依据残骨位置、尸体装殓情形和随葬品摆放方式，推测具体葬式为仰身直肢，性别、年龄不详，报告依据随葬品组合的不同对墓主的性别做了推断。虽然组合在一定程度上可能反映了性别的不同，但并不是绝对的。埋葬方式以单人葬为主，部分为合葬。随葬品中铜器、金银器和玉石器数量较多，且种类繁多，铜铁合制器和铁器也占一定数量，陶器和漆、竹、木器很少，此外还发现有大量海贝。

李家山墓地的结构为墓地—墓区—墓群三级，下面分别对每个结构表现在墓葬特征和随葬品特征上的差异进行分析。

（一）墓区结构的分化状况

1.墓葬规模

我们对不同时期各墓区所含墓葬面积按一定数值区间分八组，进行数量统计（表4.15）：

表4.15　李家山墓地各墓葬面积区间墓数统计表②

分期	墓区	不足1m²	1~3m²	3~5m²	5~7m²	7~12m²	20~25m²	25~30m²	30~40m²
一	I区		2		1				
	II区		1		1				
二	I区	3	17	5	2	3			
	II区		2	2	2				
	III区		5						
三	I区		9	3	1	1	2	1	
	II区	1	5	1					2
	IV区							1	

① 云南省文物考古研究所、玉溪市文物管理所、江川县文化局：《江川李家山——第二次发掘报告》，北京：文物出版社，2007年，第8~9页。

② 墓葬统计数量单位为座。

第一期，墓葬出现在第Ⅰ、Ⅱ区，墓葬面积在1~3平方米和5~7平方米两个范围之间。

第二期，不同墓区的墓葬面积差异较大。Ⅰ区的情况较复杂，面积差距很大，不同面积区间均有分布，1~3平方米占比在50%以上，其余面积区间的墓葬相对较少，面积不足1平方米以及大于7平方米的墓葬只出现在本区。Ⅱ区在1~7平方米的范围内分布较均等。Ⅲ区只有1~3平方米的墓葬。

第三期，不同墓区的墓葬面积差异缩小。Ⅰ区的情况仍较复杂，面积差距更大，分布在1~40平方米的范围内，但仍以1~3平方米为主，占比在50%左右，其余面积的墓葬都较少，5~25平方米的墓葬只出现在该区。Ⅱ区面积情况较接近Ⅰ区，以1~3平方米为主，占比在50%左右，其余面积的墓葬较少，但面积差距很大，最小的不足1平方米，最大的超过30平方米。Ⅳ区仅有1座面积在28平方米左右的墓葬。

总的来看，第一期墓葬出现在Ⅰ、Ⅱ区时，墓葬面积情况相似，没有太大差异。到第二期，不同墓区之间开始产生差异，显然Ⅰ区的分化情况更复杂，Ⅱ区虽有分化，但程度不如Ⅰ区，Ⅲ区的情况表明其分化等级可能低于前两个区。第三期时各墓区之间的差异缩小，Ⅰ、Ⅱ区的分化状况已比较一致，表明二者的分化程度接近。

2.墓葬结构

从墓坑结构来看，7座墓葬的坑底有"二层台"现象，但"二层台"形制各异，与实际意义的"二层台"可能有区别。根据形制可分为单面、两面和不规则类型。单面"二层台"位于东壁或南壁（图4.29，1），如M11、M18和M68，其中M11为双层，M11和M18的台高均为50厘米，较为规整，而M68的为斜坡状，发掘报告认为该墓"二层台"的形成与挖墓坑时避让岩石有关。两面"二层台"见于M47和M51（图4.29，2），但位置和构造均不同，M47的在西壁和南壁，南壁较规整，西壁很窄，台高约40厘米，其形成可能与修整坑底有关，M51的位于南和北壁，台面很窄且不高，功能不明。此外，还有两座墓葬有不规则的结构（图4.29，3），即在一角形成三角形的"二层台"，如M34和M69，前者设于东北角，后者在西北角和东南角。

从时间上看，第一期时，单侧"二层台"类型分别出现在Ⅰ、Ⅱ区。第二期不规则类型在Ⅰ区出现。到第三期，Ⅰ区只有两面"二层台"类型，但Ⅱ区仍有单侧类型并有不规则类型。因此，在Ⅰ区，"二层台"墓葬可能存在由单侧向不规则再向两面类型发展的趋势，而Ⅱ区可能是单侧向不规则类型发展。说明不同时期两个墓区"二层台"墓葬类型的变化有所不同。

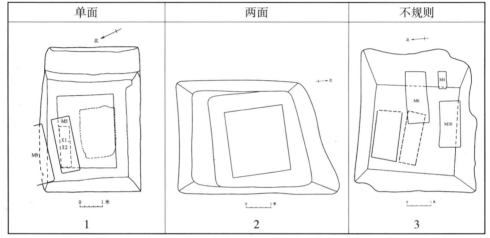

图4.29　李家山墓地"二层台"形制划分图
1. M68　2. M47　3. M69

从墓葬面积看，有3座面积在3~6平方米范围内的墓葬，"二层台"形制为单侧和不规则，其余4座面积均在24平方米以上的墓葬，既有两面也有单侧的情况。推测"二层台"的形制可能与墓葬面积有关。

3.葬具与埋葬方式

第一次发掘的24座墓葬中，发掘报告指出仅M24有木棺和木椁痕迹，另外M3、M7和M18的墓葬底部有红漆皮痕迹，推测为木质漆棺，其余墓葬因未发现棺椁痕迹，可能没有木质葬具[①]。查阅墓葬登记表，其中7座墓葬有棺，1座墓葬有棺椁，而上述推测有棺的M3和M7则显示没有任何葬具。因此，葬具情况较明确的只有M24。根据板灰痕迹，该墓有一椁一棺，木椁置于墓底中间，棺放于椁内南侧，具体结构不明。

---

① 云南省博物馆：《云南江川李家山古墓群发掘报告》，《考古学报》1975年第2期。

第二次发掘的墓葬中，依发掘报告所述，大型墓内都有木棺、木椁痕迹，部分中、小型墓有木棺残痕[①]。由于墓葬登记表未统计葬具，不清楚所有墓葬的情况。根据少数公布的墓例，可知具有一椁二棺的墓葬有2座，一椁一棺的墓葬有5座，可能为单棺的墓葬有4座。木椁形状近方形略长，以原木粗细不同端交错横叠放置，交接处有榫相扣，构成"井干式"木框作四壁，其上用原木横铺一层为椁盖，其下无底，有的椁外钉有装饰用的椁钉和泡钉。木棺为长方形，用厚木板构成，无头、足两端，盖板由三块纵铺的长板组成，大型墓内的棺较宽且板略厚，有的用整块宽大的木板作底板，而中、小型墓的棺较窄。有的木棺四周钉有铜牛头装饰，个别棺盖板上发现有髹漆现象。

对部分墓葬葬具的基本信息进行统计（表4.16），可以看到如下特点：

首先，葬具的配置与墓葬规模有关，墓葬面积在6平方米左右或以下的墓葬大多只有单棺，在11平方米以上的墓葬多具有一椁一棺，一椁二棺的情况出现于面积在28平方米以上的墓葬中；其次，不同规模的墓葬，其葬具大小相差不大，但个别规模较大的墓葬，其葬具相对较大；再次，棺和椁的摆放位置大致相同，但部分有棺椁的墓葬中，棺的摆放位置有所区别，一般情况是棺居椁内南侧，个别有居北侧的现象；最后，从墓区分布来看，有棺椁的墓葬多位于Ⅰ和Ⅱ区，且棺和椁的数量配置在这两个区域应该是均等的。

从时间上看，出现葬具的时间集中在第二、三期。第二期时，带葬具的墓葬很少，Ⅰ区只见一椁一棺的情况，Ⅱ区见有单棺，到第三期，配置葬具的墓葬增多，种类也变多，Ⅰ和Ⅱ区均有单棺、一椁一棺及一椁二棺这三种情况，Ⅳ区仅见一椁一棺。说明拥有葬具的现象在各墓区不仅存在墓葬数量由少到多的情况，葬具配置的数量也存在由单一向复杂发展的过程，尤其是一椁二棺的情况只出现在第三期，说明此时应该是葬具使用发展的高峰。

埋葬方式方面，第一次发掘报告根据随葬品摆放及人牙位置，指出只有M23明确为二人合葬墓，M2和M11的死者足端，各发现一堆乱置的骨骼，发掘者难以确

① 云南省文物考古研究所、玉溪市文物管理所、江川县文化局：《江川李家山——第二次发掘报告》，北京：文物出版社，2007年，第17页。

表 4.16　李家山墓地部分墓葬的葬具基本情况统计表

墓区	墓号	分期	墓葬面积（平方米）	葬具	椁				棺				备注
					长（米）	宽（米）	高（米）	位置	长（米）	宽（米）	高（米）	位置	
I 区	M24	二	11.20	一椁一棺	3.27	2		墓底中部	2	1.1		椁内南侧	
I 区	M49	三	6.30	单棺									尺寸不明
I 区	M50	三	20.19	一椁一棺	3	2.1	1	墓底中部	2.35	0.96	0.4	椁内中部偏北	
I 区	M51	三	24.75	一椁一棺	3.1	2.5	1.2	墓底中部	2.2	1.25		椁内南侧	椁、棺有髹漆彩绘现象，棺盖板上和下部发现有"人"字形编织的竹席痕迹
I 区	M57	三	11.60	一椁一棺	2.3	1.93	0.7	墓底中部偏西	2.2	1.07		椁内南侧	
I 区	M71	三	2.64	单棺									尺寸不明
I 区	M47	三	28.98	一椁二棺	2.7	2.4	1	墓底中部	2.1/2.1	0.88/1		南北并列置于椁内，主棺居北，陪棺居南	主棺底板为整块大木板，陪葬棺底板由4块长木板构成，两棺下横贯墓坑铺两根垫木，东西两端各一
II 区	M58	二	5.70	单棺					2.25	1		墓底中部	
II 区	M53	三	2.54	单棺					残1.8	0.56	0.35	墓底中部偏西	
II 区	M68	三	30.60	一椁一棺	3.25	2.6	1.1	墓底中部	2.2	1		椁内南侧	
II 区	M69	三	37.86	一椁二棺	3.52	3.52	1.2	墓底中部	2.1/2.1	1.2/0.72		南北并列置于椁内北侧偏西，主棺居北，陪棺居南	椁、棺有髹漆彩绘现象
IV 区	M85	三	28.11	一椁一棺	2.48	2.13		墓底中部	2.1	0.8	0.4	椁内中部偏南	椁有髹漆，棺下铺垫厚0.09~0.2米的细砂土

注：M49和M71仅发现棺板板灰条。一椁二棺的情况中，棺的长、宽统计是主棺居前，陪棺居后。

定是合葬还是殉葬[①]。除M23可从墓葬平面图判断确为合葬墓外，另2座墓葬实际情况不明。第二次发掘报告依据随葬品组合及残骨情况，判断有10座墓葬为二人合葬墓[②]，从报告公布的墓例来看，M47和M69可明确为合葬墓，因为这2座墓葬内都有一椁二棺。另有M34、M73和M82均在墓底两端发现头骨或人牙，观察残骨和随葬品位置，M34的西部有头骨朽痕，头骨以东约50厘米的墓底中部有铜钏和绿松石小珠，墓葬东南角发现幼童乳齿，其西约28厘米处出现绿松石小珠。M73墓坑东、西两端偏南的位置各有1个头骨朽痕，随葬铜器集中于两头骨中间。M82墓坑两端均遗几枚人牙，随葬品分南、北两侧放置，北侧集中放置铜兵器、扣饰及玉石器，南侧中部有铜钏和玉石器。从以上这些迹象判断，这3座墓葬为合葬墓的可能性更大。那么，李家山墓地具有类似现象的墓葬应该都属于合葬墓。不过合葬墓的数量较少，只占墓葬总数的15%，单人墓才是最主要的。

上述可明确为合葬墓的年代是第二至三期，如果将M2和M11也计算在内的话，合葬墓从第一期开始出现，延续时间较长。

4.随葬品数量

通过统计计算各期不同墓区的随葬品数量均值，并按一定随葬品数量区间分十组对墓葬数量分别进行统计（表4.17、表4.18）[③]，可以看到：

表4.17　李家山墓地各期不同墓区随葬品数量均值统计表[④]

墓区 分期	I 区	II 区	III 区	IV 区
一	12.33	11.33		
二	29.35	22.5	6.33	
三	885.29	1364.22		493

---

① 云南省博物馆：《云南江川李家山古墓群发掘报告》，《考古学报》1975年第2期。

② 云南省文物考古研究所、玉溪市文物管理所、江川县文化局：《江川李家山——第二次发掘报告》，北京：文物出版社，2007年，第18页。

③ 李家山墓地随葬品数量统计来源于两次发掘报告的墓葬登记表。需要说明的是对各类器形不明的器物均根据报告按件数进行统计，一些器物报告计为"少量"或"若干"，如铜镯，玉管，玛瑙或绿松石珠、扣，海贝等，均以"1"为单位计数，下同。

④ 随葬品统计数量均值单位为件。

表4.18　李家山墓地随葬品数量区间墓数统计表 [①]

分期	墓区	1~9件	10~49件	50~99件	100~149件	150~199件	200~249件	250~300件	400~500件	800~850件	3000~6000件
一	Ⅰ区	2	1								
	Ⅱ区	2	1								
二	Ⅰ区	18	8	3	1			1			
	Ⅱ区	4		2							
	Ⅲ区	2	1								
三	Ⅰ区	3	4			3				1	3
	Ⅱ区	1	3	1	1		1				3
	Ⅳ区								1		

第一期，Ⅰ、Ⅱ区的随葬品数量均值相差不大，分布情况也基本相同。

第二期，随葬品数量均值方面，Ⅰ区最高，其次是Ⅱ区，Ⅲ区最低，且与前两个区的差距较大。随葬品数量分布频率上，三个区有60%左右的墓葬都随葬了1~9件器物，但显然在Ⅰ区还有约40%的墓葬的随葬品数量较多，且超过100件的墓葬只出现在Ⅰ区，而Ⅱ区仅2座墓葬的随葬品数量集中在50~99件，Ⅲ区有1座墓葬只随葬了11件器物。

第三期，Ⅰ、Ⅱ区的随葬品均值都非常高，这与个别墓葬随葬了上千件器物有关，不过Ⅱ区比Ⅰ区的均值更高一些，Ⅳ区显然要低于前两个区。随葬品数区间分布也与均值情况相印证，Ⅰ和Ⅱ区的分布情况大致相同，墓葬之间的随葬品数量差距非常大，最少的低于9件，最多的在3000件以上，而Ⅳ区只有1座随葬品数量近500件的墓葬。

总的来说，第一期时，Ⅰ、Ⅱ区之间在随葬品数量上的分化状况相同。到了第二期，各墓区之间的分化状况有异，Ⅰ区的分化较复杂，Ⅱ区尚不突出，Ⅲ区基本未表现出分化。第三期，Ⅰ、Ⅱ区的分化状况已比较接近，Ⅱ区的分化甚至可能高于Ⅰ区，Ⅳ区的情况还不明朗，但应该也具有一定程度的分化。

5.随葬品种类

对不同时期不同墓区的各类随葬品情况进行统计（表4.19）：

---

① 墓葬统计数量单位为座。

表4.19　李家山墓地不同时期各区随葬品种类统计表[①]

分期	墓区	陶器	铜器	铜铁合制器和铁器	金银器	玉石器	漆木竹器	贝器
一	Ⅰ区		19			16	2	1
	Ⅱ区		20			14		1
二	Ⅰ区		714	11		183	2	5
	Ⅱ区		88	2		45		1
	Ⅲ区		18			4		
三	Ⅰ区	7	1449	184	3513	9882	15	1
	Ⅱ区	8	1114	107	2495	8536	18	2
	Ⅳ区	1	64	38	135	252	4	1

从时间上看，第一期时，Ⅰ、Ⅱ区的随葬品种类差别不大，但Ⅱ区不见漆木竹器一类。第二期时，Ⅰ、Ⅱ区的随葬品种类仍未有明显差别，差异主要是数量上的，但Ⅲ区与前两个区明显不同。到了第三期，Ⅰ、Ⅱ、Ⅳ区的随葬品种类基本相同。

进一步考察不同墓区铜器类别的差异情况，我们还可以发现：

铜兵器种类（表4.20），Ⅰ和Ⅱ区的情况几乎相同，不仅品类丰富，数量也最多，Ⅲ区的兵器种类不如前两个区多，数量也比较少，Ⅳ区的情况与其他三区完全不同，只见1件铜矛。

表4.20　李家山墓地各墓区铜兵器种类统计表[②]

墓区 \ 类别	攻击性兵器										兵器附件					防御性兵器	
	戈	剑	矛	斧	殳	戚	钺	啄	弩机	镞	韒	箭箙	镦	剑鞘	盾饰	盔	甲
Ⅰ区	52	166	130	68	8	11	21	10	5	127		11	50	29	62		42
Ⅱ区	18	31	46	36	4	4	3	10	6	122	1	6	26	24	23	1	15
Ⅲ区	1	2	4	2			1						2	1	3		
Ⅳ区			1														

铜工具种类（表4.21），不同墓区的分布差异主要体现在Ⅰ、Ⅱ和其他两个墓区之间，即Ⅰ、Ⅱ区的种类和数量差别不大，各类工具均有，但Ⅲ区只见手工业和农

---

① 随葬品统计数量单位为件。

② 铜兵器统计数量单位为件。

业工具，且数量很少，Ⅳ区仅见1件铜削。

表4.21　李家山墓地各墓区铜工具种类统计表[①]

墓区 ＼ 类别	手工业工具				农业工具		纺织工具					
	锛	凿	削	卷刃器	锄	锸	卷经杆	工字形器	纺轮	针线筒/盒	绕线板	梭口刀
Ⅰ区	11	14	58	7	15	5	8	3	4	6	5	
Ⅱ区	4	8	10	9	17	6	8	2	2	3	1	1
Ⅲ区			1	1	3							
Ⅳ区			1									

　　铜马具、杖头饰和乐器种类（表4.22），可以看出Ⅰ区相对突出，不同类别下的器物种类和数量都是最丰富的，其次是Ⅱ和Ⅲ区，这两个区域的种类和分布较接近，区别在于Ⅲ区没有乐器，而Ⅳ区则没有发现这三类器物。

表4.22　李家山墓地各墓区铜马具、杖头饰和乐器种类统计表[②]

墓区 ＼ 类别	马具										杖头饰				乐器		
	马衔	当卢	辔	节约	一通筒	三通筒	铃	策	泡	盖弓帽	狼牙棒	鱼形	叉形	其他	鼓	笙	编钟
Ⅰ区	6	1	179	17		16	1	19	389	24	16	8	7	8	10	2	6
Ⅱ区			68	4	4		16	9	333		3		1	12	6		
Ⅲ区			26	2		2	1	1			3		1				

　　铜生活用具的种类较多（表4.23），总体上仍然是Ⅰ和Ⅱ区的品类和数量最多，但在容器和杂器中的一些类别上有所不同，Ⅰ区多釜、壶、尊、杯、勺、枕和案一类器物，Ⅱ区多有鍪、甑、匜、洗、卮、鐎斗、五铢钱等器物。Ⅲ和Ⅳ区的种类和数量均很少，尤其Ⅳ区只见装饰品中的钏一类器物。

表4.23.1　李家山墓地各墓区铜生活用具种类统计表①

类别\墓区	生活容器															
	贮贝器	鼎	釜	鍪	甑	罐	壶	匜	盘	尊	杯	碗	洗	盒	卮	鐎斗
Ⅰ区	7	1	4			1	4		3	2	4			1		
Ⅱ区	5	1		3	2	1	4	2		1	3	1	1	1	2	2
Ⅲ区	1															

表4.23.2　李家山墓地各墓区铜生活用具种类统计表②

类别\墓区	其他生活杂器									装饰品			
	勺	熏炉	枕	案	镜	鼓形器座	执伞俑	伞盖	五铢钱	扣饰	钏	带钩	簪
Ⅰ区	5	2	4	1	5		6	7		219	143	2	2
Ⅱ区	2	1			2	2	2	3	42	60	66	2	
Ⅲ区					1					3			
Ⅳ区											16		

6.随葬品摆放位置

发掘报告发表了23座墓葬的详细资料，虽然不够全面，但大致可以分析出随葬品的摆放位置情况。这些墓葬分布在Ⅰ、Ⅱ和Ⅳ区，其中Ⅰ区最多。按一定墓葬面积区间，分别对不同墓区各期的墓葬随葬品位置情况进行统计分析（表4.24），发现存在以下特点：

随葬品大多具有相对固定的位置，有一些分布较杂乱，应该是墓内环境改变导致器物移动。随葬品摆放与墓主朝向、棺或椁的配置及摆放所构成的空间有关，一些器物的摆放显示出一定规律性，但缺少制度性。不同墓区、同一时期、相同面积的墓葬，其随葬品摆放情况大致相同，说明随葬品摆放没有区域性特点。不同面积的墓葬中，部分同类随葬品摆放位置较一致。不同时期，面积较小的墓葬，其随葬品位置变化不大，但面积较大的墓葬有变化特点。

---

① 铜生活用具统计数量单位为件。

② 铜生活用具统计数量单位为件。

表 4.24 李家山墓地各墓区墓葬随葬品位置摆放统计表

墓区	分期	面积（平方米）	陶器	兵器			工具				马具	杖头饰	乐器		生活用具			玉石器	海贝
				矛、斧	剑	戈、铖、啄、戚	镞	手工	农	纺织			鼓	其他	容器	装饰品	杂器		
I 区	二	1~4		东北角、西北角	中部		中部	削：中部							中部				
		6~11		西北角、西南角	中部；个别东北角	西南角	棺外西侧；棺内西南部	削：中部个别东北北角；凿：东北角		棺外西侧，椁内东北角、东南角		棺外西北、西南角	棺外东、西各一	椁内西北角（笙）	棺外西侧或椁内西北角	棺内中部	棺外外西侧或椁内西北角	石杯：棺外西侧或西北部；石坠、玉器等：棺内	棺外西部或西北部
	三	1~4		矛：多西南角、偶西北角；斧：东部或东北部	中部	西南角	中部	削：中部；锸、卷刀：东北角				西北部				中部		中部	西北角
		6~11		棺底板下西部		棺底板下西部	棺底板下东南角	棺底板下东南角	棺内中部或棺底板下西部、东南角		椁内东北角，棺底板下西北侧		棺外西、西北部	棺内西北部	贮贝器：棺外西北部；金罐盘：椁内东南角	棺内中部	执伞俑：棺外东西两端各一；镜：椁内东南角，棺外西北侧	棺内	
		20以上		棺内南侧、棺北侧；棺内东北侧、北；棺下	棺内中部、北、棺侧	棺内西南侧；棺外东北侧；棺下		环首刀：棺内北侧；其他：棺外东北侧或东南侧	棺下或棺外北侧		棺下、棺外西侧或西北侧	棺内南侧；棺外东北侧；棺下	棺外西侧或西北部；棺底西部	编钟：棺下东部	棺外北侧；棺底中部	棺内中部；棺外南侧西部	执伞俑：棺外东北侧；伞各一；盖、炉等：棺外西北侧	棺内；棺外南侧西部	贮贝器内

墓区	分期	面积（平方米）	陶器	兵器 矛、斧	剑	戈、钺、啄、戚	镞	工具 手工	农	纺织	马具	杖头饰	乐器 鼓	其他	生活用具 容器	装饰品	杂器	玉石器	海贝
	二	5~7								棺外西侧		棺外西部	棺外东、西各一		贮贝器、壶、杯：棺外东侧；尊：棺外西侧	棺内	枕、伞盖：棺内东部；勺等：棺外东侧	石杯：棺外东侧；玉器等：棺内	东北角
Ⅱ区	三	1~4	钵：西部	矛：西北部或南部；斧：东北部	中部	戈：中部偏西	中部或东北部	削：中部；凿、卷刃器等：东北部	东部		东部					中部		棺内	
	三	30以上	杯、单耳罐：棺外东侧或东北侧	棺下、梓内东南角	棺下；棺下边箱内	棺下		棺外东侧	梓内西南角			棺下	棺外东侧		贮贝器、壶：棺外东侧；釜罐等：棺外北侧或棺下	上边箱内和棺内中部	棺下伞盖；边箱上	棺内	棺外西侧；梓内东南角
Ⅳ区	三	28		棺南侧或棺下	棺南侧				棺外西侧		棺外西北侧	棺外西侧			棺外西北侧				

　　总的来说，随葬品的摆放位置大多体现了其功能特点。因此，大部分兵器（包括铜器、铜铁合制器和铁器）、工具、马具、杖头饰、乐器、一部分生活用具和海贝多位于棺外，铜、金银和玉石制的装饰品基本在棺内。

　　就具体位置而言，兵器中的矛、斧、戈、啄、钺、戚以及杖头饰中的狼牙棒、鱼形和叉形器等，通常集中摆放在棺外西北或西南角，偶尔在东北或东南角，兵器中的剑与工具中的削几乎均出现在棺内中部，相当于墓主腰部的位置。

　　锛、凿和卷刃器一类的手工工具的位置相对固定，摆放在棺外东北部，纺织类工具也较多放置在棺外西部，但是农具的位置不是很固定。马具一般位于棺外东北或西北部。乐器中的鼓，若有2件，通常是棺外东、西端各放置1件。若只有1件，可能置于棺外西侧或西北侧，或置于东侧，应该与墓主的头向不同有关。

　　生活用具如贮贝器、尊、壶、杯等器物，大多位于棺外西侧或西北部，个别因墓主头向不同，置于东侧。而釜、罐、盘等器物的位置相对不固定，有棺外北侧、东南部或棺下的情况。装饰品如扣饰、钏或镯等几乎都位于棺内中部，即墓主佩戴的位置，扣饰在腰至足间，钏或镯在左右手腕臂。杂器类如伞盖和枕常位于墓主头端，报告认为伞盖可能原本置于棺或椁盖板上，葬具朽没后掉入棺内，执伞俑置于棺外东西端各一件，案位于棺外北侧，而其他杂器的位置较分散。

　　玉石器中，石杯置于棺外西侧或东侧，石坠多在棺内与剑、削置于一起。玉器如镯、玦，出现在墓主佩戴的位置，镯位于左右手腕臂，玦置于耳部。其他不同材质的各式珠、管、扣等大多在棺内，面积较大的墓葬中，常以这些饰物组成"珠襦"覆于墓主身上。

　　海贝大部分是放置在棺外西侧或西北部，少部分在东北或东南角，若是面积较大的墓葬中，常置于贮贝器内。

　　大约在第三期的时候，Ⅰ、Ⅱ区中，面积在11平方米以上的部分墓葬开始有在棺下随葬器物的现象，通常放置的是除剑以外的兵器、工具和杖头饰，其他如马具、乐器和生活用具，有的也置于棺底。个别墓葬中还有专门放置器物的边箱，如M68，箱底铺玛瑙扣和海贝，放置大量铜剑、各类扣饰和玉饰品等器物。

　　通过以上对李家山墓地四个墓区的墓葬规模、墓葬结构、葬具、埋葬方式、随葬品数量、随葬品种类及摆放情况等方面进行比较，可以看出Ⅰ、Ⅱ区各方面的特征都较为一致，且与其他两个墓区形成很大差异，表明Ⅰ、Ⅱ区的分化级别最高。另外两个区的情况也不尽相同，Ⅲ区的级别明显要低于Ⅳ区，Ⅳ区的情况虽然不是很明晰，但级别应该不会太低。由于不同墓区的形成具有时间性，这种差异并不是一开始就存在的，而是在墓地形成过程中，伴随着新墓区的出现逐渐产生的，因此，分化状况的不同主要体现在不同时期Ⅰ、Ⅱ区与依次出现的Ⅲ、Ⅳ区之间，且分化程度随着时间变化逐渐增高，在第三期时达到顶峰。

（二）各墓区内部的分化状况

接下来以墓区为单位，讨论各区内部在墓葬特征和随葬品特征上表现的差异情况，主要以时间为线索，对Ⅰ、Ⅱ区重点进行分析。

1. Ⅰ区

（1）第一期

本期墓葬数量较少，根据墓葬规模、随葬品数量及种类等特征上的差异可将墓葬分为两等：

一等，1座，墓葬面积为5.1平方米，结构有单侧"二层台"，并有葬具，可能是单棺。随葬品数量为44件，种类以铜器为主（图4.30），纺织工具较多，如纺轮、针线筒、绕线板等，还有削、鱼钩等工具，见人形杖头饰，生活用具方面有贮贝器、壶、勺、枕、伞盖等，亦有装饰品钏，其次玉石器较多，有玉玦、镯，以及玛瑙扣、珠、管和绿松石珠等装饰品，此外还有海贝，以及纺织用具木纺轮、竹针。

等次	铜器		
一	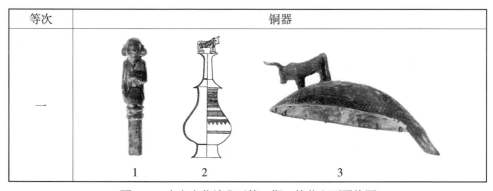		
	1	2	3

图4.30　李家山墓地Ⅰ区第一期一等墓主要器物图
1.铜人形杖头饰（M18：1）　2.铜壶（M18：2）　3.铜伞盖（M18：10）

二等，2座，墓葬面积分别为1.4和2.6平方米，未见葬具痕迹。随葬品数量仅有1~2件，种类只见铜器，为矛一类的兵器。

根据前文分析，有两座墓葬构成了墓群，从等次来看，这两座墓葬均为第二等次，或许表明本期同一墓群内部尚未有分化。

观察不同等次墓葬的空间分布情况（彩版八，1），一等墓位于接近山顶处的东面，地势较高，而二等墓排列在一等墓东南方向的山腰缓坡处，地势较低。

（2）第二期

以墓葬面积1~3平方米的墓葬为主，约占60%，其次是3~5平方米的墓葬，约占17%，此外还有少数不足1平方米以及6~8、10~11平方米的墓葬。墓葬结构方面，只见1座墓葬有不规则"二层台"。有5座墓葬有葬具，其中1座为一椁一棺，余为单棺。葬俗方面，有2座墓葬属于合葬。随葬品数量在1~12件的墓葬有22座，19~31件的有3座，53~65件的有2座，98~122件的有3座，还有1座墓葬的数量在300件左右。随葬品种类以铜器为主，其次是玉石器，部分墓葬有铜铁合制器、漆木器和海贝等。

综合考察墓葬规模、随葬数量和质量，以及随葬品种类等各项因素，可将本期墓葬分为五等，以表、图的形式统计如下（表4.25；图4.31）：

根据表中五个等次墓葬反映的特征差异，第一、三、四和五等墓中有随葬品组合的区别，即存在部分器物不共出的现象，如铜纺织工具与兵器，铜装饰品中的扣饰与钏等，以往有研究表明这种随葬品组合差异可能和性别有关[1]。

继续考察本期部分墓群的等次关系发现（表4.26）：

同一墓群的墓葬等次关系可以分为两种情况：一种是墓葬等次相同，如④和⑤组，墓葬均为五等；另一种是墓葬等次不同，如①组，墓葬等次分别为三和四等，②和③组的墓葬分别有四和五等。这些现象说明本期墓群内部已经开始有了分化，并且有的墓群分化级别不低，如①组，同时表明不同墓群之间也具有等级差异。

从空间位置上看（彩版八，2），第一等次的3座墓葬呈南北并列之势，分布在山顶最高处；第二等次的1座墓葬排列在一等墓之后，即后者东南方向，地势略有降低；第三等次的2座墓葬继续排列在二等墓之后，地势比后者更低；四等墓大部分继

---

[1]　Yun Kuen Lee, "Material Representations of Status in the Dian Culture," Bulletin of the Indo ~Pacific Prehistory Association, no.14, 1996.

表4.25 李家山墓地 I 区第二期墓葬等次情况统计表

等次	墓葬数量（座）	墓葬面积（平方米）	结构	葬具	埋葬方式	随葬品数量（件）	随葬品种类
一	1	11		一椁一棺		300	铜兵器：矛、剑、戈、斧、戚、啄、护甲、箭箙等；铜杖头饰：狼牙棒、鱼形；铜乐器：笙；案；玉石器：盒。铜工具：削；铜杖头饰；铜乐器：鼓；生活用品：壶、杯、勺、枕、石杯、玉石器；珠、管、玛瑙扣、海贝
一	2	9~10		单棺	合葬	65~100	铜纺织工具：卷经杆、针线筒/盒、纺轮、绕线板等；铜生活用品：贮贝器、等、小匕首；铜装饰品：钏；玉石器：绿松石珠；漆木器：木绕线板
二	1	6.8		单棺		120	铜兵器：矛、剑、戈、斧、戚、啄、护甲、箭箙等；铜工具：凿、削；铜杖头饰：狼牙棒、鱼形；铜生活用品：贮贝器、壶、杯、勺、伞盖；铜铁合制器：剑；玉石器：玦、石杯、玉石器；珠、管、绿松石珠、玛瑙扣、海贝。铜兵器：矛、剑、戈、斧、戚、啄；铜装饰品：扣饰；玉石器：玉镯、玉玦、珠、管、海贝
三	1	4.6		单棺		53	铜兵器：矛、剑；玛瑙扣、珠、管；玉玦、海贝
三	1	3.8		不明		9	铜工具：卷刃刀；玉石器：钏；玉石器；玉玦、石坠
四	4	1.2~1.7		不明		10~22	铜工具：铁、凿、削；铜兵器：矛、剑、戈、斧、铁器、泡、凿、削；铜马具；护甲、箭箙等；铜马具：铃、泡；铜兵器；玉石器；玛瑙扣；铜装饰品：玛瑙扣
四	3	1.5~3.3	不规则"二层台"（1座）	不明	合葬（1座）	7~21	铜装饰品：钏；玉石器：绿松石珠、玛瑙珠
五	15	0.9~2.2		不明		1~9	铜工具：铁、削；铜兵器：矛、剑、斧、箭箙等；铜装饰品：扣饰；玉石器；铜马具：铃、泡；铁器；凿、削；铜装饰品：钏
五	1	1		不明		5	铜装饰品：钏

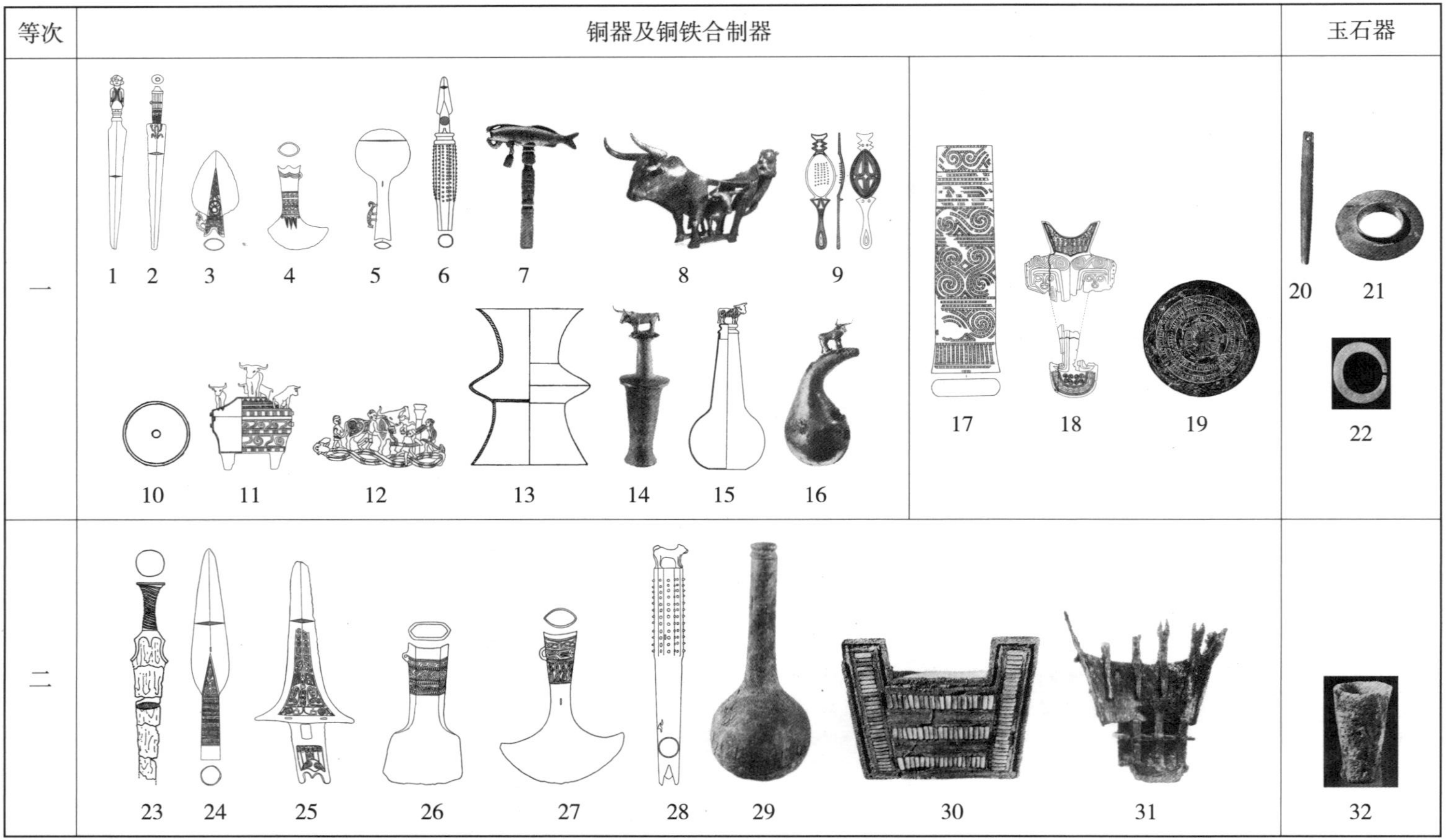
等次
铜器及铜铁合制器
玉石器
一
1 2 3 4 5 6 7 8 9
10 11 12 13 14 15 16
17 18 19
20 21
22
二
23 24 25 26 27 28 29 30 31
32

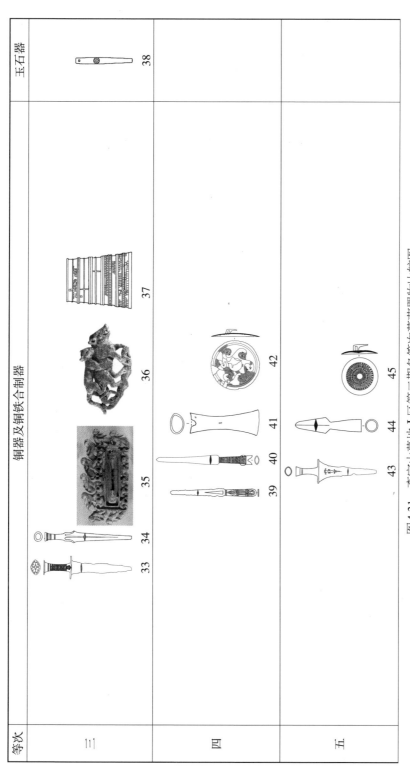

图4.31　李家山墓地Ⅰ区第二期各等次墓葬器物比较图

1、2、33、34、43.铜剑（M24：85、M24：82、M20：19、M24：29、M21：84、M83：7、M54：1）　4、27.铜钺（M24：25、M21：95）5.铜戉（M24：5）6.铜叉（M24：16）7.铜鱼形杖头饰（M24：96）8.铜案（M24：5）9.铜削形器（M23：8）10.铜纺轮（M23：34）11.铜针线盒（M23：6）12、30、31、35、36、42、45.铜杯（M24：24、M21：74）16.铜葫芦笙（M24：40a）17.铜筩服（M24：88）18.铜背甲（M24：63）19.铜鼓拓片（M24：42a）23.铜柄铁剑（M21：26）25.铜戈（M21：67）26、41.铜斧（M21：100、M83：4）28.铜狼牙棒（M21：114）37.铜钏（M29：1）39.铜削（M30：6）20、38.石坠（M24：105、M29：3）21.玉镯（M22：12）22.玉玦（M24：106）32.石杯（M21：75）14.铜杯（M22：1）15、29.铜壶（M22：22）13.铜尊（M22：22）17.铜筩服（M20：29、M30：5、M55：2）

表4.26　李家山墓地Ⅰ区第二期各墓群墓葬等次统计表

墓群	墓葬	等次
①	M29	三
	M30	四
②	M59B	四
	M59A	五
③	M63	四
	M66	五
	M67	五
④	M81	五
	M25	五
	M80	五
⑤	M61	五
	M52	五

续埋葬在三等墓后并朝山腰方向移动，仅1座分布在东北部山腰处；五等墓大部分仍然接续在四等墓之后向山下分布。如此形成等次从高到低、由山顶向山腰，依次排列的空间分布规律。

（3）第三期

仍以墓葬面积1~3平方米的墓葬为主，与超过3平方米的墓葬相比，二者数量大致相同，但3平方米以上的墓葬面积差距很大，3~5平方米的墓葬有4座，6和11平方米左右的墓葬各1座，20~29平方米的墓葬有3座。墓葬结构方面，2座墓葬有两面"二层台"。6座墓葬有葬具，其中1座为一椁二棺，3座为一椁一棺，2座为单棺。葬俗方面，有3座墓葬可确定是合葬，还有3座不能明确。随葬品数量在6~9件的墓葬有4座，12~50件的有7座，100~200件的有5座，3000~5000件的有3座。随葬品种类以铜器为主，其次是玉石器，大部分墓葬有铜铁合制器和铁器，少数墓葬有金银器、漆木器和海贝等。

综合考察墓葬规模、随葬品数量及质量、随葬品种类等各项特征差异情况，本期墓葬可分为五等，以表格的形式进行统计（表4.27），各类墓葬器物比较见图所示（图4.32）：

表4.27　李家山墓地 I 区第三期墓葬等次情况统计表

等次	墓葬数量（座）	墓葬面积（平方米）	结构	葬具	埋葬方式	随葬品数量（件）	随葬品种类
一	2	25~29	两面"二层台"	一椁二棺/一椁一棺	合葬（1座）	约5000	陶器：单耳壶；铜工具：斧、锛、锸、凿、锄、啄、铖、斧、削、卷刀器；铜兵器：矛、剑、戈；铜马具：銮、节约、管；铜杖头饰：泡；铜乐器：鼓、编钟；铜生活用具：贮贝器；铜铁合制器及铁器：兵器、工具、管、马具、绿松石扣；较少金银器；玉石器：玦、髓、玛瑙扣、绿松石扣、管；海贝；铜兵器：铜弩机；护甲；箭服等；铜等；伞盖金、炉、盘、马具、大量金银器；绿松石扣、管
二	2	12~20		一椁一棺		200~3000	铜工具：锄、锛、凿、削、卷刀器；铜兵器：矛、剑、戈、斧、戚、铖、护甲；箭服等；铜马具：当卢、节约；铜乐器：鼓；铜杖头饰：泡；铜釜、炉、执伞俑、镜、带钩、扣饰；铜铁合制器及铁器；较少金银器；玉石器：玦、髓、玛瑙珠、管；绿松石扣、珠、管；海贝；斧、戈、当卢、贮贝器；兵器、玦、髓、玛瑙扣、珠
三	2	2.6~3.7		单棺	合葬（1座）	160~180	铜兵器：矛、剑、戈、斧、戚、铖、工具；铜铁合制器及铁器：削、铖、护甲；箭服等；铜装饰品：扣饰；玉石器：玉镯、玛瑙扣、石坠、绿松石扣；海贝
四	2	4~6.3		单棺	合葬（1座）	50~100	铜工具：锄、铜杖头饰；铜生活用具：熏炉、镜；铜装饰品：钏；金银器：极少；铜装饰品：漆木器等；玉石器：玉玦、管、玛瑙珠、绿松石珠、管
	5	约2.4		不明	少数为合葬	10~20	铜工具：凿、削、卷刀器；铜马具：盖弓帽；铜兵器：矛、剑、斧、护甲；铜装饰品：扣饰；铜铁合制器及铁器：戈、铖；玉石器：玉镯、石坠、玛瑙扣、珠
	3	约2		不明		7~12	铜装饰品：钏
五	3	约1.7		不明	合葬	6	铜兵器：矛、剑、斧；铜装饰品：扣饰

接下来考察本期部分墓群内的等次关系，各群的墓葬等次如下表所示（表4.28）：

表4.28　李家山墓地Ⅰ区第三期各墓群墓葬等次统计表

墓群	墓葬	等次
①	M57	二
	M49	三
②	M62	四
	M64	四
③	M72	四
	M76	四
	M74	五

从表中各墓群的等次可以看出，同一墓群内的等次关系仍有两种情况：一种是墓葬的等次相同，如②组，墓葬均为四等；另一种是墓葬等次有差异，如①组墓葬的等次分别为二、三等，③组墓葬的等次有四和五等。这说明本期墓群内部仍存在分化，但等次差距不大；不同墓群之间的等次差别却比较明显，如①组的等次显然较高。

从不同等次的空间分布来看（彩版九，1），2座一等墓呈南北并列，分布在靠近山顶的东北部缓坡处；2座二等墓呈东西并列，埋葬在其中1座一等墓之后，即后者东北方向地势较低的缓坡；三等墓大多并排埋葬在一、二等墓的南或北侧；四等墓大部分排列在东部和东北部地势最低的位置，个别紧密分布在一、二等墓旁侧，如其中1座打破了一等墓M51的西侧，形成围绕一、二、三等墓分布之势；五等墓多排列在四等墓南北两侧。总的来说，基本形成了一等墓居中，其他墓葬据等次高低从内至外围绕一等墓分布的规律。

综上，Ⅰ区的分化状况是：第一期，墓葬在墓葬规模、随葬品数量和种类上已经表现出较明显的分化，可分为两个等次，不过在墓群内部可能还未分化，同时在空间上可以看到高等次墓葬位于山顶，低等次墓葬或墓群埋设在山腰的分布规律；第二期，分化程度进一步加深，分化内容在各方面都表现出很大差距，墓葬分为五个等次，同一墓群内部也有了较明显的分化趋势，并且空间分布延续第一期的规律，按等次高低由山顶向山下依次排列；第三期，墓葬、墓群内和各墓群之间都有显著分化，虽然墓葬等次数量与前一期相同，但一等墓显然不同以往，在各方面的特征都表现出巨大差异，空间分布也有变化，低等次墓葬环绕在高等次墓葬四周，空间位置整体移向地势较低的山腰，这可能反映了等次排列规律的变化。

2. Ⅱ区

（1）第一期

本期墓葬数量较少，可根据墓葬规模和随葬品数量、种类差异将墓葬分为两等（图4.33）：

一等，1座，墓葬面积为6.2平方米，结构为单侧"二层台"，并有葬具，应是单棺。随葬品数量为25件，种类以铜器为主，纺织工具较多，如卷经杆、纺轮、针线筒、绕线板等，见少量生活用具，如杯、勺等，亦有装饰品钏，其次较多的是玉石器，有玉玦、镯，以及玛瑙珠和绿松石珠等装饰品，此外还有海贝。

二等，2座，其中1座墓葬面积为1.1平方米，另1座不明，未见葬具痕迹。随葬品数量有3~6件，种类以铜器为主，有剑、矛一类的兵器，以及工具削和装饰品扣饰，玉石器极少，见玛瑙扣。

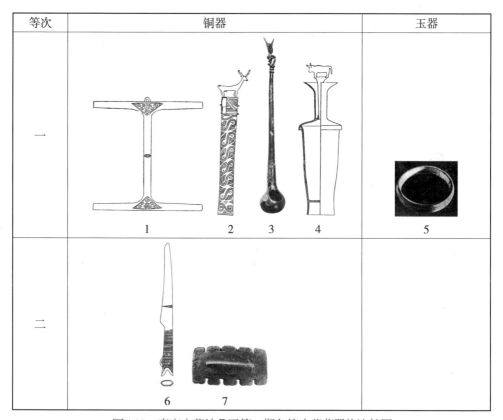

等次	铜器				玉器
一	1	2	3	4	5
二	6	7			

图4.33　李家山墓地Ⅱ区第一期各等次墓葬器物比较图

1.铜工字形器（M11：2）　2.铜针线筒（M11：4）　3.铜勺（M11：21）　4.铜杯（M11：1）　5.玉镯（M11：18）　6.铜削（M2：5）　7.铜扣饰（M2：3）

观察这两个等次墓葬的空间分布位置（彩版九，1），一等墓位于接近山顶处的南面，地势较高，而二等墓中有1座呈东西纵向排列在一等墓的东侧，另1座二等墓在偏西南方向的山腰缓坡处，地势较低。

（2）第二期

墓葬面积集中在2~3平方米和5~6平方米两个范围内，数量均等，各有3座墓葬。其中2座墓葬有葬具，均为单棺。随葬品数量低于10件的墓葬有4座，在50~60件的墓葬有2座。随葬品种类多以铜器为主，少数墓葬有玉石器、铜铁合制器及海贝。

综合考虑墓葬规模、随葬品数量和质量、随葬品种类等各项特征差异情况，将本期墓葬分为三等，以表、图形式将各类墓葬的基本特征和器物差异统计如下（表4.29；图4.34）：

表4.29　李家山墓地 Ⅱ 区第二期墓葬等次情况统计表

等次	墓葬数量（座）	墓葬面积（平方米）	葬具	随葬品数量（件）	随葬品种类
一	1	6.4	单棺	约60	铜纺织工具：卷经杆、纺轮、针线筒、工字形器等；铜乐器：鼓；铜生活用具：贮贝器、壶、尊、杯、勺、伞盖；铜装饰品：钏；玉石器：玉镯、玦、管、标首，石杯，玛瑙扣、珠，绿松石珠；海贝
二	1	2.1	不明	约50	铜工具：凿、削、卷刃器；铜兵器：矛、剑、戈、斧、钺、啄、护甲；铜马具：铃；铜装饰品：扣饰；铁器：工具；玉石器：玉镯、玦、管，绿松石珠；海贝
三	3	2.1~5	不明	3~7	铜兵器：矛、剑、斧、啄、护甲；铜工具：锸、凿、小匕首；铜铁合制器及铁器：兵器、工具；铜装饰品：扣饰；玉石器：绿松石珠
	1	5.7	单棺	4	铜装饰品：钏

从具有成群对应关系的墓葬等次来看，同一墓群内的墓葬分别为第二、三等次，如M13和M15，由此表明等级分化也体现在了墓群内部。

观察不同等次墓葬的空间位置（彩版一〇，1），发现一等墓靠近山顶分布；二等墓位于一等墓东南方向的山腰缓坡处；三等墓大多排列在一等墓以南的缓坡，仅1

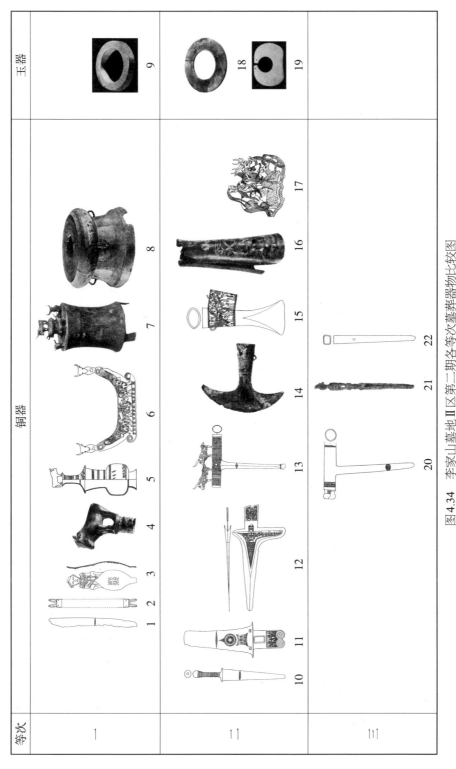

图4.34　李家山墓地Ⅱ区第二期各等次墓葬器物比较图

1.铜梭口刀（M17：29）2.铜卷经杆（M17：24）3.铜刷形器（M17：37）4.铜牛形杖头（M17：32）5.铜壶（M17：11）6.铜枕（M17：12）7.铜贮贝器（M17：2）8.铜鼓（M17：30）10.铜剑（M13：15）11、12.铜戈（M13：24，1）13、20.铜啄（M13：25，M7：4）14.铜钺（M13：22）15.铜斧（M13：21）16.铜臂甲（M13：4）17.铜扣饰（M13：7）21.铜匕首（M7：3）22.铜凿（M15：4）9、18.玉镯（M17：20，M13：26）19.玉玦（M13：29）

座墓葬排列在二等墓北侧。可以看出，等次分布规律大致是高等次墓葬位于地势较高的山顶区域，低等次墓葬分布在地势较低的山腰缓坡。

（3）第三期

墓葬面积差距很大，以1~3平方米的墓葬居多，有6座，低于1平方米的墓葬有1座，超过30平方米的墓葬有2座。墓葬结构方面，2座墓葬分别有单侧和不规则"二层台"。大部分墓葬有葬具，其中1座为一椁二棺，1座为一椁一棺，还有4座为单棺。随葬品数量差距非常大，1座墓葬仅随葬3件器物，数量在15~80件的墓葬有3座，100~200件的墓葬有2座，还有2座墓葬的随葬品数量在5000~6000件，包含大量金银器和玉石器。

以墓葬规模、随葬品数量和质量、随葬品种类等各项特征进行综合考察，可将本期墓葬分为五等，各等次墓葬的基本特征和器物情况如下（表4.30；图4.35）：

观察不同等次墓葬的空间分布情况（彩版一〇，2），2座一等墓呈东北—西南向，稍有错位，排列在南部山腰缓坡处；2座二等墓分别埋葬在一等墓M69的西侧以及M68的东南侧；2座三等墓分别排列在M69的南侧以及距离M68较远的西南部山腰处；2座四等墓各自叠压在M69和M68之上；1座五等墓也叠压在M69之上。等次排列的规律是低等次墓葬环绕最高等次墓葬分布，需要注意的是，有3座低等次墓葬完全叠压在高等次墓葬之上，虽然在Ⅰ区也有部分较低等次墓葬打破一等级墓葬的情况，但似乎不完全相同，尚不清楚这是否与祭祀或陪葬等特殊葬俗有关。

总而言之，Ⅱ区的分化状况是：第一期，墓葬在墓葬规模、随葬品数量和种类上已经表现出较明显的分化，可分为两个等次，并且在空间上具有高等次墓葬位于山顶，低等次墓葬埋设在山腰的分布规律；第二期，内部分化进一步加深，分化内容在随葬品数量和种类上表现出差距，可分为三个等次，但还不是特别突出，同一墓群内部可能有分化的现象，空间分布延续了第一期的规律，按等次高低由山顶向山下依次排列；到了第三期，墓葬之间的分化加剧，出现更高等次的墓葬，并且在各项特征上都反映出巨大差异，可划分为五个等次，不同等次的空间分布规律发生变化，总体上是低等次墓葬环绕在一等墓周围，且整体分布空间向山腰移动。

其他两个墓区的墓葬较少，暂时不能完全了解其内部的分化状况。简要分析第Ⅲ区，该区墓葬之间在随葬品数量和种类上有些差异，如M41随葬了10件铜钏和

表4.30　李家山墓地Ⅱ区第三期墓葬等次情况统计表

等次	墓葬数量（座）	墓葬面积（平方米）	结构	葬具	埋葬方式	随葬品数量（件）	随葬品种类	
一	1	38	不规则"二层台"	一椁二棺	合葬	约6000	陶器：单耳壶、单耳杯；铜工具：锄、锸、卷刃器；铜兵器：矛、剑、戈、斧；铜乐器：鼓；铜生活用具：贮贝器、执伞俑、伞盖；大量金银器；玉石器：玉镯、玦、觹、管、坠、玛瑙珠、管、绿松石扣、珠、管、琥珀，琉璃等	铜兵器：钺；铜杖头饰：鸟形、人形；铜生活用具：釜、壶、匜、盒、卮、炉、镜；铜装饰品：钏；金银器：钏；玉器：纺轮；漆木器：盒
	1	31	单侧"二层台"	一椁一棺		约5000		铜工具：锛、削；铜兵器：殳、戚、啄、镞、弩机、护甲、箭箙等；铜杖头饰：狼牙棒、叉形器；铜马具：辔、节约、策、泡；铜生活用具：鍪、杯；铜装饰品：扣饰；铜铁合制器及铁器：工具、兵器；金银器：腰带；石器：石坠
二	2	2~3.2		单棺		120~200	陶器：钵；铜工具：锄、锸、凿、削、卷刃器；铜兵器：矛、剑、戈、斧、镞、弩机、护甲、盔等；铜装饰品：扣饰、带钩；铜马具：辔、节约、泡等；铜生活用具：镜；铜铁合制器：工具、兵器；玉石器：玉镯、管，石坠，玛瑙扣	
三	2	1.4~2.5		单棺		40~77	铜工具：凿、削、卷刃器；铜兵器：矛、剑、斧、镞、箭箙、甲；铜装饰品：扣饰、带钩；铜马具：策、泡等；铜铁合制器：兵器；玉石器：玉镯、玛瑙扣、绿松石珠	
四	2	1.5~1.9		无		15~26	铜工具：凿、削；铜兵器：剑、矛、斧、镞；铜装饰品：扣饰、钏；玉石器：玉玦、坠，玛瑙扣	
五	1	0.2		无		3	铜兵器：剑；铜装饰品：扣饰；玉石器：绿松石珠	

1件绿松石珠,排列在其北侧的M40仅随葬了6件铜钏,分布在其西面较低位置的M35随葬了1件铜削和铜矛。这或许是该区内部存在分化的表现,但分化程度不太高,空间分布情况与Ⅰ、Ⅱ区同期墓葬相同。

接下来,对Ⅰ、Ⅱ区内部的分化情况进行比较,并将不同时期两个墓区的墓葬等次关系对应如下(表4.31):

表4.31　李家山墓地各期不同墓区墓葬等次关系对应表

分期	墓区 等次	一	二	三	四	五
一	Ⅰ区		一			二
	Ⅱ区		一			二
二	Ⅰ区	一	二	三	四	五
	Ⅱ区		一	二		三
三	Ⅰ区	一	二	三	四	五
	Ⅱ区	一	二	三	四	五

可以看出,第一期,Ⅰ、Ⅱ区的墓葬均分化为两个等次,且分化程度和内容基本一致;第二期,Ⅰ区墓葬进一步分化为五个等次,基本上代表了整个墓地的分化程度;第三期,Ⅱ区墓葬分化加剧,两个墓区都具有五个等次,且每个等次大致能对应,不过Ⅱ区一等墓的墓葬规模更突出,但Ⅰ区拥有更多较高等次的墓葬,说明此时整个墓地的墓葬可以划分为五个等次。

(三)小结

综合以上分析,我们可以认为,李家山墓地是先后由四个社会单元组成的较大社群,最初可能存在两个内部结构相似的单元,并在发展过程中相继产生了新的单元,这可能与社会内部扩大并分裂有关,但目前来看,它们延续的时间都比较短暂,只有Ⅰ、Ⅱ区存在时间较长。从不同时期反映的墓葬和随葬品特征差异来看,Ⅰ、Ⅱ区都表现出较高的分化程度,说明这两个墓区都是整个墓地的核心群体。

在社会单元内部,主要是Ⅰ和Ⅱ区,墓葬之间存在明显差异,且分化状况均随时间而变化。从第一至第三期,两个墓区内部的分化程度不断加剧,分化出的等次越高。当然,Ⅰ、Ⅱ区的分化状况也并非完全相同且可能不同步。第一期时,这两个墓区的内部状况较一致，但第二期明显是Ⅰ区分化程度更高，最高等次的墓葬也分布于此，到了第三期，Ⅱ区的分化迅速加深，该区一等墓在各方面的特征都与Ⅰ区一等墓相同，表明两个墓区同时拥有最高等次的墓葬。从分化内容来看，墓葬规模越大，随葬品数量越多、种类越丰富，高等次墓葬的表现比较明确，但一些等次较低的墓葬，尽管墓葬规模较小，但随葬品数量很多，种类也较丰富，这或许表明分化的表现形式并不严格。分化同样体现在了空间位置上，并且存在时间变化。第一、二期，具有从高等次到低等次墓葬由山顶向山腰分布的规律，第三期高等次墓葬不再位于地势最高的山顶，而是分布在山腰缓坡，并被低等次墓葬所环绕，显示出高等次墓葬的核心地位。

四　石寨山墓地

从历次发掘的情况来看，石寨山墓地的墓葬应为竖穴土坑，极个别有短小墓道，墓坑形状大多为长方形，少数近似方形。由于石寨山地貌特殊，且大部分墓葬被扰乱，墓坑边界不清，墓葬的实际规模可能与记录有出入。如根据第二次发掘报告，墓坑挖凿于岩石之间的缝隙，墓坑的形状不规则且边沿界限不明，因此主要依据随葬品分布面积和坑底黑灰范围来推算墓坑大小[①]。这可能包含了两种情况：一种是墓坑开凿受限于地貌环境，墓葬规模不是埋葬者主要考虑的因素，因此墓坑的实际大小与发掘者的判断相差不大；还有一种情况是田野发掘过程中技术或扰乱等因素，未能找到真正的墓坑边界，导致发现的墓坑范围与实际范围有差异。所以在讨论墓葬分化状况时，墓葬规模不一定反映真实情况。从漆皮和朽木痕迹判断部分墓葬有棺，少数棺外还有椁。葬俗方面，根据保存人骨状况判断：有单人葬；一些墓葬中，仰身直肢葬人骨足端有一堆碎骨，可能是合葬；部分墓葬仅有肢骨或头骨，推测可能属于二次葬；有的具有叠葬现象，一种是分层埋葬而成，即上、下层人骨埋葬的平面不同，另一种是两具以上的人骨紧密叠压，以致不能明确骨架属于哪一个体。葬式以仰身直肢葬为主，偶见俯身直肢葬。随葬品以青铜器为主，并有一定数量的

---

① 　云南省博物馆：《云南晋宁石寨山古墓群》，北京：文物出版社，1959年，第10页。

铜铁合制器、铁器、金银器和玉石器，漆器和陶器较少。

据前文分析，石寨山墓地具有墓地—墓群二级结构，下面将分期考察其内部结构在墓葬特征和随葬品特征上表现的差异状况。

1.第一期

仅发现1座墓葬，该墓面积约1.3平方米，接近墓底见板灰痕迹，可能有葬具，葬式为仰身直肢葬，头向西，面向上，人骨经过性别和年龄鉴定，为20~25岁的男性，随葬品为1件铜戈。在空间分布上，该墓位于东部山腰缓坡，地势较低，处于墓地的最南端。

2.第二期

墓葬规模方面，有10座墓葬的面积集中在1.6~2.8平方米之间，有1座墓葬的面积约为3.4平方米。仅有2座墓葬在接近墓底处发现板灰痕迹，可能有葬具。

关于死者的埋葬方式，分为以下三种情况进行讨论：

第一，可能是单人一次葬，如M82（图4.36，1）。墓内葬有一具人骨，葬式为仰身直肢，头向西，面朝上，双腿并拢[1]。

第二，可能是单人二次葬，如M57和M61（图4.36，2）。墓葬被扰动较大，仅残留头骨和少量肢骨，报告从散乱骨骼推断可能是二次葬或乱葬[2]。需要注意的是，由于墓葬被扰，原本是一次葬被扰乱造成二次葬，还是实际为二次葬，现已无法明确。

第三，叠葬中的二次葬，如M54①（图4.36，3）。该墓分两层叠葬，第一层葬一上肢骨，推测为二次葬，第二层有两具人骨上下紧密相叠，报告描述其葬式是仰身直肢，面向上，此外在两具人骨脚端另有一堆杂骨，似乎为二次葬[3]。属于本期的叠层为第一层，第二层的年代早于第一层，但仅随葬了木镯，是否与第一层同期较难判断。

---

[1]　云南省文物考古研究所、昆明市博物馆、晋宁县文物管理所：《晋宁石寨山——第五次发掘报告》，北京：文物出版社，2009年，第142~143页。

[2]　云南省文物考古研究所、昆明市博物馆、晋宁县文物管理所：《晋宁石寨山——第五次发掘报告》，北京：文物出版社，2009年，第123、128页。

[3]　云南省文物考古研究所、昆明市博物馆、晋宁县文物管理所：《晋宁石寨山——第五次发掘报告》，北京：文物出版社，2009年，第118~120页。

单人一次葬	单人二次葬	叠葬中的二次葬
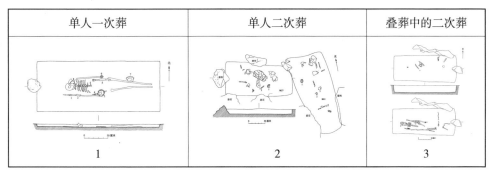		
1	2	3

图4.36　石寨山墓地第二期死者埋葬方式示意图

1.M82平、剖面图　2.M57和M61平、剖面图　3.M54平、剖面图

从年龄来看，有2个墓主在25~30岁之间，1个在5岁上下。

随葬品数量方面，所有墓葬均未超过8件，在1~5件的墓葬有8座，8件的有3座。随葬品种类以陶器和铜器为主，陶器主要是容器，多为圈足器，器类常见壶，还有少数碗、钵一类的圜底器；铜器多为剑、矛、斧组合的兵器，少数有啄和镦，并有匕首，可能属于工具，也有不少腰扣、镯一类的装饰品，极个别墓葬内出绿松石珠等装饰品。

根据随葬品数量和种类差异，可以将本期墓葬分为两个等次（表4.32；图4.37）：

表4.32　石寨山墓地第二期墓葬等次情况统计表

等次	随葬品数量（件）	墓葬数量（座）	墓葬面积（平方米）	葬具	埋葬方式	随葬品种类		
						陶器	铜器	其他
一	8	2	2.5~2.8	棺	单人一次葬（1座）	壶	兵器：剑、斧、矛 工具：匕首 装饰品：扣饰、镯	
		1	1.6	不明		壶、碗、罐	装饰品：镯	
二	5	1	1.9	不明		壶	装饰品：镯	孔雀石珠
	3~5	2	2.3	不明			兵器：剑、矛、啄 装饰品：扣饰	
	3~4	3	1.8~2.7	不明	单人二次葬（2座）	壶及其他不明陶器		
	1	2	2.3~3.4	不明	叠葬中的二次葬（1座）	壶		

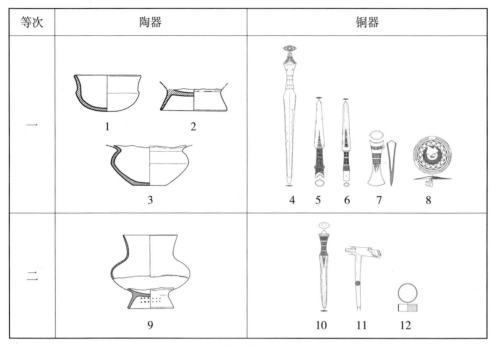

图4.37　石寨山墓地第二期各等次墓葬器物比较图

1.陶碗（M63：2）　2.陶壶圈足（M63：6）　3.陶罐（M63：3）　9.陶壶（M53：3）　4、10.铜剑（M59：3、M58：2）　5.铜矛（M82：1）　6.铜匕首（M82：4）　7.铜斧（M59：4）　8.铜扣饰（M82：3）　11.铜啄（M58：3）　12.铜镯（M53：1–1）

　　通过观察随葬品组合的不同，发现每个等次内部有差异，如一、二等墓葬内都可以明显分为两类，一类是以随葬陶器和铜兵器、铜装饰品为主，另一类是以随葬陶器和铜装饰品为主，尤其是铜镯。随葬铜镯的墓葬很少出现铜兵器，出铜兵器的墓葬其装饰品也多为铜扣饰。在李家山墓地也有类似的情况，并被推测可能与性别有关[①]。石寨山墓地的同类现象应该不是偶然，说明可能有不同性别随葬不同或特定器物的共同规则。那么，以随葬铜兵器和铜扣饰为主的可能是男性，而主要随葬陶器和铜镯一类装饰品的则为女性。但是，有1座墓葬内同时随葬了铜扣饰和铜镯，这显然不会是特例，很有可能表示铜镯并非女性的专有标志物。因此，在没有对人骨进行性别鉴定的前提下，仅依靠随葬品组合差异进行性别判定，仍有

---

① 云南省文物考古研究所、玉溪市文物管理所、江川县文化局：《江川李家山——第二次发掘报告》，北京：文物出版社，2007年，第11页。

一定风险。

此外，在二等墓中还有一些只随葬了陶器的墓葬，虽然随葬器类单一，数量也较少，但墓葬规模并不小，其中1座墓葬的面积是本期墓葬中最大的。值得注意的是，二次葬现象大多出现在此类墓葬中，不知是否与埋葬方式有关。

从具有成群对应关系的墓葬等次来看，M54、M57和M61墓群内的墓葬均为二等，M82和M78、M59和M64两个墓群内的墓葬分别为一、二等。这或许表明同一墓群内也出现了分化的现象。

观察不同等次墓葬的空间位置（彩版一一，1），第一等次的3座墓葬呈南北排列之势，较集中分布在本期范围的中部区域；第二等次的墓葬大多分布在一等墓的南部、西部和北部，还有1座墓葬与一等墓并肩排列，1座被一等墓打破。

3. 第三期

墓葬规模方面，有5座墓葬的面积集中在3.8~5.8平方米之间，有1座墓葬的面积约为9平方米，尚有4座墓葬的面积不明。葬具方面，仅有1座墓葬发现有棺痕，说明可能有棺。关于埋葬方式，有1座墓葬可能是一次葬与二次葬的合葬，如M46，墓内有一具人骨，但残缺不全，可辨其葬式为仰身，可能是一次葬者，在该具人骨足端还有一堆乱骨，推测这些乱骨可能为二次葬。此外，报告认为还有2座墓葬的残留人骨可判断为直肢[①]。

随葬品数量方面，数量不足10件的墓葬有3座，在19~24件的墓葬有3座，在47~70件的墓葬有4座。随葬品种类以铜器为主，其次是玉、玛瑙及绿松石器及海贝，仅少数墓葬有陶器、铜铁合制器、金器及石器。

综合考虑墓葬规模、随葬品数量和质量，以及随葬品种类等特征差异情况，可以将本期墓葬分为以下五等（表4.33；图4.38）：

由图、表可知，一等墓的特点是随葬品数量和种类最多，墓葬规模较大，根据随葬品组合的不同，内部可再分为两类，其中第二类墓葬随葬兵器较少，以纺织工具为主，并有陶容器和工具纺轮，这种差异可能与性别有关。二等墓的特点是随葬品数量和种类较多，墓葬规模小于一等墓。三等墓的随葬品数量和种类比二等墓少，

---

① 云南省博物馆：《云南晋宁石寨山古墓第四次发掘简报》，《考古》1963年第9期。

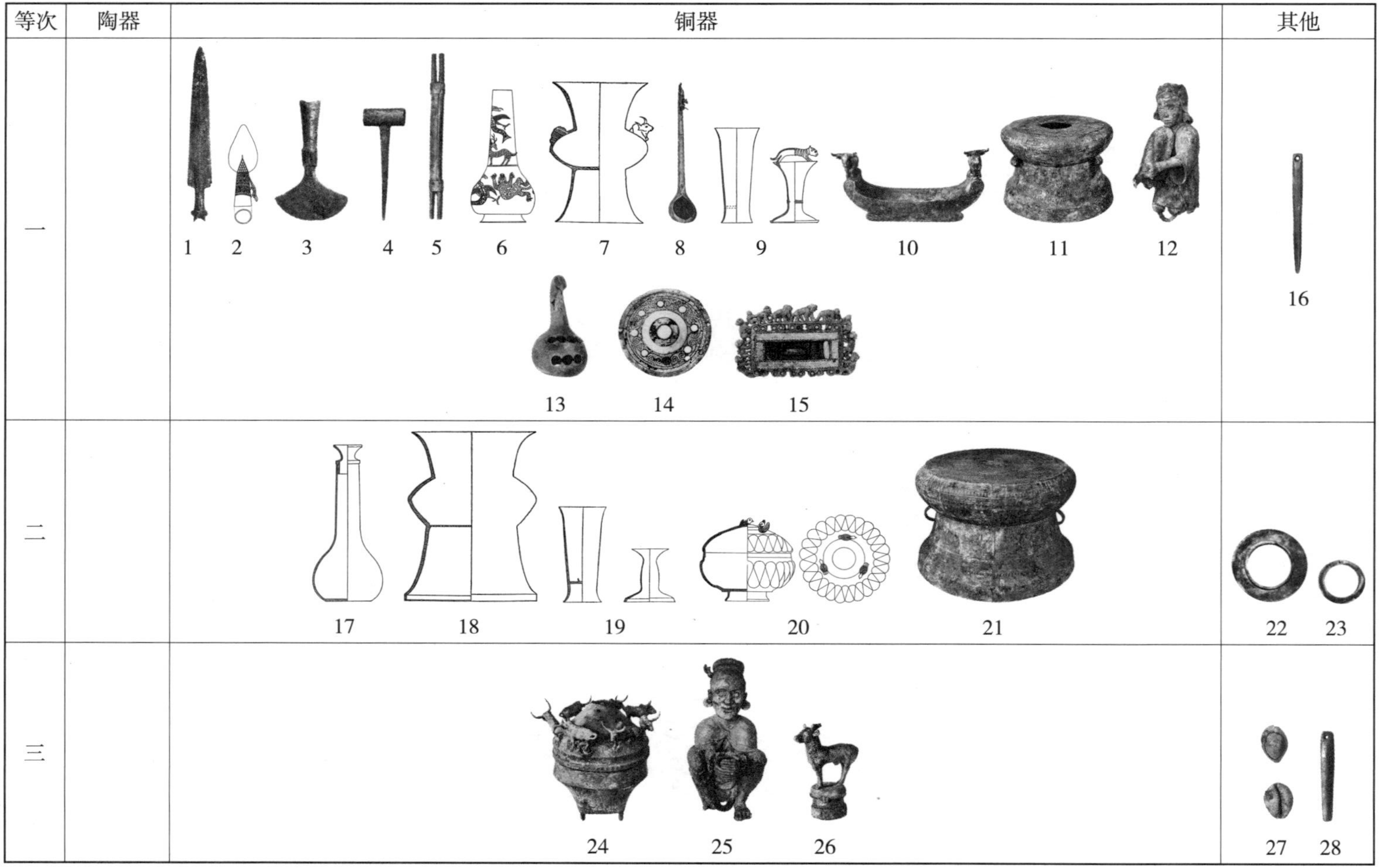
等次
陶器
铜器
其他
一
二
三
1
2
3
4
5
6
7
8
9
10
11
12
13
14
15
16
17
18
19
20
21
22
23
24
25
26
27
28

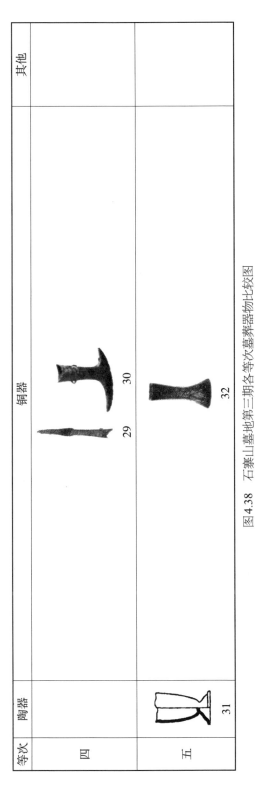

等次	陶器	铜器	其他
四		29　30	
五	31	32	

图 4.38　石寨山墓地第三期各等次墓葬器物比较图

1、2、29.铜矛（M15：23、M16：14、M42：2）3、30.铜钺（M17：25、M42：4）4.铜啄（M15：25）5.铜卷经杆（M17：19）6、17.铜壶（M17：24、M14：3）7、18.铜尊（M17：29、M14：14）8.铜勺（M17：9）9、19.铜杯（M15：22、M14：17）10.铜枕（M16：6）11、21.铜鼓（M15：7、M14：1）12、25.铜执伞俑（M17：5、M18：1）13.铜葫芦笙（M16：4）14、15.铜扣饰（M15：17、M16：13）20.铜盒（M11：6）24.铜贝器（M18：2）26.铜鹿杖头饰（M19：3）16、28.石坠（M48：2）16、22.玉镯（M14：12）23.玉玦（M11：11）27.海贝（M11：11）31.陶杯（M46：1）32.铜斧（M48：2）

表4.33   石寨山墓地第三期墓葬等次情况统计表

等次	随葬品数量（件）	墓葬数量（座）	墓葬面积（平方米）	葬具	随葬品种类		
					陶器	铜器	其他
一	47~55	2	5~9	不明		兵器：剑、矛、戈、斧、钺、啄、镦、镦；工具：锛、凿、削；杖头饰：狼牙棒；乐器：鼓、葫芦笙；生活用具：贮贝器、尊、杯、勺、枕、扣饰	石器：石坠；玉器：有领玉镯、玉玦、玛瑙扣和珠；海贝
	约70	1	5.8	不明	不明陶器、纺轮	兵器：剑、矛、钺、镦；工具：削、卷经杆、卷布轴、梭口刀、工字形器；乐器：鼓；生活用具：贮贝器、壶、尊、杯、勺、枕、女俑	玉器：有领玉镯、玉玦、玉钏、玛瑙扣和珠；海贝
二	20~40	2	4.5~5	不明		兵器：剑；工具：削、卷经杆、纺轮；杖头饰：人形；乐器：鼓；生活用具：贮贝器、壶、尊、杯、勺、盒、枕、伞盖	金器：鞘、钏；玉器等：有领玉镯、玉玦、钏，玛瑙珠、扣；海贝
三	22~24	2	3.8	不明		兵器：剑、矛；工具：削、锄；杖头饰：人形、动物形；生活用具：贮贝器、女俑、扣饰、钏	金饰；石器：石坠；玉器等：有领玉镯、玉玦、玛瑙珠和扣；海贝
四	8	1	不明	不明		兵器：矛、钺、镦	
五	2	2	不明	不明	杯等	斧	铜铁合制器：爪镰

墓葬规模也较小，但主要区别是不见鼓一类的铜乐器。四等墓的随葬品数量和种类明显少了很多，且在器类上多以铜兵器为主。五等墓的特点是数量最少，器类较单一，有杯等器形不明的陶器，铜器或铜铁合制器见斧、爪镰等工具。可以看出，第一、二、三与四、五等次之间的差异很突出。

进一步分析可能具有成群对应关系的墓葬等次，如M15、M16和M17，均为一等墓，M42和M48，分别为四、五等墓。说明本期同一墓群内部的分化程度可能不高，但不同墓群之间已经有了非常明显的等级分化。

观察不同等次墓葬的空间位置（彩版一一，2），3座一等墓呈南北排列，较集中分布在中偏西区域；二等墓中有1座位于一等墓M15的西侧，距离较近，另1座排列在一等墓的北部，距离较远；三等墓则依次分布在一等墓的东南和南部；四、五等墓埋葬在距离其他等次墓葬较远的东部区域，其中四等墓有2座墓葬呈南北向排列，彼此间隔较远，五等墓被埋葬在南部的四等墓打破其北侧。由此可以看出，一、二、三等墓集中于西部，四、五等墓主要在东部，二者之间有空间间隔，倘若中间不再有墓葬分布，表明不同等次墓葬可能有专门的埋葬区域。

4. 第四期

墓葬规模方面，墓葬之间的差距较大，面积在1.6~2平方米的墓葬有2座，3.5~5平方米的墓葬有4座，6.5~8平方米的墓葬有2座，9平方米左右的有4座，还有1座墓葬的面积最大，约17.8平方米，尚有5座墓葬的面积不明。

关于墓葬结构，见M71墓底有"二层台"。发掘者认为该"二层台"属于熟土[①]，需要注意的是，无论是报告的描述还是墓葬剖面图均显示应该属于生土。从报告墓葬分述部分的描述和墓葬平、剖面图来看（《晋宁石寨山——第五次发掘报告》，图五），"二层台"的形制为双层四面，第一层台高0.14米，西侧和南侧较宽，约0.5米，北侧和东侧略窄，有0.37米，第二层台高0.5~0.6米，北侧和东侧较宽，约0.5米，西侧约0.42米，南侧较窄，有0.35米。但报告彩版中的墓葬全景图（《晋宁石寨山——第五次发掘报告》，彩版五）显示只有第一层"二层台"，椁板分布示意图（《晋宁石寨山——第五次发掘报告》，图六）也仅绘出第一层"二层台"内的平面情况。如果根据墓葬平、剖面图和椁板分布示意图[②]，很容易认为棺椁置于第一层"二层台"下，部分随葬品则摆放在第一层"二层台"上，但照片显示，棺椁和所有随葬品均放置在第一层"二层台"下，因此，第二层"二层台"的有无和实际作用并不清楚。

葬具方面，14座墓葬内发现有不同程度的葬具痕迹，其中2座墓葬有棺椁痕迹，4座墓葬明确有大小相同的朱黑色漆棺一具，另有4座墓葬只发现朱黑色漆皮或木

---

① 云南省文物考古研究所、昆明市博物馆、晋宁县文物管理所：《晋宁石寨山——第五次发掘报告》，北京：文物出版社，2009年，第25~26页。

② 根据墓口和墓底的实际长、宽及"二层台"四个台面的宽度计算，发现图六的指北方向可能有错误。

板，还有3座仅发现棺痕，可能都是单棺。

关于死者埋葬方式，可以分成两种情况进行讨论：

第一，单人一次葬，如M40和M41（图4.39，1）。M40的葬式为俯身直肢葬，头向西，面朝下，M41的葬式是仰身直肢葬，头向西，面朝上[1]。

第二，可能是单人一次葬与二次葬的合葬，如M8（图4.39，2），该墓有一次葬者，葬式为仰身直肢，右足端有碎骨堆，推测这些乱骨或碎骨可能为二次葬[2]。

随葬品数量方面，数量不足10件的墓葬有1座，在14~26件的墓葬有4座，在30~85件的墓葬有4座，在100~150件的墓葬有3座，还有4座的随葬品数量在200~300件，在500~600件的墓葬有2座。随葬品种类以铜器为主，其次铜铁合制器及铁器，大部分墓葬还有陶器、金银器、石器，以及玉、玛瑙及绿松石器和海贝，仅个别墓葬随葬特殊器物，如穿孔蚌饰和象牙。

综合考虑墓葬规模、随葬品数量和质量、随葬品种类等特征差异，将本期墓葬分为五等（表4.34；图4.40）：

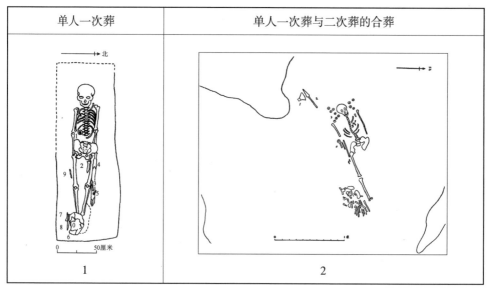

单人一次葬	单人一次葬与二次葬的合葬
1	2

图4.39　石寨山墓地第四期死者埋葬方式示意图
1.M41平面图　2.M8平面图

① 云南省博物馆：《云南晋宁石寨山古墓第四次发掘简报》，《考古》1963年第9期。

② 云南省博物馆：《云南晋宁石寨山古墓群》，北京：文物出版社，1959年，第17页。

表4.34　石寨山墓地第四期墓葬等次情况统计表

等次	随葬品数量（件）	墓葬数量（座）	墓葬面积（平方米）	葬具	随葬品种类		
					陶器	铜器	其他
一	200~600	5	3.5~17.8	一棺一椁/漆棺	单耳壶、疑似碗	兵器：剑、矛、戈、斧、钺、啄、戚、弩机、护甲、镖；工具：锛、凿、削、锄、铲、镰；马具：节约、辔、镳等；杖头饰：狼牙棒、叉形、鱼形、蛇形等；乐器：鼓、编钟；生活用具：贮贝器、盘、洗、鼎、辅首壶、盒、盂、熏炉、镜、烹炉、伞盖、鏊、盒、盂、执伞俑、伞盖、扣饰、钱币	铜铁合制器及铁器：兵器、鞘，珠等；工具：金银器，珠，珠；石器：石坠；玉器：玉璜、玉环、有领玉镯、玉玦、玛瑙扣和璧、玉珠、漆木器、杯；玛瑙扣和珠；海贝、象牙
二	80~150	4	4.2~9.7	漆棺	豆、壶、罐、炉	兵器：剑、矛、戈、斧、钺、戚、啄；工具：削、凿、锄、铲；马具：辔、镳、策、叉形、牛形、鱼形等；杖头饰：狼牙棒等；乐器：鼓；生活用具：辅首壶、釜、盂、镜、扣饰、钏	铜铁合制器及铁器：兵器、鞘，珠等；工具：金器，珠；石器：有领玉镯、玉玦、玛瑙扣和珠；海贝
	60~200	2	4~9	不明	纺轮	兵器：剑、矛、戈；工具：斧、锄、铲；鸟、鹿、鹦鹉、鹰、孔雀形等、人俑、杖头饰；生活用具：酒器（壶和杯）、镜、执伞俑、伞盖、钏	铜铁合制器：剑；金器：钏；玉器：有领玉镯、玉玦、绿松石珠和扣、玛瑙珠和扣、海贝
三	30~50	2	2	不明	釜、罐	兵器：剑、矛、戈、斧、钺、镞；工具：削、凿、锄、铲；杖头饰：狼牙棒、扣饰	铜铁合制器及铁器：兵器；金器：鞘；玛瑙扣
四	14~30	4	1.6	一棺一椁/单棺	豆、罐等	兵器：剑、矛、戈、斧、钺、镞；马具：泡；生活用具：扣饰、钱币	铜铁合制器及铁器：兵器；玉器：有领玉镯；玛瑙扣
五	8	1	不明	单棺		兵器：剑、矛、戈、斧、钺、镞；生活用具：扣饰	铜铁合制器：兵器

从表4.34可以看出，一等墓的随葬品数量和种类是最多的，这与其他类有很明显的区别，虽然墓葬规模的跨度较大，但大部分墓葬面积还是集中在6平方米以上，除面积最大的一座墓葬有一椁一棺外，其余均有朱黑色漆棺，陶器只出在面积最大的墓葬中，均为泥质，其中单耳壶器表施黑色陶衣，一些特殊器物也出现在此类部分墓葬中，如编钟、金印、象牙等。二等墓的随葬品数量和种类少于一等墓，墓葬规模也较大，大部分墓葬的葬具都是朱黑色漆棺，其内部根据随葬品组合的不同可分为两组，区别在于二等墓的陶器均有纺轮，且各类铜器都较少，同时随葬了大量金器、玉石器一类的装饰品，这种差异可能与性别有关。三等墓的随葬品数量和种类明显少了很多，墓葬规模可能较小，但主要区别是不见鼓一类的铜乐器、马具等，生活用具也非常单一。四等墓的随葬品数量和种类少于三等，主要差异在于铜器类别较少，不见金器和玉石器等，虽然大部分墓葬的面积不明，但有1座墓葬的面积较大，且随葬器物以陶器为主。五等墓的特点是随葬品数量和种类最少，主要有兵器、装饰品和钱币等。

从可能具有成群对应关系的墓葬等次来看，同一墓群内的墓葬等次关系可以分为两种情况：一种是墓葬等次相同，如M12和M13均为一等，M21和M22均为二等；另一种是墓葬等次差距不大，如M40和M41组分别为四、五等。这说明本期同一墓群内部的分化程度依然不高，但不同墓群之间的等级分化仍旧非常明显。

继续观察不同等次墓葬的空间位置（彩版一一，3），有4座一等墓分布在偏北部的区域，所处地势较高，其中M12和M13南北并列，位置偏西，M6居中，M3偏东，但另一座一等墓M71则分布在墓区最南端偏东的位置，距离其他墓葬都很远。二等墓大多依次排列在中部和南部，仅1座埋葬偏西北。三等墓分布在一、二等墓附近。有3座四等墓位于墓区最东端，另外有1座在墓区最北部的位置。五等墓只埋葬在东部四等墓的旁侧。

可以看出，不同等次分区埋葬的规律仍有延续，即第一、二、三等墓主要分布在墓区中部，东部只埋葬四、五等墓，但有个别四等墓分布在西北端，或许可以看作较低等次的墓葬围绕较高等次的墓葬分布。值得注意的是，M71位于墓区最南端，所处地势较低，与其他墓葬具有一定空间间隔，不知这是否表示产生了新的墓葬分布规律或以此墓为核心的新群体出现？

根据上述分析，石寨山墓地的分化状况可进一步概括为：

第一期墓葬较少，推测可能尚未有分化；第二期时，墓葬在随葬品数量和种类上开始分化，表现为两个等次，所有墓葬均位于地势较低的山腰缓坡，并可能具有一等墓排列在中部，二等墓围绕一等墓分布的规律；到了第三期，内部分化进一步加深，主要反映在随葬品数量和种类上，可分为五个等次，第一、二、三与四、五等次之间的差距较大，这种分化情况同样体现在不同墓群之间，此时分布范围已向北部地势较高的区域延伸，并可能出现不同等次墓葬分区埋葬的现象，即一、二、三和四、五等墓之间分西、东区域埋葬，在西部区域，一等墓居于中心位置；第四期，墓葬之间的分化加剧，并继续在随葬品数量和种类上反映出非常大的差异，可划分为五个等次，但显然各等次的分化水平要高于前期，不同墓群之间的分化状况也是如此，空间分布规律总体上仍有延续，但也出现了一些特殊的现象，可能反映了某种社会规则或群体的变化。

5.小结

综合以上分析，我们初步认为，石寨山墓地是一个相对独立的社会单元，更多体现的是一个群体内部的延续及扩大。整个群体内部的分化状况是，随着时间发展，墓葬之间在随葬品数量及种类上的差异变大，分化程度不断加深，分化出的等次越高，等次关系也更复杂。分化同样体现在空间位置上，并且存在时间变化，即随着高等次墓葬的出现，可能产生了专有的埋葬区域，将高和低等次墓葬（通常是一、二、三和四、五等墓之间）以空间的形式区别开来，这或许体现了群体内部社会规则的确立及遵循。不过这种规则可能没有延续太久，第四期的一些特殊现象表明普遍遵循的社会规则开始被打破。当这一群体逐渐衰落时，群体和规则可能都发生了很大变化，只是基于目前的材料还很难进一步解释。

五　纱帽山墓地

墓葬形制均为长方形竖穴土坑，四壁较规整，少数墓葬受开凿于岩石环境的影响，坑壁不甚规整。从墓葬面积来看，最大的约6平方米，最小的仅1.5平方米。

墓葬结构方面，发掘报告指出，部分墓葬底部有"二层台""腰坑"和"脚坑"现象①。综合这些现象的描述和图片来看,"二层台"只是结构上类似于"二层台"的生土台,并不具有"二层台"的实际作用,根据形制的不同,有单面、四面两种类型。所谓"腰坑",均开凿于叠葬墓墓底中部偏西或偏东的位置,依平面形状来看,有的呈圆形,或呈方形、长方形及不规则形,从大小来看,面积基本在 0.5 平方米左右,仅 1 座面积最大,超过 1 平方米,坑内埋藏物皆为分离的人骨,此外有 1 座墓葬坑内还出有牛头骨和螺壳。报告推测"腰坑"内人骨为殉葬者,但未说明判断依据。假如用"腰坑"的概念来检讨这种在墓底置坑的现象,与严格意义上的"腰坑"多有不符。而殉葬最主要的特点是要有殉葬的对象,通常来看,作为殉葬的人其肢体相对完整,放置较规整,即多为一次葬,有的还有随葬品和葬具。反观纱帽山墓地"腰坑"内的人骨,骨骼多分离且不完整,经人骨鉴定,属 2~10 个不同的个体,且各部位骨骼摆放交错重叠,显得凌乱,更像是二次葬的埋葬方式。从殉葬对象来看,带"腰坑"的墓都是三至六层不等的叠葬墓,而且每个叠层中,人骨埋葬的方式错综复杂均不相同。因此,笔者认为这种墓底置坑的现象不宜称为"腰坑",坑内埋葬的人骨应该也不属于殉葬,反映的只是该墓地一种特殊葬俗。此外,个别"脚坑""双坑"的情况也与"腰坑"表现的特征大体相同,只是置坑的位置与数量不同,因此在名称上有差别,可能是同类现象的不同表现方式。

葬具方面,均未发现相关痕迹。

该墓地的埋葬方式复杂多样,约80%的墓葬为合葬,其余是单人葬。合葬墓中最多的是叠层合葬墓,根据人骨处理方式的不同,又可细分为多人一次合葬、多人二次葬(包括双人二次葬)、一次葬与二次葬的合葬,其中以多人二次葬为主。单人葬中既有单人一次葬也有单人二次葬,但前者占主要。一次葬者的葬式以仰身直肢葬为主,少数为侧身直肢葬,偶见侧身屈肢葬和仰身屈肢葬。

除5座墓葬未发现随葬品外,其余墓葬都有数量和种类不等的随葬品,以铜器为主,其次是陶器,铁器较少,并有少量石器、玉器及绿松石器,部分墓葬还出有海

---

① 云南省文物考古研究所、昆明市文物管理委员会、宜良县文物管理委员会:《云南宜良纱帽山滇文化墓地发掘报告》,四川大学博物馆、四川大学考古学系、成都文物考古研究所编:《南方民族考古》(第八辑),北京:科学出版社,2012年,第313~392页。

贝和螺壳。

接下来以期为单位，分别考察墓地内部在墓葬特征和随葬品特征上表现的差异状况。

1. 第一期

墓葬规模有差异，面积在1.7~3平方米的墓葬有5座，仅1座墓葬面积约5.7平方米。墓葬结构方面，有2座墓葬内分别见单侧和四面"二层台"，3座墓葬底部有置坑现象。埋葬方式复杂，除1座墓葬为单层埋葬外，其余5座均为叠层葬，从人骨处理方式来看，以多人二次葬居多，其次是一次葬与二次葬的合葬，单人一次葬很少，一次葬葬式均为仰身直肢，头向西北，面朝东南。随葬品数量方面，在2~6件的墓葬有4座，1座为10件，1座超过20件。随葬品种类以陶器和铜器为主，此外还有少量玉石器、海贝及螺壳等。

综合来看，墓葬规模最大的同时也是随葬品数量最多的墓葬，为M1第二叠层（图4.71），埋葬5人，属多人二次合葬墓，其中居墓坑北端的1人上身较全，下肢不全，其头骨上方有铜削、玉管、骨饰、陶纺轮7件以及海贝百余枚，上身散置大量绿松石珠饰，双手套满100余件铜镯，而位于南端的一堆人骨旁则放置铜镦2件、陶罐4件、玉管40件及少量绿松石珠。

唯一一座单人一次葬墓葬面积在3平方米左右，随葬品有10件，以陶器为主，器类有釜和罐，铜器常见矛、镦一类的兵器，此外还有石坠及海贝等。

随葬品数量最少的墓葬是M2的最底层，墓葬面积约2.8平方米，该层为多人二次葬，埋葬了至少7例个体，但仅随葬2件陶罐。此外，大部分多人合葬墓较难判断随葬品所属个体情况，如果用随葬品均值判断，约0.6~3件，数量较少，种类也不多，有陶罐、纺轮以及铜镦等。

从上述现象可以看出，不同墓葬在随葬品数量和种类上均表现出了差异，应该具有等级分化，至少可以分为三个等次（图4.41）。

观察不同等次墓葬在墓地中的位置（彩版一二，1），一等墓M1位于山顶，二、三等墓集中分布在山腰东南坡，但三等墓大多在墓地西北或东北部，二等墓居中部偏东，距离三等墓较远。由于材料所限，尚不清楚位于山顶的一等墓M1是否有专门的埋葬区域。

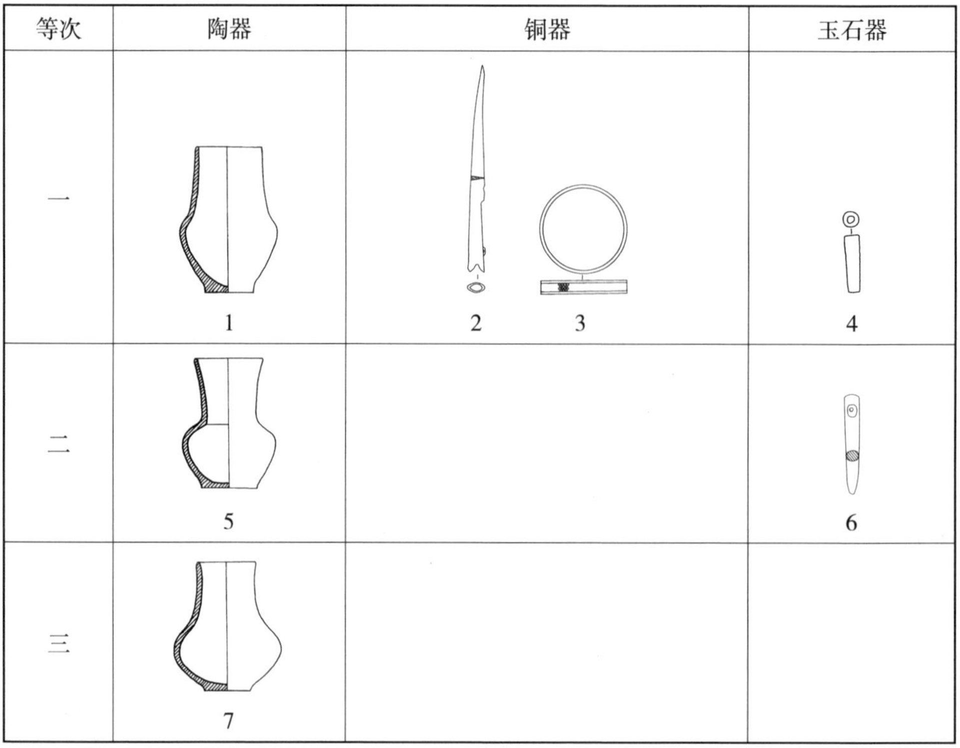

等次	陶器	铜器	玉石器
一	1	2 3	4
二	5		6
三	7		

图4.41 纱帽山墓地第一期各等次墓葬器物比较图

1、5、7.陶罐（M1：27、M6：13、M2：14）2.铜削（M1：19）3.铜镯（M1：11-3）4.玉管（M1：22-1）
6.石坠（M6：19）

2. 第二期

墓葬规模差距不大，面积在1.8~3平方米的墓葬有7座，在3.4~3.8平方米的有2座。墓葬结构只见1座墓葬内有单面"二层台"。埋葬方式仍以合葬为主，单人葬仅见1座，合葬中最多的还是叠层葬，其中多人二次葬、一次葬与二次葬的合葬都较多，各占一半，单人一次葬仅1座，葬式仍以仰身直肢葬为主，头向西北居多，个别向东南，同时出现少量的侧身直肢葬，头向有西北和东南两种。随葬品数量差距也不太大，数量在1~7件的墓葬有6座，在11~15件的有3座。随葬品种类以陶器和铜器为主，其次是玉石器，还有一些海贝和螺壳，个别见有铁器。

根据单人墓随葬品特征的情况，可以分为两等（图4.42）：一等墓随葬品数量在13件左右，种类以剑、矛、斧和镞为组合的兵器为主，装饰品见腰扣，陶器有工具纺轮，此外还有石坠和海贝等；二等墓随葬品数量仅1件，为铜剑。这两类墓葬的差异主要体现在随葬品数量和种类上，说明具有一定程度的分化，其他合葬墓的随葬品情况应该也大致如此。

等次	铜器	石器
一	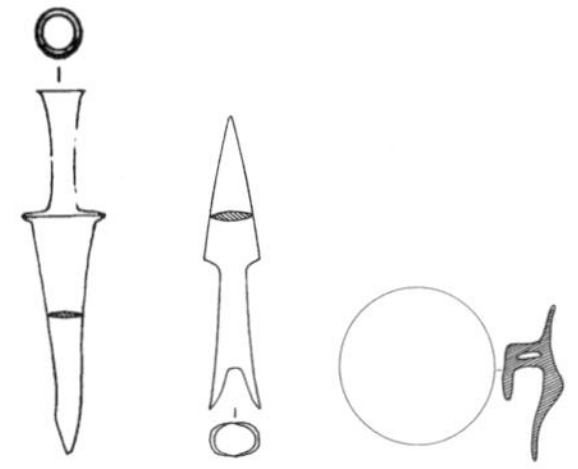 1　2　3	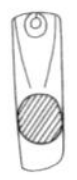 4
二	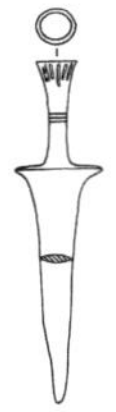 5	

图4.42　纱帽山墓地第二期各等次墓葬器物比较图

1、5.铜剑（M11：5、M8：1）2.铜矛（M11：2）3.铜扣饰（M11：3）4.石坠（M11：6）

本期有2座墓葬可能具有成群对应关系，其等次分别为一、二等，并且二等墓被一等墓打破，或许表明同一墓群内部有分化，但分化程度不高。

从不同等次的空间分布来看（彩版一二，2），一等墓中有3座墓葬并排分布在墓地东北部，还有1座位于墓地中部偏西北，在距离前述3座墓葬的西南方向；二等墓有2座依次排列在一等墓的西南侧，有1座被位于中部的一等墓打破，还有1座分布在墓地西南部。

3. 第三期

墓葬规模差距不大，有10座墓葬的面积在1.4~3平方米之间，有1座墓葬的面积约3.8平方米。墓葬结构只见1座墓葬内有单面“二层台”。埋葬方式方面，合葬仍然是最主要的，但单人葬有增加，出现5座。合葬墓中仍以叠层葬较多，不过单层埋葬的情况也不少，有5座。就人骨处理方式而言，一次葬与二次葬的合葬最多，其次是多人二次葬，单人一次和二次葬都较少，似还有多人一次葬，葬式仍以仰身直肢葬

为主，极个别出现侧身屈肢葬。随葬品数量略有差距，数量在1~6件的墓葬有10座，
在9~10件的有3座，有1座墓葬的葬品数量约18件。随葬品种类以陶器和铜器为主，
其次是铜铁合制器、铁器和玉石器，并有一些海贝和螺壳等。

　　同样依据单人墓随葬品特征的情况可分为两等（图4.43）：一等墓随葬品数量在
18件左右，种类以铜器为主，常见兵器有斧、镢，装饰品为腰扣，陶器有釜和单耳
壶，铜铁合制器多为剑和矛等兵器，铁器有环首刀，此外还有绿松石珠饰及海贝等；
二等墓随葬品数量在6件左右，种类较均衡，陶器见釜，铜器有铃，铁器见爪镰一类
的农具，亦有少量绿松石珠和海贝。

　　再观察合葬墓的随葬品情况，数量最少的时候仅随葬1件陶纺轮，或是陶釜和铜
削各1件。说明相较于上述两个等次的墓葬，这些随葬品数量和种类较少的墓葬等次
应是最低的。

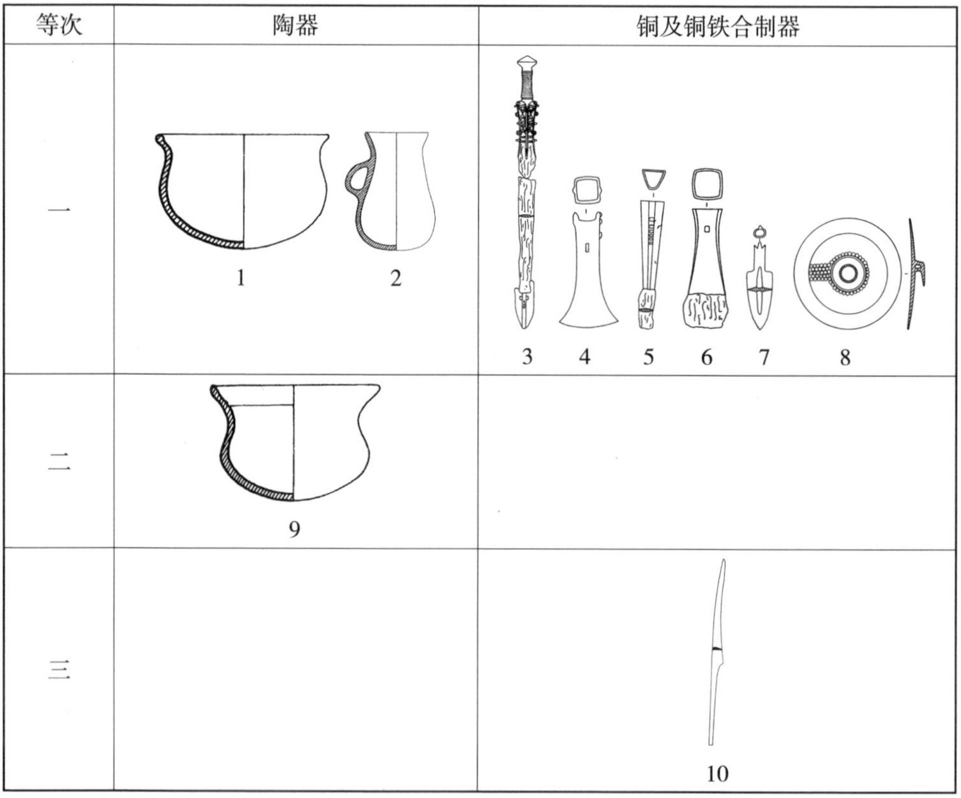

图4.43　纱帽山墓地第三期各等次墓葬器物比较图

1、9.陶釜（M38：4、M33：7）2.单耳壶（M38：19）3.铜柄铁剑（M38：7）4.铜斧（M38：20）
5.铜骹铁矛（M38：14）6.铜銎铁斧（M38：11）7.铜镢（M38：15）8.铜扣饰（M38：9）10.铜削（M35：1）

从不同等次的空间分布情况看（彩版一二，3），一、二、三等墓呈横向和纵向交错排列，但一等墓多位于墓地中部及中偏南部，二、三等墓则分布在外围。

概言之，纱帽山墓地的分化状况是：

第一期，墓葬在规模、随葬品数量及种类上表现了较明显的分化，可分为三个等次，不同等次墓葬在空间上可能有分化，即一等墓分布在山顶，二、三等墓则位于山腰。

第二期，墓葬分化程度没有明显加深，并且暂未发现与第一期一等墓类似的墓葬，仅有两个等次，与前期二、三等墓的分化水平大致相同，同一墓群内部的分化程度也是如此。在空间上不同等次的墓葬并排或交错分布规律不明显。

到了第三期，根据特征差异可分为三个等次，但等次之间的差距不是太大，说明内部分化可能没有继续加深。在空间上，三个等次的墓葬交错分布，空间分化的现象不是很突出。

4.小结

综合以上分析可以看出，纱帽山墓地是一个相对独立的社会单元。墓地使用伊始，墓葬之间就具有一定程度的分化，这主要表现在墓葬规模、随葬品数量和种类上，可能也反映在空间分布上。随着内部继续发展，虽仍有分化，但不如第一期时那么明显，也就是说，该墓地并没有随着时间变化而表现出内部分化逐渐加剧的趋势，但也有可能是因为墓地揭露不全。

第二节　石寨山文化墓地的等级分化

一　一期墓地

本期石寨山文化墓地有8处[①]，对各墓地的等级分化状况进行统计（表4.35）：

在墓地内部分化状况方面，各墓地的分化情况有所不同。羊甫头墓地的分化最

---

① 由于金莲山墓地全部的材料尚未发表，具体情况不明故未进行统计，下同。

表 4.35 石寨山文化一期不同墓地墓葬等次情况比较表

墓地	墓葬等次	墓葬面积（平方米）	墓葬结构	葬具	埋葬方式	随葬品数量（件）	随葬品构成	特殊器物
羊甫头	一	37	平底	一椁一棺		>200	陶：釜、罐、尊和盒；铜：大量兵器、工具、玉器、漆器等	铜钺、啄、锄、釜、鼎，鼓、提筒，玉镯
	二	11	平底	椁		不明	不明	玉镯
	三	4~6	腰坑、平底	棺		50~80	陶：釜、罐、尊；铜：大量兵器、工具、玉石器等	铜钺、啄、锄、釜、鼎，盆
	四	5.5	平底	一椁一棺		约7	陶：釜、罐	
	五	2~4	腰坑、二层台、二层台腰坑、平底	棺		10~17	陶：釜、罐、尊、纺轮；铜：兵器、扣饰、削、爪镰；玉石器	
	六	1~2.5	平底、腰坑	棺少	叠葬	1~9	陶：釜、罐、纺轮；铜：少兵器、爪镰	
李家山	一	5.1~6.2	二层台	棺		25~44	铜：纺织工具、生活用具；玉石器；木竹器	铜卷经杆、针线盒、绕线板、贮贝器、壶、勺、枕、伞盖
	二	1.1~2.6		无		1~6	铜：剑、矛、削、扣饰；玛瑙扣	

续表 4.35

墓地	墓葬等次	墓葬面积（平方米）	墓葬结构	葬具	埋葬方式	随葬品数量（件）	随葬品构成	特殊器物
天子庙	不分等	7.4	二层台	棺	叠葬，多人二次葬	40	陶：尊	铜鼓、贮贝器、鼎
纱帽山	一	5.7	墓底置坑	不明	叠葬，多人二次葬	10~20	陶：纺轮；铜：削、镯；玉石器、海贝	
	二	3	墓底置坑	不明	叠葬，多人二次葬与一次葬，仰身直肢，头向西北，面朝东南	10	陶：釜、罐；铜：矛、镞；石坠、海贝	
	三	2.8	墓底置坑	不明	叠葬，多人二次葬	2~4	陶：罐	
石寨山	不分等	1.3		棺	单人一次葬，仰身直肢，头向西，面向上	1	铜戈	
小松山	不分等	3		不明		5	陶：釜、罐、纺轮	
五台山	不分等	1.5~2		不明		4	陶：釜、罐、纺轮	

复杂，等次也最多，有六个等次，该墓地由五个次级单元组成，每个次级单元下又由墓群这一基本单元构成，一至四等墓只分布在A区，五、六等墓位于其他四个墓区，这不仅反映了墓区内部分化程度的不同，也体现了不同墓区之间的差别，总的情况是A区内部的分化程度高于其他四区，而其他四区相对一致。李家山墓地由两个次级单元组成，各单元内部均分化为两个等次，并且分化程度相同，说明分化主要体现在墓区内部，而墓区之间的差别不大。天子庙墓地虽然只有一个等次，但墓葬反映的特征表明其等次较高。纱帽山墓地内部分化出三个等次，但等次差异不突出。此外，一些墓地如石寨山、小松山和五台山等墓地可能尚未出现分化，金莲山墓地的情况暂不清楚。那么，本期石寨山文化墓地可分为三个级别。

如果对不同墓地的墓葬等次进行比较会发现，羊甫头墓地的一、二等墓是所有墓地中等次最高的，李家山墓地的一等墓和天子庙墓地的墓葬仅相当于羊甫头的三等墓，纱帽山墓地一、二、三等墓分别相当于羊甫头墓地四、五和六等墓，而李家山二等墓以及石寨山、小松山、五台山的墓葬大约同于羊甫头的六等墓。

在墓葬结构方面，墓地之间相同点是大部分墓地都以平底墓为主，部分墓地除平底墓外还有其他结构的墓葬，如羊甫头、李家山等墓地。不同点是不同墓地的类型构成差异，羊甫头墓地较复杂，涉及"腰坑""二层台"以及"二层台腰坑"，李家山和天子庙墓地只见"二层台"，纱帽山墓地的部分墓葬底部有置坑的现象，这种坑不同于羊甫头墓地的"腰坑"，前者均用来埋葬人骨，后者有一部分用于埋葬器物，大部分用途不明。此外还有一点需要注意的是，在羊甫头墓地，非平底墓只出现在三等及以下的墓葬中，但在李家山和天子庙墓地，非平底墓出现在与羊甫头三等墓相同的墓葬中，李家山较低等次的墓葬中则未发现。

关于埋葬方式，虽然大部分人骨保存情况不理想，很难详细进行分析，但还是可以看出墓地之间存在一些差异。比较突出的是纱帽山墓地，以合葬为主，并且是叠层的形式，这种葬俗在每个等次的墓葬中均有出现，而类似的情况只见于羊甫头墓地五、六等墓中，且数量不多。

在随葬品构成方面，还可以看到一些显著的差异（图4.44），这种差异不仅反映在随葬品构成比例上，还表现在等级分化的内容上。在羊甫头、天子庙、五台山和纱帽山墓地的随葬品构成中，陶器均占有很大比例，并且随着等次的升高，陶器数

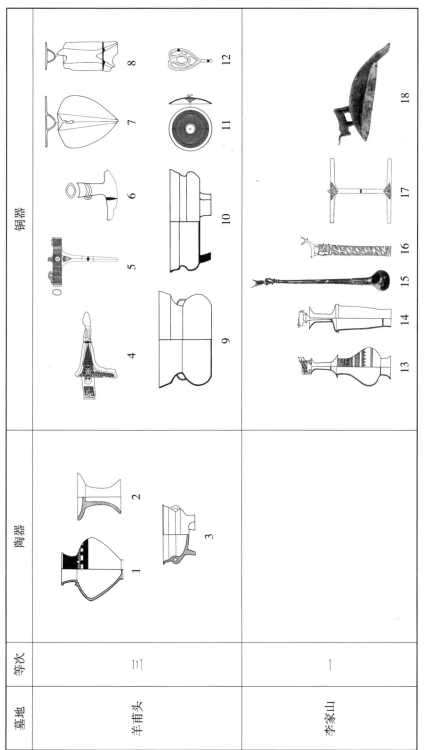

图4.44　羊甫头与李家山墓地同等次墓葬器物比较图（第一期）

1.陶罐（M150：11）　2.陶豆（M101：27-3）　3.陶鼎（M101：55-2）　4.铜戈（M101：9）　5.铜啄（M108：74）　6.铜戈（M101：9）　7.铜锄（M101：37）
8.铜锸（M101：1）　9.铜釜（M101：42）　10.铜鼎（M101：47）　11.铜扣饰（M101：40）　12.铜头饰（M97：29-1）　13.铜壶（M18：2）　14.铜杯（M11：1）
15.铜勺（M11：21）　16.铜针线筒（M11：4）　17.铜工字形器（M11：2）　18.铜伞盖（M18：10）

量和种类都有不同程度的增加，但是石寨山和李家山墓地没有陶器。石寨山墓地的情况可能与墓葬较少有关，李家山墓地的差异主要表现在铜器上，而且一等墓中的纺织工具和部分生活用具目前只见于该墓地。

这种差异可能与墓地所处的空间位置有关，羊甫头和天子庙墓地都位于滇池东北岸，五台山墓地在滇池以北约16公里处，纱帽山墓地位于滇池东北方向，而李家山墓地位于滇池以南约30公里的抚仙湖西南岸，在地理分布上有较明显的北、南之别。

二　二期墓地

本期石寨山文化墓地有8处，对各墓地的等级分化状况进行统计（表4.36）：

在墓地内部分化状况方面，各墓地的分化情况仍有不同表现。羊甫头墓地的分化较复杂，有五个等次，一等和二等墓分别位于A区和E区，三等墓分布在A、C和E区，而四、五等墓在每个墓区分布相对均衡。这说明A区内部的分化程度在五个墓区中仍比较高，C区和E区的分化程度高于B区和D区，体现了不同墓区内部分化状况的差异。李家山墓地相当于本期的墓葬可分化出三个等次，一等墓主要分布在I区，二等墓位于I、III区，而三等墓分布在I、II区，I区的分化程度较高，II和III区较低，表明分化不仅体现在墓区内部，也反映在墓区之间。天子庙墓地的两个次级单元内部的分化程度相当，共分化出三个等次，但一等墓不再分布于次级单元中，而是有相对独立的埋葬区域，这说明墓葬之间的分化同样表现在空间分布上。石寨山墓地和黄土山墓地均分化了两个等次，但差异不大。此外，小松山和普车河等墓地尚未表现出分化。因此，本期石寨山文化墓地可能分为四个级别。

进一步比较不同墓地的墓葬等次，低等次墓葬在每个墓区表现的特征大致相同，如羊甫头的五等墓和李家山墓地的三等墓，石寨山墓地的一、二等墓和天子庙墓地的二、三等墓，以及黄土山墓地的一、二等墓等。但是一些较高等次墓葬在分化的表现形式上有所不同，如羊甫头墓地的三等墓和李家山墓地的一等墓，在墓葬规模方面，李家山要低于羊甫头，但在随葬品数量上，前者高于后者，二者的随葬品种

表4.36 石寨山文化二期不同墓地墓葬等次情况统计表

墓地	墓葬等次	墓葬面积（平方米）	墓葬结构	葬具	埋葬方式	随葬品数量（件）	随葬品构成特点	特殊器物
羊甫头	一	11~15	腰坑、平底	一椁一棺或棺		>60	陶：釜、罐、尊、豆、盒	铜钺、啄、锄、锸、杖头饰、鼓、贮贝器、釜、枕、玉镯和镰
	二	9	二层台	棺		约11	陶：釜、罐、尊、尊	
	三	5~6.6	平底、二层台、腰坑	一椁一棺或棺		16~30	陶：罐、碗和纺轮；铜兵器、工具；玉石器	
	四	2~4	平底、二层台腰坑、二层台	棺少	叠葬少	9~15	陶：釜、罐、尊、铜兵器、凿、削、爪镰；玉石器	
	五	1~3	平底	棺少	叠葬	1~8	陶：釜、罐、纺轮；少铜兵器和玉石器	
天子庙	一	8.4	二层台	不明		>10	陶：罐、尊、圈足壶；玉饰品	铜釜
	二	3~5	二层台少	疑似棺		约8	陶：罐、圈足、铜兵器、装饰品	铜釜
	三	1		不明		约1	陶：罐	
李家山	一	4.6		棺		53	铜兵器、扣饰；玉石器	玉镯、海贝
	二	1.3~3.3	二层台少	不明	合葬少	7~20	铜兵器、工具、装饰品；玉石器	
	三	0.9~2.2		不明		2~6	小铜兵器、工具、装饰品	
石寨山	一	1.6~2.8	二层台腰坑	疑似棺	叠葬；二次葬	8	陶：圈足壶、碗、钵；铜：兵器、工具、装饰品	
	二	1.8~3.4		不明		1~5	陶：圈足壶；铜：兵器、装饰品	
黄土山	一	2.3~6.3	二层台、二层台腰坑	不明		6~9	陶：罐、尊；铜：剑、矛、斧、削、扣饰；绿松石饰品	
	二	1.3	二层台腰坑	不明		3	陶：罐、圈足、纺轮；铜锛、扣饰	
小松山	不分等	1.4~3		不明		1~5	陶：釜、罐、尊、纺轮	
普车河	不分等	2		不明		1~8	陶：罐；铜兵器	

类也有区别。

关于墓葬结构，虽然大部分墓地都是以平底墓为主，但有四个墓地显示出明显差异。羊甫头墓地的墓葬结构仍旧很复杂，除平底墓外，"腰坑"墓是最多的，"二层台"和"二层台腰坑"墓也有，但相对较少；天子庙墓地有少量"二层台"墓；黄土山墓地有很大一部分都属于"二层台"以及"二层台腰坑"墓；李家山墓地也有"二层台"出现，但只是极少数的情况。从形制上看，羊甫头、天子庙墓地的"二层台"基本相同，黄土山与羊甫头墓地的也大多相似。就等次而言，羊甫头墓地的一等墓既有"腰坑"也有平底，二等墓只出现"二层台"，天子庙墓地与之相同等次的墓葬也有"二层台"。在空间分布上，三个墓地的位置非常接近。因此，这三个墓地的相似性以及与其他墓地的差异应该与地域有关。

埋葬方式方面，比较特殊的是在羊甫头和石寨山墓地可以看到以叠葬为主的合葬，其中羊甫头较多，主要出现在羊甫头的四、五等墓以及石寨山的二等墓中。从石寨山的人骨来看，叠葬中的人骨属于二次葬，个别单人葬也有二次葬的现象。李家山二等墓中极少数有合葬的情况，虽然墓中人骨朽烂，但从器物摆放的位置判断，均为双人合葬。

随葬品构成方面的差异仍然存在，集中反映在李家山和其他墓地之间。李家山墓地的随葬品以铜器为主，等级分化的表现形式主要是通过铜器数量和种类差异体现。

此外，虽然其他墓地的随葬品构成以铜器和陶器为主，但相较于铜器种类的一致性，陶器种类还有一些细部差异。以功能区分，除石寨山墓地只见容器外，大部分墓地还有工具，即纺轮。在容器种类上，羊甫头墓地最主要的器类是釜和罐，加上尊这样的组合只出现在一、二等墓中，三、四等墓中仅部分墓葬出尊，五等墓中则只有釜或罐。天子庙墓地的陶器有罐和圈足器，一等墓中的组合包括罐、尊和圈足壶，二等墓有罐和圈足壶，三等墓则只有罐。黄土山墓地可能是以罐为主，在较高等级的墓葬中还会有尊。小松山墓地的陶器类别主要是釜和罐，个别墓葬有尊。石寨山墓地不同等次墓葬的陶器类别均以圈足壶为主。普车河墓地类别最多的是罐，并出少量的杯和盘，但不见圈足器；金莲山墓地可能也是以釜、罐等器类为主。

如果说随葬品构成的整体情况存在北、南差异的话，那么在北区域内部可能还存在普车河墓地和羊甫头、天子庙、黄土山、小松山墓地和石寨山墓地这三个在地域上由北向南形成的小区。金莲山墓地的位置更靠近北区域，在陶器特征上与北区域相同，但上一章分析表明该墓地的空间布局情况接近南区域，这是否体现的是北、南两个区域中间地带文化特征的融合呢？更多认识还有待该墓地资料的发表。

三　三期墓地

本期石寨山文化墓地有19处，对各墓地的等级分化状况进行统计（表4.37）：

在墓地内部的分化状况方面，根据分化程度的不同，可将墓地分为五个级别：

一级，分化最复杂，墓葬等次最多，如羊甫头墓地。该墓地分化了六个等次，各等次在墓地内部的分布情况是，一等墓位于A区，二等墓分布在A、B和E区，三等墓在A、C和E区分布，四等墓位于A、B和C区，五、六等墓在除A区外的其他墓区。这说明墓地内部各墓区的分化程度也不相同，大致形成了A区—B区和E区—C区—D区四个级别。不同墓区内部，不同等次墓葬的空间分布情况大体相同，即高等次墓葬基本位于各墓区西部，低等次墓葬或墓群大多排列在高等次墓葬的北、南及东侧。

二级，分化较复杂，墓葬等次较多，如李家山和石寨山墓地，均分化出五个等次，但两个墓地之间也有一些区别。李家山墓地相当于石寨山文化第三期的墓葬，可能是该墓地第二期偏晚的一些墓葬，这些墓葬可分为五个等次，集中分布在Ⅰ区，在Ⅱ区仅见有二、三和五等墓，表明两个墓区仍存在分化程度的差异，且在空间分布上也有明显区别，高等次墓葬位于山顶处，低等次墓葬依等次高低向山下分布。石寨山墓地不同等次墓葬和墓群的分布情况是，一、二、三等与四、五等墓葬或墓群各自集中分布，彼此有空间上的区分，即四、五等墓分布的区域位于一、二和三等墓的东侧，而二、三等墓则围绕一等墓埋葬。

三级，分化复杂，墓葬等次多，如天子庙墓地。天子庙墓地一等墓与二、三等墓之间差距显著，在分布上也有明显分化，一等墓位于墓地中心，二、三等墓分布在一等墓的东北和西南两侧。

表4.37　石寨山文化三期不同墓地墓葬等次情况统计表

墓地	墓葬等次	墓葬面积（平方米）	墓葬结构	葬具	埋葬方式	随葬品数量（件）	随葬品构成特点	特殊器物
羊甫头	一	20~22	腰坑、二层台	一椁一棺		300~400	陶：釜、罐、尊、豆和盒	铜钺、戚、啄、锄、饰、釜、鼎、杯、勺、玉镯器；卷经杆、辐挥、辐头、漆木器
	二	7~10	平底、二层台腰坑	一椁一棺		10~60	陶：釜、罐、豆；纺轮；铜斧、爪镰；玉镯；玛瑙	铜钺、啄、锄、镭、釜、玉镯、陶豆
	三	4~5.6	平底、二层、腰坑、二层台腰坑	棺	叠葬	30~40	陶：釜、罐、尊、瓮；铜兵器、铢、凿；玉石器	铜钺、锄、镭、釜、玉镭
	四	约3	平底、腰坑、二层台	棺	叠葬少	约20	陶：釜、罐、尊、纺轮；铜兵器、工具；少玉石器	
	五	2~3	平底、二层、腰坑、二层台	棺少一棺	叠葬少	9~18	陶：釜、纺轮；铜兵器、爪镰；玉石器；少铜兵器	
	六	0.9~2	平底、二层、腰坑、二层台腰坑	棺少一棺	叠葬少	1~8	陶：釜、罐、尊、纺轮；少玉石器；少铜兵器、爪镰	
李家山	一	9~11		一椁一棺或棺	合葬	65~300	铜兵器、工具、装饰品；玉石器	铜钺、戚、啄、杖头饰、鼓、葫芦笙、尊、贮贝器、案、伞盖、勺、枕、玉镯、玦；绕线板、卷经杆、针线筒/盒、杯、壶、石杯、海贝
	二	6.4~6.8		棺		60~120	铜兵器、工具、装饰品；铜柄铁剑；玉石器	铜钺、戚、啄、杖头饰、梭口刀、纺轮、鼓、贮贝器、尊、勺、伞盖、玉镯、石杯、海贝；针线筒、工字形器、贮贝器
	三	2~4		不明		9~53	铜兵器、工具、装饰品；铁工具（凿）；玉石器	铜钺、啄、杖头饰、鼓、玉镯、玦
	四	1.3~1.7		不明		10~20	少铜兵器、工具、马具、装饰品；铁工具（凿、削）；玛瑙扣	
	五	0.9~1.4		不明		1~9	少铜兵器、工具、装饰品	
石寨山	一	5~9		不明		50~70	陶：不明；纺轮；铜兵器、工具、玉石器	铜钺、啄、杖头饰、卷经杆、卷布轴、梭口刀、工字形器、鼓、葫芦笙、尊、壶、杯、勺、枕、俑、玉镯、海贝

续表 4.37

墓地	墓葬等次	墓葬面积（平方米）	墓葬结构	葬具	埋葬方式	随葬品数量（件）	随葬品构成特点	特殊器物
石寨山	二	4.5~5		不明		20~40	少铜兵器、工具；玉器	铜卷经杆、纺轮、杖头饰、鼓、葫芦笙、贮贝器、壶、尊、杯、勺、盒、伞盖、玉镯、海贝
	三	3.8		不明		22~24	少铜兵器、工具、装饰品；金器玉石器	铜锄、杖头饰、贮贝器、俑、玉镯、海贝
	四	不明		不明	残存人骨葬式可辨直肢	8	少铜兵器	
	五	不明		不明	疑似一次葬与二次葬的合葬，一次葬者为仰身	2	陶：杯；极少铜兵器、铜铁合制器（爪镰）	
天子庙	一	25	二层台，可能有封土堆	一椁一棺	合葬？	>300	陶：鼎、罐、尊、纺轮；铜兵器；工具、生活用具；玉石器	铜铖、戚、啄、锄、镅、卷经轴、梭口刀、工字形器、杖头饰、鼓、釜、鼎、提筒、枕、勺、海贝
	二	4.3~6.4	二层台	棺		6~9	陶：釜、罐、尊、圈足壶、纺轮；铜兵器、工具、玉石器	铜釜
	三	1.8~3.1		棺		2~5	陶：罐、圈足瓶、纺轮；少铜兵器、工具、装饰品	
纱帽山	一	2.2~3.8	二层台少	不明	合葬、叠葬、二次葬、一次葬，葬者为仰身直肢，头向回西向东南	8	陶：罐、釜、盘、纺轮；铜兵器；装饰品；石器	海贝
	二	1.8~3		不明		1	铜兵器	
黄土山	一	2.7	二层台腰坑	不明		16	铜：兵器、腰扣；玉石器	铜戚、啄、锄
	二	1.1~4.8	平底、二层台腰坑	不明		2~5	陶：罐、尊、纺轮	
石碑村	一	1		不明		10	铜：兵器、工具（凿、削）、爪镰；装饰品、工具	
	二	0.8~1.8		不明		1~8	陶：罐、铜铁合制器、铁器、装饰品、工具	

续表 4.37

墓地	墓葬等次	墓葬面积（平方米）	墓葬结构	葬具	埋葬方式	随葬品数量（件）	随葬品构成特点	特殊器物
小松山	一	3.4		不明		16	陶：尊；铜：兵器、凿、扣饰；玉石器	铜锄
	二	1~3		不明		1~8	陶：釜、罐、纺轮；铜：剑、矛、戈、削	
五台山	一	5.3		不明	疑似一次葬与二次葬的合葬；一次葬者仰身直肢，头向西北	28	陶器：釜、罐、圈足罐；铜器；兵器、工具、装饰品；玉石饰品	铜铖
	二	1.8~3.1		不明		10~12	陶器：釜、罐、单耳壶、盘；铜器：剑、矛、扣饰；石坠	
	三	1.3~2.8		不明		2~7	少陶器：釜、罐；铜器：剑、矛、啄、甲、扣饰	
太极山	一	1.8~2.6		不明		9~15	陶：罐、壶、纺轮；铜：兵器、扣饰	
	二	1		不明		4	陶器；铜兵器；石坠	
团山	一	2		不明		9	铜：剑、矛、斧、镟、凿、扣饰	
	二			不明		2	铜：斧、腰扣	
凤溪山	一	1.4		未见葬具		19	陶：罐；铜：兵器、工具、装饰品	
	二	1.2		未见葬具		8	陶：罐、豆、盒；铜：工具、装饰品；玉器；木器	
完家村	不分等	2		不明		3~7	陶：单耳罐；铜：剑、凿；石器	
大团山	不分等	2		不明		2~7	陶：罐；铜：剑、矛、斧、戈、扣饰；盘	
普车河	不分等	2		未发现		1~8	陶：罐；铜兵器	

　　四级，有分化但差距不大，墓葬等次较少，如五台山、黄土山、石碑村、小松山、凤溪山、纱帽山、团山及太极山等墓地。其中五台山墓地有三个等次，二、三等墓或墓群大多分布在一等墓的东侧。其他墓地的墓葬基本分为两个等次，但差异较小，在空间位置上大多并排或交错分布。

　　五级，可能没有分化或分化不明显，如大团山、完家村等墓地。墓葬在各方面的特征大致相同，暂未表现出明显的分化。

　　进一步比较不同墓地的墓葬等次，羊甫头和天子庙墓地的一等墓可基本对应。二者相同之处是墓葬规模大体一致，墓葬结构也都有"二层台"的情况，葬具均为一椁一棺，随葬品数量在300件以上，随葬品种类大部分相同。不同的方面是，部分随葬品种类和数量有区别。如陶器方面，羊甫头墓地的陶器组合是釜、罐、尊、豆及盒，天子庙的是鼎、罐、尊及纺轮，并且同类器物的数量不同，前者的罐和尊各有4件，后者各有2件。铜器方面，羊甫头墓地的仪仗器是以狼牙棒、矛形、叉形、双钺形、鱼形、人俑形杖头饰为组合，而天子庙墓地只有狼牙棒、叉形、双钺形和人俑形，在生活用具组合上前者以釜、鼎、杯和勺为主，后者除釜、鼎外，有提筒、勺和枕。此外，羊甫头墓地还有大量精美的漆木器，但天子庙墓地发现的极少。造成两个墓地同等次墓葬之间差异的原因可能与时间有关，天子庙墓地的一等墓属于第三期4段，羊甫头墓地的则是第三期5段，表明第三期最高等级墓葬是先后在两个不同墓地出现的。

　　羊甫头墓地的二等墓以及李家山和石寨山墓地的一等墓大体可以对应，但仍有不小差别。羊甫头墓地二等墓的墓葬规模较大，但随葬品数量和种类，尤其是铜器，都不及李家山和石寨山墓地。李家山墓地的墓葬规模比石寨山墓地的更大，随葬品数量也最多，主要是铜兵器占了很大比重，虽然铜器种类大致相同，但有一些器类是后者没有的，如牛虎铜案、铜伞盖、石杯等，显示了一等墓墓主特殊的身份地位。不过在同类器物的制作精度上，如石寨山墓地的铜壶，其表面刻有凤、鹿、豹等图案，线条细如毛发又刚劲流利，非常精美，而李家山墓地的铜壶只有镂孔平行纹。综合看来，李家山墓地的墓葬等级可能要高于石寨山墓地。

　　李家山和石寨山墓地的高等次墓葬有很多共性。如在一、二等墓中，具有一套相对规整的铜兵器、工具、仪仗器、乐器、生活用具组合，其中纺织工具（卷经杆、工字形器、纺轮、绕线板和针线筒或盒）与部分生活用具（如尊、壶、杯、勺）组合，在其他墓地不多见。对比羊甫头墓地同等次墓葬的随葬品构成情况，更能反映出墓地之间的差异。羊甫头墓地二等墓的随葬品构成以铜器和陶器为主，其中陶器组合是釜、罐、豆等，铜工具组合主要是手工业工具（削）和农具（锄、锸），生活用具有釜等（图4.45）。

墓地	等次	共性	差异性
羊甫头	二	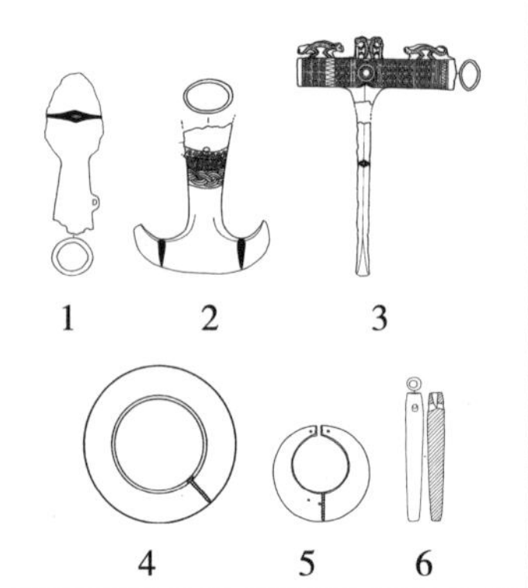 1 2 3 4 5 6	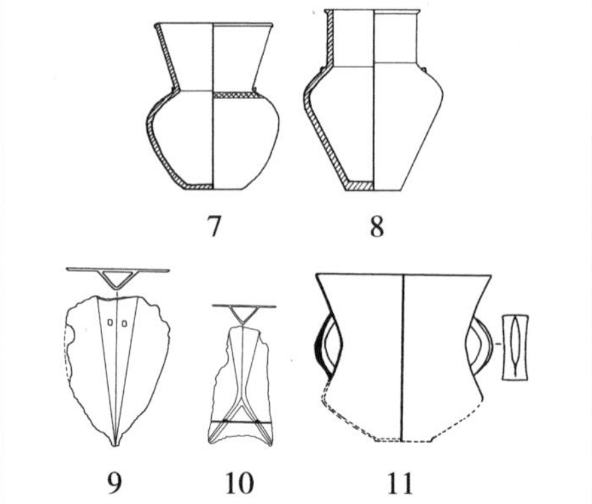 7 8 9 10 11
李家山	一	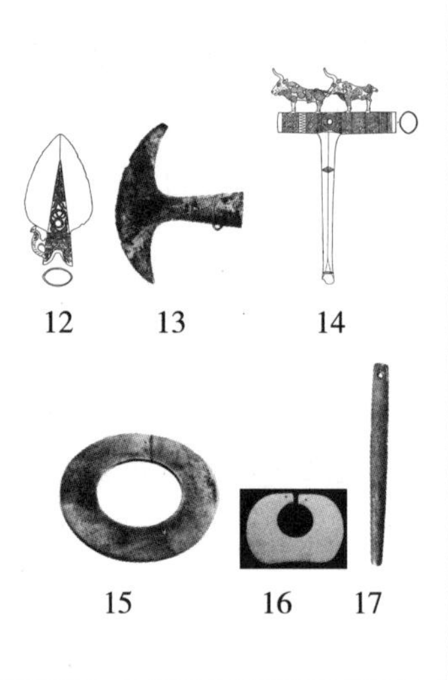 12 13 14 15 16 17	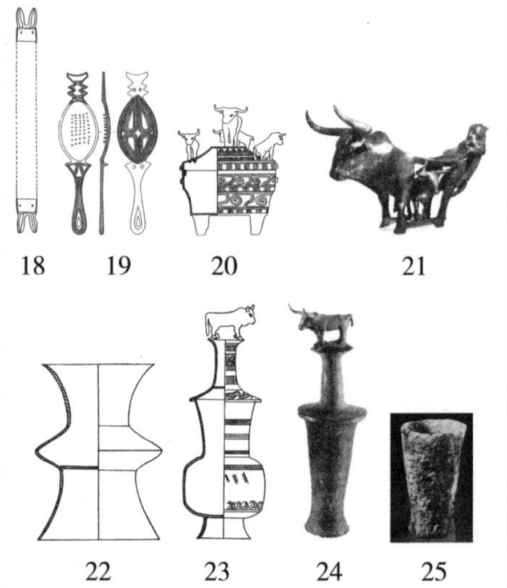 18 19 20 21 22 23 24 25

图4.45 羊甫头与李家山墓地同等次墓葬器物比较图（第三期）

1、12.铜矛（M102：6、M24：29） 2、13铜钺（M102：2、M13：22） 3、14.铜啄（M102：11、M13：25）
4、15.玉镯（M102：27、M13：26） 5、16.玉玦（M102：29-1、M13：29） 6、17.石坠（M102：28、M24：105）
7、8.陶罐（M102：45-2、M102：45-1） 9.铜锄（M102：44） 10.铜锸（M102：26） 11.铜釜（M102：46） 18.铜卷经杆（M17：24） 19.铜刷形器（M23：8） 20.铜针线盒（M23：6） 21.铜案（M24：5） 22.铜尊（M22：22） 23.铜壶（M17：11） 24.铜杯（M22：1） 25.石杯（M21：75）

羊甫头墓地的三等墓、李家山的二等墓、石寨山的二等墓、天子庙的二等墓及五台山的一等墓大体属于相同级别。此外，羊甫头的四等墓、李家山和石寨山的三等墓基本是相同级别。羊甫头五等墓、李家山四等墓、黄土山一等墓、石碑村一等墓、小松山一等墓、五台山二等墓、太极山一等墓、凤溪山一等墓基本对应，而羊甫头六等墓、李家山五等墓、石寨山四和五等墓、天子庙三等墓、黄土山二等墓、石碑村二等墓、小松山二等墓、五台山三等墓、太极山二等墓、凤溪山二等墓、纱帽山和团山等墓地的墓葬等级情况大致能对应起来。

墓葬结构方面，大多数墓地的结构均为长方形竖穴土坑平底墓，但有四个墓地的情况特殊。羊甫头墓地的墓葬结构类型较多，平底墓与非平底墓几乎各占一半，非平底墓中"腰坑"墓是最多的，"二层台"和"二层台腰坑"墓相对较少；天子庙墓地有少量"二层台"墓；黄土山墓地有大部分应该属于"二层台腰坑"墓，少数为平底墓；纱帽山墓地也出现少量"二层台"墓。就不同等级的结构类型及形制而言，羊甫头墓地的一等墓多见"腰坑"，个别有单侧"二层台"，天子庙墓地的一等墓只见四面"二层台"，且形制规整；羊甫头墓地的三等墓有平底、"腰坑"、"二层台"及"二层台腰坑"四种类型，与之同级的天子庙墓地二等墓中个别有"二层台"，前者的具体形制不明，后者有单侧和两面的情况；羊甫头墓地的五、六等墓具有四种类型，但在纱帽山墓地仅个别有"二层台"现象，黄土山墓地既有平底墓也有"二层台腰坑"，形制方面羊甫头和纱帽山墓地的均为单面"二层台"，羊甫头墓地的"二层台腰坑"有熟土两面"二层台"，也有单面或双面"二层台"的，"腰坑"多为方形或长方形，黄土山墓地的具体情况不明。从空间分布来看，羊甫头、天子庙和黄土山这三个墓地的位置接近，纱帽山墓地距离三者较远。因此，这几个墓地的特殊性应该与地域有关。

关于死者埋葬方式，在羊甫头和纱帽山墓地有以叠葬为主的合葬，并且这种现象主要出现在两个墓地等次基本相同的墓葬中，即羊甫头墓地的六等墓及纱帽山墓地的一等墓。此外，在石寨山和五台山个别墓葬可能有合葬。从部分墓地有人骨的情况来看，纱帽山墓地有单人一次葬、多人二次葬以及一次葬与二次葬的合葬，石寨山和五台山墓地可能有一次葬与二次葬的合葬。这三处墓地的葬式以仰身直肢葬为主，仅纱帽山见少数侧身直肢葬。

随葬品构成方面，根据主要器物种类的不同分成两大类，第一类是以随葬铜器为主，如石寨山、李家山和团山墓地，第二类是既有铜器也有陶器，如羊甫头、天子庙、纱帽山、黄土山、五台山等墓地。

第一类墓地随葬品构成的相同之处是：首先，铜器以兵器、工具和装饰品为主，铜铁合制器及铁器较少，且多为工具；其次，李家山和石寨山墓地的高等次墓葬的随葬品构成大体相同，除大量铜器外，还有玉石器及海贝，部分铜杖头饰和生活用具种类相同等。不同之处是：石寨山和团山墓地的个别墓葬中出有极少的陶器，如石寨山出陶杯、纺轮等，团山的陶器过于残破，器形不明，李家山几乎不见陶器。

第二类墓地的共同性是器物种类较一致。陶器多为容器和工具，铜器以兵器、工具和装饰品为主。差异性是各类别下的组合有所不同。如陶容器组合上，羊甫头墓地最主要的器类是釜和罐，加上尊、豆，这样的组合只出现在一、二等墓中，三、四等墓中仅部分墓葬出土尊，六等墓中只有釜或罐；天子庙墓地的基本组合是罐和圈足器，一等墓中还有鼎，二等墓有釜；五台山墓地的基本组合是釜和罐，极少数出圈足罐或单耳罐；其他大部分墓地的陶器都是以罐为主，还有少数墓地情况不同，如纱帽山、黄土山和小松山墓地出釜或圈足器，如凤溪山和凤凰窝墓地出豆及盒。铜兵器组合方面，羊甫头、石碑村等墓地大多是以剑、矛、戈和斧为组合，但在其他墓地则较少见到戈一类的兵器；铜工具组合方面，羊甫头、石碑村等墓地除有削、凿外，还有大量爪镰一类的农业工具，在高等级墓葬中还有锄、锸等农具，其他墓地则大多是较高等级的墓葬中有锄或锸等用具，如天子庙、黄土山和小松山等墓地。

从空间上观察不同随葬品构成的墓地分布情况发现，第一类墓葬分布在滇池东南岸及滇池以南的抚仙湖西南岸；第二类墓葬均位于滇池东北岸及往东北、北、西北不同方向延伸的区域。第二类墓葬中陶器和铜器组合相似的墓地，其分布位置也相对接近，如羊甫头、天子庙、黄土山、小松山和石碑村等墓地。

四　四期墓地

本期石寨山文化墓地有16处，对各墓地的等级分化状况进行统计（表4.38）：

表4.38　石寨山文化四期不同墓地墓葬等次情况统计表

墓地	墓葬等次	墓葬面积（平方米）	墓葬结构	葬具	埋葬方式	随葬品数量（件）	随葬品构成特点	特殊器物	其他
羊甫头	一	9~10	腰坑、二层台腰坑	一椁一棺/棺		7~15	陶：釜、罐、尊、瓮、纺轮；极少铜、铜铁兵器；玉石器	铜锄、锸；玉玦	
	二	2~3.2	平底、腰坑、二层台	棺		20~40	陶：釜、罐、尊、钵、纺轮；铜兵器、工具、铜铁兵器；玉石器	铜啄、锄、锸；玉玦	
	三	2~3	腰坑、平底、二层台腰坑	棺少	叠葬少	10~20	陶：釜、罐、纺轮、工具；少铜兵器、少玉石器		
	四	0.9~2	腰坑、平底、二层台腰坑	棺少	叠葬少	1~9	陶：釜、罐、钵、纺轮、少铜铁兵器和玉石器		
李家山	一	25~38	二层台	一椁二棺或一椁一棺	合葬	约5000	陶：单耳壶；铜及铜铁合制器；兵器、工具、马具；金银器；玉石器	铜钺、戚、啄、戈、弩机、编钟、锄、贮贝器、釜、罂、壶、杯、盘、卮、炉、伞盖、镜、盒、执伞俑；玉镯和髤；海贝	珠襦
	二	12~20		一椁一棺		200~3000	陶：单耳壶；铜及铜铁合制器；兵器、工具、马具；金银器；玉石器；漆器	铜钺、戚、啄、戈、弩机、锄、镭、盘、炉、杖头饰、贮贝器、釜、伞盖、镜；玉镯和髤；海贝	珠襦
	三	2.6~6.3		棺	合葬	50~180	陶：钵；少铜及铜铁合制器；兵器、工具、铜马具、装饰品；玉石器	铜钺、戚、锄、杖头饰、熏炉、漆匜；玉镯和髤；镜	极个别可能有珠襦
	四	2~2.4		棺	少合葬	10~30	少铜及铜铁合制器；兵器、工具、马具、装饰品；玉石器	玉镯	
	五	0.2~1.7		不明	合葬	3~6	极少铜铁兵器、装饰品		

续表 4.38

墓地	墓葬等次	墓葬面积（平方米）	墓葬结构	葬具	埋葬方式	随葬品数量（件）	随葬品构成特点	特殊器物	其他
石寨山	一	3.5~17.8	少二层台	一椁一棺/漆棺		200~600	陶：单耳壶、碗；铜及铜铁合制器等；工具；铜马具；玉石器、银器	铜钺、戚、啄、鼓、弩机、锄、锸、鼎、杖头饰、贮贝器、编钟、铺首壶、盒、盖；洗、盘、鉴、镜、执伞俑、伞盖；薰炉、烹炉；漆杯；海贝；象牙	珠襦
	二	4-9.7		漆棺	一次葬者仰身直肢，头向西	60~200	陶：豆、壶、罐、炉；铜及铜铁合制器；工具；铜马具；金器；玉石器	铜钺、戚、啄、鼓、弩机、锄、锸、杖头饰、贮贝器、金、釜、辅首壶、镜、执伞俑、海贝；杯、盖、伞盖；玉镯	极个别有珠襦
	三	2		不明		30~50	少铜兵器、工具、装饰品；铜合制器；金器；玉石器	铜钺、戚、杖头饰、锄；玉镯	
	四	1.6		一椁一单棺	疑似一次葬与二次葬的合葬/疑似二次葬；一或断肢葬；一次葬者为仰身直肢，头向西、西北、西南	14~30	陶：豆、罐；铜兵器、马具、装饰品；钱币；铜铁合制器；兵器；工具；玛瑙器		
	五	不明		棺	一次葬者仰身直肢，头向西	6~8	少铜及铜铁合制器；兵器；铜装饰品；钱币		
纱帽山	一	1.8~3	少二层台	不明	合葬、叠葬，二次葬，一次葬者仰身直肢，头向西北	9~18	陶：釜、单耳壶、钵；铜及铜铁合制器；兵器；玉石器	铜锄，海贝	

续表 4.38

墓地	墓葬等次	墓葬面积（平方米）	墓葬结构	葬具	埋葬方式	随葬品数量（件）	随葬品构成特点	特殊器物	其他
纱帽山	二	1.5-3.8	脚坑	不明	合葬、叠葬，二次葬，一次葬者仰身直肢，头向西北	4~6	陶：釜、单耳杯，纺轮；铜兵器；装饰品；铜铁合制兵器；铁衣具；玉石器	海贝	
纱帽山	三	1.4~2.1		不明	合葬、叠葬，一次葬者侧身直肢，头向西北	1~3	陶：釜，纺轮		
天子庙	一	6.4		不明		20	陶：釜、罐、尊、圈足壶，纺轮		
天子庙	二	2.3~3		不明		1~2	陶：罐；石器		
石碑村	一	1~1.8		不明		12~13	铜：兵器、工具（锛），装饰品、钱币、铁刀；玉石器		
石碑村	二	0.75~1.8		不明		1~9	陶：釜、罐，纺轮，装饰品；少铜：兵器，工具，钱币；多铜铁合制器及铁器：工具；少玉石器		
大极山	一	1.6~2		不明		7~12	陶：罐、翁；铜：兵器；铜铁合制器：兵器；腰扣；铜铁合制器：兵器	铜锄	
大极山	二	1.2		不明		6	铜：兵器；铁器：工具		
黄土山	不分等	5.4	二层台腰坑	不明		17	陶：罐、圈足壶，纺轮；铜：爪镰；玉石器		
凤溪山	不分等	1.2		不明		12	铜：兵器，工具；铜铁合制器及铁器：兵器；工具；石器		
团山	不分等	不明		不明		不明	铜：兵器，工具	铜釜、镜	
普车河	不分等	2		不明		1~8	陶：盘；铁器		
五台山	不分等	不明		不明		5	陶器：釜、盘；铜器：矛、斧，锛		

关于各墓地内部的分化状况，根据分化程度的不同，将墓地分为四个级别：

一级，分化最复杂，墓葬等次最多，如李家山、石寨山墓地。这两处墓地都分化出五个等次，各等次之间的差距大体一致，只是表现方式有些区别，如李家山墓地在墓葬规模上有明显的等次差异，而石寨山墓地没有那么显著，这可能与墓地环境及田野发掘有一定关系。不同等次在墓地内部的分布情况也有差异，李家山墓地由三个墓区组成，每个墓区内由墓葬和墓群构成，其中Ⅰ、Ⅱ区的分化状况基本相同，各等次墓葬在两个墓区均有分布，且均为一等墓居中，低等次墓葬或墓群分布在其周围；石寨山墓地未见明显分区，内部由若干墓葬或墓群构成，不同等次的墓葬或墓群分布区域可能不同，即四、五等墓大多分布在一、二和三等墓的东部，一等墓的位置则相对居中。

二级，分化较复杂，墓葬等次较多，如羊甫头墓地。该墓地分化了四个等次，一等墓位于B、C和E三个墓区，二等墓分布在A、B、C和E区，三、四等墓分别在除A区外的其他四个墓区。可以看出墓地内部各墓区的分化程度有差异，B、C和E区大致相同，A区较低，D区最低。除A区和D区外，不同墓区内部的高等次墓葬基本位于墓区西部，低等次墓葬或墓群大多在高等次墓葬东北方向或围绕高等次墓葬分布，每个墓区的总体情况都是等次越低的墓葬越接近墓区的东北边缘。

三级，有分化但差距不大，墓葬等次较少，如纱帽山、天子庙、石碑村、太极山等墓地。这些墓地大多可以分为两个等次，各等次分化的表现形式基本相同，空间分布也基本一致，两个等次的墓葬或墓群大多并排或交错分布。此外，黄土山、凤溪山等墓地的特征表明其内部分化应与本级别墓地相同。

四级，可能没有分化或分化不明显，如五台山、普车河和团山等墓地。墓葬各方面的特征大致相同，暂未表现出明显的分化状况。

进一步比较不同墓地的墓葬等次发现：

李家山和石寨山墓地的五个等次基本可以彼此对应，但相同等次墓葬的分化表现形式有区别。李家山墓地一、二等墓的墓葬规模要比石寨山墓地的大，并且随葬了更多的金器及玉石器，虽然大量的金器及玉石器与"珠襦"有关，但种类及数量之丰富反映出李家山墓地的"珠襦"制作工艺更复杂。还有一个明显的差异是，石寨山墓地个别二、四等墓葬中随葬了更多的陶器，种类有豆、熏炉、罐等，这些器物在李家山墓地几乎未见。特别需要注意的是两个墓地各有1座出铜编钟的一等墓，除了具有前述差异外，铜生活用具的种类也不同，如李家山墓地的有鼎、釜、罐和盘等，但石寨山墓地的是鼎、鍪、辅首壶、洗、盘、盉等，李家山墓地的铜乐器还有铜鼓，但石寨山墓地没有，石寨山墓地的贮贝器种类和数量要多于李家山墓地，石寨山墓地的铜编钟主体纹饰是钟身两面分别铸有左右对称的四条蜿蜒的龙纹，而李家山墓地的是双"S"形纹，更重要的是石寨山墓地还出有"滇王之印"。

羊甫头墓地的四个等次，其中二、三和四等墓可与李家山和石寨山墓地的三、四和五等墓分别对应，羊甫头墓地的一等墓虽然规模不小，但随葬品数量和种类远不及李家山和石寨山墓地，可能是介于后者二、三等墓之间的等次。

上述第三级墓地的墓葬等次，可分别与羊甫头墓地的三、四等墓对应，第四级墓地的情况则相当于羊甫头墓地四等墓的分化水平。

关于墓葬结构，大部分墓地的情况与前期相同。除羊甫头、黄土山和纱帽山墓地仍与其他墓地有区别外，李家山和石寨山墓地的部分墓葬还有一些特殊现象。羊甫头墓地的墓葬结构类型仍然是最复杂的，但与上一期不同的是，非平底墓的数量明显多于平底墓，以"腰坑"墓为主，其次是平底墓，"二层台"和"二层台腰坑"墓较少。黄土山墓地则多见"二层台腰坑"墓。纱帽山墓地有少量"二层台"墓，个别墓葬中有"脚坑"现象。而李家山和石寨山墓地部分墓葬有"二层台"现象。就不同等次的结构类型及形制而言，李家山和石寨墓地的"二层台"均出现在一等墓中，不同的是前者形制有单面、两面和不规则几种形制，后者只见四面一种。羊甫头墓地的一等墓多见"腰坑"，其次是"二层台腰坑"，二等墓也以"腰坑"墓为主，其次是平底墓，"二层台"墓较少。羊甫头墓地的三等墓以"腰坑"为主，其次是平底墓，且有少量"二层台"及"二层台腰坑"墓，与之同级的黄土山和纱帽山墓地分别见"二层台腰坑"墓和"二层台"墓，从相同类型的形制看，羊甫头墓地的"二层台"有四面，纱帽山墓地的则是单面。羊甫头墓地的四等墓的结构类型与三等墓基本相同，但是在纱帽山墓地相同等级的墓葬只见有"脚坑"，并且功能上较特殊，纱帽山的"脚坑"多用于埋葬人骨，羊甫头墓地的"腰坑"明显与之不同。

在死者埋葬方式方面，可以看到三种情况：第一种是羊甫头和纱帽山墓地仍有以叠葬为主的合葬，并且这种现象主要出现在两个墓地等级基本相同的墓葬中，即羊甫头墓地的三、四等以及纱帽山墓地的一、二等墓；第二种是李家山墓地不同等级的墓葬中部分有合葬的现象，从随葬品摆放位置判断多数属于双人合葬；第三种是石寨山墓地的四等墓中部分墓葬可能属于合葬。从部分墓地埋有人骨的情况来看，纱帽山墓地有单人一次和二次葬、多人一次和二次葬以及一次葬与二次葬的合葬，石寨山墓地可能有一次葬与二次葬的合葬。同时这两处墓地的葬式大多为仰身直肢葬，石寨山多是头向西，纱帽山多是头向西北，仅纱帽山个别墓葬见侧身屈肢葬，头向西北。

随葬品构成方面，所有墓地在铜、铜铁合制及铁制的兵器、工具种类方面大体一致，但根据主要类别的不同，仍可分成两大类，第一类是以随葬铜器为主，陶器极少，如石寨山、李家山等墓地，第二类是既有铜器也有陶器，如羊甫头、天子庙、纱帽山、黄土山、五台山、石碑村及太极山等墓地。

第一类，从随葬品构成的共同性来看，首先，铜器、铜铁合制器及铁器基本以兵器、工具和马具为主。其次，相同等次墓葬的葬品构成大体相同，如高等次墓葬除随葬大量铜器外，还有金器、玉石器及海贝，并有少数制作较精美的陶器，低等次墓葬主要随葬铜、铜铁合制器或铁制的兵器、工具、马具及装饰品等。从差异性来看，李家山墓地高等次墓葬中随葬的陶器类别主要是单耳壶和杯等，石寨山墓地出单耳壶的墓葬极少，个别墓葬出豆和罐等（图4.46）。

第二类，从器物功能的角度来看共同性，陶器多为容器和工具，铜、铜铁合制器及铁器多为兵器和工具，并有铜装饰品及钱币等。差异性是各类别下的组合仍有不同（图4.47），尤其体现在陶容器组合上，羊甫头墓地的主要器类是釜和罐，尊只出现在一等墓和部分二等墓中，三、四等墓中则只有釜或罐。石碑村墓地的陶器组合也是以釜和罐为主。纱帽山墓地的陶器组合以釜和单耳壶或单耳杯为主。其他大部分墓地的陶器主要是罐，少部分出盘，如五台山和普车河墓地，个别出圈足壶，如黄土山墓地。

不同类别随葬品构成的墓地分布情况与前一期基本相同，不过有个变化需要注

墓地	等次	共性	差异性
石寨山	一	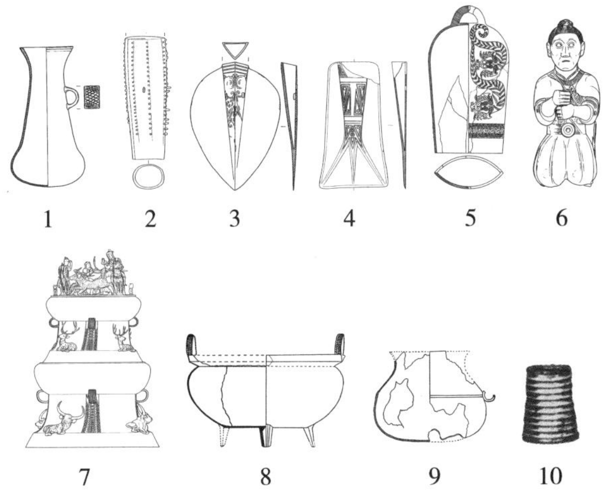	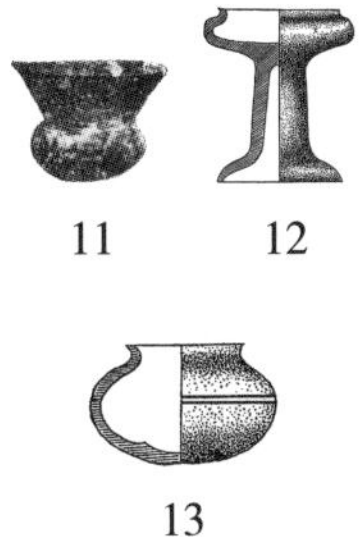
李家山	一	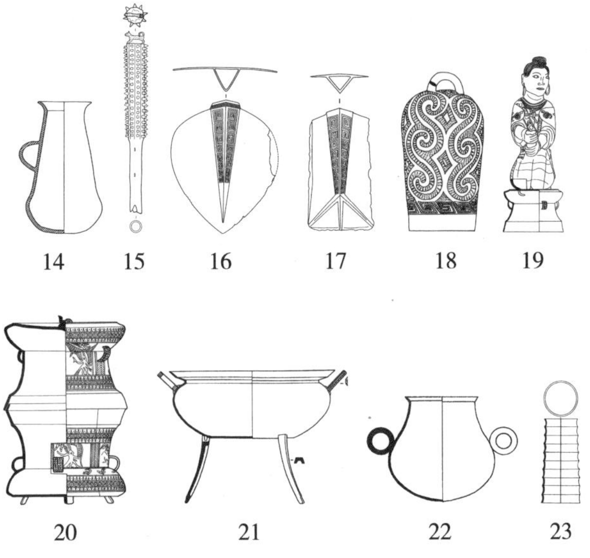	

图4.46 石寨山文化四期第一类墓地同等次墓葬器物比较图

1、14.陶单耳壶（M71：145、M51：345） 11.陶釜（M1：？） 12.陶熏炉（M7：23） 13.陶圜底小罐（M7：83） 24.陶杯（M69：165） 2、15.铜狼牙棒（M71：207①、M51：342） 3、16.铜锄（M71：205①、M69：226） 4、17.铜锸（M71：208①、M69：219） 5、18.铜编钟（M6：117、M51：269） 6、19.铜执伞俑（M71：154、M51：260） 7、20.贮贝器（M71：142、M69：163） 8、21铜鼎（M6：61、M51：150-2） 9、22.铜鍪（M6：60、M68：194） 10、23.金钏（M1：？、M69：109）

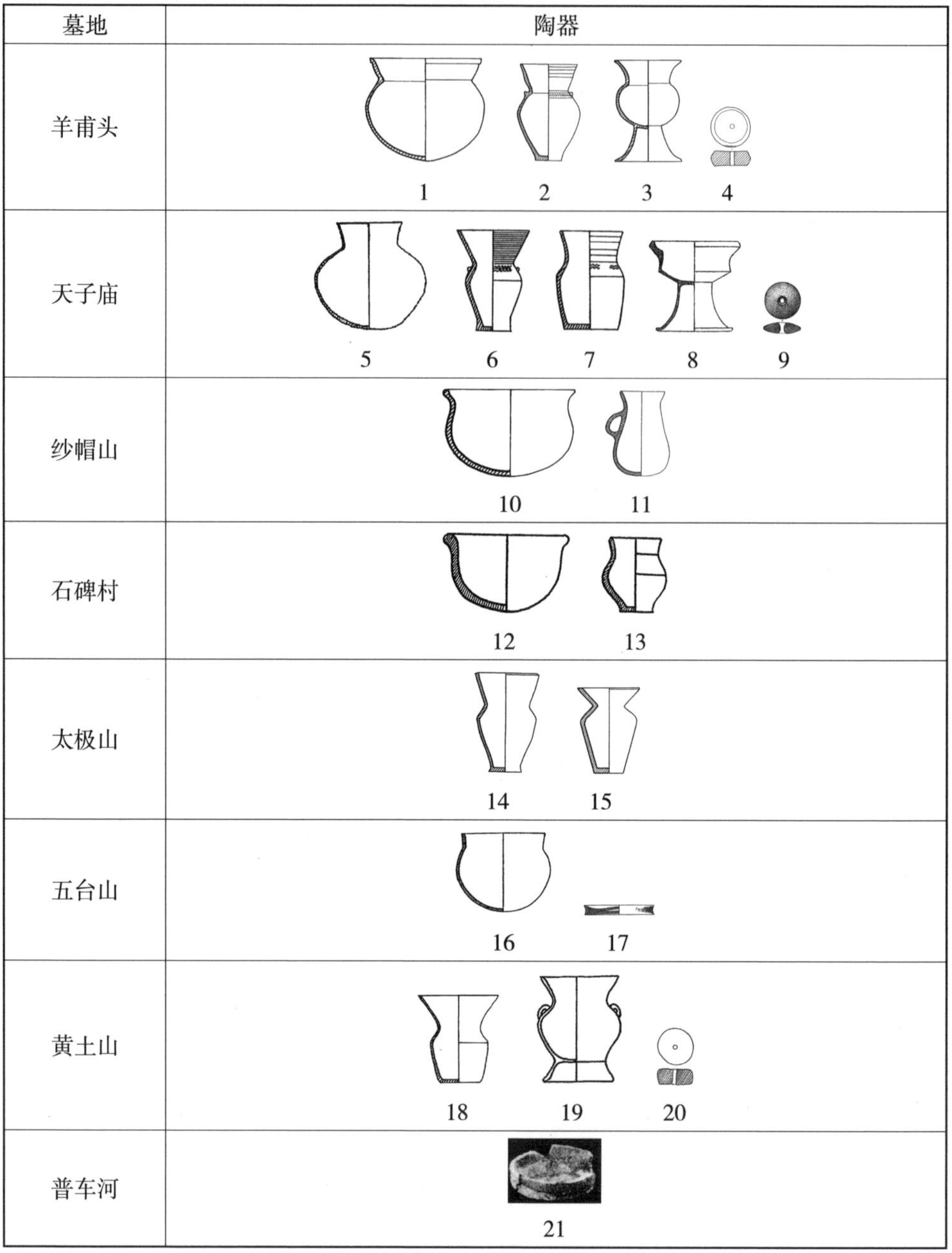

墓地	陶器
羊甫头	 1　　2　　3　　4
天子庙	 5　　6　　7　　8　　9
纱帽山	 10　　11
石碑村	 12　　13
太极山	 14　　15
五台山	 16　　17
黄土山	 18　　19　　20
普车河	 21

图4.47　石寨山文化四期第二类墓地陶器差异比较图

1、5、10、16.陶釜（M185：17、③M57：6、M38：4、M4：4）2、6、13~15、18.陶罐（M194：11、②M14：4、②M61：1、M4：3、M4：2、M50：9）3.陶尊（M326：10）7.陶瓶（②M17：2）8.陶豆（①M16：7）11.陶单耳壶（M38：19）12.陶钵（②M55：2）4、9、20.陶纺轮（M275：3-2、②M17：1、M50：2）17、21.陶盘（M4：2、M36：2）19.陶圈足壶（M50：8）

意，第二类中的纱帽山墓地，虽然分布位置在滇池东北方向，但其陶器类别同时具有第一类和第二类墓葬中的典型器物。

通过对每一个时期不同墓地的分化状况及特征分别进行比较，可以看出墓地之间的差异性表现出了区域特征，具体说来，可能形成了以羊甫头、天子庙墓地为主的北区域，和以石寨山、李家山墓地为中心的南区域（图4.48），北区域内部根据墓地距离的远近，还表现出小范围的共性，如羊甫头、天子庙、黄土山、小松山及石碑村墓地的特征相对一致。

纵向观察不同墓地在不同时期的关系变化，可以概括为：

第一期，羊甫头、天子庙、五台山及纱帽山墓地的特征共性较多，而石寨山、李家山墓地的独特性较强。在空间分布上，前述几处墓地大多位于滇池以北，或表现了区域性差异的雏形。从不同墓地的分化状况看，羊甫头墓地的分化最复杂，最高等次的墓葬也位于该墓地，说明此时它代表整个文化的中心。

第二期，随着墓地的增加，前一期形成的区域性特征进一步加强，区域范围有向北、南扩展的趋势，往北延伸至普车河墓地，往南可能影响了石寨山墓地。在这个区域范围内，不同墓地的等级分化表明羊甫头墓地仍然具有中心地位，天子庙墓地的级别低于羊甫头，但高于其他墓地。与此同时，位于滇池以南数十公里的李家山墓地的分化状况开始变得复杂，这或许反映了石寨山文化内部另一个新的中心开始崛起。

第三期，根据墓地特征的区域性差异，形成分别以羊甫头、天子庙墓地和

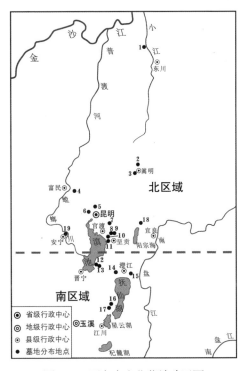

图4.48　石寨山文化墓地分区图

1.普车河 2.凤凰窝 3.凤溪山 4.完家村 5.五台山 6.大团山 7.羊甫头 8.天子庙 9.黄土山 10.小松山 11.石碑村 12.石寨山 13.金砂山 14.木官山 15.金莲山 16.团山 17.李家山 18.纱帽山 19.太极山

石寨山、李家山墓地为中心的北、南两个区域。但从墓地数量及内部分化状况来看，北区域的整体实力要强于南区域。在北区域，虽然羊甫头墓地仍居中心地位，但天子庙墓地的级别俨然仅次于羊甫头墓地。而在南区域，石寨山墓地和李家山墓地内部均加速分化，分化程度和墓葬等次相近，但总体上是李家山墓地的级别略高。

第四期，石寨山文化内部北、南两区的区域性特征突出，在区域内部小范围的共性特征更加明显，这主要在北区域有所反映，可能与北区域大范围内墓地之间的距离远近有关。与此同时，两个区域的分化状况发生变化，南区域的等级分化程度明显高于北区域，石寨山和李家山成为石寨山文化的中心墓地，尽管羊甫头墓地的地位下降，但其仍是北区域的核心，而天子庙墓地开始衰落。

第五章　石寨山文化墓地反映的社会状况及相关问题探讨

　　前述章节梳理、归纳了墓葬反映的现象和规律，接下来本章将讨论墓地背后的社会意义。正如前文所述，一个墓地代表一个社群，那么一个墓地的空间结构反映了一个社群的单位构成情况，不同层级结构通过墓葬、随葬品特征表现出的高低差异则反映出社群内部不同社会单位的分层现象，即等级分化状况。通过分析这两方面的内容，可以探讨单个社群的社会结构。进一步观察在同一时期内不同墓地所代表的社群之间的社会结构差异，以及不同阶段各社群之间社会关系的变化情况，就可以从墓葬层面了解石寨山文化的社会结构及变迁过程，这一过程实际反映了石寨山文化社会复杂化的发展轨迹。当然，仅从墓地的角度去讨论社会并不够全面，还需要考察聚落以及其他能够反映墓主生前社会生活状态的材料。通常，探讨某一区域史前社会复杂化过程的主要方法是聚落形态研究，其前提是掌握一定基础的聚落遗址资料。但目前对石寨山文化进行聚落考古研究的条件还不太成熟。不过近来陆续发现的石寨山文化遗址材料为我们了解石寨山文化聚落的内涵及结构提供了新的认识。由于这些资料尚未系统整理发表，笔者暂时只能进行粗浅的分析，本章有关石寨山文化社会状况的问题主要通过墓葬遗存来探讨。

　　社会权力是探索社会复杂化演进的重要指标之一，通过墓葬及随葬品所代表的葬仪研究史前社会权力形态，历来是复杂社会研究的主要方向。已有学者运用葬仪中的观念对史前社会和社会权力竞争进行了深入研究[①]。借助此种研究方法，通过辨析墓葬仪式空间、仪式用具及仪式含义来讨论石寨山文化社会权力的形态特征以及社会权力之间的关系，进而窥探该文化社会复杂化的演进过程及其动因亦是本章关注的重点。在此基础上，结合文献记载，重新认识石寨山文化与"滇"的关系，以及"滇"的社会特点。

第一节　社会结构及其变迁

　　石寨山文化墓地一期，社群数量较少，不同社群在空间分布上相对分散，除羊甫头墓地外，大部分社群的规模都比较小。根据社群内部结构层级的不同分为两类：第一类社群内可划分出次级社会单元，每个次级社会单元由最小社会单位组成，如羊甫头、李家山和天子庙墓地；第二类社群相当于第一类社群的次级社会单元，如石寨山、纱帽山和五台山等墓地。这体现了两种不同层级的社会组织形态。不同墓地的社会组织结构层级与墓地的揭露面积有一定关系，目前的判断是基于现有材料得出。那么，这反映出什么样的社会组织呢？

　　以羊甫头墓地为例，组成这个社群的最小单位是墓群，这种墓群通常是由两座或三座墓葬聚集而成。虽然尚缺乏有关墓主性别、年龄的直接证据，但是从随葬品构成情况来看，同一墓群内，不同墓葬的随葬品构成通常分为两种情况：一种是主要构成类别相同，即均为陶器，或既有陶器也有铜器；另一种是主要构成类别不同，即其中一座墓葬有陶容器和铜兵器，其他墓葬则只有陶容器或纺轮，或同时出铜工具等。纱帽山墓地部分可以判定性别的单人葬表明，随葬兵器尤其是剑、矛一类器物的墓主大部分是男性，只随葬陶器的墓主既有女性也有男性。说明同一墓群内，两座随葬品构成情况不同的墓葬，具有墓主性别不同的可能，他们可能是夫妻关系，也可能是其他形式的亲属关系。如果墓群表示的是一对夫妻以及他们的子女，那么一个墓群或许代表了人类学视角下的一个家庭单位。若干墓群构成

[①]　张弛：《社会权力的起源：中国史前葬仪中的社会与观念》，北京：文物出版社，2015年。

了羊甫头墓地的次级社会单元，即墓区。这意味着若干个家庭以区为单位在空间上聚集，彼此之间存在紧密的联系，而这种联系最有可能是血缘关系，因此这种墓区可能代表了一个家族。羊甫头墓地有五个墓区，表示该墓地可能是由五个家族组成的。五个家族埋葬在同一个墓地，具有明确的空间规划，即B区、C区、D区和E区围绕A区分布，且拥有相同的葬俗特征，在墓葬规模和随葬品特征上没有明显的区分，推测五个家族的划分是基于血缘关系的安排，整个墓地应当是同一个血缘集团的氏族墓地。

总的来说，石寨山文化不同社群的组织形式已有差别，但不同社群的发展可能不同步。小规模社群的墓葬较少，墓群结构不明确，可能是家庭还不够稳固抑或没有被识别。规模较大的社群一般由几个不等的家族组成，规模大小与家族数量有关，小一些的可能只有两个，如李家山和天子庙墓地，最多的有五个，如羊甫头墓地。这种社群内的若干家族通常由数量不多的家庭组成，但也有不同步的现象，如羊甫头墓地，不同家族出现家庭的时间不同，而天子庙墓地的家族内部似乎还没有出现明显的家庭单位。我们倾向于认为社会发展的不同步可能出现在不同社群，而同一社群内部应大体一致，之所以有不同步的现象，与部分墓葬年代尚未确定有一定关系。

社会分化在社群内部和社群之间同时存在，社群内部分化的表现及内容有很大区别。小规模社群的分化通常出现在墓葬之间，一般体现在随葬品数量上，分化等次在两到三个。大规模社群的情况还可细分，像李家山、天子庙这样的社群分化大多发生在家族内部，不同家族之间差别不大，分化不仅表现在随葬品数量上，也明显体现在随葬品种类和墓葬规模等方面。羊甫头墓地显然不同，分化同时出现在家族内部和家族之间，以A区为代表的家族分化最复杂，等次最多，四个等次的分化内容着重体现在墓葬规模、随葬品数量和种类上，其他墓区代表的家族分化程度较低或分化不明显，大多只在随葬品数量上有差异。因此，根据社群内部的分化程度，社群之间的分化也表现出三个级别，即羊甫头墓地代表了第一级、李家山、天子庙等墓地代表第二级，石寨山、五台山等墓地则代表第三级。羊甫头墓地以A区为代表的家族显然在整个文化中地位最高，该家族中最高等次的墓葬居核心地位，其身份应该不仅是家族领袖，更是整个社会的最高统治者。

石寨山文化墓地二期，社群数量有少量增加，除滇池东北岸的社群相对集中外，整体上分布较分散。新增加的社群规模都不大，原有社群在前一期的基础上，均有不同程度的扩大，但羊甫头墓地仍然是规模最大的社群。社群内部结构没有太大变化，说明社会组织形式相对稳定。

社会分化在社群内部和社群之间继续深化。小规模社群内部开始出现更多差异，分化表现及内容基本相似，总体是上一期的延续。大规模社群内部和社群之间的分化则发生了较大变化。李家山墓地逐渐趋同于羊甫头墓地，分化既发生在家族内部，也出现在家族之间。李家山墓地以Ⅰ区为代表的家族，其分化程度暗示了整个墓地的分化状况，其他墓区的分化均不及Ⅰ区，反映出不同家族在等级上的差异。羊甫头墓地仍以A区为代表的家族等级较高，但以C、E区为代表的家族内部在墓葬规模和部分随葬品种类上发生变化，说明这两个家族的分化程度也加深了。在李家山和羊甫头墓地内部，不同家族的变化反映出同一个氏族内出现地位差异。而李家山墓地在等级上的提高，意味着它开始与羊甫头墓地一样具有同等重要的地位，李家山Ⅰ区和羊甫头A区可能分别代表了石寨山文化一南一北两个中心，两个家族中最高等次墓葬的墓主身份是各区域的最高统治者。在北区域，社群之间的分化仍然是三个级别，但在南区域，目前的材料还比较单薄。

石寨山文化墓地三期，社群数量增多，北区域明显多于南区域，并且相对集中分布在滇池东北岸至北部一带。社群规模在原有基础上继续扩大，但仍是大小不一，如规模最大的社群仍然是羊甫头墓地，较大的是李家山、石寨山、天子庙这样的社群，较小的是黄土山、纱帽山等墓地，最小的如团山、普车河墓地。社群内部结构总体上变化不大，仍然维持两种不同层级的社会组织形态，可以看到最小单位结构普遍出现在不同社群及社群的次级单元内部，表明家庭组织逐渐稳固，但不同社群组织层级的不同说明整个社会还没有形成统一的纪律性或制度性的组织形式，社群的独立性仍旧是最主要的。

社会分化进一步在社群内部和社群之间扩大，尤其表现在社群之间。大部分社群内部的分化程度不高，差异主要体现在随葬品数量上，反映出单个家庭内部和不同家庭之间的财富差距。社会分化程度较高及形态较复杂的社群只占少数，如羊甫头墓地的分化形态最复杂、等级最多，以A区为代表的家族地位仍较稳固，B、E区的家族地位进一步提高，随着家庭组织的稳固，家族内部的等级差异也反映在不同家庭之间。目前看来，天子庙墓地的等级分化并不是很复杂，但差距非常大，最高等次的墓葬规格与羊甫头墓地几乎一致，并具有独立的埋葬空间，表明其地位非同一般，是整个墓地的核心墓葬。该墓地具有两个分化情况大致相同的家族，尚不清楚核心墓葬与这两个家族之间是什么关系。石寨山和李家山墓地的内部分化有显著变化，高等次墓葬已非常接近羊甫头墓地一等墓，但墓葬规模和随葬品数量上不如后者，不过分化的等次差异在不同家庭之间已有显现。天子庙、石寨山和李家山墓地等级的提高或许表明，随着社会内部分化的进一步加深，石寨山文化不同区域内不止一个中心，最高统治者的权力或许被稀释。就社群之间的分化级别而言，在北区域已然有了更复杂的表现，羊甫头和天子庙墓地应该都属于第一级，五台山墓地属于第二级，石碑村、小松山等墓地属于第三级，尚未有明显分化的大团山、普车河等墓地则是第四级。而南区域可能是以石寨山和李家山墓地为第一级，团山墓地为第二级，是否还有其他级别的墓地，目前尚不清楚。

　　石寨山文化墓地四期，社群数量略有减少，但考虑揭露原因，实际数量与分布情况可能变化不大。在社群规模方面，大部分墓地在原来的基础上继续扩大，少数可能有缩减，但总体情况仍是大小不一，规模与上一期相差无几。社群内部依然具有两种社会组织形态，一些小规模社群可能仅由几个家庭组成，似未出现高一级的组织层级，或许更强调家庭单位的独立性。大规模社群中，以家庭为基础的家族、氏族层级的分明和稳固，体现了单个社群内部组织的纪律性或制度性，并且这种组织形态目前只出现在羊甫头、李家山墓地。整个社会内部的组织形式仍表现为多样性和不统一性。同时还应该看到，虽然最小社会单位结构已普遍出现在不同社群及社群的次级单元内部，但不同社群或社群内部各次级单元的表现形式不完全相同，即家族的呈现方式并不一致和严格，有些参差不齐，这似乎不能简单解释为不同社群内部发展的不同步，或与整个社会的组织形式仍较松散有关。

　　社会分化的形态变得复杂，社群内部和社群之间的差异继续扩大，但分化的重点仍主要表现在社群之间。社群内部的剧烈分化只反映在部分社群，大多数社群的分化程度基本与上一期相同，并没有继续分化出更复杂的形态，说明这些社群的分化层次相对固定。李家山和石寨山墓地内部经过剧烈的分化，发展为形态最复杂和等次最多的两个社群，并且两个社群的墓葬等次几乎可以一一对应，表明两者具有同等地位。李家山墓地内部的分化是通过不同家族之间分化状况的差异变化体现的，随着分化进一步加深，尽管以Ⅰ区为代表的家族始终保持较高等级的地位，但以Ⅱ区为代表的家族迅速崛起，与Ⅰ区占有同等重要的地位，而家族内部的差异明显在不同家庭之间也得到了体现。石寨山墓地内部的分化表现得更清晰，具有等级差异的家庭似有不同的埋葬区域。羊甫头墓地的内部分化没有进一步加深，反而有所降低，分化形态和等次都不如从前，也不及李家山和石寨山墓地，不同家族之间的差异不仅缩小还发生了显著变化，以B、C和E区为代表的家族地位上升，并等同于甚至可能超越了A区的地位，打破了以往以A区为中心的格局。此外，天子庙墓地内部也有很大变化，分化程度降低，意味着墓地等级上的衰落。

　　总体上看，社群之间差异的扩大也使得区域性差异更加突出，在社会内部分化加剧的基础上，南区域逐渐成为石寨山文化的中心，而北区域的羊甫头和天子庙墓地等级降低，表明它们已无法和南区域抗衡。同时需要注意的是，石寨山和李家山墓地的关系说明社会的最高统治者皆有可能出自这两个社群。从不同区域社群之间的分化级别看，北区域已变化为三个级别，南区域仍是两个级别，但南区域的第一级才是整个社会中等级最高的。

第二节　社会复杂化程度及原因

　　墓地反映的社会结构及其变迁在一定程度上揭示了社会复杂化的发展过程和阶段性特点。那么如何看待这些特点，这些特点说明石寨山文化是一个什么样的社会呢？

　　在石寨山文化墓地一期，社群内部和社群之间已经出现了较明显的分化，羊甫头墓地所代表的社群是整个文化的中心，A区代表的家族是该社群的核心，该家族中等次最高的人是整个社会的最高统治者。

羊甫头墓地内部分化出六个等次，基本反映了本期石寨山文化的等级状况，其中前两个等次均位于A区。由于二等墓的随葬品情况不明，一、二等墓的划分标准主要依据墓葬规模。

一等墓只有M19，该墓的墓葬规模极大，椁外填塞膏泥，葬具为一椁一棺，棺位于椁内南侧，墓主的随葬饰物丰富，有各类铜头饰、玉耳饰、铜及玉腕饰、铜腰饰等[①]。随葬品摆放以棺椁区分不同功能，如大量铜兵器集中在椁内西南角，铜工具分散置于椁内西部和西北部，陶釜、罐、尊等炊煮及饮食用具放置在棺外北侧和东侧，另有1件陶瓮置于椁室东北角，大件青铜器如鼓、釜、鼎等集中在椁室东部，提筒则放置在棺外西北侧。不同类别的随葬品不仅成套，且数量可能具有一定规制，如铜锄和锸各有2件，陶Aa型釜1件，A型罐1件，尊和大喇叭口深腹罐各4件[②]。此葬制不仅表现了墓主的财力，更彰显出其对军事、农事的权力。

当然，在三等墓中也多随葬M19所见的武器、工具、饮食用具及装饰品等，只是大部分器类的数量不如后者，但有一部分器物的数量较一致，似表明随葬品器类和数量的规制不是很严格。值得关注的是M19随葬1件铜鼓，该器物置于椁室内东部，与铜釜、铜鼎、陶尊、陶罐等器物摆放在一起。从墓葬平面图来看，铜鼓似已倾倒横置，报告没有详细描述出土情况，无法判断铜鼓原本是正置还是倒置（图5.1，1）。天子庙墓地M33，大约相当于羊甫头墓地三等墓，其中也发现有1件"铜鼓"，该器物体积较M19的小，且表面无纹饰，仅足部内壁阴刻鸟形纹，出土时倒置，鼓面有很厚的烟炙，摆放在铜鼎旁（图5.1，2）[③]。根据出土情况和鼓面迹象，M33的此物是铜釜而非铜鼓的可能性更大。与此进行比较，虽然M19铜鼓的出土情景不明，但鼓面铸芒纹，胴及腰部铸三角齿纹、圆点纹及船纹，且鼓面无烟炙，与M33的功能可能不同。以往研究对铜鼓功能的判断大多依据石寨山和李家山墓地的材料，根据本文分期，这两处墓地出铜鼓的墓葬均晚于M19，如据此推测M19

---

① 身上大量的玉、玛瑙及绿松石饰物，报告认为可能是"珠襦"。

② 云南省文物考古研究所、昆明市博物馆、官渡区博物馆：《昆明羊甫头墓地》（一），北京：科学出版社，2005年，第120~154页。

③ 昆明市文物管理委员会：《呈贡天子庙滇墓》，《考古学报》1985年第4期。

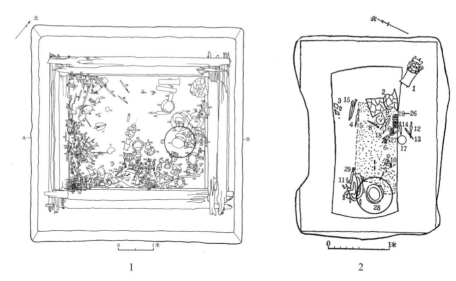

图5.1　羊甫头墓地与天子庙墓地铜鼓摆放位置比较图

1.羊甫头 M19　2.天子庙 M33

铜鼓的功能，可能忽略了铜鼓功能的变化，已有学者指出确实存在这样的现象[1]。从同时期材料反映的情况来看，判断 M19 随葬铜鼓已具有礼器或重器的功能还缺少充分的证据，但如果综合考虑 M19 的葬制以及天子庙 M33"铜鼓"的功能，或许说明铜鼓的意义已经开始特殊化，可能正处于功能转变的过程中。从这个方面来说，M19 的墓主具有某种特权，甚至对军事、农事等事务具有号召的能力或权力。因此我们推断此人是当时社会的最高统治者，但同时也反映出权力的表现还不是很强烈。因为从墓葬空间分布来看，虽然 M19 具有相对独立的埋葬空间，但仍然与较低等级的墓葬埋设在同一个墓区，并没有完全脱离公共墓地，说明血缘纽带的束缚还没有被冲破。

此外，A区仅见一至四等墓，而周围四个墓区只埋葬五、六等墓，说明以A区为代表的家族在当时应该拥有更高的社会权力。家族之间的等级分化同样反映在李家山墓地中。不过，李家山墓地除了反映等级上的不同外，还表现出区域性差

---

① 俵宽司：《滇王的权力与系谱：石寨山文化葬制的考古分析（提要）》，中国古代铜鼓研究会编：《铜鼓和青铜文化研究：中国南方及东南亚地区古代铜鼓和青铜文化第四次国际学术讨论会论文集》，贵阳：贵州人民出版社，2001年，第171~174页；叶成勇：《战国秦汉时期南夷社会考古学研究》，北京：文物出版社，2019年，第112~113页。

异。相同等级的墓葬中，如羊甫头三等墓更偏重农业和炊煮，李家山一等墓则强调纺织业和宴饮。前者的六等墓可分别表现出炊煮、纺织、农业和军事等不同方面的能力，但后者的二等墓以军事为主。这或许说明羊甫头代表的社群权力范围主要集中在滇池以北。需要注意的是，与之后较高等级墓葬通过贮贝器展示控制财富的权力相比，无论是北区域的羊甫头、天子庙墓地，还是南区域的李家山墓地，所谓"贮贝器"均未表现出贮贝的功能，说明这种权力表达方式此时可能尚未形成。

到了石寨山文化墓地第二期，社群内部和社群之间的分化进一步加深，南、北两个区域对峙的局面开始显现，羊甫头墓地以A区为代表的家族不仅是北区域也是整个文化的核心，李家山墓地以Ⅰ区为代表的家族逐渐成为南区域的掌权者。

羊甫头墓地一等墓中只有M30（图5.2）大致可辨葬制情况，其余均被破坏。M30的墓葬规模较大，葬具为一椁一棺，棺在椁内的位置不明，随葬饰物较多，有玉耳饰、铜及玉腕饰，以及玉、玛瑙和绿松石串连的饰物，随葬品摆放应该有空间区分，推断大件的铜器和陶器集中在椁室西端，即墓主头端，从南至北依次放置贮贝器、铜鼓、铜釜及铜枕，其间放置陶豆和陶盒以及一些器形不明的陶器，西北角主要放置工具，如铜农具和陶、玛瑙纺轮，墓主足端摆放少量铜兵器和工具[①]。从M30的体量来看，远不如第一期的M19，这并非A区内部分化程度的减弱。由于该区墓葬破坏最为严重，不排除第二期还有更高等次墓葬的可能，但就该墓的等级而言，通过葬制表达权力的方式没有发生明显变化。

进入石寨山文化墓地第三期，社群内部和社群之间的社会分化明显加剧，区域差距凸显，北区域的势力仍较强于南区域，但两个区域内部均通过几个社群实现多级分化的方式，使自己的实力得到了增强，即北区域以羊甫头和天子庙墓地为核心，南区域以李家山和石寨山墓地为中心。当然，还有一些材料未发表的墓地，高等级的社群可能不止于此。

羊甫头和天子庙墓地都具有等次最高的墓葬。可惜羊甫头墓地M113被盗，要完整了解其葬制已无可能了。不过残存的信息还是可以说明一些问题。M113（图5.3）

[①]　云南省文物考古研究所、昆明市博物馆、官渡区博物馆：《昆明羊甫头墓地》（一），北京：科学出版社，2005年，第260～266页。

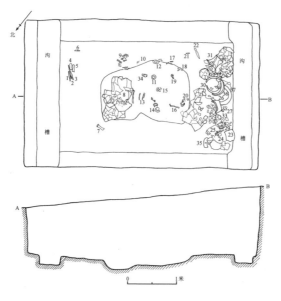

图5.2　羊甫头墓地M30平、剖面图

的墓葬规模很大，葬具只保留一椁，椁外填塞青膏泥，椁下是"腰坑"，实际称"器物坑"更恰当，因为坑内埋葬了大量器物。椁室内残存少量随葬品，但坑内器物非常多，层层放置，发掘报告分为五层，坑底铺有竹席和松叶。坑内器物以兵器数量最多，铜质和陶质的炊煮及饮食器具亦不少，此外还有铜手工、纺织及农业等工具，较为特殊的是有大量的漆木器，内容包括兵器附件、纺织工具、饮食用具等，还有一些造型奇特、不知功能的祖形器[①]。可以看出墓主崇尚武力，拥有更多的财富，并可能在军事及各类生产活动中具有控制的权力。同时强调了食物加工的炊煮方式以及"饮"和"食"同等重要的观念。还有一个现象是，坑内东北端有头骨及骨骼，报告认为可能存在人殉，但目前不好定论。

　　天子庙M41（图5.4）的墓葬规模很大，墓底有高90厘米的四面生土二层台，葬具置于二层台下，为一椁一棺，棺居椁内中部，椁上、下及四周填塞和夯筑青膏泥，青膏泥上分三层填土，其中第二层底部平铺了一层鹅卵石。随葬品置于椁盖板及椁底板上，虽然木棺只剩板灰，但可以看出椁内空间被分割成不同区域使用。椁盖上

①　云南省文物考古研究所、昆明市博物馆、官渡区博物馆：《昆明羊甫头墓地》(一)，北京：科学出版社，2005年，第161~254页。

1   2

图5.3 羊甫头墓地M113墓葬平面图
1.M113① 2.M113④

1   2

图5.4 天子庙墓地M41墓葬平面图
1.椁盖板上的随葬器物 2.椁底板上的随葬器物

的器物集中在木棺上方,有序摆放着铜兵器、装饰品、勺以及各类玉石饰件,包括
耳饰、腕饰等。椁内木棺处只发现少量玉石器,器物摆放在棺四周以及椁西南角、
东南角和西北壁下。棺东侧和棺外偏东部的南北两侧放置铜容器和陶容器,东端是3
件铜提筒和罐、尊各1件,其中2件铜提筒内装有大量海贝,北侧也置有罐、尊各1

件，南侧放陶鼎。棺西南侧主要是铜斧、凿一类的工具。棺西侧置铜农具。椁西南角掘有一浅圆坑，放置铜釜。东南角集中堆放矛、戈、钺、戚等铜兵器，原来可能是放在髹漆木箱内。西北壁下自西向东放置铜鼓、铜鼎各1件，鼓倒置，内装铜枕及各类铜、漆木质纺织工具，鼎内存部分动物骨头[①]。

由此可知，虽然M41在权力表达细节上与羊甫头墓地M113有所差别，表明了北区域内部不同群体上层人物之间的观念差异，但总体上二者的葬制和想要体现的权力内容大致相同。此外，在木棺位置和椁室西北壁铜鼓附近发现了一些牙齿及骨骼。根据鉴定，木棺处的是成年人，铜鼓附近的既有成年人也有儿童，报告据此认为有儿童一人殉葬。但由于发掘时墓底积水，人骨亦朽烂，埋葬情况无法辨明，较难判断是否属于殉葬。需要注意的是，M41所出铜鼓的功能与第一期M33相比变化不大，可能还不具有礼乐之器的象征意义。

观察南区域高等次墓葬的葬制，可以看到南、北区域之间的一些重要联系。

李家山墓地一等墓有3座，其中M23、M22与M24的随葬品组合具有差异[②]。M23无法明确是否有葬具（图5.5，1），但可以看出墓底空间被分割成西、中和东三部分。中部是放置墓主之处，随葬品以穿戴的玉石饰件为主，有玉耳饰、胸饰、腕饰和腰饰，不过明显分为两套，一套居中，饰件数量更多，另一套居前者南侧，数量较少，且腕饰是铜质，表明有两位墓主；中部墓主的头端有1件铜枕，因为在其他墓葬的铜枕上曾发现有头骨残片，故而可以看作是墓主的随身器具。西部，即墓主头部以西进一步分割为南北排列的三个小空间，北部有铜纺织工具卷经杆、铜杖、铜尊、石杯及散落的海贝；中部正置一铜鼓；南部放置了成套的纺织工具（铜针线盒、针线筒、针、匕首、刷形器和工字形器）以及1件铜杯。东部随葬品的摆放也大致分三部分，偏北处集中放置铜纺织工具（铜绕线板、纺轮）、铜剑、铜削及铜杖，中部有1件向西倾倒的铜鼓，这两处器物之间散布几件铜牛角。此外，在两位墓主的头端和足端处分别有铜伞盖和铜牛各1件，根据M18伞盖的情况，铜牛原本应是焊接在伞盖顶部的。同时从M24的伞盖穿内尚存木柄的现象来看，这应该是伞盖的一般使用方式，它的作用当类似于华盖，遮挡在人头部上方，因此伞盖本身是悬

① 昆明市文物管理委员会：《呈贡天子庙滇墓》，《考古学报》1985年第4期。

② 云南省博物馆：《云南江川李家山古墓群发掘报告》，《考古学报》1975年第2期。

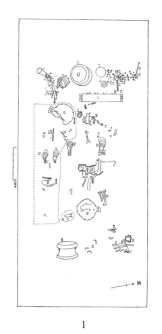

1　　　　　　　　　　　　　　　2

图5.5　李家山墓地M23和M24墓葬平面图

1.M23　2.M24

空的，用于支撑的木柄可能是直接插在墓底，或者有其他放置木柄的底座。关于两位墓主的关系，尽管没有人骨，但随葬品上的差异还是能看出主次之别，不过这种差别是否表示主从关系，并进一步作为已经出现不同阶层的依据呢？葬于墓主旁侧，且随葬不少同类器物的情况，至少说明居南侧的墓主地位应该不会很低。两位墓主的随葬品都与纺织和饮食有关，且可能更偏重纺织，但显然，居中的墓主享有更多的权力。

M24的葬具为一椁一棺（图5.5，2），棺在椁内南侧，空间明显有棺内、棺外的分割，棺外可分为东、西、北区域。棺内随葬品有三类：一是墓主穿戴的饰件，除玉耳饰、腕饰及铜腰饰外，特别突出的是有一件用数以万计的玛瑙、软玉、绿松石联缀而成的长方形覆盖物，多认为此物乃"珠襦"；二是置于头部下方的铜枕；三是置于墓主腰部的大量兵器，以铜剑为主，还有少量铜矛、铜削和铜箭箙，报告认为这些器物原来是放置在棺盖或椁盖上，因棺椁塌落而掉下。棺外随葬品可分为七类：一是放置在棺外东、西两端，以及棺北侧的兵器，其中棺外西端和西北侧以成套的攻击性武器为主，棺外东侧和东北侧多为甲一类的防御性武器；二是棺外东西两端的少量铜纺织工具和铜杖头饰，与兵器置于一起；三是铜壶、铜杯和石杯等饮具，摆放在棺外西侧；四是棺外东、西两端各有1件铜鼓；五是置于棺外上方的铜伞盖；六是椁内西北角有2件铜鼓，其中1件倒置，另1件扣于倒置的鼓上，内装大量海贝；七是椁内北壁放置1件牛虎铜案。可以看出，这座墓葬除了展示武器和饮具外，还强调了财富和身份地位，如2件互相扣合用于贮存海贝的铜鼓以及牛虎铜案都只出现在该墓。

以上两座墓葬的随葬品差异可能反映了性别上的不同，因此主题的侧重也不一样。但可以看出一些较为固定的葬制，如头下置铜枕，头上方以铜伞盖遮挡，墓主头、足两端各置一件铜鼓，墓主头端放壶、杯或尊、杯组合的饮器等。需要注意的是，墓主头、足两端铜鼓的象征意义还需要再思考。这种器物组合形式固然为高等级墓葬特有，但这些铜鼓的鼓面均有破孔，孔沿不整齐，明显是器物下葬时的状态。这种现象在羊甫头墓地并未见到。抛开地域因素，李家山墓地的铜鼓及其埋葬情境不足以说明墓主是有意表达礼乐的观念，也不足以说明此器物已经具有礼器或重器的地位。不过，M24中用于贮贝的铜鼓功能应该是比较明确的。反观其他墓葬出贮贝器的情况，可明确有1件器物内贮存海贝，同时在其旁还散布了大量海贝，或许表明贮贝器的功能已经有变化，开始真正用于贮贝了。

对比羊甫头和李家山墓地最高等次墓葬的葬制，就会发现二者权力表达的主要内容不尽相同，这种差异基本是上一期的延续，体现了南、北两个区域上层人物利用葬制巩固社会权力的差异性。显然李家山墓地Ⅰ区家族通过丧葬仪式制度化来稳固其社会权力的观念开始形成，说明等级可能开始体现社会分层的意义。但无论是哪一个区域，社会组织的基本形式没有发生变化，以家族为单位的社会分化仍然是血缘等级制度，只是相较于前期，李家山墓地的等级制度得以加强。

从北区域社会上层开始展现南区域强调的一些主题来看，如随葬纺织工具、用铜容器贮放海贝、通过壶、杯、勺组合表达"饮"的仪式等，一方面说明不同区域之间社会上层表达及保持社会权力的观念交流，另一方面体现了内部丧葬观念差异的整合趋势。

无论是社群内部还是社群之间的社会分化，在石寨山文化墓地第四期都达到最高，社会财富和权力中心向南区域集中，北区域日渐衰落，南区域内部的阶层分化更加明显，石寨山和李家山墓地代表的社群居整个社会的核心地位。

石寨山与李家山墓地各自分化的五个等次基本可以相互对应，观察两个墓地一等墓的葬制情况，发现在原来的基础上有了更深层次的变化。

石寨山墓地的墓坑多凿于岩石缝隙之间，发掘报告指出M6的情况不同（图5.6，1），在无岩石的南北两边西段各加上一条木板，其中北边的木板上加钉一层铜皮，可能是起到平整坑壁的作用。从墓葬平面图看，东、西两端的边界其实并不清楚，故而报告仅以随葬品平面分布的范围作为墓坑范围。填土多加以夯筑，在接近随葬品处铺有一层鹅卵石。关于葬具，报告认为没有椁，根据漆皮和朽木痕迹判断有棺，棺位于墓坑西南角处。虽然木棺朽烂，但随葬品的摆放应该是有空间分割的。在漆棺残迹处的随葬品可分为三类，一类是剑为主的兵器，二是玉石及铜饰件，包括玉腕饰及各类造型独特的铜扣饰，还有各种玉石、金器串缀成副的饰件，可能是"珠襦"，三是位于棺西南角的铜镜和棺底南侧的"滇王之印"。报告认为这些器物原来应该是置于棺内，但从墓葬平面图看，一些铜兵器、玉石及铜饰件已经

1　　　　　　　　　　　　　　2

图5.6　石寨山墓地M6与李家山墓地M51墓葬平面图

1.石寨山M6　2.李家山M51

超出棺痕范围，结合天子庙墓地这类器物有置于椁盖上的情况，M6的摆放情况或许相似，但金印的出土位置应该位于棺内。棺北侧即墓坑西北角放置3件贮贝器，执伞铜俑和铜洗各1件，贮贝器分别是叠鼓形、鼓形和桶形，执伞铜俑置于鼓形贮贝器上，贮贝器东侧还有鎏金耳杯扣，原先可能放置木耳杯。棺东侧自南向北依次摆放铜盉、熏炉、烹炉、辅首壶。墓坑东端分割成三个摆放空间，北部放置大量成套的兵器，还有杖头饰及车马器，铜鍪、铜釜、铜盘、玉环、玉璧残片及穿孔玉片也集中在此，中部分东、西两排横置六件铜编钟，南部放置鼓形贮贝器及铜农具，并有执伞铜俑立于贮贝器上[1]。此外，在墓坑东北角铜鍪北侧发现一片头骨，但不能据此判断有人殉。

李家山M51（图5.6，2）的墓葬面积约25平方米，坑面偏西南处有一椭圆形圜底小坑。此类小坑在一等墓和二等墓中均有发现，坑内填土为黑色，并含有大量炭屑和烧灰，同时埋有一块其他地方搬运来的略呈锥形的石灰石块，发掘者定性为祭祀坑。该墓南、北壁下有生土"二层台"，十分窄小，可能是台阶，墓底有三条横向沟槽，槽上棺下之间纵铺两块垫木板。葬具为一椁一棺，棺位于椁内南侧，棺、椁均髹漆彩绘。棺盖板上、下都发现有编织的竹席痕迹。报告根据器物及腐物堆积层的关系，推测了尸体装殓的程序，即尸体用衣衾装殓后用粗麻绳捆扎，再覆裹"珠襦"入棺。随葬品摆放显然被分割成棺内、棺外不同的空间，不过由于随葬品极其丰富，实际较难分辨是否有棺盖板上及棺内之别。总体来看，棺的位置以兵器为主，矛、斧、戈、钺、啄和戚一类的长柄兵器，杖头饰以及农具置于棺下，附金鞘的剑摆放在棺北侧，棺中部放置大量金、玉石和铜饰件，其中1件镶嵌玉石铜扣饰的金腰带应束于墓主腰间，棺下东端还纵向叠置6件铜编钟。棺外东、西两端各放置1件执伞铜俑，铜俑跪坐在小铜鼓上，通过榫卯与鼓面相连接，西端铜俑南侧还有1件铜釜。棺外北侧自西向东依次摆放铜罐、盘、鼎和釜（釜置于鼎上）等器物，另有1件附黑色陶衣、着红色彩绘的单耳壶可能也置于此处。椁内西北角放置铜鼓1件，相对应的东南角放了1件贮贝器，贮贝器内有海贝，报告未细说铜鼓内是否有海贝，但从墓葬平面图上看，鼓下有数十颗细小

---

[1]　云南省博物馆：《云南晋宁石寨山古墓群》，北京：文物出版社，1959年，第14～17页。

的物品，疑似贮于鼓内的海贝。椁内北侧还零星摆放了一些马具、兵器等物。此外，棺北侧近头端发现有牛牙，发掘者认为北侧中部空白的空间较大，似为整牛殉葬[①]。

可以看出，石寨山和李家山墓地的一等墓尽管在规模上有差距，但利用葬具空间分类放置随葬品，借以表达权力的观念是一致的，一些表达方式也具有共通性，或者说，丧葬仪式的制度化进一步得到了加强和巩固。从墓主穿戴的饰件，成套的武器、农具和工具，到棺、椁或墓坑之间随葬四套器物，一套是头、足相对的执伞铜俑，二是成套的炊事、加工、饮食及储存用具，三是贮贝器，四是铜编钟，均充分展示了社会上层对军事及各类生产活动的控制能力，拥有更多财富和举行宴享的能力，甚至是显赫身份地位的权力。当然，二者在部分细节表达上不尽相同，如李家山墓地对入殓仪式的强调，用牛进行殉葬，和可能存在的特殊祭祀活动。不过最大的不同是M6出土了金印，表明其身份上的特殊性，这也是众多学者将石寨山定性为"滇王及其亲族"墓地的缘故。有趣的是，倘若没有金印，仅根据葬制表达的内容，反而有可能认为李家山墓地的权力地位更高。李家山墓地的葬制不仅具有传承，权力的表达显然在这一时期得到了进一步的加强，而"后来居上"的石寨山很大程度上继承了李家山的观念和制度。因此本文认为李家山墓地的地位当不会低于石寨山墓地，并将二者置于整个文化的中心之处。二者的关系是非常值得深入探讨的问题，可惜石寨山墓地被破坏得较严重，山上仍有遗迹未完全揭露，一些现象还没有搞清楚，目前的认识和结论只能是暂时的。

除高等级墓葬葬制的社会分层显示度更明晰外，我们还可以从一些器物上找到阶层分化的证据。如果说前面几期的社会分化状况表示社会分层的意义还不够明确的话，那么执伞铜俑的出现便是社会分层的最佳证据（图5.7，1）。第四期之前，高等级墓葬中虽然也有伞盖遮挡墓主头、足的情况，但支撑伞盖的表现方式与第四期不同（当然现实社会也有可能完全是人来执伞），到第四期时，才明确地出现人俑执伞盖形象，这不仅是葬制上的转变，更是社会上层表达权力观念的创新。除此之外，通过器物展示现实生活场景也能说明当时的社会分层问题，如杀人祭铜鼓等（图

---

① 云南省文物考古研究所、玉溪市文物管理所、江川县文化局：《江川李家山——第二次发掘报告》，北京：文物出版社，2007年，第15～20页。

图5.7　石寨山与李家山墓地中具有社会分层意义的器物图
1.铜执伞俑（李家山M51：260）　2.杀人祭铜鼓场面贮贝器盖（石寨山M20：1）

5.7，2）。显然墓主、执伞俑及被杀祭者代表了三个不同的阶层，阶层对立加剧了。在墓葬空间分布上，尽管有等级差异的体现，如低等级墓葬大多围绕高等级墓葬排列，但等级隔离的现象仍然不突出，高、低等级的墓葬埋葬在同一区域，而且社会组织结构相对稳定，这些都说明血缘纽带还很重要，不过等级制度的加强使得二者有了更紧密的融合。

　　纵观石寨山文化的社会复杂化进程，是在第一期社会初步分化的基础上，分化程度逐渐加深，并在第四期达到顶峰。具体表现在：第四期时，社群内部和社群之间的等级差异突出；社会上层通过改变葬制，强化和稳固其社会权力；社会财富严重不均、社会关系极度不平等，以及阶层对立的加剧，体现了明显的社会分层。因此，石寨山文化的社会复杂化程度在第四期有了阶段性变化。第四期石寨山M6出土了"滇王之印"，这枚印章表明了墓主的身份地位。据《史记·西南夷列传》载："上使王然于以越破及诛南夷兵威风喻滇王入朝。滇王者，其众数万人，其旁东北有劳浸、靡莫，皆同姓相扶，未肯听。劳浸、靡莫数侵犯使者吏卒。元封二年，天子发巴蜀兵击灭劳浸、靡莫，以兵临滇。滇王始首善，以故弗诛。滇王离难西南夷，举国降，请置吏入朝。于是以为益州郡，赐滇王王印，复长其民。"[①]这段记载描述的是汉武帝经略西南，征服"滇"的经过。出土印章"滇王之印"与文献记载"赐滇王

① 　［西汉］司马迁：《史记》卷一一六《西南夷列传》，北京：中华书局，1959年点校本，第2991页。

王印"相互印证，表明了二者存在的某种联系。

史书中关于"滇"的记录多语焉不详，如"西南夷君长以什数，夜郎最大；其西靡莫之属以什数，滇最大"[①]，以及"至滇，滇王尝羌乃留，为求道西十余辈。……使者还，因盛言滇大国，足事亲附。天子注意焉"[②]。从上述有限的记载可知，在西南地区，"夜郎"以西的众多君长之国中，"滇"的实力最强，君长为"一州之主"，也称"滇王"，其统治民众数万人。这样的社会结构在考古材料中得到了反映，与石寨山文化第四期的社会复杂化程度基本吻合。根据石寨山文化的最新发现，云南省文物考古研究所在晋宁河泊所遗址发掘出土了"滇国相印"等遗物，不仅弥补了古代文献关于"滇国"史籍记载的缺失，且从实物资料上证实了"滇国"的存在[③]。据此，我们可以认为石寨山文化第四期以石寨山、李家山墓地为代表的社会应与西汉时期位于西南地区且实力较强的"滇国"有关。

从目前材料呈现的社会复杂程度来说，似乎石寨山文化一出现就已经是社会分化较明显、社会形态较复杂的状况了。这表示可能有两种情况，一种是在此之前还有一个平等社会阶段，另一种是突然出现的社会进步。第一种符合直线演进的认识，第二种也可以用进步的不连续性来解释。目前整个云南地区的新石器时代和青铜时代考古学文化谱系尚未完全建立，在没有弄清楚这些文化关系之前，想要判断属于哪一种情况似乎还有困难。石寨山文化向复杂继续发展的动力在于文化的内外互动。人口的持续增长势必会导致人口与资源之间的矛盾加剧，引发内部和对外扩张的冲突与战争，同时对资源的竞争也会促进社会区域和跨区域的合作。因此可以看到南、北两个区域之间以及区域内部此消彼长的势力变化，区域之间技术融合的趋势也越来越明显。而与其他文化的交流，尤其是汉文化逐渐深入，无不对其社会发展起到了推动作用。考古资料显示，第三期以后汉式器物不断增加，铁制工具、农具逐渐增多，从生产技术，艺术风格到风俗习惯，区域差异逐渐减小，并向

---

① ［西汉］司马迁：《史记》卷一一六《西南夷列传》，北京：中华书局，1959年点校本，第2991页。

② ［西汉］司马迁：《史记》卷一一六《西南夷列传》，北京：中华书局，1959年点校本，第2995～2996页。

③ 胡远航：《云南晋宁古滇国重大考古发现："滇国相印"封泥出土》，中国新闻网（http://www.chinanews.com/cul/2020/02-14/9091612.shtml），2020年2月14日。

全面融合发展。汉文化的介入以及政治上的强制，对石寨山文化的社会结构和权力地位造成很大影响，因此整个社会向下一阶段的演进受到了阻碍，石寨山文化无力与汉文化相抗衡，逐渐湮没在历史洪流之中。此外，还有一个值得重点关注的现象是，北区域的逐渐衰落，除了与汉文化影响有关，可能还和羊甫头墓地内部家族之间势力的此消彼长有关，因为A区与B、C、E区之间分化等级的差异变化在考古材料中表现得非常明显，即A区的等级呈下降趋势，而其他三个区则逐渐上升，在一定程度上可能遏制了A区的发展，从而影响了其权力地位的稳固，甚至导致权力的流失。

石寨山文化的社会形态体现了云南地区青铜时代晚期至早期铁器时代某一考古学文化的复杂社会向早期国家发展的形成与特点。当然正如开篇所说，在上述观察中，墓地只是一个侧面，还需要继续探索聚落及其他功能性遗迹，对这些现象进行全方位的把握，才有可能窥探到文化背后的社会。

第三节　石寨山文化遗址的内涵特点

一　石寨山文化遗址的确认

石寨山文化的墓葬遗存相当丰富，但居住遗址的发现和研究却比较滞后。20世纪90年代以前，石寨山文化的居址一直处于"缺失"状态。尽管在墓地周围，尤其是墓地集中分布的滇池沿岸不乏遗址发现，但因当时人们对其年代和文化性质认识上有偏差，并未与石寨山文化相联系。

50~60年代，考古工作者在滇池沿岸相继调查了十多处遗址，发现这些遗址所代表的文化同属于一个体系[1]。由于只见陶器和石器，而不见金属器，学术界普遍将这些遗存定性为新石器文化。到了70~80年代，随着滇池周边其他区域相似遗存的

---

[1] 云南省博物馆考古发掘工作组：《云南晋宁石寨山古遗址及墓葬》，《考古学报》1956年第1期；黄展岳、赵学谦：《云南滇池东岸新石器时代遗址调查记》，《考古》1959年第9期；云南省文物工作队：《云南滇池周围新石器时代遗址调查简报》，《考古》1961年第1期。

陆续发现[①]，以及云南史前考古学文化区系类型研究的开展，"石寨山类型"作为云南新石器时代考古学文化的一个地方类型被提出，并在学术界基本形成共识。根据研究，该文化类型的遗址主要分布在滇池、抚仙湖、星云湖等内陆湖泊的边缘地区，以出土大量泥质红陶浅盘、小碗，以及有肩、有段的磨制石器为其文化特征[②]。然而，自1990年玉溪刺桐关遗址被发掘后，学术界对石寨山类型遗存的年代和性质认识开始发生转变。刺桐关遗址出土了少量青铜器，部分陶器如陶釜等，与石寨山文化墓葬所出同类器物相同，陶片热释光年代测定也与墓葬年代大致相当，因此被确认为青铜时代石寨山文化遗存[③]。但更为重要的是，遗址中发现的同心圆纹红陶浅盘，不仅大量见于石寨山类型新石器文化遗址，也见于70年代发掘的部分石寨山文化墓葬，如大团山、五台山等墓地。因此，一些学者提出，应该重新认识滇池区域新石器时代的文化内涵，以往所认为的新石器时代遗存可能属于青铜时代[④]。事实上，当大团山和五台山等墓葬发现陶盘时，已有学者注意到这类器物与新石器时代遗址中常见的陶盘在陶质、器形等方面有不少相似之处，但大多将其视为探索石寨山文化本地起源的关键证据[⑤]。

　　进入21世纪后，一系列青铜时代遗址的识别为进一步确认与石寨山文化有关的遗址打开了新局面。2005年，滇池西岸的天子庙遗址及东南岸的小平山遗址先后被

① 葛季芳：《云南发现的有段石锛》，《考古》1978年第1期；举芳：《云南禄丰新石器时代遗址》，《考古》1983年第7期。

② 李昆声、肖秋：《试论云南新石器时代文化》，文物编辑委员会编：《文物集刊》（2），北京：文物出版社，1980年，第133～142页。

③ 杨帆：《云南文物考古工作十年回顾与展望（1989~1998）》，云南省文物考古研究所编：《云南考古文集》，昆明：云南民族出版社，1998年，第234～238页；云南省文物考古研究所、玉溪市文物管理所、红塔区文物管理所：《玉溪刺桐关青铜时代遗址发掘报告》，云南省文物考古研究所编：《云南考古报告集》（之二），昆明：云南科技出版集团公司，2006年，第60～69页。

④ 王大道：《再论云南新石器时代文化的类型》，四川联合大学西藏考古与历史文化研究中心、西藏自治区文物管理委员会编：《西藏考古》（第1辑），成都：四川大学出版社，1994年，第91～108页；杨帆：《云南文物考古工作十年回顾与展望（1989~1998）》，云南省文物考古研究所编：《云南考古文集》，昆明：云南民族出版社，1998年，第234～238页；蒋志龙：《再论石寨山文化》，《文物》1998年第6期。

⑤ 王大道：《滇池区域的青铜文化》，《云南青铜器论丛》编辑组编：《云南青铜器论丛》，北京：文物出版社，1981年；阚勇：《滇池区域青铜文化渊源初探》，《云南文物》1984年第15期。

发掘，其中小平山遗址在早年的调查中曾被认为是新石器时代遗存①。这两处遗址不仅出土了大量的陶釜、同心圆纹陶盘，还发现有铜鱼钩、铜镞及石镯等共存物，因这些器物与石寨山文化墓葬所出的同类器物几乎一样，发掘者据此认为天子庙和小平山遗址均属于青铜时代石寨山文化，并指出以往发现的以同心圆纹盘等为代表的遗存应该是青铜时代而非新石器时代遗存②。为继续寻找和确认石寨山文化有关的遗址和聚落，深入研究该文化的聚落形态等相关问题，云南省文物考古研究所与美国密歇根大学等单位合作开展"滇池区域史前聚落形态考古调查"项目，于2008、2010年分阶段对滇池东南部、南部和西部开展了全面的区域系统调查③。通过调查，不仅发现了50多处青铜时代遗址，在滇池东南部还发现两个集中分布的石寨山文化聚落群，其中以河泊所为中心的聚落群很有可能是滇池地区青铜文化发生、发展的中心区域，而在滇池南部和西部地区以前认为是新石器时期的贝丘遗址也应该是青铜时代的石寨山文化遗存。这些新发现使石寨山类型的内涵受到冲击，一些学者亦认同该类型并非单纯的新石器文化，有的遗址可能从新石器时代延续至青铜时代，或属于青铜时代，并在研究中对部分遗址的性质重新进行了界定，如彭长林认为石寨山遗址属于青铜时代，而李昆声认为该遗址有属于新石器时代晚期的遗存，已发掘的遗址第二、三层遗存应属青铜时代早期④。近来，有研究者对石寨山类型的内涵和性质进行分析，通过比较石寨山类型和石寨山文化的遗址类型、空间分布和遗存内涵，认为二者高度重合，应为同一青铜时代遗存，并建议暂不将石寨山类型作为云南新石器时代考古学文化的一种地方类型⑤。但有部分学者仍将石寨山类型视为新

---

① 蒋志龙、徐文德：《云南昆明天子庙贝丘遗址发掘获重要收获》，《中国文物报》2005年9月16日第001版；云南省文物考古研究所、晋宁县文物管理所：《云南晋宁县小平山遗址试掘简报》，《考古》2009年第8期。

② 云南省文物考古研究所、晋宁县文物管理所：《云南晋宁县小平山遗址试掘简报》，《考古》2009年第8期；云南省文物考古研究所、昆明市博物馆：《云南昆明市西山区天子庙遗址发掘报告》，《华夏考古》2020年第1期。

③ 云南省文物考古研究所和美国密歇根大学人类学系：《云南滇池地区聚落遗址2008年调查简报》，《考古》2012年第1期；云南省文物考古研究所、美国芝加哥大学、美国密歇根大学人类学博物馆：《云南滇池盆地2010年聚落考古调查简报》，《考古》2014年第5期。

④ 彭长林：《云贵高原的青铜时代》，南宁：广西科学技术出版社，2008年，第23～24页；李昆声主编：《云南考古学通论》，昆明：云南大学出版社，2019年，第106、292～293页。

⑤ 罗伊：《滇池地区石寨山类型相关问题探讨》，《南方文物》2016年第1期。

石器时代晚期文化[①]。

可以看出，对滇池沿岸及周边遗址的认识变化为我们确认与石寨山文化有关的遗址提供了依据，但也带来诸多问题，如哪些遗址或者遗址的哪些遗存属于石寨山文化？石寨山文化居址的特点是什么，与墓地的关系如何？要回答这些问题，首先需要明确遗址的年代和属性。

分布在滇池沿岸及周边的遗址经过发掘的不多，主要有官渡、石寨山、刺桐关、天子庙、小平山、学山、河泊所和西王庙等遗址。根据各遗址发掘及发表资料的情况，首先对遗物较丰富的天子庙、西王庙等遗址进行分析，在此基础上再比较其他遗址的情况。

1. 天子庙遗址

遗址位于滇池西北岸西山国家森林公园脚下的天子庙西、南侧，海拔1876±12米，面积约2000平方米。天子庙遗址为一由西向东呈斜坡状堆积的遗址，其主体部分应该在下面比较平坦的西园保护区域内。2005年发掘清理的区域为一斜坡地带，略呈20°左右的倾角，发掘面积350平方米。此次发掘地层堆积较厚，最厚处距地表约4米，各探方划分的层位不同，若以T1为例，从上至下分10层，其中第①~⑥层为明清时期至近现代的堆积，第⑦~⑩层为石寨山文化贝丘堆积。在早期堆积中没有发现遗迹[②]。

出土遗物以陶器最多，容器均为残片，无可复原者，工具有纺轮。据发掘报告描述：从陶质、陶色来看，多为夹砂陶，有粗砂和细砂之分，其中盘、盏、杯多为夹粗砂的红色或红褐陶，其余多为夹细砂，陶色有灰陶、褐陶、灰黑陶、灰褐陶、红陶等，也有部分泥质陶，如泥质红陶、泥质灰陶等。器类有釜、壶、尊、罐、钵、盘、杯、盏、豆等。陶器多以素面为主，部分器物在口沿内、外侧及颈部、肩部、器底饰有纹饰，主要纹饰有刻划斜线纹、卷云纹、戳点纹、水波纹、草叶纹、叶脉纹以及弦纹等。石器较多，有网坠、锛、斧、杵、敲凿器等。骨角器不多，主要有镞和锥。发现的完整玉器较少，多为残断的玉饰品，如镯、玦。铜器也较少，有鱼钩、镞、锥及一些铜条和铜片等不明器物。还发现极少的铁器，可能为小铁斧一类的器物。

---

① 李昆声主编：《云南考古学通论》，昆明：云南大学出版社，2019年，第103~112页。

② 云南省文物考古研究所、昆明市博物馆：《云南昆明市西山区天子庙遗址发掘报告》，《华夏考古》2020年第1期。

发掘报告根据螺壳层中含土量的土质土色以及遗物特征，从下至上将各探方早期的地层及陶器类型归纳为三期4段，通过与石寨山文化其他遗址和墓地出土的陶器进行比较来判断各期的年代。第一期包含遗址的第1段，其年代大致为战国中晚期；第二期包含遗址的第2段，其年代大致为战国末期至汉武帝征服滇国之前；第三期包含遗址的第3、4段，其年代大致为汉武帝至东汉初年。

从报告的陶器类型分析及期段划分来看，报告对陶器的主要器形，如釜、壶、罐、钵、盏、盘等都进行了类型划分。观察器物的形态特征和变化特点，发现大部分器形的型式划分和演变规律较清楚，期段划分也具有一定的合理性。但由于很多器形缺乏完整器，尤其是釜、壶和罐之类的器物，所以对一些类和型的界定还可再讨论。根据报告发表的器物标本图，对部分器物的类型做如下调整。

（1）釜

报告依据口部差异分为四型，其中D型釜因标本太少，式别演变不明，暂不讨论，其余三型的式别调整为：

A型　即报告的Aa型，敞口，高领，口沿向下翻折。报告未分式，根据口及领部变化分两式。

Ⅰ式　斜直领，沿面微向外卷。标本T1⑨：5（图5.8，1），颈部内侧有两道凹弦纹。

Ⅱ式　领微束，沿面向外卷。标本T1⑦：6（图5.8，2）。

A型釜两件标本分别出自T1的第⑨和⑦层，表明该型由Ⅰ式向Ⅱ式演变。

B型　敞口，领部较矮，口沿外折为斜沿，在口沿内侧形成较平的折面，折面上通常刻划有连续且方向相反的斜线纹。报告分三式，其中Ⅰ式有两件标本可观察到口沿的变化情况，Ⅱ、Ⅲ式的特征描述及器物标本均与B型釜的口沿特征不同，二者的演变关系不明，可能不属于同一型，因此调整为两式。

Ⅰ式　口沿微外折。沿面朝内。标本T1⑩：9（图5.8，3）。

Ⅱ式　口沿外折，沿面朝上。标本T1⑨：4（图5.8，4）。

B型釜两件标本分别出自T1的第⑩层和⑨层，说明该型由Ⅰ式向Ⅱ式演变。

C型　颈部向内曲折，外侧形成一周凸棱，束颈。标本T5③：17（图5.8，5）。报告分两式，从Ⅰ和Ⅱ式的标本来看可能不同型，如Ⅰ式（T6⑥：7）的口径小且颈部较长，Ⅱ式（T5③：17）口径较大但颈部短。由于C型釜发表的标本少目前还很难分式。

（2）盘口罐

即报告的B型壶，盘口，颈部较长，盘口外侧通常饰一周刻划斜线纹或戳点纹，颈部或有凹弦纹。报告分两式，根据口部差异分为三式。

Ⅰ式　口沿微向内折，盘口不明显，口外侧有一圈凸棱。标本T6⑥：7（图5.8，6），口沿外侧饰一周刻划斜线纹。

Ⅱ式　盘口较明显，口微外侈。标本T6⑤：9（图5.8，7）。

Ⅲ式　盘口，盘口为直口。标本T1⑦：14（图5.8，8），口沿外侧饰一周戳点纹，颈部有凹弦纹。

盘口罐各式标本依次出自具有早晚关系的地层，因此该器型是由Ⅰ式向Ⅲ式演变的。

（3）盘

报告分三型，其中C型分三式，但各式演变关系不清，应该属于不同型。根据整体形态调整为四型：

A型　即报告的B型，敞口，尖唇或方唇，浅腹，盘底微凹，侧壁内束，矮圈足外撇，盘内底饰刻划同心圆纹。标本T9⑦：8（图5.8，19）。

B型　即报告的C型Ⅰ式，直口，尖唇，盘腹较深，圈足相对较高，足外撇，盘内底饰刻划同心圆纹。标本T8④：5（图5.8，21）。

C型　即报告的C型Ⅱ式，器形较小，口径通常不超过10厘米，直口微敛，尖唇，盘腹很深，侧壁外弧或斜直，喇叭形高圈足，盘内底饰刻划同心圆纹。标本T9⑦：26（图5.8，22）。

D型　即报告的C型Ⅲ式，器形较小，口径通常不超过10厘米，敛口，尖唇，盘腹很深，侧壁外弧，矮圈足，底部超出圈足的高度，盘内底饰刻划同心圆纹。标本T9⑥：6（图5.8，20）。

经过型式调整后，从各期段主要陶器类型的演变情况可以看出，天子庙遗址早期的文化遗存可粗略分成三期，各期主要器物变化显示其关系紧密，应是同一文化内连续发展的三个阶段。

将天子庙遗址与石寨山文化墓地的遗物进行比较，相同之处在于二者的陶器器类均以釜和罐为主，釜和罐的类型多样，且主要类型相同，如长颈釜、折颈釜、短

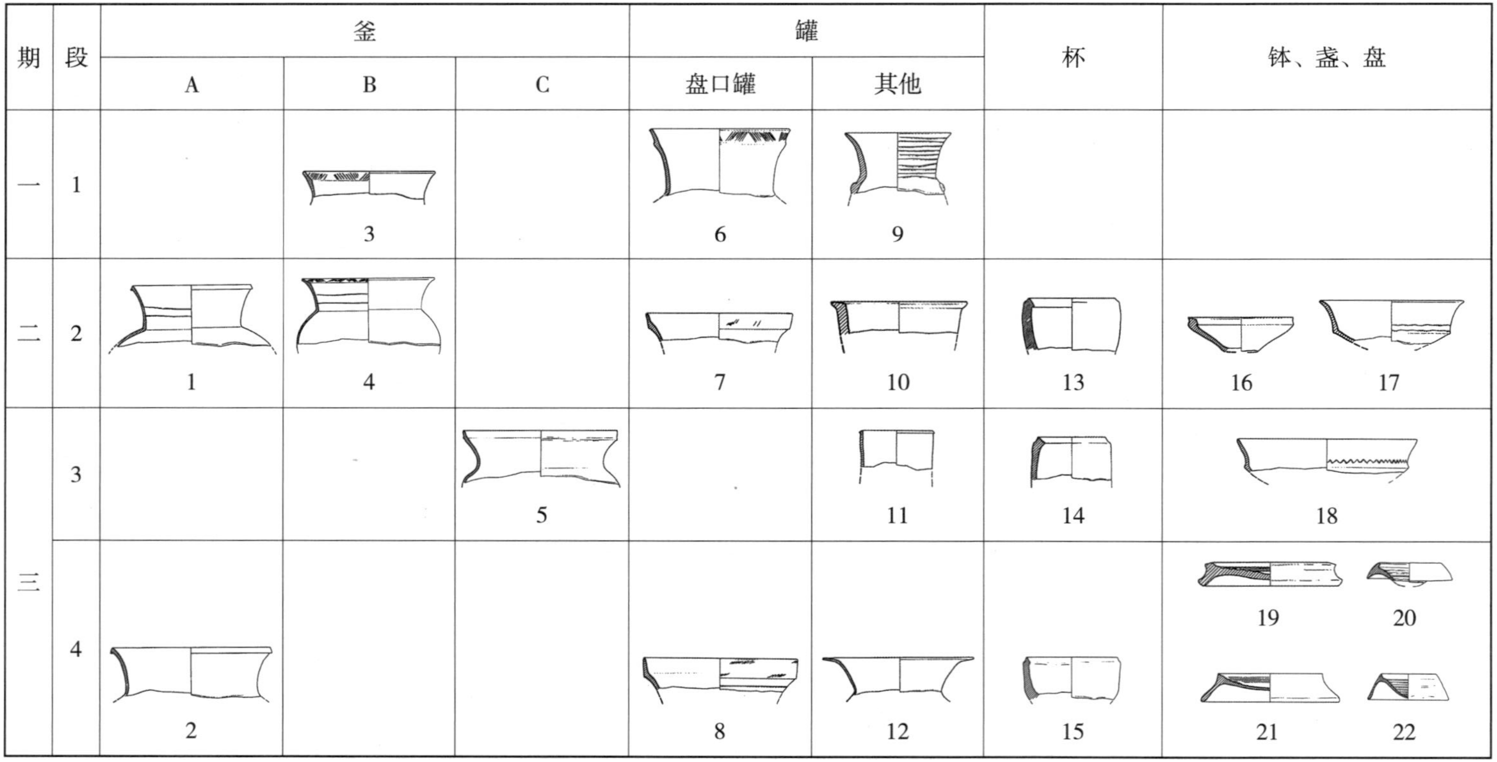

图5.8　天子庙遗址主要陶器型式演变图

1~5.釜（A I 式T19⑨：5、A II 式T17⑦：6、B I 式T110⑩：9、B II 式T19⑨：4、C 型T53③：17）6-8.盘口罐（I 式T66⑥：7、II 式T65⑤：9、III 式T11⑦：14）9、12.侈口罐（T88⑧：9、T10⑦：3）10、11.直口罐（T65⑤：7、T36③：8）13~14.杯（T86⑥：12、T52②：51）16.盏（T912⑫：9）17、18.钵（T86⑥：37、T17⑦：12）19.A型盘（T96⑥：6）20.D型盘（T97⑦：8）21.B型盘（T84④：5）22.C型盘（T97⑦：26）

颈釜、侈口罐和直口罐等，并且二者陶器的装饰风格和纹样也接近，以素面为主，部分器物在颈部、肩部和器底饰有刻划的纹饰，如斜线纹、网格纹、水波纹、草叶纹、叶脉纹以及弦纹等。天子庙遗址出土的陶纺轮、铜鱼钩、铜镞、铜锥及有领玉镯、玉玦等物也见于石寨山文化墓葬中。二者的不同之处在于，天子庙遗址常见的盏和盘在各墓地比较少见，遗址中有一定数量的盘口罐和敛口杯在各墓地也很罕见，天子庙遗址的 B 型釜流行在口沿内侧装饰纹样，这种情况在随葬器中并不多见。

从年代上看，天子庙遗址第一期侈口罐腹部的形态与石寨山文化墓地第二期 Ca I 式罐接近，第二期直口罐的口沿与墓地第三期 4 段 D II 式罐相同，第三期的直口罐以及侈口罐（报告称尊）与石寨山文化墓地第三期 5 段的 D III 式罐和 Cb III 式罐口部的形制相似，因此天子庙遗址第一期大约相当于石寨山文化墓地第二期，第二、三期应该与石寨山文化墓地第三期 4、5 段相对应。由于天子庙遗址材料发表不甚完整，年代上下限可能会有浮动，但主体年代应该集中在石寨山文化墓地的第二至三期。

从地域上看，天子庙遗址地处滇池西北岸，在位置上更接近五台山和大团山等墓地。这两处墓地有少数墓葬出盏或盘的情况，天子庙遗址第三期出土的有领玉镯和玉玦亦见于五台山墓地第三期的一等墓中，这些现象表明天子庙遗址与这两个墓地，尤其是与五台山墓地的关系更紧密一些。

总的来说，天子庙遗址早期文化遗存的性质当属石寨山文化无疑，其文化特征（主要是陶器方面）与墓地存在的一些差异应该主要是居址与墓地之间的差异。

2. 西王庙及河泊所遗址

两个遗址均位于滇池东南岸的滨湖盆地，东北距石寨山约 1 千米。河泊所遗址于 1958 年调查时发现，曾被认为是新石器时代遗址。2008 年云南省文物考古研究所等单位对滇池东南部地区进行区域系统调查，将河泊所、石寨山、西王庙等 16 处遗址确定为河泊所聚落群，其中河泊所遗址的规模最大，西王庙遗址位于河泊所遗址东南 300 米处，规模相对较小。2014、2016 年云南省文物考古研究所分别对这两个遗址进行了试掘，河泊所遗址实际试掘面积为 32 平方米，西王庙遗址为 81 平方米[①]。

---

① 云南省文物考古研究所、美国芝加哥大学：《云南晋宁河泊所和西王庙青铜时代贝丘遗址试掘简报》，《江汉考古》2019 年第 2 期。

根据发掘情况，河泊所试掘点地层堆积厚1.4~2.6米，由南向北倾斜，呈坡状，可分为7层，其中第3~7层为夹杂了不同质地和颜色黏土的螺壳层，每层螺壳含量不一，比重为0.27~0.45千克/升。西王庙试掘点的堆积厚度为2.3~2.7米，呈水平状，分为13层，其中第4~5层为红棕色黏土，包含少量或零星的螺壳碎片，第6~8层为土质疏松的黏土沙，混合有超过50%的螺壳，第9层是较致密的黏土层，包含少量细碎的螺壳碎片等，第10层为土质疏松的黏土层，混合有超过60%的螺壳且螺壳大部分较完整，第11层为较致密的黏土层，包含零星螺壳碎片等，第12~13层是较纯净和致密的黏土层，不见螺壳。

遗迹以西王庙遗址发现的较为丰富，有房址、灰坑和沟等，大部分遗迹主要发现于第8层和10层下。房址共发现8座，有半地穴式和地面式。灰坑22个，均为圜底。沟发现4条，均开口于第10层下，底部有联排的柱洞，发掘简报怀疑是基槽一类的建筑遗迹。

两个遗址的出土遗物以陶器为主，还有少量金属器、玉石器及骨贝器，河泊所中青铜残片的发现率比西王庙高。因两个遗址的位置靠近，陶器特点极为相似。陶质分夹杂植物的粗陶、夹石灰石和夹砂陶。陶色主要有红、红褐、黄褐及灰黑色。器类有釜、罐、钵、豆、盏、浅碟、同心圆纹盘、杯、器盖、器座、纺轮、网坠、镯和球等。纹饰主要装饰在口沿内、外侧及颈部、肩部，以刻划纹、凸棱纹、刮抹凹弦纹居多，有少量勾连圆涡纹、波浪纹及附加堆纹。

据简报可知，两个遗址均按地层堆积挑选炭化植物样本进行了测年。河泊所遗址测年样品分别取自第3A~7层，各层都有一个测年数据，第3A~5层的年代属春秋时期，第6~7层的年代相当于晚商时期，简报据此推测河泊所遗址第一期人类活动的时间是公元前1200~前400年，第2层因发现汉代遗物，说明河泊所遗址的堆积可能延续到公元前1世纪。西王庙遗址的每个层位都取了2~7个炭化植物样本进行测年，最后求出平均数据。测年结果显示，第6层下遗迹是3个样本、第8和12层是2个样本、第10层是8个样本的平均值，第7和13层因样品量不够，都只有1个数据。因此，简报认为西王庙遗址第12~13层的年代是从商代中晚期至西周初期，第8~10层为西周时期，第6层下到7层为春秋时期。

简报对遗址中常见的釜、罐、钵等陶器划分了类型，但各型均未分式。从简报公布的部分器物标本图来看，主要是西王庙遗址第6-10层及部分遗迹单位的器物，河泊所遗址只有开口于第5层下H4及第6层的个别器物。因此我们重点分析西王庙遗址的情况。

　　西王庙遗址地层堆积分13层，但简报没有描述各文化层出土器物及陶器的陶质、陶色、纹饰、器类等特征，不同陶器类型在地层和遗迹单位中的具体差异也不甚清楚，只能根据发表的器物标本简单讨论各文化层陶器的情况。按简报划分的类型，第7层出土的陶器有盘口釜、盘口罐、敛口钵、盏、盘、豆和器盖等，第8层的陶器器类有侈口釜、卷沿罐、豆等，开口于第8层下的F3，出土陶器有侈口釜、卷沿釜、卷沿罐、流口罐、敛口钵、豆和器座等，第9层的陶器有盘口釜和直口釜，第10层见有一侈口小杯，开口于第10层下的ZD2和G3分别出侈口釜和侈口折腹杯。可以看出，各层出土陶器的器类有差异。同型器物在不同层位或遗迹单位所见较少，观察其陶质、陶色及形制差异，如开口于第10层下的ZD2和开口于第8层下的F3均出侈口釜，简报认为二者属不同亚型有一定道理。第9层和第7层均出Bc型盘口釜，简报认为二者形制相同，但实际差异非常大，第9层的釜颈部较长且盘口不明显，第7层的釜颈部较短但盘口明显，说明二者可能具有演变关系。开口于第8层下的F3和第8层均出卷沿罐，简报将其划分为不同亚型无疑是正确的。此外，F3和第7层所出的盘口罐属于同亚型的器物，但二者在形制上无明显变化。需要注意的是，简报在叙述F3基本情况时提到房内填土为房子废弃后的填土，填土中所出陶片多为粗砂、夹中砂陶和夹石灰石陶，但并未描述包含哪些器类，具体位置也不详，因此无法确认陶器是否有"填土"及"活动面"这两种不同时间关系上的区别，即房屋废弃时和废弃多久后开始形成屋内填土的时间很难通过器物来判断。鉴于F3与第7层出土同形制的盘口罐，我们可以将第7层、8层及F3看作是大约同时的堆积。

　　以上分析说明西王庙遗址的文化层具有年代上的差异，至少可以分为两期，即第9、10层（包括ZD2）为第一期[①]，第7、8层及F3为第二期。虽然是不同时期形成的文化堆积，但时间过程应该是连续的。

　　比较西王庙遗址与石寨山文化墓地的出土器物，二者的陶器器类均以釜和罐为

---

① 因第9、10层及其他遗迹单位公布的器物很少，暂且都归入同一期。

主，在主要类型上，西王庙遗址的Ac型侈口釜和B型盘口釜与石寨山文化墓地的B型折颈釜相似，西王庙遗址的Aa型侈口釜也与石寨山文化的Da型釜对应，以及西王庙遗址的Bc型和Ba型卷沿罐分别与后者的A型和C型罐相同，并且二者陶器的装饰风格和纹样也接近，如在卷沿罐的肩部饰水波纹等。西王庙遗址出土的陶纺轮、玉镯、玉玦等物也见于石寨山文化墓葬中。二者的不同之处与天子庙遗址的情况类似，如西王庙遗址的盏、盘和盘口罐这些器物在各墓地较少见。这恰好说明西王庙遗址与天子庙遗址的陶器特征相同。

西王庙遗址的年代，如果从陶器来分析，其第二期包含的盘口罐、Da型卷沿釜与天子庙遗址第三期4段的盘口罐、AⅡ式釜形制相似；西王庙遗址第一期的盘口釜的形制风格与天子庙遗址第一期的Ⅰ式盘口罐接近，颈上部微向内折，盘口不明显，说明二者可能表现了同一时期的器物特点，此外，西王庙遗址第一期的Ad型釜也与石寨山文化第二期的BbⅡ式釜的口部特征相似。因此，西王庙遗址第一至二期应与天子庙遗址第一至三期年代相当。根据前文的年代推断，西王庙遗址第一至二期的年代范围，即第7~10层堆积形成的时间大约是从战国末期到西汉早期，这明显晚于简报的测年数据。河泊所遗址开口于第5层下的H4出一件Db型卷沿釜，其形制及装饰风格均同于天子庙遗址第二期的BⅡ式釜。虽然不知道H4中其他器物的情况，但推测其年代当不会特别早于或晚于天子庙遗址第二期的年代，即范围集中在西汉早期。这也晚于简报的测年数据。因此，两个遗址公布的测年数据可能有误。当然，简报公布的器物有限，尤其是较早地层的器物几乎没有，只能粗浅地对陶器进行类型学分析，还有待更多翔实的资料发表后验证。

从地域上看，西王庙和河泊所遗址位于滇池东南岸，在地理位置上与其最接近的墓地是石寨山和金砂山等墓地。金砂山墓地的情况目前还不太清楚，暂不讨论。与石寨山墓地的关系，可以从遗物找到些线索，如西王庙遗址出土的盘口釜见于石寨山墓地第二期的一等墓，玉镯和玉玦这些玉饰品也见于石寨山墓地第三、四期的一至三等墓中，说明河泊所聚落群确实与石寨山墓地有一定关联，但聚落群内河泊所遗址与西王庙等其他遗址是什么关系，目前还不清楚。

根据相关报道，自2014年开始，云南省文物考古研究所分年度在河泊所区域开展系统的考古勘探及发掘工作，陆续发现了从先滇时期至滇文化和两汉时期的房址、墓葬、灰坑、沟、水井等重要遗迹，出土大量珍贵文物。通过考古调查、勘探及发掘工作，初步确认了河泊所遗址群作为滇文化核心区的大致分布范围，在此基础上，也构建了滇池地区从青铜时代早期至汉代的完整的年代框架和连续的考古学文化序列[①]。有关河泊所聚落群与石寨山文化墓地的关系，以及聚落群内遗址的相互关系在未来或许有望得到解答。

3. 小平山遗址

遗址位于昆明市晋宁区上蒜乡牛恋村，北距石寨山约300米，西距滇池约1000米。遗址所处的小平山为东西宽约300、南北长约500米的椭圆形山丘，现顶部高出周围水田约7~8米，因改地等原因，山丘四周形成数级梯田，顶部平缓。2005年云南省文物考古研究所等单位在遗址西南部进行试掘，发掘面积近200平方米。根据发掘情况，地层堆积在发掘区内分布不均匀，少的有3层，多的有8层。由于现场没有统一地层，试掘简报根据土质、土色和出土遗物列出了部分探方的地层对应关系，各探方第6~8层的关系不明，但认为均属于青铜时代文化层。从地层对应关系来看，大部分区域的青铜时代文化层都包含有螺壳层，并夹杂不同质地和颜色的土层。在地层堆积中发现了灰坑、沟、柱洞及用火遗迹，其中可辨识为房屋遗迹的有2座，出土了大量陶片及少量石器、铜器和铁器[②]。

据简报描述，陶器分夹砂陶和泥质陶两类。夹砂陶以夹细砂灰褐陶和褐陶为主，也有部分夹砂红褐陶。大多为轮制，形体较大，器类丰富，主要有釜、罐、尊、豆、杯等，其中以釜为大宗。纹饰少见，以刻划为主，主要有网格纹、斜线纹、点线纹、绳纹，饰于陶器肩部。陶器内壁多施黑衣，也有少数内外壁皆施黑衣，极少数施黄褐衣。施黑衣为该遗址夹砂陶的一大特点。泥质陶以红陶、橘红陶为主，也有少量灰褐陶和灰陶。泥质红陶、橘红陶均为手制，器表粗糙，形体较小，主要为盘、碗两类。盘底多刻划同心圆纹、同心弧线纹。碗为厚唇、平底、素面。此外，其他遗物有玉镯、石坠、石锛、铜镞、铜爪镰及铁锥等。

---

① 蒋志龙：《纪念中国考古百年 | 石寨山与河泊所（11月）》，"云南考古"网（http://www.ynkgs.cn/view/ynkgPC/1/27/view/1624.html），2021年11月30日。

② 云南省文物考古研究所、晋宁县文物管理所：《云南晋宁县小平山遗址试掘简报》，《考古》2009年第8期。

　　简报对釜、罐、尊等主要器类都划分了类型，但由于陶片多破碎，难以修复，较难进行系统的类型学分析，一些器类的型式还存在标准不统一的问题。根据陶器组合情况，简报将遗存分为早、晚两期。以T15的地层为例，第6~8层为早期遗存，陶器以釜、罐等为代表，第5层为晚期遗存，陶器以泥质红陶盘、尊、豆等为代表，并推测早期的年代大约在战国中期以前，晚期相当于战国中、晚期。简报统计了陶器数量并表明晚期地层的陶器无论在器物类型还是数量上均增多。但从简报公布的各地层器物标本来看，早期遗存已有盘、尊、豆等器类，且简报在介绍T15地层堆积情况时，述及第5层只有少量陶片，因此以第5层为代表的晚期遗存在器物类型和数量上的变化并不准确。

　　由于简报没有描述和统计各文化层及遗迹单位出土陶器的陶质、陶色、纹饰、器类等情况，各堆积之间的实际差异不明。根据简报发表的部分文化层和遗迹的器物标本图分析，相同器类在不同层位或遗迹中出现的情况确实太少。一些线索是，T10第6层的陶盘和T12第5层的陶盘在形制上基本相同，T11第6层的敞口釜AⅠ式与T12第5层的侈口釜BⅡ式的口沿很接近，虽然在地层对应关系上，T12第5层晚于T10和T11的第6层，但相似器物表明它们的形成时间相差不大。在上述地层之上，还有T10第5层、T11第4层、T12第4层、T13第5层、T14第6层、T15第6层和T7第4层这些基本可以对应的地层，该层器物标本较多，但器类也很多。与其他地层（T14第7层）相同的器类有敞口釜AⅡ式，尽管两件标本也有差异，但应该只是大小上的不同，颈部曲折的风格颇为相似。在前述地层之上，所见器物标本很少，只有T10第4层及开口于该层下的H8、开口于T11第2层下的H7，以及T5第3层的釜、钵及圈足。其中两个灰坑中的敞口釜，与早期地层在形制上有区别，表明器物发生了演变。以上这些线索说明，简报将文化遗存分早晚两期大体上无异，但考虑到以T15第6层为代表的地层在器物类型和数量上的变化，早期遗存或许还可划分为两段。早、晚两期遗存应是同一文化期的不同阶段。

　　将小平山遗址与石寨山文化墓地的遗物进行比较，相同之处在于二者的陶器器类均以釜和罐为主，其他相同器类还有钵、豆以及圈足器，釜的主要类型相同，如小平山遗址的直口釜与石寨山文化墓地的A型釜在长颈、肩部装饰上的特点相似，前者的敞口釜实际上是后者的B型釜，且a和b两个亚型都有，前者的侈口釜和卷沿釜也与后者的Da、Db型釜对应，小平山遗址大部分釜内壁施黑衣的特点在羊甫头墓地较常见。小平山遗址出土的石坠、铜爪镰等器物也见于石寨山文化的墓葬中。二者的不同之处在于，小平山遗址出的盏（简报称碗）和盘在各墓地比较少见，遗址中的少量盘口罐在各墓地也不多见，但常见于天子庙、西王庙等遗址，小平山遗址有一件侈口折腹釜，肩腹部拍印斜绳纹，这种在釜的肩腹部饰绳纹的方式罕见于石寨山文化墓葬中。

从年代上看，小平山遗址早期遗存中的AⅠ式敞口釜与石寨山文化墓地第三期4段的BbⅢ式釜接近，AⅡ式敞口釜与墓地第三期5段的BaⅣ式釜相似；晚期遗存中的AⅢ式敞口釜与墓地第四期7段的BaⅤ式釜基本相同。因此，小平山遗址早期大约相当于石寨山文化墓地第三期，晚期与石寨山文化墓地第四期相对应，其年代可能主要是在西汉早期至西汉晚期。

总的来说，小平山遗址的早、晚两期遗存均属于石寨山文化。该遗址处于河泊所聚落群的范围，距离石寨山和金砂山墓地很近。但与石寨山墓地的出土遗物相比较，发现陶器方面的共性不太强，铜爪镰也几乎不见于石寨山墓地，不过在金砂山墓地曾采集到少量铜爪镰，或许小平山遗址与金砂山墓地有一定关联。

4. 刺桐关遗址

遗址位于玉溪市北城镇刺桐关村东旁名为大凹子的小山坡上。遗址南面是玉溪盆地，北距石寨山约15千米。遗址所处的环境，其东西两边是高山，山为南北走向，在东西两山中，有一条由北向南的大冲沟，沟中常年有水流过。西山较为陡峭，东山高而坡长，遗址就坐落在东山坡积地上。

根据发掘情况，文化层堆积范围约1075平方米，地层堆积随山坡地势东高西低，可分为8层，第4~8层为青铜时代文化遗存。从各层遗物来看：第4层含少量红陶片，以同心圆纹为主，另有零星汉代厚陶片及绿松石块等；第5层有少量碎石和较多红陶片，以同心圆纹为主，还出铜铃；第6层含大量陶片和少量碎石，仍以同心圆纹为主，还有少量黑陶片、陶纺轮；第7层有少量陶片，见铜矛残件和石坠；第8层的陶片极少。据报告统计，陶片质地以夹砂红陶为主，夹砂灰陶次之，其次有少量夹砂黑陶、灰陶和泥质红陶。发现遗迹有柱洞和灰坑。器形以盘为主，有少量罐、钵、釜。纹饰多为刻划，以同心圆纹为主，多饰于盘底部，另有少量刻划人字纹和方格纹，饰于器壁。发掘者认为陶片热释光年代测定数据与各层所出遗物年代大体一致，推断第4层遗存为西汉时期，第5~6层是战国时期遗存，第7~8层是春秋时期遗存[①]。

陶盘作为出土陶器的主要器形，发掘者注意到此类器物在质地、颜色、大小和形制上的区别，不仅将其分成泥质灰陶同心圆纹小盘、泥质红陶同心圆纹小盘、夹砂红陶圈尖足同心圆纹盘、夹砂红陶圈平足同心圆纹盘、夹砂灰陶圈尖足同心圆纹盘、夹砂灰陶圈平足同心圆纹盘六类，并按层位统计数量，还根据圈足高低将陶盘分为A、B两型，再根据足底差异分别把A型分两式，B型分三式。但该型式划分依据的是形制，无法得知按质地（夹砂和泥质）、颜色（红色和灰色）和足底形制（尖足和平足）划分的六类和据圈足高低划分的五式是什么关系。报告所依据的圈足，实际是盘的口沿，目前普遍认为具有同心圆纹的底面应朝上。根据报告发表的部分器物标本图，结合其他遗址陶盘的型式，笔者认为刺桐关遗址也具有天子庙遗址陶盘的四个类型，其中A和C型的部分形制可能是天子庙遗址的发展形态，如有的陶盘圈足外撇或向外平折，而圈足壁较斜直的陶盘年代应较早。

刺桐关遗址青铜时代的文化层是第4~8层，从各文化层包含陶器的陶质、陶色和器类来看[②]，器物出土最密集的层位在第5~6层，总体面貌较一致，但与其他地层的情况存在差异。第8层以夹砂红陶和夹砂灰陶为主，没有泥质陶，可辨器类有釜和盘，其中修复的两件陶釜，一件是侈口矮领深腹圜底釜，另一件是大敞口高领浅腹弧底釜，盘未见修复器，陶片统计显示均为平口，推测可能属于A型。第7层仍以夹砂红陶和夹砂灰陶为主，有少量泥质灰陶和红陶，器类有盘，未见修复器，具体型式不明，陶片统计显示盘口既有尖口也有平口，推测四个类型都有。第5~6层的夹砂红陶和夹砂灰陶最多，泥质灰陶和泥质红陶增多，出现夹砂黑陶，可辨器类有钵和盘，钵的形制不明，盘主要是C和D型，A和B型应该不少，C型有早晚式别的不同。第4层也是夹砂红陶和夹砂灰陶片居多，夹砂黑陶、泥质灰陶和泥质红陶变少，可辨器类有盘，四个类型应该都有，但数量比下两层有所减少。此外，遗址中有不少遗

①　云南省文物考古研究所、玉溪市文物管理所、红塔区文物管理所：《玉溪刺桐关青铜时代遗址发掘报告》，云南省文物考古研究所编：《云南考古报告集》（之二），昆明：云南科学技术出版社，2006年。

②　主要依据报告统计的各层出土陶片和发表的器物标本进行分析。

迹单位，开口层位集中在第4、6和8层下，因未公布器物标本，具体情况不明。

比较各层位之间陶器的异同可以看出，第8层和第4~7层之间的差异较明显，第4~7层各层也存在一些差异，大体是在第4、5层以及第6、7层之间。由于各层陶器的器类和形制变化不明，很难确切地将遗址分成不同时期，但如果考虑上述差异，或许可以将第8层看作早期，第4~7层视为晚期，其中晚期又再细分为3段。早、晚两期属于同一文化，因为陶器的总体风格一致，同心圆纹盘贯穿始终。

将刺桐关遗址与石寨山文化墓地的出土器物进行比较发现，陶器类别上的差异很大，刺桐关遗址是以盘为主，石寨山文化墓地中随葬盘的情况较少。但从前文分析可知，石寨山文化遗址普遍出土这种同心圆纹盘，刺桐关遗址的陶盘类型也与其他遗址基本相同，只是刺桐关遗址有个突出的特点，即陶盘在所有器类中比重较大。此外，刺桐关遗址早期遗存中发现的大敞口高领浅腹弧底釜与石寨山文化墓地的Ca I 式釜形制相似，陶纺轮、石纺轮、石坠和铜矛也见于石寨山文化墓地。

刺桐关遗址早期遗存中的大敞口高领浅腹弧底釜见于石寨山文化墓地第一期，说明早期遗存的年代应该与此相当。晚期遗存中（主要见于第6层）的各类陶盘与天子庙遗址第三期的陶盘形制大体相同，因此晚期遗存的年代延续到了石寨山文化墓地第三期，考虑部分陶盘在形制上比天子庙遗址的要晚，很可能下限已进入石寨山文化墓地第四期。

以上分析表明，刺桐关遗址应当属于石寨山文化。它表现出的差异应该是居址与墓地的不同，又或者是遗址的特殊性质。因刺桐关遗址的发掘有限，在其范围内有无墓葬遗迹不明，周边区域暂时也未发现集中埋葬的墓地，地理位置上距离滇池和抚仙湖附近的墓地都较远。发掘者推测遗址可能是一般村民的居址，但有学者曾对该遗址出土铜器残片及铜渣的化学成分、金相组织进行了检测和分析，认为刺桐关遗址可能与冶铜有关[①]，还有学者通过分析同心圆纹盘是慢轮制陶工具的其中一项构件，进而推测刺桐关遗址可能是一个制陶作坊[②]，这些认识有助于理解石寨山文化

---

① 李晓岑、韩汝玢：《古滇国金属技术研究》，北京：科学出版社，2011年，第120~122页。

② 江柏毅：《试论云南石寨山文化同心圆纹陶盘的功能与玉溪刺桐关遗址的性质》，四川大学博物馆、四川大学考古学系、成都文物考古研究所编：《南方民族考古》（第十五辑），北京：科学出版社，2017年，第185~200页。

遗址功能的差异性。

5. 学山遗址

遗址位于玉溪市澄江县右所镇旧城村北部边缘的学山上，东南与金莲山相距约200米。学山海拔1700多米，相对高度约50米，山顶较平坦，北坡为陡峭的断崖，东、南、西三坡自山顶以下为三级台地。2009年玉溪市文管所对该遗址进行全方位的考古勘探，发现这是一处面积达15000余平方米的聚落，保存相当完整。随即，云南省文物考古研究所等单位选择学山南坡的二级台地进行试掘，试掘面积约35平方米。根据发掘情况，探方内地层堆积简单，仅有一层耕土层，下面即为基岩，在探方西部和南部分布有一层明清时期的瓦砾层，于瓦砾层下清理出两座房址。其中F1内堆积出土了大量陶片，居住面和柱洞内出少量完整器，有陶器、铜器、骨器和石器等。陶器分为夹砂陶和泥质陶两大类，夹砂陶数量较多，器类有盘、盏、罐、釜及圈足等，泥质陶数量较少，多为残片，器类可能是罐。发掘者根据出土陶器特征认为房址可能属于石寨山文化[①]。

2010~2011年，云南省文物考古研究所等单位分两个阶段对学山遗址进行了正式发掘，发掘面积共计2300多平方米。此次发掘不仅发现半地穴式和浅地穴式的房屋建筑29座，还发现了与房屋配套的道路、灰坑，以及当时人们的活动面等遗迹，在房屋周围还清理了一些墓葬以及可能是祭祀的牺牲类遗迹。屋内的堆积中有陶片、铜器和炼渣等遗物，浮选中还发现小麦的遗存。初步研究表明学山遗址是目前发现并发掘的保存较为完整的石寨山文化聚落遗址[②]。

由于学山遗址正式发掘的资料尚未公布，我们仅依据试掘简报进行分析。

简报对房址F1出土的陶器划分了型式，并表示该型式划分不体现早晚年代关系。从简报公布的部分器物标本图来看，器形可辨的有盘、盏和釜，有较多罐和釜的具体形制不明。观察盘和盏的形态差异，对比天子庙和其他遗址的同类器物，发现盘有A、B型，盏属于A型，并且这两类器物有部分形制与天子庙遗址的相似，有的差异明显。如A型盘中，标本F1：6的口部外侈、盘腹很浅、侧壁内凹，标本F1：5的

---

① 吉林大学边疆考古研究中心、云南省文物考古研究所、玉溪市文物管理所等：《云南澄江县学山遗址试掘简报》，《考古》2010年第10期。

② 云南省文物考古研究所：《澄江学山聚落遗址》，"云南考古"网（http://www.ynkgs.cn/view/ynkgPC/1/6/view/811.html），2016年1月15日。

口部微侈、盘腹变深，侧壁内束，标本F1：6与天子庙遗址的A型盘形制接近，而刺桐关遗址的A型盘是直口、深腹、圈足外撇平折，因此A型盘的演变过程可能是学山遗址标本F1：6→天子庙遗址→刺桐关遗址（图5.9，1~3）。再如B型盘，标本F1：2是直口微敛、盘腹较深、盘底略平、侧壁微弧或斜直，对比天子庙遗址的B型盘是直口、盘底微内凹、侧壁外弧，再比较刺桐关遗址的是直口、盘腹变深、盘底内凹，因此B型盘的演变过程可能也是学山遗址标本F1：2→天子庙遗址→刺桐关遗址（图5.9，4~6）。此外，学山遗址的A、B型盘中有一部分盘底没有同心圆纹，这在其他遗址未见区分，无法判定是整体上不同亚型的区别，还是分布地域上的不同。

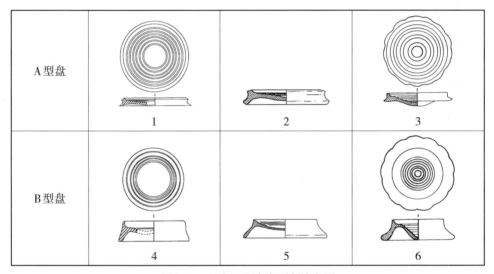

图5.9　A型与B型陶盘形制演变图

1.学山F1：6　2.天子庙T9⑦：8　3.刺桐关90YCT0210：5–10　4.学山F1：2　5.天子庙T8④：5　6.刺桐关YCT0406：6B–02

虽然其他器类的形制变化不清楚，但从陶盘的变化来看，或许表明F1使用的年代不会太短。待正式发掘的报告发表后再对遗址的整体情况做进一步的分析。

学山遗址F1出土的器物除盘和盏外，还有不少釜和罐，其中一件器形可辨的釜形似石寨山文化墓葬中出土的Ba Ⅲ式釜，部分残片上的纹饰如波浪纹、戳点纹、网格纹也常见于墓葬中的同类器物，喇叭形圈足残片与墓葬中出土的圈足相似，前文分析也说明F1和其他遗址在陶器方面的共性。根据Ba Ⅲ式釜在石寨山文化墓地的分期，以及同类型陶盘在天子庙遗址的年代，推测F1的年代应不晚于石寨山文化墓地的第三期，考虑有型式较早的陶盘，也许上限可以到石寨山文化墓地第二期。F2未发表可判断其性质及年代的器物，简报根据地层堆积所含陶片是石寨山文化常见器形，推测F2可能也是石寨山文化时期的建筑。

总之，至少从上述迹象来看，F1应当与石寨山文化密切相关。正式发掘显示学山遗址是一个功能结构相对完整的聚落，聚落布局应该具有规划性，这与目前发现的其他遗址有很大不同。还有一些现象也表明其特殊性，如发掘者指出学山遗址中墓葬的葬俗和邻近的金莲山墓地既有联系又有区别，尤其是部分墓葬中出土的陶器，无论在器型还是纹饰风格上都与通海海东贝丘遗址中出土的器物相同。因此，有关该遗址的年代和性质认识还有待研究。

6. 石寨山遗址

遗址位于石寨山山顶，先后经过两次局部试掘，由于没有进行过系统的调查和发掘，遗址的实际面积和整体堆积情况不是太清楚。根据第一次发掘的情况，探沟的地层堆积可分为三层，其中第一层是表土层，第二、三层分别是褐灰土层和螺壳层。发掘报告推断第三层螺壳层主要集中在遗址的西北一带（靠近山顶的位置），应当是人们居住的中心地区，第二层在遗址中部（位于山腰处）的土壤较厚，西北角土壤较薄。此外，还发现有用火遗迹，发掘报告从深度判断可能与第三层同时期[①]。从各层出土物看，第二层出各式陶片，并有各类石器，遗址中部探沟靠南的位置还发现"大泉五十"、几何纹花砖、粗绳纹瓦、铜箭镞等物；第三层出各式陶片、陶纺轮、石器及蚌器等，疑似在遗址中部偏北探沟接近表土层的地方出瓦当、铜片等。报告认为两层堆积所出各式陶片一样，因此属于同一个时期[②]。但地层中具有不同时期的遗物，说明局部堆积有扰动。

发掘报告依据形式、颜色、质料、制法和纹饰，将陶片分为泥质红陶、夹砂灰陶、夹砂黄衣陶和夹砂橙黄陶四类：第Ⅰ类，器形有凹底小碗和平底盘，无纹饰；

---

① 除用火遗迹外，乙区探沟1第四层生土层中还清理出墓葬M1。该墓葬是清理到第三层下边时发现的，报告认为墓葬附近的地层极为清楚，除第二层被一近代墓葬打破外，以下各层均无扰乱的迹象。如果墓葬开口于第三层下，说明墓葬的年代最早，但是从墓葬随葬的器物来看，3件灰陶陶器与西汉末至东汉前期墓葬中的汉式器物别无二致。究竟是遗址的不同部分属于不同时期，还是原生堆积经过扰动变成次生堆积，目前无法判断。故而本文将此墓葬排除，不做分析。

② 云南省博物馆考古发掘工作组：《云南晋宁石寨山古遗址及墓葬》，《考古学报》1956年第1期。

第Ⅱ类，含螺壳或石英屑和料，器形有高领敞口罐、竖口罐、圈底壶、圜底小罐、平底钵、碗、双耳盆等，纹饰有羽纹、菱纹、堆纹、圆点纹、三角纹、波浪纹、篮纹；第Ⅲ类，部分含螺壳或石英屑和料，器形有平底皿等，纹饰有菱纹、三角纹、交叉纹、豆芽纹；第Ⅳ类，少部分含螺壳或石英屑和料，器形有盆、罐等，纹饰有绳纹、圆点纹、三角纹、方格纹。这四类陶片在第二、三层中均有出现，只是各类别所占比例不同，其中第Ⅰ类在两个地层中的占比最大。第二、三层之间的区别是，Ⅰ类陶片的数量自下往上递减，Ⅱ、Ⅲ、Ⅳ类陶片则相反。报告只发表了少量器物标本图，且出土层位不明，我们很难判断不同地层中的同类陶器在形制上的变化如何。从个别形制有区别的同类器来看，两层堆积形成的时间应该有一个过程。

　　将石寨山遗址与石寨山文化墓地和其他遗址的出土陶器进行比较（图5.10），Ⅰ类器物中的平底盘和凹底碗实际是盏和同心圆纹盘，在前文分析的遗址中普遍存在，Ⅱ类器物中的双耳盆和高领（长颈）罐也见于石寨山文化墓葬，Ⅲ类器物中的平底皿较特殊，在天子庙遗址看到有类似的器形，Ⅳ类器物中的圜底盆与墓葬中出土的DbⅠ式釜相似，但口部和颈部外侧带凸棱的罐比较少见，类似风格见于西王庙和小平山遗址的直口釜。纹饰方面，石寨山遗址的施纹陶比例很小，一些罐类器物上装饰的羽纹、网格纹、水波纹、圆点纹、豆芽纹也见于天子庙、河泊所等遗址，不过石寨山遗址第Ⅳ类器物中发现不少绳纹，这在石寨山文化墓地和其他遗址中都不多见。

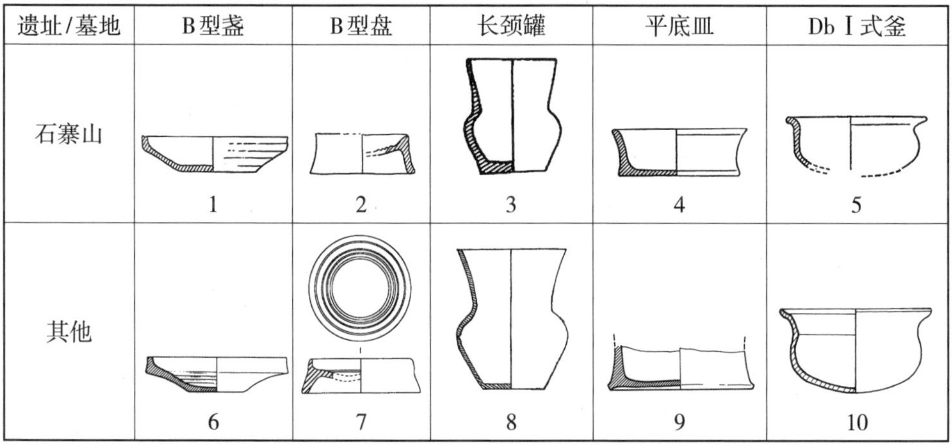

遗址/墓地	B型盏	B型盘	长颈罐	平底皿	DbⅠ式釜
石寨山	1	2	3	4	5
其他	6	7	8	9	10

图5.10　石寨山遗址与石寨山文化墓地及遗址器物比较图

1~5.石寨山遗址出土器物　6.天子庙T9⑦：11　7.学山F1：2　8.五台山M1：6　9.天子庙T5③：9
10.羊甫头M781：8

　　从年代上看，上述比较的同类器物大多出现在石寨山文化墓地第三期，因此推测石寨山遗址试掘探方中第二、三层文化遗存形成的时间可能与此相当，不过有的器物形制更接近较早的式别，如陶盘与学山遗址 F1 的陶盘相似，因此年代上限可能到墓地第二期。由于发掘有限，尚不能确定是否还有更早的遗存。

　　总的来说，石寨山遗址第二、三层文化遗存应当属于石寨山文化。石寨山遗址试掘区内发现的遗迹很少，在更大范围内是否有其他诸如房址之类的遗迹现象，目前还不太清楚。试掘区东面是石寨山墓地，第三章曾讨论过遗址与墓地的空间关系，但目前从聚落形态的角度讨论二者的空间布局结构还比较困难。一些线索是，遗址的出土器物有少数同类器见于分布在山腰低处的墓葬中，若如报告所言，靠近山顶的位置是当时人们居住的中心地区，那墓葬区大致位于遗址边缘，墓葬是沿着遗址边缘从山腰向山顶分布的，这或许说明遗址与墓地使用的人群关系密切。但他们的居住方式如何，遗址是否属于"居址"性质，还有石寨山遗址与河泊所聚落群之间的关系，都有待进一步讨论。如果能够解答遗址区的分布范围、文化堆积的形成过程、不同遗迹分布的空间结构等问题，或有助于更清楚地认识遗址的性质及其与墓地的关系。

　　7. 其他遗址

　　除上述遗址外，在滇池和三湖（抚仙湖、星云湖、杞麓湖）周边还调查发掘了多处遗址，因资料有限，现简单分析如下：

　　考古工作者在滇池周边进行过数次调查，其中，20世纪50~60年代的调查是从北岸沿湖向南至西岸，陆续发现了海源寺、官渡、石碑村、乌龙铺、石子河、安江、古城、象山、团山村、渠西里、兴旺村、后村、老街、白塔村、白塔山等遗址，这些遗址与石寨山、河泊所遗址一起都曾被认为是新石器时代遗址。根据调查情况，遗址有很多共性，如据采集陶片，基本可以分为泥质红陶、夹砂红陶和夹砂灰陶三大类，其中泥质红陶大多是手制，夹谷壳、谷穗的盏、盘一类器物，底部或饰有同心圆纹。夹砂红陶用螺壳或石英做羼和料，多轮制，器形有釜、侈口罐、直口罐、盆、钵、圈足器等，器腹上部装饰戳点纹、草叶纹、斜线纹、弦纹等。夹砂灰陶以螺壳或石英做羼和料，手制或轮制，器形有盆、钵、双耳罐、侈口罐、带流罐、圈足器和器盖等，装饰以刻划斜十字纹、波浪纹和斜线纹为主，有的磨光。大部分遗址以第一类陶器居多，但遗址未经过系统发掘，调查只能说明粗略情况。从采集陶片的标本来看，官渡遗址、石子河遗址出土的盏和盘，石碑村、象山遗址出土的盘，石子河遗址发现的敞口折颈釜、盘口罐、圈足器，以及老街遗址发现的侈口罐、盘口罐、豆、敞口折腹钵等器物与天子庙、西王庙等遗址的同类器物相似，上述陶器在陶质、陶色和纹饰方面的特点也与天子庙、西王庙等遗址有很多共性。因此，在滇池周围发现的这些遗址应该都包含有石寨山文化遗存，但各遗址是否有早于石寨山文化的遗存，以及各遗址之间文化遗存的差异如何，还需要更多发掘资料来分析。

2008、2010年在滇池东南部、南部和西部的聚落考古调查基本将这三个区域分布的石寨山文化遗址划分为古城、河泊所、昆阳盆地、海口河谷和碧鸡地区五个聚落群。从陶器种类来看，各聚落的情况大体相同，以釜、罐、盘和碗（盏）为主。但调查者也指出各遗址同类陶器的类型有很大差异，如盘有浅腹盘（可能是 B 型盘）和折沿盘（D 型盘），这两种类型在滇池东南部很流行，在滇池南部和西部较少，且只见于昆阳盆地的湖岸遗址和海口河谷的少数遗址。目前，海口河谷的白塔村和大营庄遗址已进行过抢救性发掘，其中大营庄遗址出土的器物不仅具有石寨山文化因素，还有通海兴义遗址的部分文化因素[①]。可以看出，滇池周围不同区域遗址的文化内涵比较复杂，在分析各遗址年代与性质的基础上，才能深入讨论遗址之间的关系及聚落结构等问题。

三湖周边分布的遗址数量众多，80年代进行考古调查时将江川光坟头、大平山、螺蛳山和通海的空山、打坝山、小龙潭遗址确认为新石器时代遗址，并认为它们都属于新石器时代的石寨山类型[②]。2011~2012年发掘光坟头遗址，在早期地层中清理出半地穴房屋遗址、灰坑以及与建筑有关的活动面，出土器物中陶器数量最多，以子母口小钵及同心圆纹盘为主要器形，另有陶釜、陶罐、圈足盘、陶盆等，其他器类有铜器、石器、骨器、角器、蚌器、玉器等[③]。此外，2015~2016年还发掘了通海兴义遗址，该遗址文化遗存非常丰富，经过初步研究，可以将遗存分为海东类型遗存、

---

① 云南省文物考古研究所：《西山白塔村遗址》，"云南考古"网（http://www.ynkgs.cn/view/ynkgPC/1/132/view/1275.html），2009年12月10日；云南省文物考古研究所：《海口大营庄遗址》，"云南考古"网（http://www.ynkgs.cn/view/ynkgPC/1/6/view/762.html），2017年5月23日。

② 张兴永、赵云龙、蒋天忠：《云南江川、通海考古调查简报》，《云南文物》1987年第21期。

③ 云南省文物考古研究所：《江川光坟头遗址》，"云南考古"网（http://www.ynkgs.cn/view/ynkgPC/1/6/view/793.html），2014年5月26日。

兴义二期遗存（或"兴义类型遗存"）、滇文化遗存三大阶段，其中根据陶器变化的不同，滇文化可分为早中晚三段①。目前，这些遗址的资料尚未正式公布，但从陶器的特点可以看出，它们应当都有石寨山文化遗存，可能与分布在抚仙湖西岸的李家山、团山等墓地关系密切。

二　石寨山文化遗址的特点

通过前文分析，确认了与石寨山文化有关的部分遗址的文化性质及其与墓地的年代关系，接下来将简要归纳石寨山文化遗址的一些特点。

1. 遗址的分布与选址

从分布来看，大部分遗址都位于距离湖泊约1~6公里的范围内，少数遗址深入山地或河谷内部，距离湖泊较远。根据遗址所处地理环境的不同，大致有五种情况：第一种是在冲积平原区的湖岸附近或沿河地带，如滇池东岸、东南岸和南岸的遗址；第二种位于冲积平原中或边缘突起的小山包上，小山相对高度约8~50米不等，如滇池东岸、东南岸以及抚仙湖北岸的遗址；第三种分布在狭长河谷的谷口和谷内，如滇池西岸的螳螂川河谷；第四种位于地势较低的山前阶地，如滇池西北岸的遗址；第五种是深入山地内部的山前坡地，如刺桐关遗址。遗址地点的选择，一是受环境影响，如滇池湖岸线的变迁可能导致当时人群在湖岸或小山之间迁移，二是与地理区位有关，如螳螂川河谷是滇池盆地连接安宁的通道，安宁在历史时期曾是重要的产铜中心②，推测石寨山文化时期也与青铜资源的利用与控制有关。

2. 遗址的类型

石寨山文化遗址的主要类型是贝丘遗址，还有少数为山地遗址。贝丘遗址位于湖岸附近或河谷地带，以螺壳堆积为特色，螺壳堆积中一般夹杂少量不同质地和颜色的土，或是纯净的螺壳，与灰土层层交替堆叠形成独特的文化层，如河泊所、天子庙等

---

① 云南省文物考古研究所：《通海兴义遗址》"云南考古"网（http://www.ynkgs.cn/view/ynkgPC/1/144/view/1357.html），2016年11月04日。

② 云南省文物考古研究所、美国芝加哥大学、美国密歇根大学人类学博物馆：《云南滇池盆地2010年聚落考古调查简报》，《考古》2014年第5期。

遗址。通常认为这些螺壳是古人捕捞产自湖里的螺蛳，被食用丢弃后形成了堆积。根据早年的调查资料，螺壳堆积呈现出多种形态：有的堆积如小山，如河泊所，东西长80、南北宽30、高8米；有的零散几堆，如石碑村；有的堆积如一道长堤，如官渡、石子河遗址的堆积，长达里许，高出地面2–3米，地面下深2~3米以下①。不同形态的堆积，可能是功能上的区别，或者与人类有目的的行为活动有关呢？山地遗址位于湖盆边缘接近山地处，有的则深入山地内部，如学山、刺桐关等遗址，这些遗址在分布地域和地理环境上与贝丘遗址不同，可能反映了遗址功能和生态环境上的差异。

3. 遗址的结构与功能

根据已发掘的遗址情况，大部分遗址发现的遗迹类型包括房址、灰坑、沟、用火遗迹，如西王庙、小平山等遗址，少数还有墓葬，如石寨山、学山等遗址，但有一些遗址只见有文化堆积，如天子庙遗址。房址的形制多为半地穴式和杆栏式，也有少数是地面式等。半地穴式房屋的平面呈长方形或椭圆形，四周有柱洞环绕，屋内中部设火塘或中心立柱，有的火塘有进风口和排烟结构，屋内结构的不同可能表示有功能区分。杆栏式房屋见地面有浅槽围成，柱洞分布在浅槽内、外及房址内。从年代上看，半地穴式和杆栏式房屋出现的时间较早，地面式建筑可能是较晚出现的形式。不同形制的房屋在地理分布上并没有显示出太大差别，说明半地穴式和杆栏式房屋应该是当时人们居住的普遍类型。因为大部分遗址都发现有房址，它们应都属于居住遗址，至少是人们日常活动的场所，但居址内部的功能区划还不太清楚。囿于资料所限，目前很难了解不同遗迹在遗址的空间分布情况以及不同遗址在内部结构上的异同。一些线索是，如聚落结构较完整的学山遗址，发现了房屋建筑、灰坑、道路、活动面、墓葬、祭祀遗迹，其中房屋规模大小不一，房屋成排分布并可看出其排列规律，这些现象表明聚落内部不仅存在不同的功能区还反映了人们的规划意识，成排分布的房屋也体现了某种社会组织关系。此外，近来在河泊所聚落群范围内，发现地下分布了众多排列有一定规律的台地和水系，这些台地可能具有不同的功用，其中在称为台地3的区域揭露出田块、田埂、水井、窑址、灰坑、沟、墓葬、房屋等多种类型的遗迹，虽然目前还不清楚这些遗迹的年代关系，但反映出河

---

① 黄展岳、赵学谦：《云南滇池东岸新石器时代遗址调查记》，《考古》1959年第9期。

泊所聚落内部的复杂结构。这些线索有助于未来进一步讨论单个遗址的聚落形态及其反映的社会组织结构状况。

根据聚落考古调查结果，石寨山文化遗址大致分为五个聚落群，虽然聚落之间的相互关系尤其是年代关系还不是很明晰，但可做一些粗浅的探讨。在各聚落群内，分布有大小不同且相对密集的数个或十多个遗址，按规模大小不同，聚落群内的遗址可分为三个或两个等级，通常是有一至三个不等的大、中型遗址，最大的有10多万平方米，小型遗址较多，大多不超过1万平方米，且分布密集，彼此大约相距100~400米，小型与大型遗址之间的距离情况可能不同，在有的聚落群内大约相距500~1000米，如昆阳盆地。各聚落群之间，在遗址数量上，以河泊所最多，包括了16个遗址，总体分布范围较大，约有6.5平方公里。海口河谷可能是由若干个较小的聚落群组成，这种较小的聚落群通常由一个大型遗址加几个小型遗址组成，遗址数量较少。在遗址规模上，聚落群之间的情况也是不同的，总的来看仍是河泊所比较突出，古城、昆阳盆地、海口河谷和碧鸡地区相对一致。遗址规模在某种程度上反映了人口规模，一般来说遗址面积越大，说明能容纳的人口数量越多，河泊所聚落群内复杂的遗迹结构也说明其具有特殊性。因此，有学者将河泊所聚落群视为石寨山文化的中心区。进一步来看，聚落群内及聚落群之间的层级结构有可能反映了不同墓地及区域墓地之间的等级情况，体现出相互对应的社会结构特点。不过鉴于目前的资料，很难将二者一一对应。有关聚落形态研究的诸多问题都依赖于在此建立详细的陶器类型学研究的分期编年体系。

4. 遗址与墓地的关系

在石寨山文化遗址中发现墓葬遗存的情况并不是太多，反之，在众多石寨山文化墓地中也较少发现与日常生活相关的遗迹，可以说居址与墓葬这两类遗存共处一地的情况在石寨山文化并不是很常见。通过前文分析可知，石寨山文化的遗址和墓地各有其分布特点，两者虽相距较远，但基本在一定的范围内，有的墓地就位于聚落群分布区内，如河泊所聚落群，河泊所、西王庙、小平山等遗址与石寨山、金砂山等墓地关系密切，其使用者应该是同一人群。因此，石寨山文化人群选择将居址与墓地分处两地，形成相对单纯的居址区和墓地，这种居葬现象或可称为"居葬分离"。当然，还有少数遗址中发现了居址与墓葬同处一地的情况，目前二者的共时性不明，尚不能深入讨论，但也可能是在居葬关系上反映了文化内部的差异。

第四节　石寨山文化与"滇"的关系

关于石寨山文化与"滇"的关系，学术界主要有两种观点：一种将二者完全等同，讨论"滇"的文化现象时只使用"滇文化"的概念，很少提及"石寨山文化"[①]；另一种认为"滇"是石寨山文化发展到一定阶段才出现的，即"滇文化"特指战国晚期至西汉晚期分布在滇池区域的"石寨山文化"的部分遗存，其包含于"石寨山文化"这个概念中[②]。两种观点的共识在于都承认滇池区域及其附近发现的文化遗存与"滇"有渊源，分歧的焦点是对文化遗存的内涵认识不同，实际是考古学文化与族属、国别对应的理解不同。两种观点的分析方法均是将文献中"滇"出现的时间及空间分布范围与考古学上的文化遗存进行比较，这是判断考古学文化与族属或国别关系的一般途径，但结论取决于研究者对文献的解读和文化遗存性质的认定。一些考古学文化在这个问题的讨论上经常是聚讼纷纭，如二里头文化与"夏"之关系。相比之下，石寨山文化与"滇"的讨论就鲜有关注，这与"滇"的历史记载语焉不详，石寨山文化的内涵尚未明晰不无关系。但正因为如此，更不能模糊二者之间的关系。根据"滇"的文献记载和考古材料反映的文化特征，尚不能简单地将二者等同起来，因为二者的时空范围不一定完全吻合。

与"滇"有关的文字记录可以分为两种：一种是文献记载，如《史记》《汉书》《华阳国志》和《后汉书》等；另一种是有文字的出土实物，如印章，目前已发表的有确切出土单位的仅"滇王之印"一枚，出自石寨山M6。

关于"滇"的史书记载，《史记·西南夷列传》记录时间最早，相关文字如下：

> 西南夷君长以什数，夜郎最大；其西靡莫之属以什数，滇最大；自滇以北君长以什数，邛都最大；此皆魋结，耕田，有邑聚[③]。

---

① 持此观点的学者较多，较有代表性的如，张增祺：《滇国与滇文化》，昆明：云南美术出版社，1997年；杨勇：《战国秦汉时期云贵高原考古学文化研究》，北京：科学出版社，2011年，第141页。

② 蒋志龙：《滇国探秘——石寨山文化的新发现》，昆明：云南教育出版社，2002年，第352、360、361页。

③ ［西汉］司马迁：《史记》卷一一六《西南夷列传》，北京：中华书局，1959年点校本，第2991页。

始楚威王时，使将军庄蹻将兵循江上，略巴、黔中以西。庄蹻者，古楚庄王苗裔也。蹻至滇池，方三百里，旁平地，肥饶数千里，以兵威定属楚。欲归报，会秦击夺楚巴、黔中郡，道塞不通，因还，以其众王滇，变服，从其俗，以长之[①]。

及元狩元年，……于是天子仍令王然于、柏始昌、吕越人等，使间出西夷西，指求身毒国。至滇，滇王尝羌乃留，为求道西十余辈。……滇王与汉使者言曰："汉孰与我大？"及夜郎侯亦然。以道不通故，各自以为一州主，不知汉广大。使者还，因盛言滇大国，足事亲附。天子注意焉[②]。

上使王然于以越破及诛南夷兵威风喻滇王入朝。滇王者，其众数万人，其旁东北有劳浸、靡莫，皆同姓相扶，未肯听。劳浸、靡莫数侵犯使者吏卒。元封二年，天子发巴蜀兵击灭劳浸、靡莫，以兵临滇。滇王始首善，以故弗诛。滇王离难西南夷，举国降，请置吏入朝。于是以为益州郡，赐滇王王印，复长其民。西南夷君长以百数，独夜郎、滇受王印。滇小邑，最宠焉[③]。

《史记·西南夷列传》对"滇"的记录主要围绕几个方面，一是"滇"的地理方位和生活习俗，二是"滇"出现的时间与人物，三是汉武帝经略西南过程中对"滇"的举措以及"滇"的反应，四是"滇"的地位。这些内容在时间上分属两个阶段，即西汉以前和西汉时期（主要是中晚期）。《史记》之后如《汉书·西南夷列传》《华阳国志·南中志》和《后汉书·南蛮西南夷列传》都有所载，总体来看，这些文献关于"滇"在西汉时期的史实是基本相同的，而不同之处聚焦于西汉以前的"滇"，即"滇"出现的时间与人物。具体说来有两种看法，第一种是楚威王时，庄蹻王"滇"，如《史记》和《汉书》；第二种是楚顷襄王时，庄豪王"滇"，如《后汉书》。关于第二种观点，《华阳国志·南中志》还有不同说法，有学者考证该书原文被篡改，实际应为楚顷襄王时，庄蹻王夜郎，而《后汉书》的记载实为《史记》和《华阳国志》的杂糅[④]。如此看来，关于司马迁记载的西汉以前"滇"的史实，其后史家多有

---

① ［西汉］司马迁：《史记》卷一一六《西南夷列传》，北京：中华书局，1959年点校本，第2993页。

② ［西汉］司马迁：《史记》卷一一六《西南夷列传》，北京：中华书局，1959年点校本，第2995～2996页。

③ ［西汉］司马迁：《史记》卷一一六《西南夷列传》，北京：中华书局，1959年点校本，第2991页。

④ ［东晋］常璩撰，刘琳校注：《华阳国志校注》，成都：巴蜀书社，1984年，第335～337页。

疑虑，因而说法不一。

今人对"滇"两个阶段史实的争论亦和古人相似。《史记·西南夷列传》对西汉时期的"滇"着墨甚多，且"赐滇王王印"的事件又有出土实物为证，因此学术界多无异议。但文献对西汉以前"滇"的论述不同，今人对此事也存在很大争议。早年学术界基本分为两派，一派持肯定态度，认为庄蹻开"滇"确有其事[①]，另一派则持反对意见，认为此说不可信[②]。因司马迁曾到过西南，对西南夷有较深刻的认识，所以很多学者赞同其所说，如方国瑜认为《史记·西南夷列传》"信而有征，非寻常著作可比也"[③]。不过他也没有全盘接受《史记》的观点，考证提出庄蹻入滇的时间应当是在楚顷襄王时[④]。时至今日，虽仍未有定论，但大多学者还是肯定事件的真实性[⑤]。

从文献来看，关于"滇"比较明确和可信的记载在西汉时期，即最早是元狩元年（前122年），汉使至"滇"，受到"滇王"的接待，最晚是元封二年（前109年），汉兵临滇，滇王出降，置益州郡。但是在这一段时间内，关于"滇"的疆域着墨不多，仅提到在楚威王时庄蹻"至滇池，方三百里，旁平地，肥饶数千里"。司马迁何以得知百年之前庄蹻至滇的具体情景呢？笔者认为这一段描述应该是司马迁基于当时"滇"所处的环境而做的推测，因此可以看作是西汉时期"滇"的大致范围。不过即便如此，范围仍旧很模糊，只有一个明确的地理坐标——滇池。根据滇池的地理环境，其东部沿岸是河流冲积和湖积平原，地势相对开阔平坦，"滇"的空间范围应集中在此，但向外扩展到何处就无法明确了。说明在西汉中晚期，"滇"以滇池为中心，主要分布在滇池东部一带。

基于可信的文献记载和石寨山文化墓地的分期讨论，可以认为石寨山文化墓地

---

① 马曜：《庄蹻起义和开滇的历史功绩》，《思想战线》1975年第1期；方国瑜：《从秦楚争霸看庄蹻开滇》，《思想战线》1975年第5期。

② a.蒙文通：《庄蹻王滇辨》，《四川大学学报》1960年第1期。b.张增祺：《从滇文化的发掘看庄蹻王滇的真伪》，《贵州民族研究》1979年第1期。

③ 方国瑜：《云南史料目录概说》第1册，北京：中华书局，1984年，第1~6页。

④ 方国瑜：《从秦楚争霸看庄蹻开滇》，《思想战线》1975年第5期。

⑤ 叶成勇：《战国秦汉时期南夷社会考古学研究》，北京：文物出版社，2019年，第268~270页。

第四期的遗存是"滇文化"的墓地。文献中未详细描述"滇"的社会发展程度，但可以确定"滇王"是最高统治者，控制着数万人口，在"靡莫之属"中实力最强，会对汉使者发出"汉孰与我大"的问题。这表明"滇"应该已经具有社会分层现象，"滇王"是整个社会等级最高的人。由前文分析可知，石寨山文化墓地第四期时，社会分化非常突出，社会内部可以分为五个等级。石寨山墓地和李家山墓地的一等墓葬制充分展示出社会上层拥有对军事及各类生产活动的控制、更多财富和宴享以及显赫身份地位的权力，墓主身份是整个社会的最高统治者，社会分层的表达一览无余。可以看出，石寨山文化墓地第四期反映的社会状况与文献描述的社会发展程度具有一定的契合度，但后者论述过于简略，并没有完全呈现"滇"当时的社会情况，因此石寨山文化墓地是对文本的重要补充。根据文献提供的信息，墓地中一等墓的墓主应该就是"滇王"级别的身份。不过文献中，"滇王尝羌"的表述似乎显示了统治者的唯一性，但是在考古学同一个文化分期内，从墓葬材料上很难确定"滇王"的唯一性，即石寨山和李家山两个墓地的关系与文献中的反映不完全相同。因此，石寨山文化墓地显示的社会状况可能远比文献中的"滇"要复杂得多。

关于石寨山文化一至三期墓地，目前还难有证据证明其属于"滇"。这些遗存的年代要早于"滇"，并且与石寨山文化四期墓地有同一考古学文化上的早晚关系，那么，以石寨山文化一至三期为代表的墓地可以认为是"滇"的来源。"滇王"出降，汉武帝在"滇"地置益州郡后，我们就很难在文献中看到"滇"的记载了。这种"消失"同样体现在考古学文化上。石寨山文化墓地第四期后，大量汉式器物的出现以及高等级墓葬葬制的改变，反映出汉文化对当地的影响及融合的历史趋势，同时也意味着"滇"与石寨山文化的衰落。

第六章　石寨山文化的源流及与周邻文化的关系

　　石寨山文化作为云南地区一支重要的考古学文化，其源流及与周邻文化的关系问题一直是学术界关注的热点。然而，云南地区新石器时代至青铜时代的考古学文化发展序列和文化谱系目前仍未完全建立，这给相关研究带来不少难度和限制。在现有材料的基础上，通过分析当地和周边早于石寨山文化墓地一期以及晚于墓地四期的遗存，分别与墓地一期和四期遗存的文化关系来探讨该文化的来源和去向，将有助于厘清石寨山文化的形成和发展脉络。同时，进一步比较石寨山文化与并行发展的周邻文化在文化因素上的异同，更有助于搞清楚它们之间的交流、影响和融合情况。

第一节　石寨山文化的源流

一　石寨山文化的来源

　　根据以往研究，在石寨山文化分布区域内，早于该文化的遗存有新石器时代晚期的"石寨山类型"，曾有部分学者将其作为石寨山文化"当地起源说"的证据之一。通过前文分析可知，该文化类型部分遗址中包含有石寨山文化遗存，因此"石寨山类型"的内涵需要重新界定，不宜再将其视为石寨山文化的源头。

　　滇池周围已经发掘的大部分遗址集中在石寨山文化墓地第二、三期，即战国末期至西汉早期，但因资料不够详尽，更早时期遗存的分析还很欠缺。如河泊所、西王庙遗址经器物比较和测年数据显示的年代差距较大，目前两个遗址早期地层只见测年数据，未看到器物标本，难以研究早期地层的遗存情况。近来在滇池东南岸发掘的古城村遗址，经碳十四测年并结合典型器物对比，初步认为其主体年代在商代晚期至战国早中期，与石寨山文化早期紧密衔接，被认为是石寨山文化最重要的来源之一[①]。相信未来根据资料的系统梳理，在构建滇中地区新石器时代晚期以来考古学年代框架和文化谱系的基础上，有望弄清楚石寨山文化的来源问题。

在石寨山文化分布范围外的其他区域，如杞麓湖沿岸的海东类型遗存可能与石寨山文化具有密切关系。

海东类型以最早发现的玉溪通海海东村贝丘遗址而得名，是主要分布在杞麓湖沿岸的新石器时代晚期文化类型，年代在公元前3000~前1500年[②]。该文化类型的提出，是20世纪末考古工作者对杞麓湖北岸的海东遗址及东岸的杨山遗址经过调查、发掘后[③]，逐渐意识到玉溪三湖地区以这两处遗址为代表的文化特征明显不同于滇池地区的石寨山类型。目前，学术界对其文化属性还有不同认识，如李昆声等学者仍将海东类型视为石寨山类型下的一个地方类型[④]，但大部分学者均将其作为另一独立的文化类型[⑤]。在年代认识上，海东遗址有两个碳十四测年数据，集中在公元前2400~前1700年之间，发掘者根据地层厚度推测最下层的年代在公元前3000年左右，综合

① 周然朝：《先滇时期完整的环形贝丘——晋宁古城村遗址考古新发现》，"云南考古"微信公众号，2023年2月15日。

② 该文化类型最早由王大道提出，并称之为"海东村类型"。参见王大道：《云南青铜文化与新石器晚期文化的关系》，邓聪编：《南中国及邻近地区古文化研究：庆祝郑德坤教授从事学术活动六十周年论文集》，香港：中文大学出版社，1994年，第269~280页。

③ 仅海东遗址进行了发掘，杨山遗址为调查。云南省文物考古研究所、玉溪市文管所、通海县文化局：《通海海东贝丘遗址发掘报告》，《云南文物》1999年第2期。陈泰敏：《通海杨山贝丘遗址》，《云南文物》2003年第1期。

④ 李昆声主编：《云南考古学通论》，昆明：云南大学出版社，2019年，第103~112页。

⑤ 陈泰敏：《通海杨山贝丘遗址》，《云南文物》2003年第1期；周志清、蔡雨茂：《滇中三湖地区的新石器时代晚期文化刍议》，成都文物考古研究所编：《成都考古研究》（二），北京：科学出版社，2013年，第88~100页。

得出遗址的年代在公元前3000~前1945年，处于新石器时代[①]；杨山遗址的调查者将之与海东遗址进行比较后，认为杨山遗址堆积层较厚，时间延续性略长，推测其年代在公元前3000~前1500年，即与海东遗址大致相同，个别器物下限略晚，可能到青铜时代[②]；有学者综合考虑碳十四测年数据和与大墩子遗址相似器物的比较，认为海东类型遗存的年代大致在公元前1500~前1000年，时代为青铜时代早期[③]。虽然不同认识的年代跨度较大，但海东类型早于石寨山文化当无异议。

海东类型的陶器多为小平底器和圜底器，亦有不少圈足器，器类以罐为主，还有壶、釜、瓶、杯等，较有特色的是罐、壶、杯等多带流，有单流、三流和四流之分。器表装饰复杂，以刻划、戳印、压印为主，有绳纹、弦纹、方格纹、水波纹、锯齿纹、锥刺纹、附加堆纹等。装饰部位集中在口、颈、肩及上腹部，口沿部位多饰锯齿纹，流口附件有乳钉、穿孔装饰，肩或腹部常见堆塑、饰耳等。根据海东和杨山遗址的堆积情况，两地均为较厚的螺壳堆积，因含土量少，只能大致分层，在堆积中还发现有墓葬和火堆等遗迹。海东遗址的地层可分为7层，其中第5~7层陶器以绳纹为主，第4层绳纹减少，第2和3层以素面和带抹痕的陶器为主，这表明陶器特征有阶段变化，不过受发掘及发表资料所限，目前还难以对该遗址进行分期。我们注意到遗址的最晚文化层，即第2层中出土的一件小口小平底罐与石寨山文化的A型罐似有渊源（图6.2，1、3）。两件器物在侈口、细颈、斜肩、圆鼓腹、小平底这些形态特征上较接近，但饰纹风格略有不同。前者口部饰压印锯齿纹，颈上饰有戳印纹，肩上有两圈梯子形印纹组成纹饰及波形纹，后者肩部饰刻划网格纹及对称乳钉。此外，海东类型还有不少圈足器，可能也是石寨山文化圈足器的来源（图6.1, 2、4）。

海东遗址发掘了30座墓葬，由于螺壳堆积松散的特性，墓葬的开口层位和坑壁难以确定，只能根据人骨和随葬品圈定墓葬范围。墓葬的深度有所不同，但因层位不明，并不能代表绝对的早晚关系。从墓葬分布来看，墓葬相对密集分布在发掘区

---

① 云南省文物考古研究所、玉溪市文管所、通海县文化局：《通海海东贝丘遗址发掘报告》，《云南文物》1999年第2期。

② 陈泰敏：《通海杨山贝丘遗址》，《云南文物》2003年第1期。

③ 周志清、蔡雨茂：《滇中三湖地区的新石器时代晚期文化刍议》，成都文物考古研究所编：《成都考古研究》（二），北京：科学出版社，2013年，第88~100页。

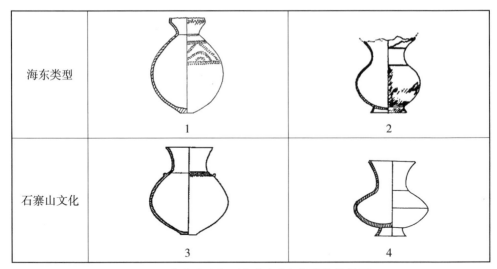

图6.1　海东类型与石寨山文化相似器物比较图

1.A型小口小平底罐（海东TG1②：8）　2.Aa型壶（杨山Xo129）　3.A型罐（羊甫头M732：？）　4.圈足壶（天子庙②M36：8）

中部（图6.2）。人骨头向不同，分布的区域也不相同，如头朝西的基本分布在发掘区西部，约有5座，头朝南的大致位于发掘区中部至东部，约有19座，因此推测东西向墓葬和南北向墓葬分区埋设。从平面上仔细观察不同区域内部墓葬之间的距离关系，发现两两并排埋葬的现象较多，有的是两座单独在一个区域，有的是几组两两成对的墓葬聚集在一起，墓葬之间似乎构成了墓区—墓群的层级关系。不过因为墓坑范围和墓葬年代不确定，这只是根据平面现象来判断。墓葬内基本没有发现葬具痕迹，不同区域死者的葬式不同，如西部大部分是仰身直肢葬，少数为屈肢葬，东部以仰身屈肢葬为主，较少为直肢葬。从随葬品来看，约60%的墓葬内都有随葬品，数量集中在1~2件，其中2座墓葬有4件，随葬1件的基本上都是陶罐或壶，2件的是陶罐加石质工具如球、纺轮，或石质装饰品石环。有随葬明器的现象。随葬器物的摆放比较有规律，如陶器大多位于头部附近，石球在胸部或手部，石环佩戴在手腕上。发掘区内还发现了40个火堆遗迹，位于不同层位，上部的文化层较多，在平面上有的距离墓葬较近。火堆形状大都呈圆形，下面是螺壳烧结块，有的火堆内出陶片。根据发掘报告提供的信息，较难判断火堆的性质以及与墓葬之间的关系，但推测可能具有两种情况。一种是火堆遗迹类似于房址内的火塘，因堆积以螺壳为主，房址遗迹简单或在田野工作中较难发现，那么火堆与距离较近的墓葬为同一使

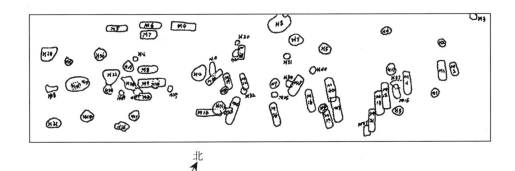

北

图6.2　海东遗址墓葬分布图

用人群，构成"居葬合一"的居葬关系。另一种是火堆与葬仪活动有关，是生者埋葬死者时在墓坑旁施行某种祭祀行为而留下的遗迹。不过具体情况需要分析火堆遗迹的形成过程、包含物，以及与附近墓葬的"地面"关系。

从海东遗址的墓葬遗存来看，海东类型具有分区埋葬的现象，不同区域的死者埋葬方式不同，但又有交错，随葬品是否有差异无法确定。如果两个区域的时代不属于不同文化的分期，那么它们可能代表了不同的族群，但同地埋葬表示彼此的关系比较紧密，墓葬之间的关系体现了这个社群的社会组织结构。总的来说，整个墓葬区域布局较明确，具有一定的规划。随葬品反映出社群内部没有分化，无等级高低之分，说明这可能是一个相对简单的社会。因调查发掘所限，不能确定海东遗址是否有房址之类的遗迹，无法判断该遗址是功能区分布不同的聚落，还是距离居址较远的墓地。

将石寨山文化的墓葬与之进行比较，发现二者在墓地规划和布局上有些共同之处，但石寨山文化的墓地选址更具有专属性，墓地结构更能反映出社群内部的紧密关系。在埋葬方式方面，石寨山文化的情况较复杂，从早期开始就有单人葬和合葬，合葬中见叠葬现象，人骨处理方式既有一次葬也有二次葬，但可辨葬式是仰身直肢葬较多。海东遗址应以单人一次葬为主，东部墓区人群的主流葬式是仰身直肢葬。在随葬品方面，海东类型相对简单而具有规律性，石寨山文化则更多体现了复杂化。不过海东类型中死者手腕佩戴石环的方式，在石寨山文化也比较常见。除墓葬遗存外，石寨山文化部分遗址中也发现有火堆遗迹，遗迹现象较为相似但性质不明。考虑上述对海东遗址火堆遗迹的分析，如果火堆遗迹与居住方式相关，那么可以看到海东类型和石寨山文化之间居葬关系的变化，以及石寨山文化人群丧葬观念的不同表达。

　　总之，通过上述比较，可以看到海东类型和石寨山文化具有一些文化因素上的传承，也能大致看到社会形态发展的流变，但二者之间还存在很大跨度。

　　2015~2016年，云南省文物考古研究所等单位对杞麓湖东岸兴义遗址的发掘有望进一步解决海东类型和石寨山文化的关系问题。据相关报道，兴义遗址发现了海东类型遗存、兴义类型遗存、滇文化遗存相叠压的地层序列，构建了滇中杞麓湖区域距今4000~2000年的考古学文化序列。发掘者提出"兴义类型遗存"这一新的文化类型，参考碳十四测年数据推测其年代为商至西周时期，同时指出该类型的部分器物延续发展至滇文化时期，是滇文化的源头之一①。

　　此外，来自西北方向的文化因素可能也对石寨山文化的形成起到了作用。龙川江流域的南华孙家屯墓地被认为属新石器时代晚期文化，热释光测定数据显示其年代在公元前2000~前1500年②。该墓地面积约8000平方米，由于墓地被破坏严重，墓葬分布的整体情况不明，大致呈片状分布在宽约60、长约120米的杨关山山腰上，从北至南被切割成四片区域。观察墓葬之间的关系，发现两两并排埋设的情况较多，有的大致可以连成一排，但有的十多座墓葬排列相对密集，成排的现象不是太明显。根据集中程度，墓地内部应该可以分区，区下或可细分出群。

　　从墓葬特征来看，均为长方形竖穴土坑墓，因骨架腐朽葬式不明，也没有发现葬具痕迹。墓葬方向主要为南北向，有的偏东北或西北。发掘报告根据山势及随葬品摆放位置分析，墓主头向多朝北。墓葬规模有大小之别，但差异不大，较大的面积7平方米左右，较小的约1平方米。

　　随葬器物均为陶容器，器物火候较低，质地疏松破碎严重。陶器均为夹砂陶，多红褐色，少量为黑褐或灰褐色。以平底器为主，亦有少量圜底器，带耳器较多，有单耳和双耳。器类有壶、罐、单耳罐、双耳罐、釜、单耳釜、双耳釜、小盆等，较多的是罐、壶，釜、盘较少。器表多素面，平底器底部多饰有叶脉纹，罐及釜肩部通常饰有乳钉。随葬品数量不等，因大部分无法修复，具体数量不明，最多

① 云南省文物考古研究所：《云南通海兴义遗址发掘》，《中国文物报》2017年3月24日第008版。

② 云南省文物考古研究所：《云南南华县孙家屯墓地发掘简报》，《考古》2001年第12期。

的可能有几十件，少的不到10件。数量多少与墓葬规模的大小不是绝对的正比关系，墓葬规模大的一般随葬品数量较多，规模小的也相对较少，有的规模不是最大的墓葬但随葬品数量却最多。随葬品组合信息不全，一般多为罐类和壶类，并且占比较大。从摆放位置看，随葬品集中摆放在墓底北部、中部或南部，规律不明显。

考虑墓葬和随葬品特征关系，孙家屯墓地可能在墓葬规模和随葬品数量上有分化，但并不是很突出，可能说明社会内部比较均衡，在分布上也没有分化的表现，不同规模和随葬品数量的墓葬都埋葬在一起，这些情况与石寨山文化墓地有很大不同。从墓葬形制和随葬品摆放情况来看，石寨山文化墓地早期墓葬中多竖穴土坑平底墓，器物也相对聚集地摆放在墓底中部或偏一侧（图6.3）。

通过器物比较可以看到，孙家屯墓地中具有长直口、下腹较鼓、平底特征的壶可能是石寨山文化墓地B型罐的来源（图6.4，1、4）。并且，该墓地对滇池以西安宁太极山墓地的影响更为直接（图6.4，2、3、5、6）。陶器器底装饰叶脉纹，罐肩部饰有乳钉的方式在石寨山文化的器物中也较普遍。可以看出，孙家屯墓地与石寨山文化的关系主要是通过器物来连接的，可能表现了龙川江流域文化对石寨山文化的影响。

通过以上分析可知，石寨山文化的来源并不单一，该文化的形成极有可能是在滇池沿岸地区起源的基础上，同时受到了来自南、北两个方向不同文化来源的影响。有学者认为石寨山文化很可能是由滇池周边遗存向心发展而成的观点不无道

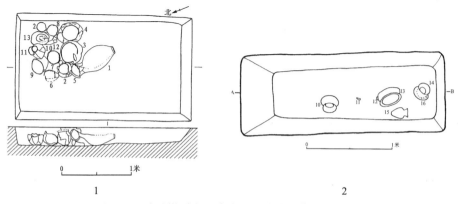

图6.3　孙家屯墓地与石寨山文化墓地墓葬形制比较图
1.孙家屯M22平、剖面图　2.羊甫头M251③平面图

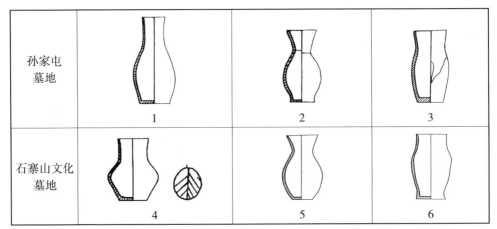

图6.4　孙家屯墓地与石寨山文化墓地相似器物比较图

1.壶（孙家屯M65∶10）　2.壶（孙家屯M28∶1）　3.壶（孙家屯M7∶14）　4.B型罐（羊甫头M701∶？）
5.Ⅰ式壶（太极山M12∶10）　6.直领罐（太极山M6）

理[1]，但更多讨论和解答之前都必须先弄清楚本地区考古学文化的编年及谱系。

二　石寨山文化的去向

石寨山文化自西汉晚期后就逐渐消失了，这种文化衰落现象反映在墓葬遗存上是葬制和随葬器物的明显变异。在石寨山文化的分布范围内，西汉末期至东汉中期的墓葬遗存可以分为以下两类：

第一类，以羊甫头[2]、天子庙[3]、小松山[4]、石寨山[5]、李家山[6]、纱帽山[7]等墓地为代

---

① 罗伊：《云南地区新石器时代考古学文化研究》，北京：文物出版社，2022年，第118～119页。

② 云南省文物考古研究所、昆明市博物馆、官渡区博物馆：《昆明羊甫头墓地》（三），北京：科学出版社，2005年。

③ 云南省博物馆文物工作队：《云南呈贡天子庙古墓群的清理》，《考古》编辑部编：《考古学集刊》（三），北京：中国社会科学出版社，1983年，第132～142页。

④ 云南省博物馆文物工作队：《呈贡小松山竖穴土坑墓的清理》，《云南文物》1984年第15期。

⑤ 云南省博物馆：《云南晋宁石寨山第三次发掘简报》，《考古》1959年第9期。

⑥ 云南省博物馆：《云南江川李家山古墓群发掘报告》，《考古学报》1975年第2期；云南省文物考古研究所、玉溪市文物管理所、江川县文化局：《江川李家山——第二次发掘报告》，北京：文物出版社，2007年。

⑦ 云南省文物考古研究所、昆明市文物管理委员会、宜良县文物管理委员会：《云南宜良纱帽山滇文化墓地发掘报告》，四川大学博物馆、四川大学考古学系、成都文物考古研究所编：《南方民族考古》第八辑，北京：科学出版社，2012年，第313～392页。

表。墓葬形制多为长方形竖穴土坑，少数带斜坡墓道，以中、小型墓葬为主，大型墓较少，小型墓面积在1~3平方米，中型墓在6~18平方米，大型墓在25平方米以上，带墓道的多是大、中型墓。大型墓均有葬具，多为一椁一棺，有的还有边箱和脚箱，少数中型墓发现有棺痕，应为单棺。这类墓葬的随葬品以陶器、铜器和铁器为主，亦有少量铜铁合制器、玉石器、金银器和漆器。陶器多泥质灰陶，部分是夹砂褐或灰褐陶，器形有圜底釜、单耳杯、单耳壶、卷沿平底罐、小平底碗、敛口瓮、甑，以及纺轮和模型器，纹饰较简单，有弦纹、波浪纹、短线纹等，常见在卷沿罐肩部饰弦纹或波浪纹。铜器以生活用具居多，兵器和工具较少，生活用具有釜、鍪、甑、洗、鐎斗、熏炉、壶、耳杯、镜、钱币、扣饰、带钩、镯等，兵器有剑、矛、斧、弩机、镞等，工具为锄、凿、削等，个别墓葬还有车马器。铁器多是兵器和工具，器形有剑、矛、斧、爪镰、环首刀等。玉石器见有玛瑙扣、绿松石扣、石坠、石耳环、石纺轮等（图6.5）。

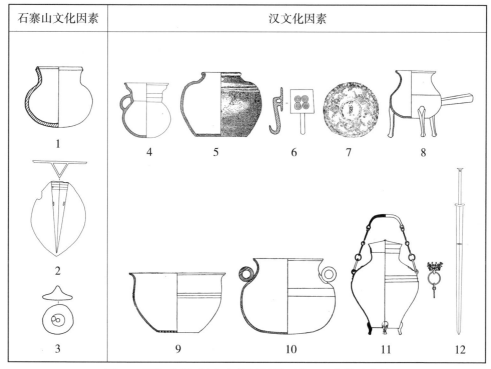

图6.5　西汉末期至东汉初期滇池地区第一类墓葬随葬品

1.陶釜（纱帽山M50：9）2.铜锄（李家山M86：040）3.玛瑙扣（羊甫头M410：3）4.陶单耳壶（纱帽山M17：5）5.陶罐（石寨山M23：？）6.铜带钩（纱帽山M50：5）7.铜镜（石寨山M23：？）8.铜鐎斗（李家山M26：5）9.铜甑（李家山M27：4）10.铜鍪（李家山M27：5）11.铜提梁壶（石寨山M23：？）12.铁剑（李家山M27：18）

第二类，以羊甫头[①]、大湾山[②]、梨花村[③]等墓地为代表。墓葬形制以竖穴土坑居多，少数带斜坡墓道，还有一些是带较长斜坡墓道的长方形砖室墓。大、中型墓较多，大型墓面积在22平方米以上，中型墓在6~14平方米，小型墓很少，面积在1平方米左右。大型墓几乎都有葬具，据板灰痕迹判断多为一椁一棺，中型墓大多用单棺做葬具。随葬品以陶器和铜器为主，有少量铁器、金银器和玉石器。陶器多为容器和模型，器形有单耳杯、小平底碗、盘、卷沿罐、敛口瓮、甑、圈足壶，以及仓、井、灶、水田模型等，多素面，少数罐和壶饰有弦纹、波浪纹。铜器主要是生活用具，有洗、甑、鼎、提梁壶、耳杯、盘、案、镜、戒指等。铁器有剑、环首刀等。玉石器多是玛瑙、琥珀、琉璃饰品，金银器是戒指、镯一类的首饰（图6.6）。

由上述两类墓葬反映的文化面貌可知，第一类墓葬以汉文化因素占主导，如陶罐、碗、瓮、甑，铜洗、甑、鐎斗、盉、熏炉、镜、带钩、弩机等汉式器物，同时

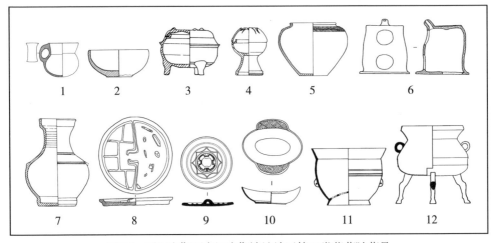

图6.6　西汉末期至东汉中期滇池地区第二类墓葬随葬品

1.陶杯（羊甫头 M431：2）　2.陶碗（羊甫头 M431：3）　3.陶鼎（大湾山 M1：11）　4.陶熏炉（大湾山 M1：15）　5.陶罐（羊甫头 M268：16）　6.陶灶（羊甫头 M431：20）　7.陶壶（大湾山 M1：1）　8.陶水田模型（羊甫头 M268：8）　9.铜镜（羊甫头 M268：7）　10.铜杯（羊甫头 M268：13-2）　11.铜甑（羊甫头 M268：4-1）　12.铜鼎（羊甫头 M268：4-2）

① 云南省文物考古研究所、昆明市博物馆、官渡区博物馆：《昆明羊甫头墓地》（三），北京：科学出版社，2005年。

② 昆明市博物馆、晋宁县文物管理所：《晋宁县大湾山东汉墓清理简报》，田怀清、黄德荣主编：《大理丛书·考古文物篇》（五），昆明：云南民族出版社，2009年，第2433~2455页。

③ 云南省文物考古研究所：《云南嵩明梨花村东汉墓》，《云南文物》1989年第26期。

继承了部分石寨山文化因素，如陶圜底釜、纺轮，铜剑、矛、斧、凿、锄、釜、扣饰，以及铁爪镰等。第二类墓葬则只有汉文化因素。从年代上看，第一类墓大约在西汉末至东汉初期，第二类墓从西汉末期一直延续到东汉中期。在墓葬空间分布上，第一类墓葬分两种情况，一种是埋葬在石寨山文化墓葬附近，这种情况见于羊甫头、纱帽山、石寨山等墓地，另一种是与石寨山文化墓葬位于同一墓地，但埋葬距离较远，多位于山脚，形成了单独的埋葬区域，如李家山、小松山等墓地。第二类墓葬也具有两种情况，其一是虽与石寨山文化墓葬在同一墓地，但有各自的埋葬区域，如羊甫头墓地，其二是未见石寨山文化墓葬的墓地，如大湾山墓地。

　　汉文化从西汉早期开始进入滇中高原地区，在汉武帝开发和经略西南的过程中，汉文化不断对当地文化产生影响，至汉武帝置益州郡后，汉人及汉文化大量涌入，与当地文化形成了交流融合之势。因此，石寨山文化的衰落与汉文化强势进入有关，这反映在墓葬遗存中就是石寨山文化因素的不断减少和汉文化因素的突增。东汉中期后，砖室墓、石室墓和崖墓等汉式墓相继兴起，石寨山文化汇入汉文化的浪潮并消失在历史长河之中。

第二节　石寨山文化与周邻文化的关系

　　分布在石寨山文化周围，年代大致接近的文化遗存有滇西地区的万家坝类型、滇东地区的八塔台文化以及滇南地区的青铜文化遗存。从更大范围看，北至四川盆地的巴蜀文化、南至越南北部的东山文化，石寨山文化均与它们有紧密关系。

一　石寨山文化与万家坝类型的关系

　　万家坝类型是以楚雄万家坝墓地为代表的文化类型[1]，包括楚雄张家屯墓地、楚雄大海波墓地以及牟定琅井、禄丰新村发现的墓葬和铜器遗存[2]，主要分布在滇中楚

---

①　云南省文物工作队：《楚雄万家坝古墓群发掘报告》，《考古学报》1983年第3期。

②　张家华：《楚雄张家屯出土青铜器初探》，《云南文物》1994年第38期。云南省博物馆：《近年来云南出土铜鼓》，《考古》1981年第4期。云南省文物工作队：《牟定琅井发现的青铜器》，《云南文物》1983年第14期。段志刚：《广通新村发现青铜器和铅器》，《云南文物》1994年第37期。

雄市及其周围地区，年代大致在战国晚期至西汉时期。其墓葬形制为长方形竖穴土坑，墓底有的带"二层台"或"腰坑"，大、中型墓葬中使用木质葬具，独木棺和用原木拼合的有盖棺为该类型特色。随葬品以铜器为主，另有少量陶器、木器和玉石器等。典型铜器为短骹柳叶矛、山字格铜剑、宽弧刃铜斧、曲刃铜戈以及方形、长方形铜锄，陶器为双耳罐，底部饰叶脉纹。少数大型墓还随葬铜鼓、铜釜及铜钟。

万家坝类型与石寨山文化在墓葬结构及葬具特征方面具有一些共同之处，如墓底都有带"二层台"和"腰坑"的现象，且形制多有相似。但二者之间的不同也很明显，其一，万家坝类型的"二层台"应该与放置葬具有关，"腰坑"用于摆放随葬品或死者，而石寨山文化的"二层台"功能不明，"腰坑"的情况比较复杂，部分可能用于放置随葬品；其二，万家坝类型的葬具分为有盖复合棺、有盖独木棺和无盖棺，石寨山文化有单棺、一椁一棺和一椁二棺，棺和椁大多呈井干式结构（图6.7）。

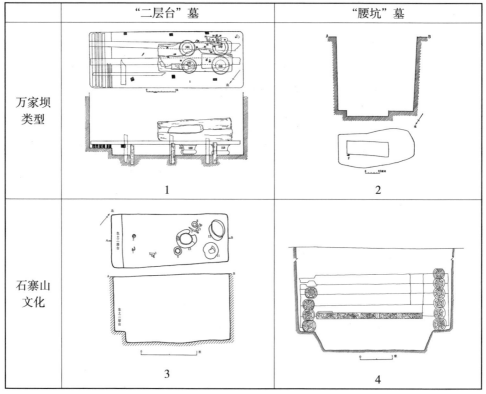

图6.7　万家坝类型与石寨山文化墓葬形制比较图
1.万家坝M23　2.万家坝M64　3.羊甫头M520　4.羊甫头M113

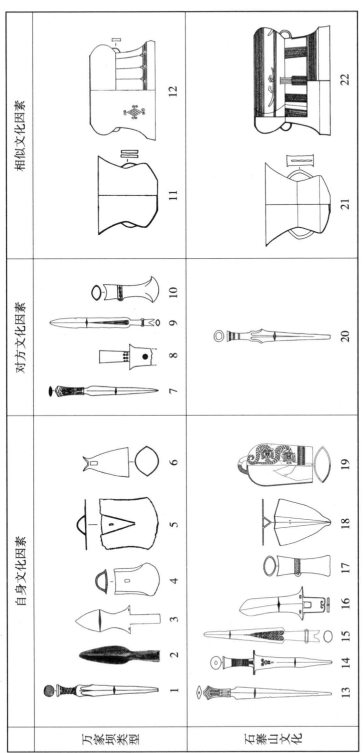

图 6.8　万家坝类型与石寨山文化器物比较图

1、7、8、13、14、20. 铜剑（万家坝 M63：4，万家坝 M23：27，万家坝 M52：2，李家山 M24：43-2，羊甫头 M113：358，李家山 M20：13）　2、9、15. 铜矛（万家坝 M57：4，万家坝 M23：192，李家山 M24：18）　3、16. 铜戈（万家坝 M50：1，羊甫头 M113：372-7）　4、10、17. 铜斧（万家坝 M1：79，万家坝 M23：166，羊甫头 M19：78）　5、18. 铜锄（万家坝 M1：42，羊甫头 M113：342）　6、19. 铜钟（万家坝 M1：13，石寨山 M6：117）　11、21. 铜釜（石寨山 M1：14，羊甫头 M113：207）　12、22. 铜鼓（万家坝 M23：161，羊甫头 M19：151）

在随葬品方面（图6.8），相同的是这两类遗存的器类组合大体一致，如铜兵器组合为剑、矛、戈、斧或剑、矛等，铜农具有锄、斧等，一些高等级墓葬中还随葬铜釜、鼓、钟一类的器物。不同的是，相同器类的形态各有特点，如万家坝类型流行山字格铜剑，石寨山文化以无格凸首和一字格铜剑为主。典型陶器的区别也很突出，如万家坝类型是平底双耳罐，石寨山文化是圜底釜、小平底鼓腹罐、尊及壶等。此外，这两类遗存中均发现了对方的文化因素，总的情况是石寨山文化对万家坝类型的影响更多，并且这种影响主要出现在高等级墓葬中，可能反映了石寨山文化因素的传播是通过上层人物之间的交流实现的。

二　石寨山文化与八塔台文化的关系

八塔台文化是战国中晚期至两汉之交分布在滇东曲靖盆地的一支本土文化，该类遗存目前以墓葬为主，包括八塔台、横大路和平坡等墓地[①]。八塔台文化的墓地形成和埋葬方式比较独特，墓地多呈大型土堆状，是自生土面开始由早至晚不断垒叠埋葬而成。墓葬形制均为长方形竖穴土坑，不同的是八塔台和横大路墓地的部分墓葬有明显封土堆，平坡墓地则不见封土，但个别墓葬有底部置坑现象。葬具亦多不存，从板灰痕迹可知是头端大足端小的木棺，较大的墓葬有一椁一棺。随葬品以陶器、铜器为主，亦有不少玉石器、漆木器等。陶器多平底器，三足器次之，少量圈足器，器类有鼎、罐、盘、豆、尊等，典型器为釜形鼎、深腹侈口罐、深腹大喇叭口罐、泥质红陶盘等，以素面为主，纹饰主要见深腹喇叭口罐口沿外刻划平行篮纹，肩部戳印平行点纹、刻划八字纹、波浪纹、网格纹、平行弦纹、叶脉纹等，器底常有席纹，少量器盖上有三角形镂孔，乳钉常见于器物颈、肩部。铜器多见剑、戈、矛、斧、扣饰、泡饰等，少数墓葬出有铜鼓、釜、鍪、壶等，纹饰分铸纹和刻纹，刻纹常见蛙人纹、圆圈纹、云雷纹、太阳芒纹等，典型器为圆茎剑、钺、无胡圆穿戈、圆骹矛、动物纹圆扣饰等。

就墓葬特征而言，八塔台和石寨山文化均为长方形竖穴土坑墓，但二者的区别

---

①　云南省文物考古研究所：《曲靖八塔台与横大路》，北京：科学出版社，2003年。云南省文物考古研究所、曲靖市麒麟区文物管理所：《曲靖市麒麟区潇湘平坡墓地发掘报告》，云南省文物考古研究所编：《云南考古报告集》（之二），昆明：云南科技出版集团公司，2006年，第1～59页。

也是显而易见的（图6.9）。八塔台文化的墓坑上方一般由数层颜色不同的纯净土构成拱形封土堆，平面呈水滴形，晚期墓葬挖掘在早期墓葬的封土堆上，从而形成层层叠压的巨大土墩。而石寨山文化中除天子庙M41根据早年调查情况了解到可能有封土外，其余墓地几乎不见。目前仅在平坡墓地发现2座墓葬的底部置长方形坑，开凿在墓底北或南壁下，面积较大，其中1座墓葬的器物放于坑内，这些特征与石寨山文化有所不同，在八塔台文化中亦是个别现象。

从随葬品来看（图6.10），两类遗存在铜器组合，如兵器、扣饰、生活用具等方面相同，并且一些器物的造型及装饰风格有相似之处，如二者都有无胡直内圆穿戈，流行圆穿外饰芒纹、内上饰蛙人纹等，装饰品亦盛行圆形铜扣饰。不过各自的器物特征也很鲜明，构成了自身连续性发展的文化因素，是以将二者区别开来，如八塔台文化的陶器组合是鼎、罐、盘，而石寨山文化是釜、罐、尊；石寨山文化的农业、手工业、

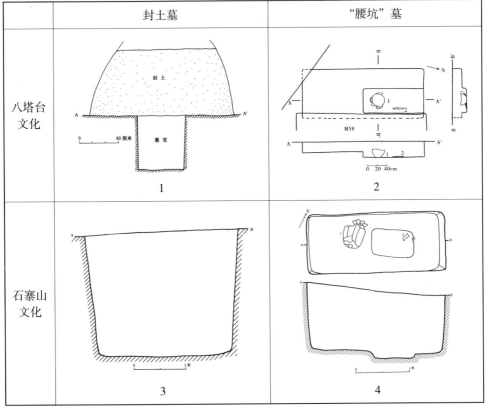

图6.9　八塔台文化与石寨山文化墓葬形制比较图

1.八塔台墓地二号堆的九号封土堆　2.平坡 M63　3.羊甫头 M410　4.羊甫头 M730

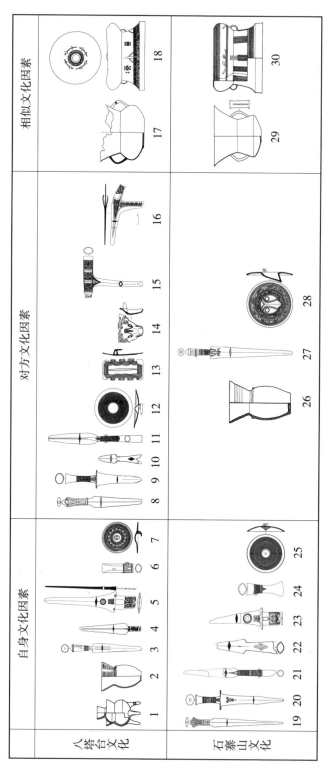

图6.10　八塔台文化与石寨山文化器物比较图

1.陶鼎（八塔台M203：7）2、26.陶罐（横大路M181：4、羊甫头M547：7）3、4、8、9、19、20、27.铜剑（八塔台M280：5、八塔台M261：2、横大路M152：2、八塔台M81：2、李家山M24：43-2、羊甫头M113：358、李家山M24：82）10、11、21、22.铜矛（八塔台M25：6、八塔台M41：1、羊甫头M104：11、羊甫头M178：3-1）5、16、23.铜戈（八塔台M209：2、八塔台M118：1、羊甫头M19：74-2）6、24.铜斧（八塔台M206：1、羊甫头M554：1）7、12-14、25、28.铜扣饰（八塔台M265：30、八塔台M81：1、八塔台M76：1、八塔台M91：2、羊甫头M101：40、羊甫头M19：220）15.铜啄（八塔台M178：17）17、29.铜釜（八塔台M1：2、羊甫头M113：207）18、30.铜鼓（八塔台m1：1、羊甫头M19：151）

纺织业工具很发达，但在八塔台文化欠缺，只见斧、凿、削等工具，农具极少，仅零星出土爪镰。两个独立的考古学文化并行发展的同时，彼此也在进行交流活动。石寨山文化中的喇叭口深腹罐在战国末期开始出现，显然是受到了八塔台文化的影响，不过八塔台文化铜器的影响则较微弱，石寨山文化中仅见少数墓葬有圆茎剑、动物纹扣饰等。反之，石寨山文化对八塔台文化的铜器影响明显更强烈，尤其体现在兵器、扣饰等器物上。有学者统计，石寨山文化因素在八塔台墓地战国晚期至西汉时期22%~27%的墓葬中存在，并且八塔台文化通过主动选择、吸收、改造石寨山文化，形成了自己的风格，形态上与石寨山文化的同类器有了很大区别[①]，但总的来说是石寨山文化的影响力更大。这两类遗存彼此文化因素的交流与融合，也反映了二者之间存在较为密切的联系。

三　石寨山文化与滇南地区文化遗存的关系

滇南地区位于云南高原南部，在滇池及玉溪三湖以南，地跨玉溪南部及红河州大部分。该区发现的青铜文化遗存较多，年代大致在战国秦汉时期，其文化面貌具有一定的地域特点[②]，不过由于资料比较零散，目前尚未命名为某一考古学文化或类型，但有部分学者称之为"红河流域青铜文化"[③]。现已发掘的遗存以墓地为主，包括元江打篙陡、个旧石榴坝、蒙自鸣鹫等墓地[④]。墓葬多分布于山丘缓坡地带，形制均为长方形竖穴土坑墓，打篙陡墓地有少量墓葬的规模较大，有的墓底设"二层台"或"腰坑"，其余墓地的墓葬规模较小，结构单一。未见葬具痕迹，因人骨多已

① 叶成勇：《战国秦汉时期南夷社会考古学研究》，北京：文物出版社，2019年，第83~87页。

② 云南省文物考古研究所、文山州文物管理所、红河州文物管理所：《云南边境地区（文山州和红河州）考古调查报告》，昆明：云南科技出版社，2008年。

③ 王大道：《云南青铜文化与新石器晚期文化的关系》，邓聪编：《南中国及邻近地区古文化研究：庆祝郑德坤教授从事学术活动六十周年论文集》，香港：中文大学出版社，1994年，第269~280页。李昆声主编：《云南考古学通论》，昆明：云南大学出版社，2019年，第273页。

④ 云南省文物考古研究所：《云南元江县洼垤打篙陡青铜时代墓地》，《文物》1992年第7期。云南省博物馆文物工作队、个旧市群众艺术馆：《云南个旧石榴坝青铜时代墓葬》，《考古》1992年第2期。云南省文物考古研究所、红河州文物管理所、个旧市文物管理所：《云南个旧市石榴坝墓地第二次发掘报告》，四川大学博物馆、四川大学考古学系、成都文物考古研究所编：《南方民族考古》第十六辑，北京：科学出版社，2019年，第1~40页。闵锐：《鸣鹫发掘报告》，《云南文物》1998年第2期。

不存，死者葬式不明。随葬品以铜器和陶器为主，亦有少量玉石器。其中，铜器多兵器、生产工具和装饰品，器类有钺、斧、矛、戈、锄、凿、刻刀、扣饰等，较有代表性的是靴形钺、扇形刃钺、无肩宽尖叶锄、刻刀等，纹饰以几何纹样为主，常见弦纹、涡纹、椭圆重圈纹、孔雀翎纹、草叶纹等。陶器质地以夹砂陶为主，多圜底器，有少量平底器和圈足器，以罐、釜居多，典型器为折腹圜底罐、折腹圜底釜、鼓腹圜底釜、圈足罐等，多素面，釜口沿外侧有一周凸棱，部分器表饰细绳纹。

　　比较两个地区文化的墓葬特征（图6.11），相似之处在于墓葬形制均为长方形竖穴土坑，墓葬结构并不单一，虽以平底墓为主，但亦有少数墓葬坑底有"二层台""腰坑"以及"二层台腰坑"的现象。观察"二层台"和"腰坑"的形制与功能，也有不少共同点，如都有熟土"二层台"，结构有四面和单面之分。滇南地区的"腰坑"虽有器物置于坑内的情况，但与羊甫头墓地的情况类似，墓葬平面图显示器物多悬于坑内，实际功能较难判断。不同的是，滇南地区的墓坑普遍较狭长。

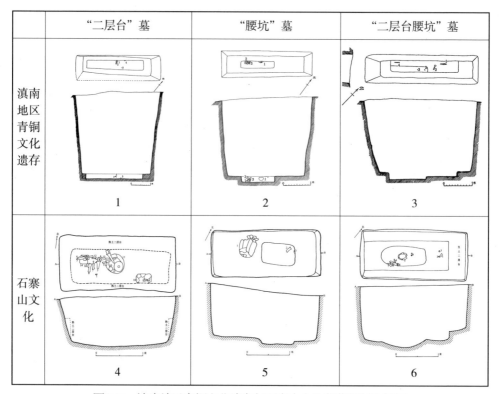

图6.11　滇南地区青铜文化遗存与石寨山文化墓葬形制比较图

1.打篙陡M72　2.打篙陡M67　3.打篙陡M58　4.羊甫头M204　5.羊甫头M730　6.羊甫头M541

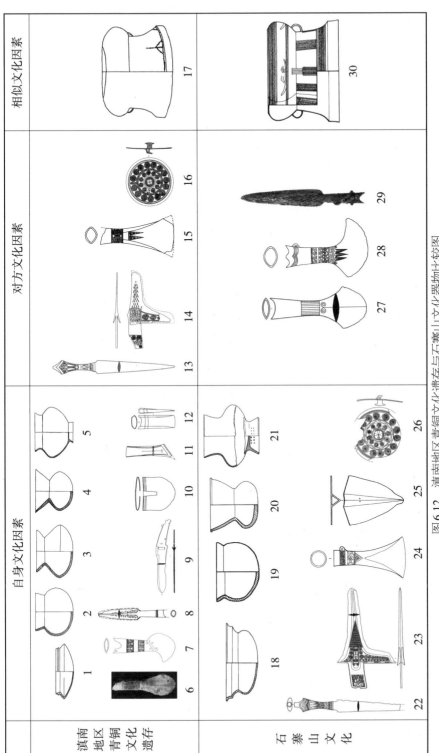

图6.12 滇南地区青铜文化遗存与石寨山文化器物比较图

1、2、18~20.陶釜（石榴坝②M33：2、打篙陡M54：3、羊甫头M578：21、羊甫头M194：4、羊甫头M113：194）3、4.陶罐（打篙陡M50：1、打篙陡M53：4）5.陶圈足罐（石榴坝①M1：6）21.陶圈足壶（石寨山M53：3）6、7、27、28.铜钺（打篙陡M55：3、打篙陡M72：1、羊甫头M19：163、李家山M24：25）8、29.铜矛（石榴坝①M9：3）9、14、23.铜戈（石榴坝②M34：6、打篙陡M30：2、羊甫头M19：117）10、25.铜锄（打篙陡M19：1、羊甫头M113：342）11.铜刻刀（打篙陡M25：12）12.铜镊（石榴坝①M5：1）13、22.铜剑（石榴坝M70：3、羊甫头M108：55）15、24.铜斧（打篙陡M58：2、李家山M68：364）16、26.铜扣饰（打篙陡M14：1a、羊甫头01YC：102）17、23.铜鼓（鸣鹫MJ01、羊甫头M19：151）

此外，两个区域的文化遗存在随葬品方面既有差别又有联系（图6.12）。滇南地区文化遗存的部分铜器类别与石寨山文化相同，但种类明显不如后者丰富。铜兵器组合常见钺、矛、戈，且以形式多样的钺为特点，其中扇形钺可能属于早期类型。石寨山文化一期墓葬中出现扇形钺，说明两地在战国中晚期就已经有了文化交流，不过交流比较有限，因为此类器物只见于石寨山文化的高等级墓葬中。靴形钺可能是由扇形钺发展而来，发现于石寨山文化二期墓葬的靴形钺亦是两地持续交流的证明。矛和戈的形制虽单一却很独特，长胡带翼戈应该是吸收了石寨山文化因素，并融入当地特有的孔雀翎纹制作而成，个别椭圆銎宽弧刃斧亦是如此，铜剑极少，多属于石寨山文化的凸首剑。以凿、锛、刻刀为组合的铜工具也是该区文化遗存的特色，铜锄的造型不同于石寨山文化，比较接近滇西地区的特征。少数圆形扣饰可能是由石寨山文化直接输入。两个地区的陶器均以圜底器为主，其中圜底釜都是典型器，且流行在颈部饰一圈凸棱，圜底釜或罐也都有折腹的现象。区别是滇南地区的各类圜底釜颈部都很短，器口小于腹部，而石寨山文化的圜底釜大多颈部较长，器口大于腹部。滇南地区部分鼓腹圜底釜和侈口鼓腹罐的形态比较接近石寨山文化三、四期墓葬中的A和D型釜。滇南地区的少量圈足罐与石寨山文化的圈足壶可能属于同一类器物。可以看出，在两个地区的持续交流过程中，明显是石寨山文化的影响更大，滇南地区青铜文化遗存在接受、吸收石寨山文化因素的同时，融入自身文化因素加以改造，这反映出滇池和滇南地区在文化上的密切联系。

四　石寨山文化与其他地区文化的关系

石寨山文化的铜兵器通常被认为与巴蜀文化具有渊源关系[①]，后者对前者的影响不仅表现在器类组合，还有器物形制。巴蜀青铜器中兵器数量最多，型式丰富，也最具区域

---

① 关于二者渊源关系的探讨有：童恩正：《我国西南地区青铜剑的研究》，《考古学报》1977年第2期；《我国西南地区青铜戈的研究》，《考古学报》1979年第4期；霍魏、黄伟：《试论无胡蜀式戈的几个问题》，《考古》1989年第3期；刘弘：《论蜀式戈的南传——西南地区青铜戈的再研究》，《四川文物》2007年第5期；彭长林：《云贵高原的青铜时代》，南宁：广西科学技术出版社，2008年，第313~314页；杨勇：《战国秦汉时期云贵高原考古学文化研究》，北京：科学出版社，2011年，第152页；井中伟：《早期中国青铜戈·戟研究》，北京：科学出版社，2011年，第300~302页。

特点，战国时期巴蜀式兵器的主要器类是剑、钺、戈、矛①。石寨山文化也以兵器为大宗，剑、斧（钺）、戈、矛是常见器类，斧不只是工具还有兵器的功能，等级较高的墓葬亦有钺。在器形和装饰风格上，巴蜀的无格柳叶形剑、无胡直内戈、有胡带翼直内戈、圆銎柳叶形矛应是石寨山文化相似器物的来源，后者在前者影响下，经过改造形成了自身特色，如二者在剑、戈、矛上的装饰布局相似，但后者发展出蛙人纹、芒纹、蛇纹及复杂几何纹等赋有区域标识的纹样（图6.13）。另外，石寨山文化的钺，其造型与巴蜀文化完全不同，应属于自身的特色。此外，在两个地区发现部分形制和纹饰几乎一致的器物，应该与对方的直接输入有关（图6.13，6、7、13）。这些现象说明石寨山文化在吸收巴蜀文化因素的同时，也向巴蜀地区进行传播，不过其传播和影响力显然不如后者。

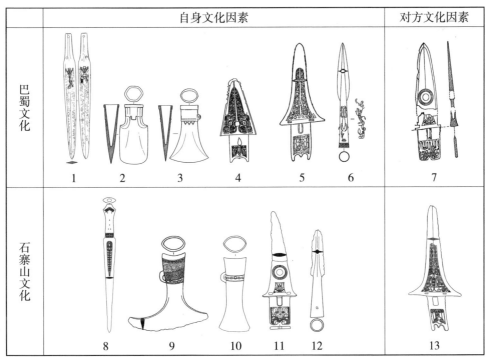

图6.13　巴蜀文化与石寨山文化铜兵器比较图

1、8.铜剑（同心村M21-A：38、羊甫头M19：219-1）2、9.铜钺（什邡城关M25：34、羊甫头M19：107）3、10.铜斧（什邡城关M25：31、羊甫头M108：67）4、5、7、11、13.铜戈（石人小区M8：32、双流合江、简阳、羊甫头M19：74-2、李家山M21：67）6、12.铜矛（石人小区M8：9、羊甫头M290：15）

① 朱凤瀚：《中国青铜器综论》，上海：上海古籍出版社，2009年，第2293页。

越南东山文化是公元前5世纪至公元1世纪分布于越南义静省以北至中越边境区域内的一种青铜时代晚期至铁器时代文化①。由于地域毗邻，石寨山文化与东山文化的关系一直是学术界关注的热点②。在越南东山文化中，可以看到一些石寨山文化因素，主要表现在铜器和陶器方面③。东山文化发现的铜鼓、尖叶锄、无胡戈、一字格剑、方銎斧等，其形制和纹饰多与石寨山文化相同。陶釜的特点最相似，其中敞口、颈部带凸棱的圜底釜同于石寨山文化B型釜，侈口、短颈圜底釜则与D型釜相似（图6.13）。不过，东山文化的陶器也有自身的装饰和制作特点，如陶釜器表施席篾纹、梳齿纹和粗方格纹，釜在装饰后，烧焙前常抹光滑，上一层薄薄的细黏泥，烧焙完成后，釜面有一层细腻的泥，因而显得光滑、色泽光亮④。此外，石寨山文化天子庙墓地M41随葬的铜提筒与东山文化的铜提筒形制相似，二者应属同类器物（图6.14）。有学者研究认为，铜提筒起源并主要分布于越南北部的东山文化，周边地区的铜提筒都是从东山文化传入的⑤。总之，两个地区相似文化因素的出现反映了文化的双向交流，但石寨山文化的影响可能更大。亦有学者认为二者文化因素的相似性，有些可能属于青铜时代中国西南地区与东南亚这一大的范围内的共同文化传统，如铜鼓、不对称钺等⑥。

从以上分析可以看出，虽然石寨山文化所处的地理环境相对封闭，但它的文化面貌却十分复杂。在与周邻文化并行发展的过程中，彼此文化交流、影响和融合情况反映出以下几点认识：巴蜀文化对石寨山文化的形成产生了深刻影响；石寨山文化的发

---

① ［越］黎文兰、范文耿、阮灵编：《越南青铜时代的第一批遗迹》，梁志明译，河内：河内科学出版社，1982年。陈果、胡习珍：《简论越南的东山文化》，《长江文明》2012年第2期。

② 张增祺：《晋宁石寨山文化与越南东山文化的比较研究》，《云南社会科学》1985年第2期。王大道：《云南青铜文化及其与越南东山文化、泰国班清文化的关系》，《考古》1990年第6期。约翰·泰塞托：《东山文化与滇文化之间关系的探讨》，《云南文物》1992年第32期。

③ ［越］黎文兰、范文耿、阮灵编：《越南青铜时代的第一批遗迹》，梁志明译，河内：河内科学出版社，1982年，第63~148页。

④ ［越］黎文兰、范文耿、阮灵编：《越南青铜时代的第一批遗迹》，梁志明译，河内：河内科学出版社，1982年，第144页。

⑤ 彭长林：《铜提筒研究》，吉林大学边疆考古研究中心编：《边疆考古研究》（第23辑），北京：科学出版社，2018年，第173~189页。

⑥ 施劲松：《船棺葬、早期铜鼓和不对称形铜钺》，中国社会科学院考古研究所编：《新世纪的中国考古学——王仲殊先生八十华诞纪念论文集》，北京：科学出版社，2005年，第472~485页。

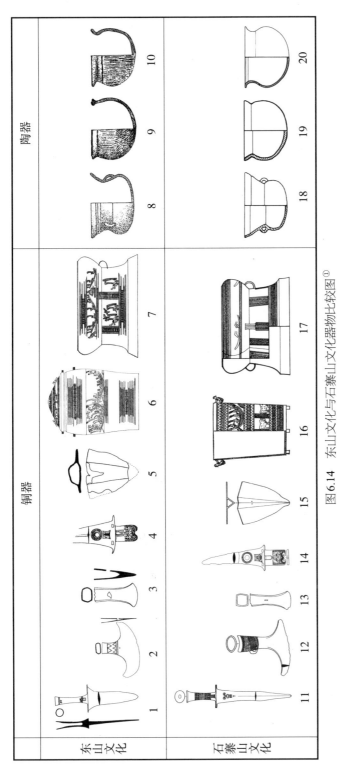

图 6.14　东山文化与石寨山文化器物比较图①

1、11.铜剑（陶盛、羊甫头 M1113∶358） 2、12.铜钺（河东、羊甫头 M19∶107） 3、13.铜斧（公渡 PC·53、羊甫头 M314∶2） 4、14.铜戈（和平 I. 22177、羊甫头 M19∶74-2） 5、15.铜锄（富寿万胜、羊甫头 M113∶342） 6、16.铜提筒（陶盛、天子庙 M41∶103） 7、17.铜鼓（庙门鼓、羊甫头 M19∶151） 8～10、18～20.陶釜（绍阳、绍阳、绍阳、羊甫头 M804∶？、羊甫头 M194∶4、羊甫头 M572∶8）

① 东山文化器物图均采自《越南青铜时代的第一批遗迹》一书。书中只记录了各器物的出土地点，没有具体的器物编号。

展壮大促使其对周邻文化施加强烈影响，范围广至整个云贵高原及越南北部一带，但显然在地理关系更近的滇东、滇南地区，文化的影响和融合程度更高，越向外影响越弱；石寨山文化因素在四川盆地的较少发现与长期盘踞北方的强大势力（巴蜀、秦、汉）不无关系，这可能也是其影响力集中在云贵高原并向南扩展的重要原因。

第七章 结语

本书对石寨山文化的墓地进行了较为系统的论述。首先，通过对墓葬典型器物的分期研究，完善了石寨山文化墓地的分期体系。其次，在分期的基础上，通过辨认墓葬的下葬顺序，了解石寨山文化的墓地形成过程和空间结构。再次，通过比较单个墓地内部不同层级结构以及不同墓地之间在墓葬和随葬品特征上表现的异同，探讨了石寨山文化墓地反映的等级分化状况，并进一步揭示出石寨山文化的社会结构及变迁过程，厘清石寨山文化的社会复杂化过程。最后，从纵向和横向上比较石寨山文化与相关文化遗存的关系，探讨了石寨山文化的源流及其与周邻文化的交流、影响和融合情况。主要认识如下：

1.石寨山文化的墓葬遗存可以分为四期，基本代表了石寨山文化的各个发展阶段。通过比较其他地区考古学文化遗存中年代较为明确的相似器物，同时参考有关的碳十四测年数据，初步推断第一期的年代在战国中晚期，第二期为战国末期至秦汉之际，第三期在西汉早期，第四期为西汉中晚期。

2.石寨山文化墓地具有统一的规划原则，墓地内部的结构分为两种形式：一是墓地内分墓区埋葬，各墓区内再以墓群为基本单位集中埋葬；二是墓地内没有明显分区，但多以墓群为单位进行埋葬。墓地结构的不同不仅与墓地规模有关，也反映了文化内部的差异。根据墓地选择、墓葬方向、空间布局及形成特点的区域性差异，表明石寨山文化墓地的形成与布局具有区域性特征，以滇池坝为界，可划分出北、南两个区域。

3.石寨山文化时期普遍存在等级分化现象，并且在单个墓地内部和不同墓地之间均有所反映。不同墓地内部分化的等级不同，随着社会分化的逐步加深，等级变化在羊甫头、天子庙、石寨山和李家山墓地均有显著的表现，而其他墓地则相对平缓，这也体现出墓地之间的等级差异。不同墓地之间在墓葬和随葬品特征上也具有区域性特征，形成了以羊甫头、天子庙墓地为主的北区域，以及石寨山、李家山墓地为中心的南区域这两大区域，而北区域内部根据墓地距离的相对远近，还表现出小范围的共性，体现了地理分布与文化特征相融合的特点。

4.石寨山文化的社会结构及其变迁过程是：第一期，首先在社群内部开始分化，社群之间的分化表现出三个级别，即羊甫头墓地代表了第一级，李家山、天子庙墓地代表第二级，石寨山等墓地代表第三级，此时羊甫头墓地代表的社群是整个文化的中心；第二期，分化进一步加深，开始形成以羊甫头和李家山墓地分别代表的北、南两个区域对峙的局面，在北区域内部，社群之间的分化仍然是三个级别；第三期，分化明显加剧，区域差距凸显，北区域的势力要强于南区域，两个区域均通过几个社群实现多级分化的方式使自己的实力得到增强，即北区域以羊甫头、天子庙墓地为核心，社群分化具有四个级别，南区域以李家山和石寨山墓地为中心，社群分化至少具有两个级别；第四期，分化达到高峰，社会财富和权力向南区域集中，石寨山和李家山墓地代表的社群是整个社会的核心，北区域日渐衰落，社群分化的级别明显降低，区域差异逐渐缩小，整个文化内部开始走向统一。

5.基于可信的文献记载和石寨山文化墓地的分期，可以认为石寨山文化第四期墓地是与"滇"有关的遗存，而石寨山文化第一、二、三期墓葬遗存则代表了"滇文化"的重要来源。

6.石寨山文化的来源并不单一，该文化的形成极有可能是在滇池沿岸地区起源的基础上，同时受到了来自南、北两个方向不同文化来源的影响。促使石寨山文化衰落的直接原因是汉文化的强势进入，这反映在墓葬遗存中就是石寨山文化因素的不断减少和汉文化因素的突增。东汉中期后，石寨山文化汇入汉文化的浪潮并消失在历史长河之中。在与周邻文化并行发展的过程中，石寨山文化不仅受到了来自四川盆地巴蜀文化的深刻影响，也对周邻文化施加了强烈影响，石寨山文化因素在整个云贵高原及越南北部一带的广泛出现便是印证。

总之，通过研究石寨山文化的内涵及墓地背后的社会，为进一步探讨云南地区青铜时代至早期铁器时代的文化发展脉络以及社会文明化进程等问题奠定了基础。但本书的研究还存在很多不足：由于考古资料有限，难以对所有墓地进行更加细致的分期研究；对考古资料进行量化分析的方法也有待加强；对石寨山文化社会结构的认识以及一些现象的归纳和解释不够深入，论证不够翔实。这些问题还有待进一步的思考和研究。

参考文献

第一部分　文献资料

［东汉］班固：《汉书》，北京：中华书局，1962年。

［东晋］常璩撰，刘琳校注：《华阳国志校注》，成都：巴蜀书社，1984年。

［南朝宋］范晔：《后汉书》，北京：中华书局，1965年。

［西汉］司马迁：《史记》，北京：中华书局，1959年。

第二部分　考古资料

常德地区文物工作队、常德县文化馆：《湖南常德县清理西汉墓葬》，《考古》1987年第5期。

陈泰敏：《通海杨山贝丘遗址》，《云南文物》2003年第1期。

吉林大学边疆考古研究中心、云南省文物考古研究所、玉溪市文物管理所等：《云南澄江县学山遗址试掘简报》，《考古》2010年第10期。

湖北省博物馆：《宜昌前坪战国两汉墓》，《考古学报》1976年第2期。

湖北省荆州地区博物馆：《江陵雨台山楚墓》，北京：文物出版社，1984年。

湖北省宜昌地区博物馆、北京大学考古系：《当阳赵家湖楚墓》，北京：文物出版社，1992年。

黄冈市博物馆、湖北省文物考古研究所、湖北省京九铁路考古队：《罗州城与汉墓》，北京：科学出版社，2000年。

昆明市文物管理委员会：《昆明呈贡石碑村古墓群第二次清理简报》，《考古》1984年第3期。

昆明市文物管理委员会：《呈贡天子庙滇墓》，《考古学报》1985年第4期。

昆明市文管会：《呈贡天子庙古墓群第三次发掘简报》，《云南文物》1994年第39期。

昆明市博物馆、晋宁县文物管理所：《晋宁县金砂山古墓地清理简报》，田怀清、黄德荣主编：《大理丛书·考古文物篇》（四），昆明：云南民族出版社，2009年。

昆明市博物馆、晋宁县文物管理所：《晋宁县大湾山东汉墓清理简报》，田怀清、黄德荣主编：《大理丛书·考古文物篇》（五），昆明：云南民族出版社，2009年。

昆明市博物馆、呈贡县文管所：《昆明呈贡黄土山古墓群发掘简报》，《云南文物》2012年第2期。

昆明市博物馆、呈贡县文管所：《呈贡小松山古墓群发掘简报》，《云南文物》2015年第1期。

闵锐：《鸣鹫发掘报告》，《云南文物》1998年第2期。

四川省博物馆：《成都百花潭中学十号墓发掘记》，《文物》1976年3期。

四川省博物馆、新都县文物管理所：《四川新都战国木椁墓》，《文物》1981年第6期。

四川省文管会、大邑县文化馆：《四川大邑县五龙乡土坑墓清理简报》，《考古》1987年第7期。

四川省文物管理委员会：《四川犍为金井乡巴蜀土坑墓清理简报》，《文物》1990年第5期。

四川大学历史文化学院考古系、云阳县文物管理所：《云阳李家坝巴人墓地发掘报告》，重庆市文物局、重庆市移民局编：《重庆库区考古报告集》（1998卷），北京：科学出版社，2003年。

四川省文物考古研究所、荥经严道古城遗址博物馆：《荥经县同心村巴蜀船棺葬发掘报告》，四川省文物考古研究所编：《四川考古报告集》，北京：文物出版社，1998年。

四川省文物考古研究院、德阳市文物考古研究所、德阳市博物馆：《什邡城关战国秦汉墓地》，北京：文物出版社，2006年。

汤为兴、李云梅：《富民完家村墓地抢救清理简报》，《云南文物》2013年第2期。

田怀清、黄德荣主编：《大理丛书·考古文物篇》（四、五），昆明：云南民族出版社，2009年。

云南省博物馆考古发掘工作组：《云南晋宁石寨山古遗址及墓葬》，《考古学报》1956年第1期。

云南省博物馆：《云南晋宁石寨山古墓群》，北京：文物出版社，1959年。

云南省博物馆：《云南晋宁石寨山第三次发掘简报》，《考古》1959年第9期。

云南省文物工作队：《云南滇池周围新石器时代遗址调查简报》，《考古》1961年第1期。

云南省博物馆：《云南晋宁石寨山古墓第四次发掘简报》，《考古》1963年第9期。

云南省文物工作队：《云南安宁太极山古墓葬清理报告》，《考古》1965年第9期。

云南省博物馆文物工作队：《云南江川李家山古墓群发掘简报》，《文物》1972年第8期。

云南省博物馆：《云南江川李家山古墓群发掘报告》，《考古学报》1975年第2期。

云南省博物馆文物工作队：《云南呈贡龙街石碑村古墓群发掘简报》，文物编辑委员会编：《文物资料丛刊》（3），北京：文物出版社，1980年。

云南省博物馆：《近年来云南出土铜鼓》，《考古》1981年第4期。

云南省文物工作队：《昆明大团山发现滇文化墓地》，《云南文物》1982年第12期。

云南省博物馆文物工作队：《云南呈贡天子庙古墓群的清理》，《考古》编辑部编：《考古学集刊》（三），北京：中国社会科学出版社，1983年。

云南省博物馆文物工作队：《云南江川团山古墓葬发掘简报》，《文物资料丛刊》（八），北京：文物出版社，1983年

云南省博物馆文物工作队：《昆明大团山滇文化墓葬》，《考古》1983年第9期。

云南省博物馆文物工作队：《楚雄万家坝古墓群发掘报告》，《考古学报》1983年第3期。

云南省博物馆文物工作队：《牟定琅井发现的青铜器》，《云南文物》1983年第14期。

云南省博物馆文物工作队：《呈贡小松山竖穴土坑墓的清理》，《云南文物》1984年第15期。

云南省文物工作队：《昆明上马村五台山古墓清理简报》，《考古》1984年第3期。

云南省文物工作队：《云南东川普车河古墓葬》，《云南文物》1989年第26期。

云南省文物考古研究所：《云南嵩明梨花村东汉墓》，《云南文物》1989年第26期。

云南省文物考古研究所：《云南元江县洼垤打篙陡青铜时代墓地》，《文物》1992年第7期。

云南省博物馆文物工作队、个旧市群众艺术馆：《云南个旧石榴坝青铜时代墓葬》，《考古》1992年第2期。

闵锐：《鸣鹫发掘报告》，《云南文物》1998年第2期。

云南省文物考古研究所、玉溪市文管所、通海县文化局：《通海海东贝丘遗址发掘报告》，《云南文物》1999年第2期。

云南省文物考古研究所：《云南南华县孙家屯墓地发掘简报》，《考古》2001年第12期。

云南省文物考古研究所、昆明市博物馆、官渡区博物馆：《云南昆明羊甫头墓地发掘简报》，《文物》2001年第4期。

云南省文物考古研究所：《曲靖八塔台与横大路》，北京：科学出版社，2003年。

云南省文物考古研究所、昆明市博物馆：《嵩明凤凰窝古墓葬发掘报告》，《云南文物》2003年第1期。

云南省文物考古研究所、昆明市博物馆、官渡区博物馆：《昆明羊甫头墓地》，北京：科学出版社，2005年。

云南省文物考古研究所、曲靖市麒麟区文物管理所：《曲靖市麒麟区潇湘平坡墓地发掘报告》，云南省文物考古研究所编：《云南考古报告集》（之二），昆明：云南科技出版集团公司，2006年。

云南省文物考古研究所、玉溪市文物管理所、红塔区文物管理所：《玉溪刺桐关青铜时代遗址发掘报告》，云南省文物考古研究所编：《云南考古报告集》（之二），昆明：云南科技出版集团公司，2006年。

云南省文物考古研究所、玉溪市文物管理所、江川县文化局：《江川李家山——第二次发掘报告》，北京：文物出版社，2007年。

云南省文物考古研究所、文山州文物管理所、红河州文物管理所：《云南边境地区（文山州和红河州）考古调查报告》，昆明：云南科技出版社，2008年。

云南省文物考古研究所、昆明市博物馆、晋宁县文物管理所：《晋宁石寨山——第五次发掘报告》，北京：文物出版社，2009年。

云南省文物考古研究所、晋宁县文物管理所：《云南晋宁县小平山遗址试掘简报》，《考古》2009年第8期。

云南省文物考古研究所、昭通市文物管理所、鲁甸县文物管理所：《云南鲁甸县野石山遗址发掘简报》，《考古》2009年第8期。

云南省文物考古研究所、玉溪市文物管理所、澄江县文物管理所等：《云南澄江县金莲山墓地2008～2009年发掘简报》，《考古》2011年第1期。

云南省文物考古研究所和美国密歇根大学人类学系：《云南滇池地区聚落遗址2008年调查简报》，《考古》2012年1期。

云南省文物考古研究所、昆明市文物管理委员会、宜良县文物管理委员会：《云南宜良纱帽山滇文化墓地发掘报告》，四川大学博物馆、四川大学考古学系、成都文物考古研究所编：《南方民族考古》第八辑，北京：科学出版社，2012年。

云南省文物考古研究所、玉溪市文物管理所、华宁县文物管理所：《华宁小直坡》，昆明：云南人民出版社，2014年。

云南省文物考古研究所、美国芝加哥大学、美国密歇根大学人类学博物馆：《云南滇池盆地2010年聚落考古调查简报》，《考古》2014年第5期。

云南省文物考古研究所：《会泽水城古墓群发掘报告》，北京：科学出版社，2014年。

云南省文物考古研究所：《文物考古年报》（2016），内部刊物。

云南省文物考古研究所编：《石寨山文化考古发掘报告集》（上、下册），北京：科学出版社，2016年。

云南省文物考古研究所：《云南通海兴义遗址发掘》，《中国文物报》2017年3月24日第008版。

云南省文物考古研究所、红河州文物管理所、个旧市文物管理所：《云南个旧市石榴坝墓地第二次发掘报告》，四川大学博物馆、四川大学考古学系、成都文物考古研究所编：《南方民族考古》第十六辑，北京：科学出版社，2019年。

云南省文物考古研究所、美国芝加哥大学：《云南晋宁河泊所和西王庙青铜时代贝丘遗址试掘简报》，《江汉考古》2019年第2期。

云南省文物考古研究所、昆明市博物馆：《云南昆明市西山区天子庙遗址发掘报告》，《华夏考古》2020年第1期。

云南省文物考古研究所、晋宁区文物管理所：《昆明市晋宁区金砂山墓地2015年发掘简报》，《考古》2021年第3期。

云南省文物考古研究所、昆明市博物馆、嵩明县文物管理所：《云南嵩明县凤溪山墓葬发掘简报》，

《北方文物》2023年第6期。

云南省文化厅编：《中国文物地图册·云南分册》，昆明：云南科技出版社，1999年。

杨帆、万扬、胡长城编：《云南考古》(1979~2009)，昆明：云南人民出版社，2009年。

玉溪市文管所、江川县文管所：《江川李家山第86号墓清理发掘简报》，《云南文物》2003年第1期。

袁媛、蒋志龙：《嵩明凤溪山古墓群清理发掘简报》，《云南文物》2017年第1期。

中国科学院考古研究所：《洛阳中州路（西工段）》，北京：科学出版社，1959年。

中国科学院考古研究所实验室：《放射性碳素测定年代报告》(四)，《考古》1977年第3期。

中国考古学会编：《中国考古学年鉴》(1994)，北京：文物出版社，1997年。

张兴永、赵云龙、蒋天忠：《云南江川、通海考古调查简报》，《云南文物》1987年第21期。

［越］黎文兰、范文耿、阮灵编：《越南青铜时代的第一批遗迹》，梁志明译，河内：河内科学出版社，1982年。

第三部分　研究论著

一、论文

（一）国内学者

陈果、胡习珍：《简论越南的东山文化》，《长江文明》2012年第2期。

陈伯桢、张龄方、詹大千、张智杰：《从空间分析看昆明羊甫头墓地的社会结构》，《考古人类学刊》2014年第81期。

段志刚：《广通新村发现青铜器和铅器》，《云南文物》1994年第37期。

戴宗品：《论滇文化"八塔台-横大路类型"》，《云南文物》2003年第3期。

丁长芬：《昭通青铜文化概述》，《中华文化论坛》2002年第4期。

冯汉骥：《云南晋宁石寨山出土文物的族属问题试探》，《考古》1961年第9期。

冯汉骥：《云南晋宁石寨山出土铜器研究——若干主要人物活动图像试释》，《考古》1963年第6期。

冯汉骥：《云南晋宁出土铜鼓研究》，《文物》1974年第1期。

冯丁丁：《国内古滇国研究综述》，《思想战线》2009年第S2期。

方国瑜：《从秦楚争霸看庄蹻开滇》，《思想战线》1975年第5期。

范勇：《云南青铜文化的区系类型研究》，《四川文物》2007年第2期。

范勇：《云南青铜文化的年代与分期》，《四川文物》2007年第4期。

樊海涛：《再论云南晋宁石寨山刻纹铜片上的图画文字》，《考古》2009年第1期。

樊海涛：《试论滇国出土文物图像中的怪兽形象》，《四川文物》2010年第4期。

葛季芳：《云南发现的有段石锛》，《考古》1978年第1期。

郭物：《边地文化传播带：以石寨山文化的考古发现为中心》，刘庆柱先生七十华诞祝寿论文集编辑委员会编：《考古学视野下的城市、工艺传统和中西文化交流》，北京：科学出版社，2013年。

阚勇：《滇池区域青铜文化渊源初探》，《云南师范大学学报》（哲学社会科学版）1984年第3期。

黄展岳、赵学谦：《云南滇池东岸新石器时代遗址调查记》，《考古》1959年第9期。

黄德荣：《流散在国外的云南古代文物》，《四川文物》2007年第1期。

霍魏、黄伟：《试论无胡蜀式戈的几个问题》，《考古》1989年第3期。

胡绍锦：《论金沙江流域青铜文化及其与滇文化的关系》，《东南文化》1995年第2期。

举芳：《云南禄丰新石器时代遗址》，《考古》1983年第7期。

江柏毅：《汉王朝影响下的石寨山文化社会转变》，四川大学博物馆、四川大学考古学系、成都文物考古研究所编：《南方民族考古》（第八辑），北京：科学出版社，2012年。

江柏毅：《试论云南石寨山文化同心圆纹陶盘的功能与玉溪刺桐关遗址的性质》，四川大学博物馆、四川大学考古学系、成都文物考古研究所编：《南方民族考古》（第十五辑），北京：科学出版社，2017年。

蒋志龙：《再论石寨山文化》，《文物》1998年第6期。

蒋志龙：《关于云南滇池地区青铜遗存的编年与分期问题的再讨论》，《铜鼓和青铜文化的再探索》编辑组：《铜鼓和青铜文化的再探索——中国南方及东南亚地区古代铜鼓和青铜文化第三次国际学术讨论会论文集》，南宁：《民族艺术》杂志社，1997年。

蒋志龙：《试论石寨山文化的两个类型——石寨山类型和八塔台类型》，《云南文物》2000年第2期。

蒋志龙：《铜鼓·贮贝器·滇国》，《中华文化论坛》2002年第4期。

蒋志龙、徐文德：《云南昆明天子庙贝丘遗址发掘获重要收获》，《中国文物报》2005年9月16日第001版。

蒋志龙、吴敬：《关于云南金莲山墓地的初步认识》，《考古》2011年第1期。

蒋志龙、吴敬：《金莲山墓地初探》，吉林大学边疆考古研究中心编：《边疆考古研究》第十辑，北京：科学出版社，2011年。

蒋志龙：《云南江川李家山墓地的社会结构解析》，《南方文物》2014年第4期。

蒋志龙：《云南晋宁石寨山墓地的社会结构解析》，吉林大学边疆考古研究中心编：《庆祝张忠培先生八十岁论文集》，北京：科学出版社，2014年。

江章华、张擎：《巴蜀墓葬的分区与分期初论》，《四川文物》1999年第3期。

李家瑞：《两汉时代云南的铁器》，《文物》1962年第3期。

李保伦：《云南曲靖青铜文化初探》，中国古代铜鼓研究会编：《铜鼓和青铜文化研究：中国南方及东南亚地区古代铜鼓和青铜文化第四次国际学术讨论会论文集》，贵阳：贵州人民出版社，1998年。

李保伦：《对滇文化八塔台类型相关问题的探讨》，《中华文化论坛》2015年第3期。

李昆声、肖秋：《试论云南新石器时代文化》，文物编辑委员会编：《文物集刊》（2），北京：文物出版社，1980年。

李昆声：《云南考古材料所见百越文化考》，《云南文物》1983年第14期。

李昆声：《建国以来云南文物考古工作的主要收获》，《云南文史丛刊》1985年第3期。

李昆声：《55年来云南考古的主要成就》(1949–2004年)，《四川文物》2004年第3期。

李昆声、胡习珍：《云南考古60年》，《思想战线》2009年第4期。

林声：《从考古材料看云南冶铁业的早期历史》，《学术研究》1963年第3期。

林声：《试释云南晋宁石寨山出土铜片上的图画文字》，《文物》1964年第5期。

林声：《晋宁石寨山出土铜器图象所反映的西汉滇池地区的奴隶社会》，《文物》1975年第2期。

刘莉：《山东龙山文化墓葬形态研究——龙山时期社会分化、礼仪活动及交换关系的考古学分析》，《文物季刊》1999年第2期。

刘旭、孙华：《野石山遗存的初步分析》，《考古》2009年第8期。

刘斌、张婷：《河南地区考古对中国早期考古学术语形成的贡献》（1921–1949），文化遗产研究与保护技术教育部重点实验室等编：《西部考古》（第14辑），北京：科学出版社，2017年。

刘弘：《论蜀式戈的南传——西南地区青铜戈的再研究》，《四川文物》2007年第5期。

卢智基：《近年国外滇文化研究新趋势》，《四川文物》2007年第4期。

卢智基：《从考古看骆越与滇的文化关系》，陆勤毅、吴春明主编：《百越研究》第2辑，合肥：安徽大学出版社，2011年。

罗伊：《滇池地区石寨山类型相关问题探讨》，《南方文物》2016年第1期。

蒙文通：《庄蹻王滇辨》，《四川大学学报》1960年第1期。

马曜：《庄蹻起义和开滇的历史功绩》，《思想战线》1975年第1期。

彭长林：《云贵高原青铜时代的文化谱系研究》，广西壮族自治区博物馆编：《广西博物馆文集》第6辑，南宁：广西人民出版社，2013年。

彭长林：《铜提筒研究》，吉林大学边疆考古研究中心编：《边疆考古研究》（第23辑），北京：科学出版社，2018年。

宋蜀华：《论古代滇人的族属及其演变》，《云南社会科学》1992年第4期。

桑耀华：《论古代滇文化的民族属性》，《云南社会科学》2006年第2期。

孙华：《滇东黔西青铜文化初论——以云南昭通及贵州毕节地区的考古材料为中心》，《四川文物》

2007年第5期。

孙太初：《两年来云南古遗址及墓葬的发现与清理》，《文物参考资料》1955年第6期。

孙太初：《在云南考古工作中得到的几点认识》，《文物参考资料》1957年第11期。

施劲松：《船棺葬、早期铜鼓和不对称形铜钺》，中国社会科学院考古研究所编：《新世纪的中国考古学——王仲殊先生八十华诞纪念论文集》，北京：科学出版社，2005年。

童恩正：《对云南冶铁业产生时代的几点意见》，《考古》1964年第4期。

童恩正：《我国西南地区青铜剑的研究》，《考古学报》1977年第2期。

童恩正：《我国西南地区青铜戈的研究》，《考古学报》1979年第4期。

童恩正：《近年来中国西南民族地区战国秦汉时代的考古发现及其研究》，《考古学报》1980年第4期。

童恩正：《中国西南地区的奴隶社会》，《天府新论》1987年第1期。

童恩正：《中国西南地区的奴隶社会（续一）》，《天府新论》1987年第2期。

童恩正：《中国西南地区的奴隶社会（续二）》，《天府新论》1987年第3期。

童恩正：《中国西南地区古代的酋邦制度——云南滇文化中所见的实例》，《中华文化论坛》1994年第1期。

佟伟华：《云南石寨山文化贮贝器研究》，《文物》1999年第9期。

吴敬：《以滇文化塑牛青铜器看滇国社会的发展与演进》，吉林大学边疆考古研究中心编：《边疆考古研究》第十辑，北京：科学出版社，2011年。

吴艾妮、叶荣波：《滇文化用贝习俗分析》，《四川文物》2013年第6期。

王大道：《滇池区域的青铜文化》，《云南青铜器论丛》编辑组编：《云南青铜器论丛》，北京：文物出版社，1981年。

王大道：《云南青铜文化及其与越南东山文化、泰国班清文化的关系》，《考古》1990年第6期。

王大道：《云南青铜文化与新石器晚期文化的关系》，邓聪编：《南中国及邻近地区古文化研究：庆祝郑德坤教授从事学术活动六十周年论文集》，香港：中文大学出版社，1994年。

王大道：《再论云南新石器时代文化的类型》，四川联合大学西藏考古与历史文化研究中心、西藏自治区文物管理委员会编：《西藏考古》（第1辑），成都：四川大学出版社，1994年。

汪宁生：《晋宁石寨山青铜器图象所见古代民族考》，《考古学报》1979年第4期。

汪宁生：《试论中国古代铜鼓》，《考古学报》1978年第2期。

汪宁生：《试论石寨山文化》，中国考古学会编：《中国考古学会第一次年会论文集（1979）》，北京：文物出版社，1981年。

汪宁生：《"滇"人的经济生活和社会生活——晋宁石寨山文物研究之一》，《云南青铜器论丛》编辑组：《云南青铜器论丛》，北京：文物出版社，1981年。

肖秋：《文化大革命以来云南考古工作的主要收获》，《思想战线》1976年第3期。

肖明华：《青铜时代滇人的农牧业》，《农业考古》1997年第1期。

肖明华：《云南考古述略》，《考古》2001年第12期。

肖明华：《青铜时代滇人的生产工具》，《农业考古》2002年第1期。

肖明华：《论滇文化中的横銎兵器》，《四川文物》2004年第1期。

肖明华：《论滇文化的青铜贮贝器》，《考古》2004年第1期。

肖明华：《滇青铜文化与汉文化在云南的传播》，《四川文物》2008年第4期。

肖明华：《西南夷初探》，陆勤毅、吴春明主编：《百越研究》第2辑，合肥：安徽大学出版社，2011年。

肖明华：《西南夷与西南地区青铜文化》，《四川文物》2012年第5期。

谢崇安：《从环滇池墓区看上古滇族的聚落形态及其社会性质——以昆明羊甫头滇文化墓地为中心》，《四川文物》2009年第4期。

徐中舒：《试论岷山庄王与滇王庄蹻的关系》，《思想战线》1977年第4期。

徐学书：《关于滇文化和滇西青铜文化年代的再探讨》，《考古》1999年第5期。

徐坚：《滇池地区青铜文化漆器管窥——以羊甫头为中心》，《考古与文物》2012年第5期。

邢琳：《滇文化青铜器动物形象浅析》，《四川文物》2017年第1期。

尤中：《汉晋时期的"西南夷"》，《历史研究》1957年第12期。

杨帆：《云南文物考古工作十年回顾与展望（1989~1998）》，云南省文物考古研究所编：《云南考古文集》，昆明：云南民族出版社，1998年，第234～238页。

杨帆：《试论云南及周边相关青铜文化的区系类型》，《云南文物》2002年第1期。

杨帆：《关于"云南"和"滇"（上）》，《社会主义论坛》2016年第6期。

杨帆：《关于"云南"和"滇"（下）》，《社会主义论坛》2016年第7期。

杨勇：《云贵高原出土青铜扣饰研究》，《考古学报》2011年第3期。

杨勇：《滇东八塔台文化墓地的特征和年代及相关问题》，中国社会科学院考古研究所、浙江省文物考古研究所编著：《秦汉土墩墓考古发现与研究——秦汉土墩墓国际学术研讨会论文集》，北京：文物出版社，2013年。

易学钟：《石寨山三件人物屋宇雕像考释》，《考古学报》1991年第1期。

易学钟：《"井干"溯源——石寨山文化相关问题研究（之一）》，《云南民族学院学报》（哲学社会科学版）1995年第1期。

严文明：《横阵墓地试析》，《仰韶文化研究》，北京：文物出版社，2009年。

叶荣波：《青铜时代滇池区域生业方式形成与演变的原因》，《南方文物》2014年第4期。

张增祺：《从滇文化的发掘看庄蹻王滇的真伪》，《贵州民族研究》1979年第1期。

张增祺：《云南青铜文化概论》，《思想战线》1979年第4期。

张增祺：《滇王国主体民族的族属问题》，云南省博物馆编：《云南省博物馆建馆三十周年纪念文集》(1951～1982)，昆明：云南省博物馆，1981年。

张增祺：《滇王国时期的原始宗教和人祭问题》，《云南文物》1983年第14期。

张增祺：《晋宁石寨山文化与越南东山文化的比较研究》，《云南社会科学》1986年第6期。

张增祺：《云南滇池区域青铜文化内涵分析》，四川大学博物馆、中国古代铜鼓研究学会编：《南方民族考古》第一辑，成都：四川大学出版社，1987年。

张增祺：《云南青铜文化的类型与族属》，《庆祝苏秉琦考古五十五年论文集》编辑组编：《庆祝苏秉琦考古五十五年论文集》，北京：文物出版社，1989年。

张瑛华：《滇池区域青铜器图像反映的民族习俗》，云南省博物馆编：《云南省博物馆建馆三十周年纪念文集（1951～1981）》，昆明：云南省博物馆，1981年。

张兴永：《云南春秋战国时期的畜牧业》，《农业考古》1989年第1期。

张全超：《云南澄江县金莲山墓地出土人骨稳定同位素的初步分析》，《考古》2011年第1期。

张家华：《楚雄张家屯出土青铜器初探》，《云南文物》1994年第38期。

赵辉：《长江中游地区新石器时代墓地研究》，北京大学考古系编：《考古学研究》（四），北京：科学出版社，2000年。

赵辉：《读〈好川墓地〉》，《考古》2002年第11期。

周志清：《青铜器牛饰与滇文化》，《南方文物》1998年第4期。

周志清：《试论"滇"国青铜农具》，《文博》2003年第2期。

周志清：《滇文化及其渊源》，南京师范大学文博系编：《东亚古物》（A卷），北京：文物出版社，2004年。

周志清、蔡雨茂：《滇中三湖地区的新石器时代晚期文化刍议》，成都文物考古研究所编：《成都考古研究》（二），北京：科学出版社，2013年。

朱丹：《古滇青铜兵器》，《东南文化》2000年第10期。

郑建明：《史前社会复杂化进程的理论探索》，《华夏考古》2011年第2期。

翟国强：《滇文化与北方地区文化及族群关系研究》，《中国边疆史地研究》2012年第1期。

翟国强：《北方草原文化南渐研究——以滇文化为中心》，《思想战线》2014年第3期。

（二）国外学者

［日］白鸟芳郎：《从石寨山文化中看到的斯基泰文化的影响》，《世界民族》1980年第4期。

［日］俵宽司：《滇王的权力与系谱：石寨山文化葬制的考古分析（提要）》，中国古代铜鼓研究会编：

《铜鼓和青铜文化研究：中国南方及东南亚地区古代铜鼓和青铜文化第四次国际学术讨论会论文集》，贵阳：贵州人民出版社，2001年。

　　〔美〕佩尼·罗德：《云南青铜器时代的纺织业和妇女地位》，林嘉琳、孙岩主编：《性别研究与中国考古学》，北京：科学出版社，2004年。

　　〔法〕米歇尔·皮拉左里：《滇文化的年代问题》，《考古》1990年第1期。

　　〔美〕邱兹惠：《云南青铜文化的骑马纹样》，林嘉琳、孙岩主编：《性别研究与中国考古学》，北京：科学出版社，2004年。

　　〔美〕邱兹惠：《滇青铜文化多元艺术风格的涵义》，南京师范大学文博系编：《东亚古物》（A卷），北京：文物出版社，2004年。

　　〔日〕梶山胜：《我对云南青铜文化的一点看法——作为对石寨山古墓群再次研究的线索》，云南省民族研究所民族学考古研究室：《民族考古译丛》第二辑，内部资料未刊发。

　　〔日〕俵宽司：《滇王の権力と系譜—石寨山文化における内部と外部—》，《東南アジア考古学》1998年第18卷。

　　Francis Allard, "Stirrings at the Periphery: History, Archaeology, and the Study of Dian," International Journal of Historical Archaeology, vol.2, no.4，1998.

　　Francis Allard, "The Archaeology of Dian: Trends and Tradition," Antiquity, vol.73，1999.

　　Magdalene Von Dewall, "The Tien Culture of South-west China," Antiquity, vol. XLI，1967.

　　Yun Kuen Lee, "Material Representations of Status in the Dian Culture," Bulletin of the Indo-Pacific Prehistory Association, no.14，1996.

　　Yun Kuen Lee, "Status, Symbol, and Meaning in the Dian Culture," Journal of East Asian Archaeology, vol.3，2002.

　　Alice Yao, "Scratching beneath Iconographic and Textual Clues: A Reconsideration of the Social Hierarchy in the Dian Culture of Southwestern China," Journal of Anthropological Archaeology, vol. 24，2005.

二、著作

（一）国内学者

陈淳：《考古学的理论与研究》，上海：上海人民出版社，2014年。

段渝：《酋邦与国家起源：长江流域文明起源比较研究》，北京：中华书局，2007年。

方国瑜：《云南史料目录概说》（第1册），北京：中华书局，1984年。

方国瑜主编：《云南史料丛刊》（第一卷），昆明：云南大学出版社，2001年。

郜向平：《商系墓葬研究》，北京：科学出版社，2011年。

何贤武、王秋华主编：《中国文物考古辞典》，沈阳：辽宁科学技术出版社，1993年。

蒋志龙：《滇国探秘——石寨山文化的新发现》，昆明：云南教育出版社，2002年。

蒋志龙、樊海涛：《古滇文化史》，桂林：广西师范大学出版社，2019年。

井中伟：《早期中国青铜戈·戟研究》，北京：科学出版社，2011年。

李安民：《云南早期文明演进研究》，昆明：云南人民出版社，2013年。

李昆声、陈果：《中国云南与越南的青铜文明》，北京：社会科学文献出版社，2013年。

李昆声主编：《云南考古学通论》，昆明：云南大学出版社，2019年。

李晓岑、韩汝玢：《古滇国金属技术研究》，北京：科学出版社，2011年。

罗二虎、李映福主编：《中国西南考古——新石器时代至西汉》，北京：科学出版社，2020年。

明庆忠、童绍玉主编：《云南地理》，北京：北京师范大学出版社，2016年。

彭长林：《云贵高原的青铜时代》，南宁：广西科学基础出版社，2008年。

苏秉琦：《中国文明起源新探》，沈阳：辽宁人民出版社，2009年。

童绍玉、陈永森：《云南坝子研究》，昆明：云南大学出版社，2007年。

吴小平：《两汉时期云贵地区汉文化的考古学探索》，杭州：浙江大学出版社，2018年。

王巍主编：《中国考古学大辞典》，上海：上海辞书出版社，2014年。

尤中：《中国西南的古代民族》，昆明：云南人民出版社，1980年。

杨勇：《战国秦汉时期云贵高原考古学文化研究》，北京：科学出版社，2011年。

叶成勇：《战国秦汉时期南夷社会考古学研究》，北京：文物出版社，2019年。

朱凤瀚：《中国青铜器综论》，上海：上海古籍出版社，2009年。

张增祺：《滇国与滇文化》，昆明：云南美术出版社，1997年。

张增祺：《中国西南民族考古》，昆明：云南人民出版社，2012年。

张弛：《社会权利的起源：中国史前葬仪中的社会与观念》，北京：文物出版社，2015年。

罗伊：《云南地区新石器时代考古文化研究》，北京：文物出版社，2022年。

（二）国外学者

［英］A.R.拉德克利夫·布朗：《原始社会的结构与功能》，丁国勇译，北京：中国社会科学出版社，2009年。

［澳］刘莉：《新石器时代：迈向早期国家之路》，陈星灿、乔玉、马萧林等译，北京：文物出版社，2007年。

Alice Yao, The Ancient Highlands of Southwest China: From the Bronze Age to the Han Empire, New York: Oxford University Press, 2016.

三、论文集

《云南青铜器论丛》编辑组编：《云南青铜器论丛》，北京：文物出版社，1981年。

云南省博物馆编：《云南青铜文化论集》，昆明：云南人民出版社，1991年。

云南省文物考古研究所编：《云南考古文集》，昆明：云南民族出版社，1998年。

云南省文物考古研究所编：《云南考古报告集》（之二），昆明：云南科技出版社，2006年。

云南省文物考古研究所编：《石寨山文化考古研究论文集》（上、中、下），北京：科学出版社，2018年。

四、学位论文

蒋志龙：《金莲山墓地研究》，吉林大学博士学位论文，2013年。

秦岭：《环太湖地区史前社会结构的探索》，北京大学博士学位论文，2003年。

Robert Edwin Murowchick, The Ancient Bronze Metallurgy of Yunnan and its Environs: Development and Implications, Unpublished Ph.D.diss., Harvard University, 1989.

Penny M. Rode, The Social Position of Dian Women in Southwest China: Evidence from Art and Archaeology, Unpublished Ph.D.diss., University of Pittsburgh, 1999.

Alice Yao, Culture Contact and Social Change along China's Ancient Southwestern Frontier, 900 B.C.–100 A.D., Unpublished Ph.D.diss., Department of Anthropology, University of Michigan, 2008.

附　表

羊甫头墓地"腰坑"墓坑内埋葬情况统计表

墓葬编号	腰坑形状	报告描述	墓葬平、剖面图反映的情况	
			器物	人骨或动物骨骼
M1③	长方形	随葬品在腰坑周围及腰坑中	随葬品悬于坑内距离坑底10厘米	骨骼距离腰坑口10厘米
M10	长方形	未描述	平面图显示部分随葬品在腰坑范围内，剖面图未显示	
M20③	长方形	随葬品出现在近墓底处	平面和剖面图显示一件铜削位于腰坑上方，距离坑口18厘米	
M26	长方形	随葬品摆放于腰坑附近	平面图显示大部分随葬品在腰坑范围内，剖面图未显示	平面图显示部分人骨在腰坑范围内，剖面图未显示
M37	长方形	随葬品集中于墓底西部	陶釜、陶尊、纺轮位于腰坑上方，距离坑底12厘米	
M46	长方形	未描述	平面图显示部分随葬品在腰坑范围内，剖面图未显示	
M68	长方形	未描述	平面图显示部分随葬品在腰坑范围内，剖面图未显示	
M72②	长方形	未描述	不见随葬品	
M90	长方形	随葬品集中于墓底西部	均显示无随葬品	
M97	长方形	腰坑内均为陶器	一件陶罐在隔断上，两件不明陶器在西部腰坑内，部分陶片悬于坑内，距离坑底6厘米	
M137	长方形	随葬品集中于腰坑内及西部	平面图显示陶器和部分铜器、铜铁合制器在腰坑范围内，剖面图未显示	
M147	长方形	随葬品集中于腰坑内	部分铜器位于腰坑内	

墓葬编号	腰坑形状	报告描述	墓葬平、剖面图反映的情况	
			器物	人骨或动物骨骼
M155	长方形	腰坑内多陶器	平面图显示部分陶器和青铜器在腰坑范围内，剖面图未显示	
M157	长方形	随葬品散布墓底	平面图显示部分随葬品在腰坑范围内，剖面图未显示	
M185	长方形	随葬品集中于腰坑内	平面图显示陶器和部分铜器、铜铁合制器在腰坑范围内，剖面图未显示	
M197	长方形	随葬品集中于腰坑上方	平面图显示部分随葬品在腰坑范围内，剖面图未显示	
M297	长方形	腰坑内出一件陶釜	平面图显示陶器和部分铜器、石器在腰坑范围内，剖面图未显示	
M314	长方形	随葬品集中于腰坑内	平面图显示陶器和部分铜器在腰坑范围内，剖面图显示器物悬于腰坑内，距离坑底10厘米	
M322	长方形	随葬品均置于腰坑中	所有器物（陶器、铜器和玉石器）位于腰坑内	
M340③	长方形	随葬品置于腰坑内	平面图显示部分陶器和铜器在腰坑范围内，剖面图显示器物悬于腰坑内，陶尊距离坑底10厘米	
M342②	长方形	随葬品置于腰坑内	平面图显示陶器和玛瑙珠在腰坑范围内，剖面图未显示	
M527	长方形	未描述	平面图未显示腰坑位置，剖面图未显示	
M546	不规则长方形	陶器集中于腰坑内	平面图显示陶器在腰坑范围内，剖面图未显示	
M552	长方形	随葬品置于腰坑上方及附近	平面图显示部分陶器和铜器在腰坑范围内，剖面图未显示	
M554②	长方形	未描述	平面图显示一件陶器在腰坑西北角，剖面图未显示	
M570	长方形	随葬品置于腰坑上方	平面图显示陶器和玉石器在腰坑范围内，剖面图未显示	
M574	长方形	随葬品置于距墓底约0.3~0.4米高的腰坑平面	平面图显示部分铜器位于腰坑范围内，剖面图未显示	
M575	长方形	铜器、铜铁合制器及1件陶釜置于腰坑上方	平面图显示部分陶器、铜器和铜铁合制器位于腰坑范围内，剖面图未显示	
M580	长方形	随葬品置于腰坑上方及附近	平面图显示陶器和铜器位于腰坑范围内，剖面图未显示	少量骨骼在腰坑范围内

墓葬编号	腰坑形状	报告描述	墓葬平、剖面图反映的情况	
			器物	人骨或动物骨骼
M582	长方形	随葬品置于腰坑附近	平面图显示部分陶器和铜器位于腰坑范围内，剖面图未显示	
M710	长方形	随葬品置于腰坑上方及附近	平面图显示部分陶器和铜器位于腰坑范围内，剖面图未显示	
M730	长方形	随葬品置于距墓底0.3米的平面	平面图显示铜爪镰在腰坑范围内，剖面图未显示	
M749	长方形	随葬品置于腰坑上方及附近	平面图显示部分陶器和铜器在腰坑范围内，剖面图未显示	
M807	长方形	未描述	平面图显示器物均在腰坑范围内，剖面图未显示	
M824	长方形	随葬品集中于腰坑附近	平面图显示陶器和铜器在腰坑北和南边，剖面图未显示	
M27	长方形	随葬品置于腰坑内，腰坑东端有动物类骨骼，似猪的头骨和牙齿	陶器和部分铜器位于腰坑内	腰坑内东部有动物类骨骼
M42	长方形	腰坑内仅残存少量碎陶片	无图	
M99	长方形	腰坑中残存有玛瑙珠、陶器	坑底部有漆皮，漆皮上有玛瑙珠、陶盒和盒盖	
M101	长方形	随葬品集中于腰坑中	陶器和部分铜器位于坑内	
M102	长方形	部分随葬品置于腰坑内	陶器和部分铜器位于坑内，部分器物距离坑底有6厘米距离	
M103	长方形	少量破碎陶器集中于腰坑及附近	平面图显示部分陶器在腰坑范围内，剖面图未显示	
M113	长方形	随葬品置于坑内腰坑内东北端有头骨和骨骼	陶器和铜器均位于坑内	腰坑内东北端有头骨和骨骼
M466	近长方形	随葬品全置于腰坑内	一件陶釜在坑底中部，2件陶釜在西部斜坡上，铜骹铁矛距坑底15厘米	
M34	长方形	盗掘严重		
M9	方形	未描述	均显示无随葬品	
M33	方形	随葬品集中于墓底中部	均显示无随葬品	
M122	方形	随葬品集中于腰坑上方及附近	平面图显示陶钵在腰坑中部，剖面图未显示	

墓葬编号	腰坑形状	报告描述	墓葬平、剖面图反映的情况	
			器物	人骨或动物骨骼
M345②	正方形（东北角缺）	随葬品置于腰坑上方	平面图显示部分石器和铜器在腰坑范围内，剖面图未显示	
M646	方形	随葬品置于腰坑上方及附近	平面图显示部分铜器位于腰坑范围内，剖面图未显示	
M462②	长方形	随葬品在墓底腰坑内及东部	陶罐、铜剑在腰坑内，铜戈、矛、镞及斧在腰坑口东侧	
M195	圆形	随葬品集中于腰坑附近	平面图显示部分铜器在腰坑范围内，剖面图未显示	
M547	圆形	未描述	平面图显示少部分器物紧贴腰坑边，剖面图未显示	
M568	圆形	随葬品置于腰坑内	平面图显示陶器和铜器残片在腰坑范围内，剖面图未显示	
M572	圆形	随葬品置于腰坑上方	平面图显示部分陶器和铜器在腰坑范围内，剖面图未显示	
M818②	圆形	未描述	平面图显示少部分器物紧贴腰坑边，剖面图未显示	
M126	椭圆形	随葬品集中于腰坑内	平面图显示陶釜和铜腰扣在腰坑范围内，剖面图未显示	
M134	椭圆形	随葬品集中于腰坑附近	平面图显示铜器在腰坑边上，剖面图未显示	
M164	椭圆形	未描述	平面图显示部分铜器在腰坑范围内，剖面图未显示	
M328	椭圆形	器物未描述，腰坑内头骨残片	平面图显示部分陶器和铜器在腰坑范围内，剖面图未显示	
M494	椭圆形	随葬品置于腰坑上方及腰坑中	平面图显示部分陶器和铜器在腰坑范围内，剖面图未显示	
M518	椭圆形	腰坑上方置铜兵器、工具、铁器、装饰品，腰坑内置陶器	平面图显示部分陶器和铜器在腰坑范围内，剖面图未显示	

墓葬编号	腰坑形状	报告描述	墓葬平、剖面图反映的情况	
			器物	人骨或动物骨骼
M562	椭圆形	随葬品置于腰坑内	平面图显示陶器和部分铜器在腰坑范围内，剖面图未显示	
M131	不规则	随葬品集中于腰坑附近	平面图显示一件陶釜在腰坑中部，铜器在腰坑东南边，剖面图未显示	
M618	不规则	随葬品置于腰坑附近	平面图显示部分陶器和铜器在腰坑范围内，剖面图未显示	
M644	不规则	陶器置于腰坑内	平面图显示两件陶釜在腰坑西北边，剖面图未显示	
M30	不规则	随葬品置于腰坑附近	平面图显示部分陶器和玉石器在腰坑范围内，剖面图未显示	

后 记

　　2017年秋，我重返中央民族大学校园，再度拜入杨楠教授门下，攻读博士学位。承蒙先生不弃，得以成为其亲炙门生，倍感荣幸。在考虑博士学位论文选题时，杨楠先生鼓励我根据自己的学术兴趣，发现并探究具有研究价值的学术问题。出于对家乡考古事业的情怀与热爱，我将视野转向西南边疆史前考古领域，重点关注云南青铜时代文化。云南青铜时代考古工作积累了丰富的墓葬遗存材料，这些材料不仅展现了云南内部不同区域青铜文化面貌的独特性和多样性，也是深入研究云南多民族多元文化早期格局形成过程的关键物证。分布在滇池沿岸及其周边，以石寨山古墓群命名的石寨山文化无疑是探索云南青铜时代文化与社会演进的典型代表。如何根据现有材料深化对石寨山文化的内涵、社会进程等问题的研究尤其值得思考。2018年4月，在一次北京大学的夏商周考古课程上，受雷兴山先生讲授墓地研究方法的启发，我开始设想以此作为研究石寨山文化墓葬遗存的切入点。在杨楠先生的指导下，经过全面梳理石寨山文化的研究进展和存在问题，决定对石寨山文化的典型墓地进行系统性研究，并基于此深入探讨墓地所反映的文化属性和社会状况等问题，因此我的博士学位论文被定名为《石寨山文化墓地研究》。为了写好这篇论文，我尽最大努力对相关材料进行了细致的整理和辨析，也到各发掘地点进行了考古调查和参观学习，在克服重重困难之后，我终于完成了论文，并于2021年5月顺利通过博士学位论文答辩。

　　博士毕业后，我进入中国国家博物馆从事博士后研究工作。杨楠先生时刻关注我的学术研究进展，督促我根据答辩委员提出的问题和建议继续修改论文，并鼓励我以博士学位论文申报文物出版社"青年学人出版扶助计划"。经过反复修改和完善，我的申报稿件通过了文物出版社组织的专家评审，有幸入选"考古新视野"丛书2023年青年学人出版扶助计划。本书正是因获得文物出版社的资助而得以出版。在此向文物出版社对考古学青年学人的支持与鼓励致以诚挚的感谢。

　　在博士论文的撰写和本书的修改过程中，我得到了杨楠先生的悉心指导，他为此倾注了大量的时间和心血。先生是我学术道路上的引路人，他求实严谨的治学态度和为人为学的高贵品质，使我终身受益。正是先生不断强化的学术训练，使我的思辨水平和问题意识都得到了提升。从博士论文的完成到本书的出版，不仅是先生严格训练下的学术成果，更饱含了先生对我今后学术道路寄予的殷切厚望。先生亦是我工作生活中的"大朋友"，他积极乐观的生活态度和不计得失的温暖关怀，让我坚定自信，迎难而上。在此，衷心感谢先生对我的谆谆教诲和辛勤付出。这里，我还要感谢师母舒怡红老师，感恩她在我北京十几年的求学途中始终像对待自己孩子一样地关爱和呵护。

　　感谢中国国家博物馆终身研究馆员李维明先生担任本书的推荐专家。李维明先生亦是我博士学位论文的答辩评委，他不辞辛劳认真细致地评阅，对我的论文指出了许多不足之处并提出了很多宝贵的意见和建议，帮助我更好地修改书稿。在国博工作期间，李维明先生向我分享学术感悟和体会，指导我如何在博物馆进行馆藏文物研究，其严谨的治学精神和深厚的学术功底，是吾辈学习的榜样。

　　在收集材料的过程中，我有幸结识了云南省文物考古研究所的蒋志龙先生，他作为石寨山文化研究的主要学者和发掘负责人，毫无保留地对我的研究提供了最大支持。不仅详细为我介绍石寨山文化的发掘材料和最新进展情况，还亲自带我参观石寨山墓地、河泊所遗址，以及河泊所工作站、晋宁县博物馆等地，并允许我在库房对相关遗物进行拍照、绘图，更是为我提供了到晋宁、通海、江川、澄江及嵩明等地区考察和收集资料的机会，在此谨向蒋先生致以衷心的感谢。同时，也向热情接待和无私帮助我的云南省文物考古研究所、云南省博物馆及各市县有关文博单位的领导和老师们一并致以深深的谢意！

　　此外，感谢博士学位论文答辩评委陈星灿、李新伟、雷兴山和孙庆伟等先生对论文的审阅和指点。同时还要感谢博士后合作导师戴向明、游富祥先生对我的关心和指导。感谢周娟妮、任轶霏、刘思文、张俭、姜骋、李娜、于洁、许馨、杨晓慧、黄梓桐等师友在论文和书稿写作期间给予的帮助和鼓励。感谢文物出版社智朴、崔华女士为本书出版所付出的辛苦努力。

感谢我的家人，如果没有他们的支持和包容，我将很难完成漫长的求学经历，也不可能心无旁骛地投入到自己喜欢的事业中去。

由于学识所限，本书在对具体材料的分析和解释上难免存在不足之处。尽管我已竭尽全力，力求准确深入地解读石寨山文化的墓葬遗存及其背后的历史信息，但仍可能因个人学术视野、研究方法的局限，而未能充分挖掘所有潜在的价值与意义。对于书中的任何疏漏与不当之处，恳请各位专家、读者不吝赐教。

谨以此书，献给我在中央民族大学求学的宝贵时光，以及在学术道路上给予我指引与支持的师长、朋友们。

龙静璠

2024 年 7 月于北京

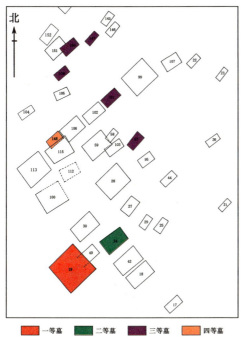

1.羊甫头墓地A区第一期各等次墓葬分布图

2.羊甫头墓地A区第二期各等次墓葬分布图

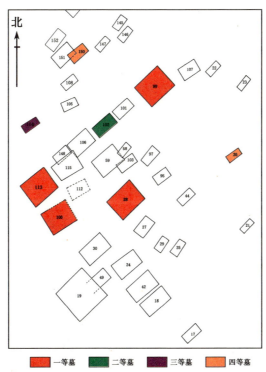

3.羊甫头墓地A区第三期各等次墓葬分布图

彩版二

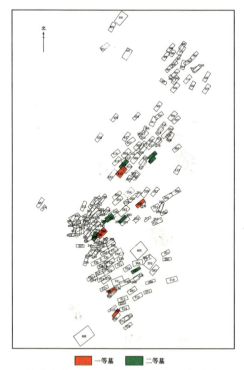

1. 羊甫头墓地B区第一期各等次墓葬分布图

2. 羊甫头墓地B区第二期各等次墓葬分布图

3. 羊甫头墓地B区第三期各等次墓葬分布图

4. 羊甫头墓地B区第四期各等次墓葬分布图

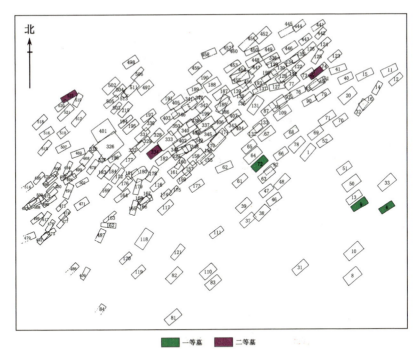

1.羊甫头墓地C区第一期各等次墓葬分布图

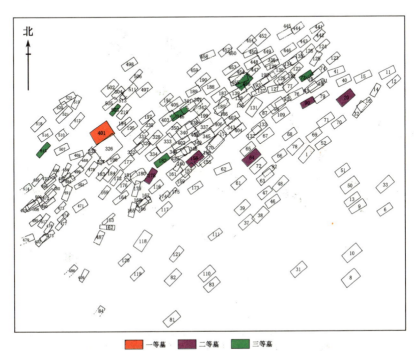

2.羊甫头墓地C区第二期各等次墓葬分布图

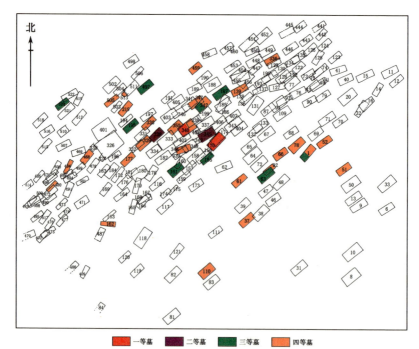

1.羊甫头墓地C区第三期各等次墓葬分布图

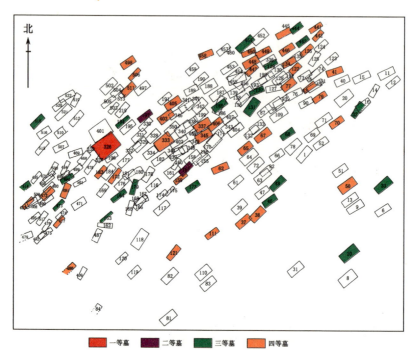

2.羊甫头墓地C区第四期各等次墓葬分布图

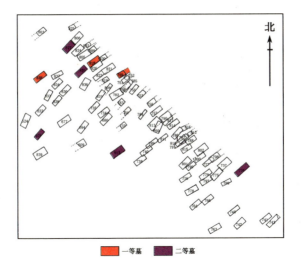

北

■ 一等墓　■ 二等墓

1.羊甫头墓地D区第二期各等次墓葬分布图

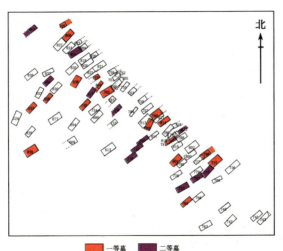

北

■ 一等墓　■ 二等墓

2.羊甫头墓地D区第三期各等次墓葬分布图

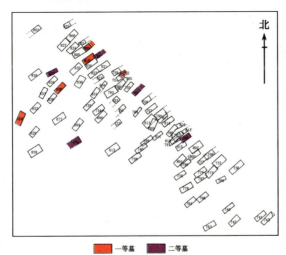

北

■ 一等墓　■ 二等墓

3.羊甫头墓地D区第四期各等次墓葬分布图

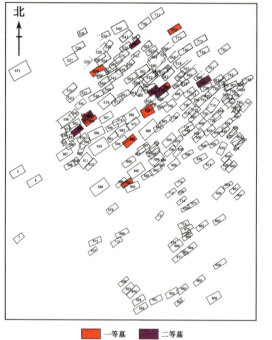

一等墓　　二等墓

1. 羊甫头墓地E区第一期各等次墓葬分布图

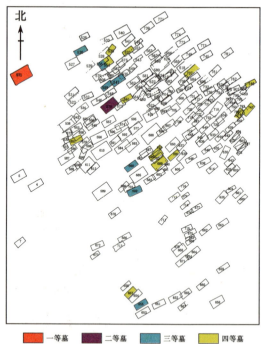

一等墓　　二等墓　　三等墓　　四等墓

2. 羊甫头墓地E区第二期各等次墓葬分布图

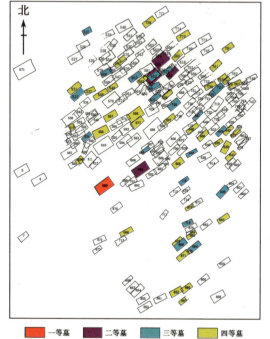

一等墓　　二等墓　　三等墓　　四等墓

3. 羊甫头墓地E区第三期各等次墓葬分布图

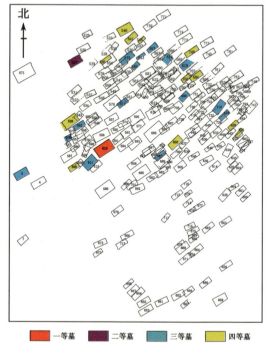

一等墓　　二等墓　　三等墓　　四等墓

4. 羊甫头墓地E区第四期各等次墓葬分布图

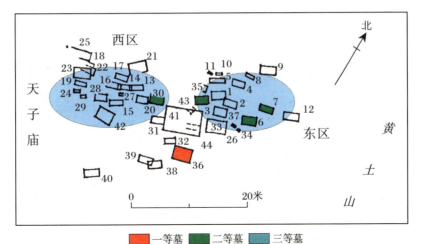

1.天子庙墓地第二期各等次墓葬分布图

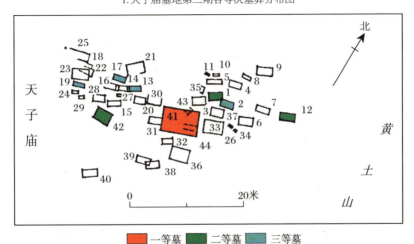

2.天子庙墓地第三期各等次墓葬分布图

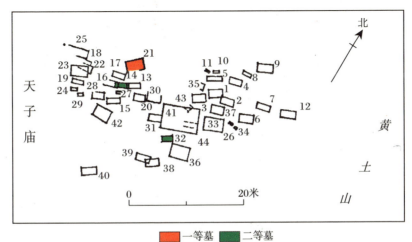

3.天子庙墓地第四期各等次墓葬分布图

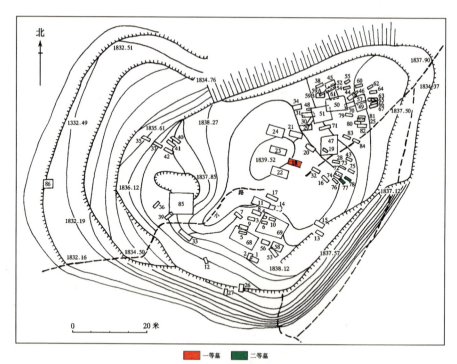

1.李家山墓地Ⅰ区第一期各等次墓葬分布图

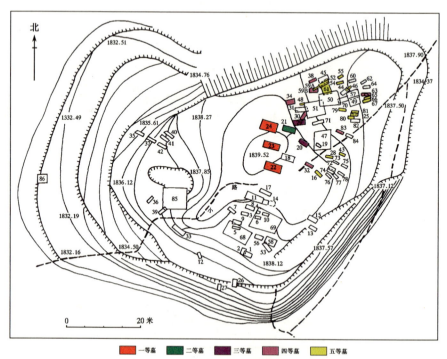

2.李家山墓地Ⅰ区第二期各等次墓葬分布图

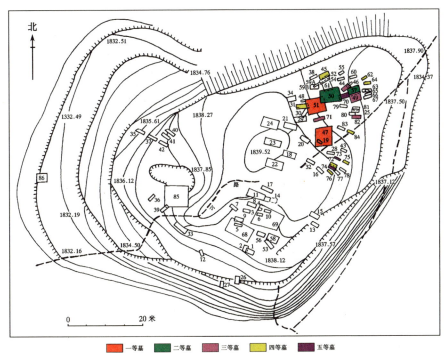

1.李家山墓地Ⅰ区第三期各等次墓葬分布图

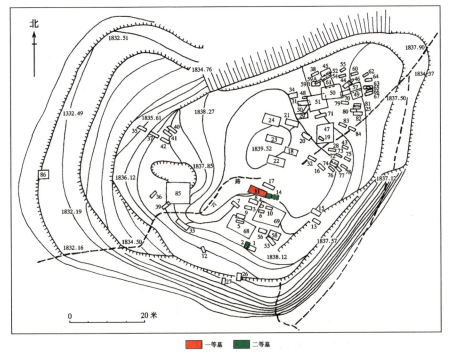

2.李家山墓地Ⅱ区第一期各等次墓葬分布图

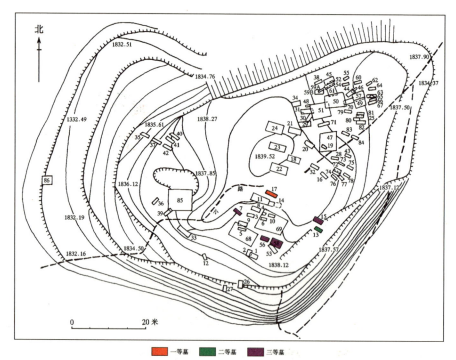

1.李家山墓地Ⅱ区第二期各等次墓葬分布图

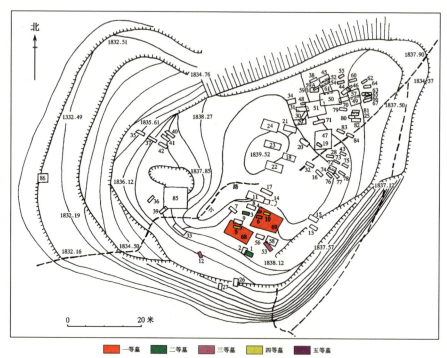

2.李家山墓地Ⅱ区第三期各等次墓葬分布图

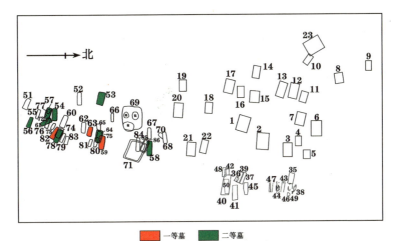

1.石寨山墓地第二期各等次墓葬分布图

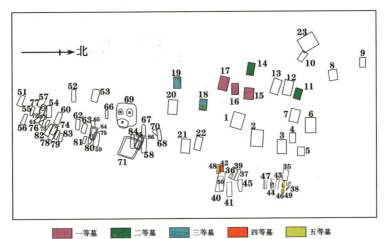

2.石寨山墓地第三期各等次墓葬分布图

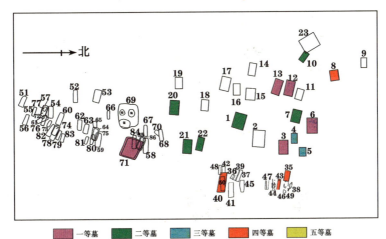

3.石寨山墓地第四期各等次墓葬分布图

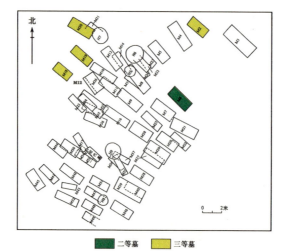

二等墓　三等墓

1. 纱帽山墓地第一期各等次墓葬分布图

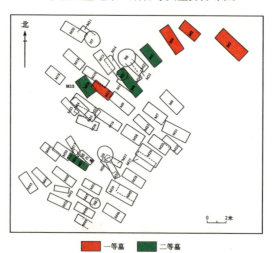

一等墓　二等墓

2. 纱帽山墓地第二期各等次墓葬分布图

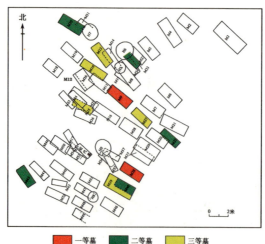

一等墓　二等墓　三等墓

3. 纱帽山墓地第三期各等次墓葬分布图

考古新视野

考古新视野
青年学人系列

2019 年

罗　伊：《云南地区新石器时代考古学文化研究》

赵献超：《二至十四世纪法宝崇拜视角下的藏经建筑研究》

2020 年

周振宇：《宁夏水洞沟遗址石制品热处理实验研究》

张　旭：《内蒙古大堡山墓地出土人骨研究》

2021 年

马　强：《泾水流域商周聚落与社会研究》

金蕙涵：《七至十七世纪墓主之位的考古学研究》

2022 年

邱振威：《太湖流域史前稻作农业发展与环境变迁研究》

仪明洁：《细石叶技术人群的流动策略研究》

2023 年（入选稿件）

马　伟：《固原地区粟特裔墓葬研究》

龙静璠：《石寨山文化墓地研究》